KB040979

니체, 횔덜린, 하이데거, 그리고 게르만 신화

니체, 횔덜린, 하이데거, 그리고 게르만 신화

최 상 욱   지 음

서광사

니체, 횔덜린, 하이데거, 그리고 게르만 신화

최상욱 지음

펴낸이 ― 김신혁, 이숙
펴낸곳 ― 도서출판 서광사
출판등록일 ― 1977. 6. 30.
출판등록번호 ― 제 406-2006-000010호

(413-756) 경기도 파주시 교하읍 문발리 534-1
대표전화 · (031) 955-4331 / 팩시밀리 · (031) 955-4336
E-mail · phil6161@chol.com
http://www.seokwangsa.co.kr
http://www.seokwangsa.kr

ⓒ 도서출판 서광사, 2010

지은이와의 합의하에 인지는 생략합니다.

제1판 제1쇄 펴낸날 · 2010년 11월 10일

ISBN 978-89-306-2115-1   93160

하이데거는 초기 작품『존재와 시간』에서부터 후기 작품『시간과 존재』에 이르기까지 일관되게 존재의 의미에 대하여 질문했다. 이러한 노력에도 불구하고 하이데거가 말하는 "존재"라는 표현이 무엇을 의미하는지는 분명하지가 않아, 여러 학자들에 의해 상이하게 해석되어 온 것이 사실이다. 이런 점은 하이데거가 평생 "존재"에 대해서 말했지만 그것을 이해한 사람이 몇 명 되지 않는다는 하이데거 비판가의 말에서 잘 나타난다.

이런 상황에서 저자는 하이데거가 주장한 "존재의 의미"를, 하이데거라는 인물이 태어나고 성장하고 배워 온 모든 사상적 배경, 그리고 하이데거가 명시적으로 제시한 주장과 그가 말하지 않은 채 암시하고 있는 근원적 사상과 연관해 해명할 것이다. 이를 위해 하이데거가 "서구 정신세계에서 성장하고, 그것을 극복하려고 시도한 **독일 사상가**"라는 가장 기본적인 전제로부터 출발하여, 그 전제가 타당하다는 것을 입증하려고 시도할 것이다.

하이데거는 서구 형이상학의 역사를 존재망각의 역사라고 칭한다. 그 역사는 플라톤에서부터 니체에 이르는 역사를 포함한다. 하이데거는 플라톤에서부터 니체에 이르는 사상을 다루면서, 왜 서구 형이상학의 역사가 존재망각, 즉 허무주의의 역사인지를 해석하며, 서구 형이상학 이전의 정신인 고대 그리스의 정신으로 되돌아가기를 시도한다. 이때 하이데거는 플라톤 이전의 그리스 사상가들, 특히 소포클레스와 헤라클레이토스 등을 다루면서 형이상학 이전의 전-형이상학적 세계의 본질이 무엇인지를 해명하고 있다.

이 점에 대하여 저자는 이전 작품인『하이데거와 여성적 진리』에서 소포클레스의 작품 속 인물인 안티고네가 하이데거의 현존재와 얼마나 유사한지, 또 서구 형이상학적 진리가 남성 중심적 진리관이었던 것과 달리, 하이데거가 제시한 고대 그리스의 진리는 남성/여성, 정신/육체, 하늘/대지라는 분리 이전의 통합적 진리였음을 밝혔다.[1]

그런데『하이데거와 여성적 진리』에서는, 왜 하이데거가 고대 그리스 정신(제1 시원)으로 향하려고 했는지에 대하여 다루는 데 그쳤을 뿐, 하이데거가 의도한 미래적인 독일 정신(제2 시원)이 무엇으로부터, 어떻게 드러나야 하는지에 대하여는 다음 책의 과제로 남겨 두었다. 따라서 이 책의 목적은『하이데거와 여성적 진리』에서 남겨 둔 부분을 해명하는 작업이다. 이런 의미에서 이 책은『하이데거와 여성적 진리』의 후반부로 평가될 수 있을 것이다.

이 책에서 저자가 밝히려고 한 점은 다음과 같다.

첫째, 하이데거가 추구한 고대 그리스 정신과 연관해 고대 그리스 세계가 어떠한 세계이며, 어떻게 규정되어 왔는지를 확인하는 일이다.

둘째, 고대 그리스 정신을 향했던 것이 하이데거만의 시도가 아니라 일련의 독일 사상가들에 의해 지속적으로 이어진 흐름이라는 점을 확인하면서, 그 의미가 무엇인지를 밝히는 일이다.

셋째, 하이데거가 서구 형이상학에 대한 극복과 새로운 독일 정신

---

1) 최상욱,『하이데거와 여성적 진리』, 철학과현실사, 2006.

(제2의 시원)에 대하여 말할 때 니체와 횔덜린을 집중적으로 다루고 있지만, 그때 니체는 부정적으로, 횔덜린은 긍정적으로 평가한 이유가 무엇인지 밝히는 일(이상 1부)이다.

넷째, 하이데거가 사용하는 언어와 개념, 사상이 게르만 신화의 내용과 너무도 밀접한 관계 속에 있다는 것을 밝히는 일이다. 이 작업은 게르만 신화 속에 나타난 "창조론", "인간론", "진리론", "언어론", "사물론"을 하이데거의 사상과 비교하는 방식으로 이루어질 것이다.

예를 들어, 하이데거가 말하는 "인간은 죽음에의 존재다"라는 명제는 아무 민족, 아무 사상가나 할 수 있는 표현이 아니다. 잘 알려졌듯이 그리스인들은 "인간은 이성적 동물이다"라고 말했다. 그렇다면 하이데거는 어떤 근거로 '인간은 죽음에의 존재'라고 말할 수 있었을까?

그 이유에 대하여 우리는, 신(인간)이 탄생하자마자 죽음과 연관해 묘사하고 있는 게르만 신화에서부터 "죽음에의 존재"라는 사상은 이미 독일 정신에 익숙한 것이었기 때문이라고 대답하게 될 것이다. 이런 점은 하이데거가 "진리", "언어", "사물" 등에 대하여 말할 때도 마찬가지이다. 그리고 이러한 대답이 정당하다는 것을 입증하려는 것이 이 책의 목적이다.

이와 같은 해명을 통해 우리는, 하이데거의 사상이 독특한 이유는 그 사상의 저자가 "하이데거이기 때문"이 아니라, 서구 형이상학에 익숙한 서구 사상가와 달리, 하이데거는 게르만 신화라는 시원의 영향을 — 그가 의식했든, 혹은 의식하지 못했든 — 지대하게 받았고, 또 그 시원을 드러내고 있는 "독일 사상가이기 때문"이라는 점을 확인하게 될 것이다.

이를 위해 이 책에서는, 마치 하이데거가 서구 철학을 해명함에 있어 "말해진 것"보다는 "말해지지 않은 것"에 더 의미를 두었듯이, 하이데거에 의해 "말해진 것"보다는 "말해지지 않은 것"을 다루게 될 것이다.

　마지막으로 이 책에서 하이데거의 사상뿐 아니라, 독일 사상가와 시인들을 다룬 이유는, 그들이 행한 일련의 시도가 독일의 자기 정체성을 확립하기 위한 노력들이라는 점을 밝히고 그것으로부터 교훈을 얻기 위해서이다. 독일 지식인의 노력들을 보여 주는 것을 통해 이 책은 역사의 흐름 속에서 우리의 정체성이 누구인지, 역사 속에서 망각되고 은폐된 우리 자신의 뿌리, 우리의 시원은 무엇인지 한 번쯤 되돌아보는 계기를 제공하려고 한다.

2010년 9월

최상욱

■ 차 례 ■

　어느 문인이 신화와 역사에 대하여, 동일한 사실이 햇빛을 받으면 역사가 되고 달빛에 바래면 신화가 된다고 표현한 적이 있다. 이 표현에서 우리는 두 가지 중요한 점을 발견할 수 있다.

　우선 신화와 역사는 햇빛과 달빛에 의해 달리 보이는 모습이지, 그 둘이 알고자 했던 사실은 동일하다는 점이다. 이런 점에서 볼 때 어떠한 민족이 자신의 정체성을 알려면 신화와 역사 모두를 간직하고 기억하고 재해석해 나가는 것이 중요하다는 것이 드러난다. 왜냐하면 신화는 설령 그 표현 방식이 현대적이지 않을 수 있지만, 신화가 질문하고 대답하려 했던 것은 현대인의 고민거리와 동일한 것이기 때문이다. 따라서 어떠한 민족의 정체성을 알기 위해 신화와 역사는 모두 필요할 뿐 아니라, 그 둘은 서로 연결되어야 한다.

　두 번째로, 위의 표현에 따르면 신화는 밤의 이야기이다. 밤의 이야기는 항상 밤에만 이야기되고 전해지는 것은 아니다. 오히려 해의 일식과 같이 현실이 어두워질 때, 그래서 햇빛을 받는 역사적 이야기가 의미를 상실한 듯이 보일 때, 바로 그때 밤의 이야기인 신화는 찬란히 빛을 발하기도 한다. 마치 해가 어두워져야 별이 더 밝게 비치듯이. 그렇다면 신화는 어떠한 민족의 정체성이 흔들릴 때, 혹은 정체성에 대한 질문조차 망각하고 있을 때 비로소 나타나며, 그 밝기를 더해 가는 것이라고 볼 수 있다.

지금 다룰 이야기는 독일 민족이 역사적으로 어두운 시절에 처했을 때, 당대의 사상가들이 자기 민족의 정체성을 확립하기 위해 보여 온 지적인 궤적을 살펴보려는 것이다. 그들의 노력은 마이스터 에크하르트, 마르틴 루터를 거쳐 칸트와 독일 관념론자들인 헤겔, 피히테, 셸링으로 이어지고, 또 다른 편에선 독일 낭만주의 문학과 이에 영향을 받은 횔덜린, 그리고 니체와 하이데거로 이어지는 일련의 지적인 물줄기로 나타난다.

이 책에서는 독일 사상가들이 보여 준 도도한 흐름의 궁극적인 방향과 목적지가 무엇이었는지 살펴볼 것이다. 이를 위해, 이러한 지적 운동들을 발원시킨 원천이 무엇이었는지 드러내는 작업은 필수적이다. 그다음, 지적 흐름의 근원인 게르만 신화가 개별적인 사상가들에게 어떠한 영향을 주었고, 그들은 게르만 신화를 어떻게 재해석하려고 했는지 밝힌 후, 마지막으로 하이데거 철학이 주장하는 제1 시원, 제2 시원이 게르만 신화와 얼마나 밀접하게 연관되어 있는지, 그리고 하이데거의 사상과 주요 개념들이 게르만 신화로부터 얼마나 큰 영향을 받았는지 ― 하이데거에게 의식적이든, 혹은 무의식적이든 ― 밝힐 것이다.

이 작업은 개별적 사상가들의 사상을 병렬적으로 열거함으로써 가능한 것이 아니라, 오히려 그러한 흐름을 가능케 한 심층적인 근거를 실마리로 하여 각각의 사상을 연결시키는 작업을 통해 가능하다. 이런 이유로, 본 작업은 단순히 각 사상가들의 이론에 대한 역사철학적 해명이나 하이데거 존재론에 대한 탐구가 아니라 각각의 독일 사상가들의 사상을 가능케 했던, 그리고 그들이 추구했던 사상적 시원인 게르만 신화의 의미가 무엇인지, 그리고 고대 게르만 신화가 어떻게 미래적 의미로 재해석되고 있는지를, 특히 마르틴 하이데거의 사상과 게르만 신화를 통해 해명하려는 존재사적 탐구라는 방법론을 취할 것이다.

이를 위해 우선, 마르틴 하이데거가 누구인지 해명되어야 한다.

도입부

서구 세계와 그리스,
그리고 독일 철학자 하이데거

1 독일 철학자 하이데거의 생애와 주요 관심사들

　하이데거는 20세기의 위대한 철학자 중 한 명이다. 그의 사상은 다양한 측면에서 해석된다. 그는 실존주의나 키에르케고르의 영향을 받은 사상가로 평가되기도 하고, 혹은 후설의 영향을 받은 현상학자나 해석학자로 평가되기도 한다. 현대 기술에 대한 그의 비판과 연관해 그의 사상은 생태학이나 기술문명 비판에 적용되기도 한다. 혹은 무를 강조하는 그의 사상 때문에, 그는 허무주의를 주장한 인물로 비판받기도 한다. 이와는 반대로 "존재에의 내맡김"이나 "기다림"과 같은 개념 때문에 그의 사상은 동양의 선불교나 노장사상과 비교되기도 한다. 이 외에도 그의 사상은 언어철학, 예술철학 등에 많은 영향을 끼친 것으로 평가된다. 이렇게 다양한 하이데거에 대한 평가는, 최소한 하이데거의 사상을 부분적으로라도 반영하고 있는 것이 사실이다. 그렇다면 이렇게 많은 모습 중 진정한 하이데거는 누구인가?

　우리는 하이데거 자신이 시도한 인간 현존재에 대한 분석을 하이데거 자신에게도 적용시킴으로써 그 대답을 얻을 수 있을 것이다. 그것은 하이데거가 언제, 어디에, 어떻게 던져진 존재이며, 언제, 어디를 향해, 어떻게 자신의 존재를 던져 나갔는지를 살펴보는 일을 필요로 한다.

1) 하이데거는 누구인가?: 하이데거가 실존적으로 던져졌고, 처해 있으며, 스스로를 던져 나가기 원했던 시간과 세계

하이데거는 아리스토텔레스에 대한 강의에서, 아리스토텔레스는 태어났고, 살았고, 죽었다라고 표현한 적이 있다. 마찬가지로 우리는 하이데거 역시 태어났고, 살았고, 죽었다라고 말할 수 있다. 이것은 모든 인간에게 적용되는 보편적인 진리이다. 그러나 각각의 인간은 구체적이고 특수한 세계와 시간 속에 태어나고, 특수한 방식의 실존을 살아가고, 특수한 방식의 죽음을 맞는다. 아리스토텔레스와 하이데거는 모두 동일하게 '탄생과 삶, 죽음'이라는 보편적인 생명 과정을 거쳤지만, 아리스토텔레스와 하이데거가 던져진 세계와 시간, 실존의 조건과 죽음의 의미는 결코 동일하지 않다. 그들은 서로 자신만의 고유한 시간과 세계와 실존방식으로 살아갔던 것이다.

그러나 이러한 주장이 곧바로 보편적 진리를 추구하는 철학의 사명을 부정하는 것은 아니다. 왜냐하면 각각의 철학자들은 자신들에게 고유한 특수한 시간과 세계 속에서 그것을 넘어서는 보편적인 진리를 추구하기 때문이다. 어쩌면 이것은 당연한 일이기도 하다. 그런데 철학이 지극히 당연하고 상식적인 사실로부터 자신의 사상을 전개시키는 것은 부끄러운 일이 아니다. 오히려 각각의 철학자들이 속해 있는 특수한 조건을 무시한 채 모두 동일한 상태에서 시작하려는 시도야말로 인간의 특수성을 무시하는 독단론적 태도이다. 이런 점을 고려하여, 이제 우리는 하이데거가 언제 어떤 곳에 태어났고, 어떤 시간과 세계적 사건 속에서 살았으며, 어떻게 죽음을 맞이했는지 살펴보려고 한다.[1]

하이데거는 1889년 9월 26일 독일 바덴 주에 있는 인구 4천 명 정도

의 작은 마을인 메스키르히에서, 성 마르틴 교회 성당지기이자 술 창
고를 지키는 일도 했던 과묵한 성격의 아버지 프리드리히 하이데거와,
가톨릭 농부 집안(괴깅엔)에서 태어난 밝고 자상한 성격의 어머니 요
한나 사이에서 태어났다. 그는 6세인 1895년 메스키르히에서 초등학
교를 다녔고, 10세인 1899년 메스키르히의 시민학교(현재 하이데거
학교로 불림)로 전학한다.(특징 1) 14세인 1903년 고향인 메스키르히
를 떠나 콘스탄츠에 있는 하인리히 주조(Heinrich Suso) 김나지움에
입학하며, 김나지움 졸업 후 신부가 되기 위한 수업을 받아야 한다는
조건으로 바이스 재단의 장학금을 받는다. 이때 리하르트 요나스의
『철학 입문』을 통해 처음으로 철학을 접하며, 그리스어 교육을 받기
시작한다.(특징 2) 17세가 되는 1906년 프라이부르크에 있는 베르톨
트 김나지움으로 전학하고, 18세인 1907년에 "철학에 뛰어들기 위한
서투른 시도"를 하며, 프란츠 폰 브렌타노의 학위논문 「아리스토텔레
스에 있어서 존재자의 다양한 의미에 대하여」(Von der mannigfachen
Bedeutung des Seienden nach Aristoteles, 1862)를 통해 존재에 대하
여 질문하기 시작한다.(특징 3) 19세인 1908년 그는 아리스토텔레스
에 몰두하며, 이때 처음 횔덜린의 시(詩)도 접하게 된다.(특징 4) 20세
인 1909년 장학금을 받는 조건으로 예수회에 가입하지만, 11월 13일
병약하다는 이유로 신입생 명단에서 제외되고, 1909년 겨울 학기 프라
이부르크대학 신학부에 진학하여 4학기 동안 신학과 철학 수업을 들

---

1) 하이데거의 생애에 대해서는, Hugo Ott, *Martin Heidegger. Unterwegs zu seiner
   Biographie*, Reihe Campus, Band 1056, Frankfurt/New York, 1992; P.H. Kösters,
   *Deutschland deine Denker. Geschichten von Philosophen und Ideen, die unsere Welt
   bewegen*, Hamburg, 1982, in: 이기상, 『하이데거 철학에의 안내』, 서광사, 1993; 이
   수정·박찬국, 『하이데거: 그의 생애와 사상』, 서울대학교출판부, 1999 등을 참조할 것.

으며, 특히 후설의 『논리학 연구』를 읽기 시작한다.(특징 5) 또한 호베르크 교수의 수업을 통해 성서 해석과 연관된 해석학을, 브라이크 교수를 통해 헤겔과 셸링을 접하게 된다.(특징 6)

22세인 1911년 2월 그는 심장병으로 학업을 중단하고 고향 메스키르히에서 요양한다. 그 후 프라이부르크로 돌아와 1911년 겨울 학기부터 철학에 매진하며, 신칸트학파인 하인리히 리케르트의 지도를 받는다. 24세인 1913년 학위논문 「심리주의에서의 판단론」(Die Lehre vom Urteil im Psychologismus. Ein kritisch-positiver Beitrag zur Logik)을 통해, 그는 논리의 원천이 심리 안에 있다는 심리학주의를 비판하고 논리학을 관념의 영역과 연결시키는 신칸트학파의 입장을 개진한다.(특징 7)

25세인 1914년 1차 세계대전이 발발하여 군대에 나가게 되지만 심장발작 증세로 군복무에서 면제된다. 26세인 1915년 리케르트 교수의 지도하에 교수자격논문 「둔스 스코투스의 범주론과 의미론」(Die Kategorien- und Bedeutungslehre des Duns Scotus)을 완성한다. 이 논문에서 그는 "앎의 목표는 존재의 인식"이라는 둔스 스코투스의 입장을 전개한다.(특징 8)

1915년 하이데거는 후설에 매료된다. 그는 『논리연구』를 읽으면서, "나는 후설의 작품에 완전히 압도당해 몇 해 동안 거듭 무엇이 나를 휘어잡고 있는지 제대로 알지 못한 채 그 작품을 읽었다. 이 작품에서 흘러나오는 매력은 인쇄된 글씨체와 겉장의 외양까지 뻗어 나갔다"라고 고백하고 있다.(특징 5)

1915년 7월 25일 그는 "역사과학에서의 시간개념"(Der Zeitbegriff in der Geschichtswissenschaft)이란 제목으로 시험강의를 시작(Probevorlesung)하며, 7월 31일 철학교수 자격을 획득하고 활발한 저술 작업을 시작한다.

1차 세계대전 중인 1915년 26세인 그는 민방위군에 소집되어, 주간에는 우편물 감시소에서 일한다. 그가 한 일은 고향에 기근이 덮쳤다는 소식이 군인에게 알려지는 것을 감시하는 업무지만, 오후 5시 이후 그는 강의를 할 수 있었다. 이때 하이데거는 콧수염을 기른 상태였고, 그가 맡은 첫 번째 강의는 "소크라테스 이전 철학자에 관하여: 파르메니데스"와, "칸트에 관하여: 프롤레고메나"였다.(특징 2)

그가 27세 되던 1916년 여름, 리케르트 후임으로 후설이 부임하면서 프라이부르크대학 철학의 분위기는 신칸트주의에서 현상학으로 바뀐다. 28세인 1917년 그는 개신교도인 엘프리데 페트리와 결혼한다. 그녀는 하이데거가 연구하는 데 방해받지 않도록 방문객을 제한하고, 그의 일과와 건강을 위해 음식 관리를 하는 등 많은 배려를 한 것으로 알려져 있다. 특히 집 근처의 우물에서 마실 물을 직접 길어 온 일은 유명한 일화이다. 이때 그들은 프라이부르크의 레르헨가 8에서 살았고, 하이데거는 신학부 교수직을 원했지만 그 기대는 이루어지지 않았다.

1차 세계대전의 마지막 해인 1918년, 29세인 그는 베를린에서 훈련을 받은 후 프랑스의 베르됭 부대의 기상 관측대에서 복무한다. 그 과정에서 포로 신세를 면한 그는 1차 세계대전이 끝난 1918년 12월에 프라이부르크로 돌아와 후설의 조교가 된다.(특징 11) 이때 그는 후설의 현상학, 아리스토텔레스, 딜타이에 관심을 가졌다.

30세인 1919년 하이데거는 자신의 강의 제목으로 현상학이란 표현을 사용하지만, 이미 이때부터 하이데거의 현상학은 '현사실적인 생의 자기해석'이란 특징을 지님으로써 후설의 현상학과 거리를 두게 된다. 33세인 1922년에 이뤄진 하이데거의 강의는 많은 학생들을 매료시킨 것으로 유명하다. 가다머는 하이데거의 강의에 대하여 "칠흑 같은 문

장의 구름들이 함께 몰려와서 그 구름 사이로 번개가 번쩍이면, 이 번
개는 우리를 반 혼수상태로 만들어 버렸다"라고 회상하고 있다. 그뿐
만 아니라, 학생들은 "메스키르히에서 온 작은 마법사"인 하이데거의
몸짓과 의상, 그의 특유한 독일어를 따라하는 것이 유행이었다고 한다.

34세인 1923년 하이데거는 마르부르크대학 조교수로 취임했으며,
여름 학기 강의 제목은 "존재론: 현사실성의 해석학"(Ontologie: Her-
meneutik der Faktizität)이었다. 이 강의는 후에 『시간과 존재』의 근
간이 되는 내용을 담고 있다. 이때 하이데거는 요한 페터 헤벨과 횔덜
린에 몰두한다.(특징 12)

1924–25년(35–36세) 하이데거는 시간개념에 관심을 가져 "시간의
개념", "시간개념의 역사를 위한 서설" 등을 강의한다. 1927년 38세로
서 마르부르크대학의 정교수가 된다. 이때 막스 셸러가 하이데거를 적
극적으로 추천한 일화도 잘 알려져 있다. 이 시기에 『존재와 시간』
(Sein und Zeit)이 『연보』 제8권에 게재되고 별쇄본으로 출판되며(특
징 13), "현상학의 근본문제들"(Grundprobleme der Phänomeno-
logie) 강의가 이뤄진다.

1928년(39세) 하이데거는 정년퇴임한 후설의 후임으로 프라이부르
크대학 정교수가 된다. 그의 첫 강의는 "철학 입문"(Einleitung in die
Philosophie)이었으며, 1929년(40세) 『근거의 본질』(Vom Wesen des
Grundes), 『칸트와 형이상학의 문제』(Kant und das Problem der
Metaphysik)가 출판된다.

7월 프라이부르크대학 취임 강의(Antrittsvorlesung)로 "형이상학이
란 무엇인가?"(Was ist Metaphysik?)가 행해진다.(특징 11) 1930년
(41세) 베를린대학이 초빙 의사를 밝히지만 하이데거는 거부한다. 하
이데거는 "진리의 본질"(Vom Wesen der Wahrheit), "인간 자유의 본

질. 철학 입문"(Vom Wesen der menschlichen Freiheit. Einleitung in die Philosophie)을 강의하면서 후설의 입장과 더 벌어지게 되며, 후설로부터 비판을 받게 된다.

1931년(42세) 하이데거는 부인 엘프리데의 권유로 히틀러의 『나의 투쟁』을 읽는다. 1933년 독일은 나치 정권에 의해 국회가 해산된 상태이고, 프라이부르크대학의 경우 4월 5일 해부학자 폰 묄렌도르프가 총장에 취임한다. 그런데 그는 유대인을 반대하는 내용의 현수막 게양을 금지했다는 이유로 파면된다. 그 후임으로 하이데거는 "대학교의 발전을 위해"라는 이유로 총장직을 수락하며, 기권표 2표를 제외한 전원 찬성으로 나치 정권하에서 프라이부르크대학 총장으로 선출된다. (1933년 4월 21일) 이때 프라이부르크 시장 케르버는 하이데거에게 나치당에 입당할 것을 촉구하고, 하이데거는 총장 취임 중에는 당직이나 당을 위한 일을 하지 않아야 한다는 조건으로 나치당에 입당한다.(5월 1일)

학생회 간부 퀸첼이 유대인을 반대하는 내용의 현수막 게양을 요청하지만 하이데거는 거부한다. 5월 27일 총장 취임 강연 "독일 대학의 자기주장"(Die Selbstbehauptung der deutschen Universität)이 행해진다. 이 강연에서 그는 노동, 군사, 지식의 의무를 강조함으로써, 나치와 유사한 주장을 하는 듯이 보이기도 했다. 그러나 하이데거는 자신의 강연의 목적은 대학이 정치화되는 것을 막으려는 데 있다고 주장하며, 나치당원들에게 "당신들은 대학교에 대해서는 전혀 신경을 쓰지 않아도 된다"라고 말한다. 그러나 바덴 주 교육장관인 바커는 하이데거의 강연 내용에 대하여, 그것은 당 강령을 피하려는 시도에 불과하며 "종족 사상"에 기초하지 않은 "사적 국가사회주의"라고 비판한다.

1933년 가을 베를린대학에서 하이데거에게 두 번째로 초빙 의사를 밝히지만 하이데거는 다시 거절한다. 그는 그 이유를 "창조적 풍경: 왜 우리는 시골에 머무르는가?"(Schöpferische Landschaft: Warum bleiben wir in der Provinz?)라는 제목으로 베를린 방송국을 통해 발표한다. 그런데 전해지는 일화에 따르면, 그가 거절한 이유는 이웃 농부가 고개를 좌우로 저었기 때문이라고 알려진다. 그 농부는 하이데거가 머물 곳은 베를린이 아니라 시골이라는 점을 표시했던 셈이다.

1934년(45세) 2월 하이데거는 대학 인사에 간섭하려는 당의 압력에 불복해 총장직을 사임한다. 이때부터 하이데거에 대한 비판이 시작되고 하이데거의 『독일 대학의 자기주장』은 서점에서 수거된다. 이런 상황 속에서 하이데거는 겨울 학기에 "횔덜린의 송가 《게르마니엔》과 《라인 강》"을 강의한다(횔덜린에 대하여 본격적으로 다루기 시작함).(특징 15)

1935년(46세)에 "형이상학 입문"(Einführung in die Metaphysik), "사물에 대한 물음"(Die Frage nach dem Ding), "예술작품의 근원"(Der Ursprung des Kunstwerkes) 등의 강연이 이루어졌다. 1936년(47세)에 "횔덜린과 시의 본질"(Hölderlin und das Wesen der Dichtung)에 대한 강연이 있었고, 『철학에의 기여』(Beiträge zur Philosophie 〈Vom Ereignis〉)가 씌어지기 시작한다.(특징 16) 그리고 『형이상학의 극복』(Die Überwindung der Metaphysik)이 씌어지고 "셸링: 인간의 자유의 본질", "니체" 강의가 행해진다.

1938년(48세) 후설이 사망하지만 하이데거는 장례식에 참석하지 않았다. 이 점 역시 논쟁의 대상이 되지만 당시 하이데거는 병석에 있었다고 알려지기도 한다.

2차 세계대전이 터진 1939년(49세) 하이데거는 "횔덜린의 시: 마치 축제일에… "를 강연하고, 1940년(50세): 『플라톤의 진리론』(Platons

Lehre von der Wahrheit)을 집필하며, 1942년(52세): "휠덜린의 송가
〈이스터〉"를 강의한다.

   1943년(53세), 『형이상학이란 무엇인가?』 제4판에 대한 후기
(Nachwort)가 덧붙여지고, 1944년(54세)에 『휠덜린 시에 대한 해명』
(*Erläuterungen zu Hölderlins Dichtung*)이 출판된다. 2차 세계대전 중
인 1944년 말, 500여 명의 학자들이 전쟁 임무에서 면제되지만 하이데
거는 "가장 유명한 학자들과 예술가들"에 포함되지 못하고, "꼭 필요
한 교수, 대체로 쓸모없는 교수, 전혀 쓸모없는 교수" 중 마지막 부류
로 평가되어 라인 강변에서 참호 공사를 명령받게 된다.

   1933년 총장에 취임했던 이유 때문에, 그는 1944년 11월 9일부터 6
년간 프랑스 점령군에 의해 교수직을 박탈당하고, 1945년(55세) 프라
이부르크 시장에 의해 하이데거의 강의도 금지된다. 그러나 하이데거
의 행위에 대하여 11월-12월에 이뤄진 정화위원회의 조사에서 "하이
데거는 1933년 이전에는 나치스와 아무 관계가 없었을 뿐 아니라,
1934년 4월 이후에는 이미 나치스라고 확실히 간주될 수 없다. 따라서
우리는 하이데거가 1933년의 단기간의 정치적 과오로 말미암아 대학
을 떠나야 한다면, 그것은 매우 중요한 손실이라고 여겨진다"라는 결
론이 내려진다. 1946년(56세) 하이데거는 『노자』를 읽으며, 다른 한편
장 보프레에게 보내는 답변으로 『휴머니즘에 관한 서한』(*Brief über
den Humanismus*)을 쓴다. 그해 11월 릴케 사망 20주년 추도회에서
"무엇을 위한 시인인가?"(Wozu Dichter?)를 강연하고, 1947년(57세)
『사유의 경험』(*Aus der Erfahrung des Denkens*)이 출간된다.

   1948년(58세) 프랑스 군정은 하이데거를 나치스와의 관계에서 "복
종 없는 동행자"라고 규정한다. 하이데거는 브레멘 강연에서 "사물",
"전회" 등을 발표하고, 『들길』(*Der Feldweg*)을 발표한다. 1950년(60

세)『숲길』(*Holzwege*)이 출간되고, 1951년(61세) "건축하기, 거주하기, 사유하기"라는 강연과, "사유란 무엇인가?"(Was heißt Denken?)라는 강의가 이루어진다.

1953년(63세) "기술에 대한 질문"(Die Frage nach der Technik), "니체의 차라투스트라는 누구인가?"(Wer ist Nietzsches Zarathustra?)를 강연하고, 1955년(65세)에 "내맡김"(Gelassenheit), 1962년(72세) "시간과 존재"(Zeit und Sein)를 강연한다.

1966년(76세), 하이데거는 슈피겔지와 인터뷰를 한다. 그 내용은 그가 죽은 후 "아직도 하나의 신만이 우리를 구원할 수 있다"(Nur noch ein Gott kann uns retten)라는 제목으로 발표된다.

하이데거는 교수직을 은퇴한 후 25년간 프라이부르크나 토트나우베르크 산장에서 그의 생애를 보냈다. 그는 아침 6시 30분에 일어나 아침 식사를 하고, 사유와 저술, 오후 1시 점심 식사 후 짧은 잠, 다시 저술, 방문객과의 만남, 6시부터 한 시간 가량 산책, 8시에 저녁 식사, 그리고 시 강독과 음악 감상이라는 규칙적인 삶을 보낸 것으로 알려진다.

1976년 5월 26일(85세) 하이데거는 프라이부르크에서 심장마비로 사망한다. 그의 마지막 말은 "감사하다"였으며, 메스키르히에 있는 그의 묘비엔 하나의 별이 그려져 있다(하나의 별을 향해 갔을 뿐, 단지 그것뿐: Auf einen Stern zugehen, nur dieses!).

2) 하이데거의 생애에서 보이는 주요 관심사의 흐름들

우리가 하이데거의 삶을 장황하게 열거한 이유는 바로 이것이 하이데거가 처한 시간과 존재의 모습이자 그가 추구(기투)했던 시간과 존재의 모습을 담고 있기 때문이다. 그는 자신의 사유를 길들(Wege), 그 것도 하나의 별을 향해 걸어간 길들이라고 칭했다. 여기서 하나의 별 이란 표현은 존재에 대한 질문임은 분명하다.(특징 3) 그는 평생 동안 존재의 의미에 대하여 질문했다. 그러나 그를 둘러싼 세계와 시간은 특수한 것이었고, 그의 길 역시 하나의 길이 아니라 여러 길들을 에둘 러 돌아가는 길이었다. 그렇다면 그의 삶의 길들에서 우리가 눈여겨봐 야 하는 것은 무엇일까?

첫째, 그는 서구라는 세계와 격동의 시간 속에서 살았던 독일인이란 점이다. 하이데거는 형이상학을 극복하기 위해 제1의 시원과 제2의 시 원을 추구했던 시인 횔덜린을 시인 중의 시인이라고 불렀는데, 그 이 유는 횔덜린이 "독일의 시인"이기 때문이라고 말하고 있다. 그렇다면 이와 같은 맥락에서, 우리가 하이데거를 독일의 철학자라고 부르는 것 은 너무도 당연한 일일 것이다.

이런 점은 고향에 대한 그의 애정에서도 확인된다. 그의 고향은 숲 으로 둘러싸인 곳이다. 그의 작품의 제목에 "숲길", "들길", "이정표" 가 등장하는 것도 이러한 이유 때문이다.(특징 1: 고향, 숲, 길이란 표 현들)

둘째, 우리는 그의 첫 번째 강의가 칸트에 대한 것과 소크라테스 이 전 파르메니데스에 대한 것이었다는 점, 그가 그리스어와 고대 독일어 에 능통했다는 점을 눈여겨볼 필요가 있다.(특징 2, 4, 10) 이것은 그 가 이미 그리스 정신과 독일 정신의 밀접한 관계에 대하여 관심을 갖 기 시작했음을 보여 준다.

셋째, 하이데거가 『존재와 시간』을 통해 존재질문을 시간에 대한 질 문과 연결시키고 있으며(특징 12, 13), 『칸트와 형이상학의 문제』에서 자신의 초기 대작을 독일의 대 철학자 칸트와 연결시키고 있다는 점

(특징 7)이다.

넷째, 그의 관심은 『형이상학은 무엇인가?』를 통해 서구 형이상학의 역사와 그 근원에 대한 질문으로 확장된다는 점이다.

다섯째, 하이데거는 자신의 철학적 입장에 대하여, 소위 말하는 "전회"(Kehre)를 선언하고 있다는 점(특징 15)이다.

여섯 째, 전회 이후 그의 관심은 서구 형이상학의 근원인 첫째 시원을 향하게 된다는 점이다.

일곱 째, 고대 그리스 정신이라는 제1 시원으로부터 미래적인 독일 정신을 확립하기 위해 제2 시원을 향하는 과정에서 하이데거는 독일 시인 횔덜린을 집중적으로 해석하고 있다는 점(특징 15, 16)이다.

이외에 하이데거가 가톨릭 신학 수업으로부터 철학으로 돌아선 점(특징 8), 현상학과 해석학에 몰두했던 점(특징 5, 6)도 간과해서는 안될 특징이라고 볼 수 있다.

이러한 과정에서 나타나는 하이데거의 주요어들은, 초기에는 "현존재", "세계", "시간", "불안", "염려", "죽음" 등이며(특징 11, 14), 이어서 "형이상학", "무", "존재망각", "알레테이아" 등이, 그 후엔 "고향", "밝힘", "대지", "하늘", "숲", "길", "시", "4방 세계", "회상", "감사함", "기다림" 등이 주조를 이룬다.

이 책 1부에서 우리의 목적은, 하이데거가 서구 형이상학의 역사를 존재망각으로 특징지은 후, 그것을 극복하기 위해 고대 그리스 정신(제1 시원)으로 되돌아가야 한다고 주장한 근거가 무엇인지 밝히는 데 있다. 그렇다면 하이데거에게 고대 그리스 정신은 무엇이었으며, 그가 제1 시원으로 돌아가야 한다고 주장한 이유는 무엇인가?

2 서구 사상에서 고대 그리스 정신의 의미

하이데거는 서구 형이상학의 역사를 존재망각의 역사라고 말한다. 서구 형이상학은 존재자에 매달려 존재자의 존재자성이나 최고의 존재자가 무엇인지에 대하여 질문하였을 뿐, 그러한 존재자들의 "존재의 미"(Sinn von Sein)에 대하여는 아무런 질문도 하지 않았다는 것이다. 이 과정에서 서구 형이상학은 존재를 최고의 존재자인 신이나, 코기탄스 에고라는 인간 주체성으로 파악해 왔다.

이러한 주장은 데카르트의 "나무"에 대한 하이데거의 해석에서 확인된다. 데카르트에 따르면 서구 정신은 하나의 나무에 비유될 수 있는데, 뿌리는 형이상학이고 줄기는 물리학, 가지들은 기타 학문들을 뜻한다. 이때 서구 정신의 질문은 뿌리, 줄기, 가지들을 포함하는 나무에 머문다. 반면에 하이데거에 따르면, 존재질문은 나무뿌리가 머물고 있는 대지를 향해야 한다.

물론 실체적으로 볼 때 대지는 나무와 상관없어 보인다. 따라서 서구 형이상학은 나무의 존재를 가능하게 한 대지를 무로 여겨 왔던 것이다.

그러나 관계론적으로 볼 때 대지는 무가 아니라, 나무라는 존재자를 존재자이게끔 해 주는 능력이고 근거이다. 왜냐하면 나무라는 존재자는 대지라는 존재와 연관될 때만 나무로서 드러날 수 있기 때문이다. 대지는 나무를 나무로 존재할 수 있게 하는 은폐된 근거이다. 그러나 서구 형이상학은 대지와 같은 형이상학의 시원적 근거에 대하여 질문하지 않았다.

이런 의미에서 하이데거는 서구 형이상학의 역사를 "존재망각의 역사"라고 부르며, 그 역사는 플라톤부터 니체에 이르는 형이상학의 역사라고 규정하고 있는 것이다. 이제 하이데거는 서구 형이상학을 극복하기 위해 플라톤 이전의 고대 그리스 정신으로 돌아가기를 시도한다. 이때 하이데거는 정합성(adaequatio)이라는 형이상학적 진리의 근원인 비은폐성으로서 진리, 즉 알레테이아(aletheia) 개념과 만나게 된다.

이런 의미에서 알레테이아는 선-형이상학적 진리, 혹은 탈-형이상학적 진리라고 불릴 수 있다. 혹은 서구 형이상학이 남성 중심적 진리였던 데 반해, 진리와 비진리의 구분을 넘어서는 시원적 진리, 여성적 진리로 불릴 수 있다.[2]

그런데 하이데거에 따르면 고대 그리스적(제1 시원적) 진리는 단순히 과거의 것이 아니라 미래적으로, 그리고 게르만적으로 재해석될 때 그 의미를 갖게 된다. 미래적이고 게르만적인 진리는 제1 시원과의 연관성 속에서 비로소 새롭게 드러나야 할 진리이다. 그러나 이러한 진리가 진리로 드러나기 위해서는 미래적인 제2 시원을 필요로 한다. 이때 하이데거가 제2 시원을 준비하기 위해 다루는 인물들이 바로 휠덜린을 중심으로 하는 독일 시인들이다. 그렇다면 이때 하이데거는 왜 독일 시인을 부르고 있는 것일까? 이런 점은 단지 하이데거에게만 고유한 주장인가?[3]

이를 확인하기 위해, 우선 하이데거가 몸담고 살았던 서구, 그리고 그 극복을 위해 제시한 고대 그리스는 어떠한 세계인지 밝힐 필요가 있다.

---

2) 최상욱, 『하이데거와 여성적 진리』 참조.
3) 이 질문은 『하이데거와 여성적 진리』에서 다루지 않은 채 다음 과제로 남겨졌었다. 이 과제를 다루려는 것이 이 책의 목적이다.(같은 책, 머리말 참조)

1) 서구 세계에서 고대 그리스의 위치

오늘날 우리는 서구 세계를 거론할 때, 프랑스, 독일, 영국, 이탈리아, 스페인 정도의 서부 유럽을 떠올린다. 이와 같은 국가들은 각각의 특징을 지니고 있지만, 이 국가들의 정신의 배후에는 그리스 정신과 그리스도교가 놓여 있다. 더 정확히 말하자면 르네상스가 추구했던 헬레니즘과, 로마제국의 종교가 된 그리스도교 정신이 서로 얽혀 자아낸 것이 서구 정신의 본질이다.

이런 상황에서 하이데거는 플라톤과 그리스도교로부터 니체에 이르는 형이상학의 역사를 존재망각의 시대라고 비판하고, 그 배후 근거인 시원으로 되돌아가려고 한다. 이때 그가 염두에 두고 있는 것은 플라톤 이전의 고대 그리스 정신이다. 여기서 그는 제1 시원을 발견한다.[4] 그렇다면 고대 그리스 정신은 무엇이며, 어떤 근거로 서구 정신의 시원이 될 수 있는 것일까?

모든 정신이 그렇듯이 고대 그리스 정신도 다른 정신을 받아들이고 고유화하는 과정을 거쳤다. 즉 고대 그리스 정신 "자체"가 존재했다기보다는 다른 정신들로부터 영향을 받고, 그것을 받아들이고 자신의 정신으로 만듦으로써 고대 그리스 정신이 존재하게 된 것이다.

---

4) 하이데거가 첫째 시원을 고대 그리스 정신에서 발견했다는 표현에서, 고대 그리스는 특정한 역사적 시점, 즉 플라톤 이전의 기원전 몇 세기 식의 특정한 시기를 의미하지 않는다. 만약 첫째 시원을 이런 식으로 이해한다면, 그것은 특정한 역사적 시점으로 돌아가려는 환원주의에 불과하며, 그것은 과거로의 수구적인 회귀에 지나지 않는다. 오히려 하이데거의 강조점은 고대 그리스인의 "정신", 즉 "존재방식"이다. 그리고 이 정신은, 비록 형이상학의 시기를 통해 망각되었지만, 현재에도 존재하며, 미래적으로도 존재할 수 있는 것이다. 말하자면 우리는 하이데거가 말하는 제1, 제2 시원을 크로노스적인 특정 시점으로 환원시켜서는 안 되며, 오히려 과거, 현재, 미래가 한순간에 모이는 카이로스적인 정신과 사건으로 이해해야 한다.

　이러한 과정에서 고대 그리스 정신에 큰 영향을 끼친 것이 이집트와 소아시아 정신이다.[5] 이 점은 고대 그리스 문화가 그리스 본토보다는 크레타 섬에서 시작되었다는 사실에서도 확인할 수 있다. 크레타 섬은 아시아와 아프리카를 이어 주는 항로의 중간에 위치하고 있었기 때문에 본토보다 앞서서 미노아 문명을 꽃피울 수 있었고, 후에 이것이 미케네 문명으로 이어지게 되었다. 그런데 크레타의 미노아 문명은 이집트로부터 큰 영향을 받았다. 이런 점은 크레타의 황소 숭배가 이집트로부터 전해진 것이라는 점에서도 나타난다.[6]

　마틴 버널에 따르면 그리스의 신 포세이돈은 이집트의 신 세트와 일치하고, 그리스의 신 아테나(Athena)는 이집트의 네이트(Nt, Neit)와 일치한다.[7] 이런 점은 니체에 의해 그리스의 대표적인 두 신으로 거론된 아폴론과 디오니소스의 경우도 마찬가지이다. 예를 들어 마틴 버널은 그리스의 아폴론 신과 이집트의 호루스 신에 대하여 다음과 같이 말한다:

---

5)　고대 그리스 정신이 무엇이며, 어디에 속하는가에 대한 질문에 답하려는 두 가지 모델이 있다. 고대 그리스 정신을 유럽인, 혹은 아리아인과 연결시키는 모델과 이집트와 셈족 문화의 주변부라는 시각에서 레반트와 연결 짓는 모델이 그것이다. 마틴 버널은 아리안 모델은 19세기에 형성된 것이라고 주장하면서, 고대 그리스 정신은 이집트와 셈족, 즉 아프리카와 아시아에 속한다고 주장한다. 참조. 마틴 버널, 『블랙 아테나-서양 고전 문명의 아프리카·아시아적 뿌리』, 오홍식 옮김, 소나무, 2006, 34쪽.

6)　마틴 버널, 『블랙 아테나』, 54쪽. 마틴 버널은 크레타의 최초의 왕 미노스를 이집트의 파라오 메네스(헤로도토스는 "민"(Min)이라고 지칭)와 연관시킨다. 파라오 메네스는 멤피스에서 황소 신 아피스에 대한 숭배를 창시한 인물이다. 109쪽 참조.

7)　같은 책, 56, 93쪽. 마틴 버널은 아테네에서 아테나 여신에 대한 국가적 숭배가 정점에 이른 시기가, 이집트 파라오 아모세 2세가 동부 지중해에서 아테나 숭배를 장려하던 시기와 일치한다고 주장한다. 95쪽 참조.

의미론의 측면에서 볼 때 케페레르에서 아폴론을 이끌어 내는 것은 매우 적절하다. 케페레르는 그리스어로 하르마키스라고 표현되는 호르 엠 아하트(떠오르는 태양으로서의 호루스)와 동일시되었다. 호루스는 적어도 핀다로스 시대(기원후 5세기)부터 아폴론과 동일시되어 왔지만, 날이 밝아오는 모습을 나타내는 이러한 형상은 언제나 젊은 모습으로 나타나는 아폴론에게 가장 잘 어울리는 측면인 듯하다.[8]

디오니소스 신의 경우도 이집트의 영향을 받았다. 이집트의 숫양/염소 숭배는 아몬과 오시리스에 해당하는 그리스의 제우스와 디오니소스와 연관되어 있다.[9] 이집트에서 오시리스의 수난을 재연하는 것은 그리스에서는 염소(tragos)와 연관된 비극의 형태로 나타난다. 그리스 정신이 이집트의 영향을 받았다는 점은 이미 그리스 역사가 헤로도토스에 의해 주장되기도 했다:

멜람푸스는 디오니소스라는 이름을, 그 제사와 남근상의 행렬 등과 함께 그리스인에게 소개한 장본인이다 … 멜람푸스는 이집트로부터 여러 가지를 배우고 익혀 그것들을 그다지 변경시키지 않고 그리스에 소개했는데, 디오니소스 행사도 그중 하나였던 것이다 … 디오니소스뿐만 아니라 거의 모든 신의 이름은 이집트에서 그리스로 들어온 것이다.[10]

이런 일이 가능했던 것은 첫째 그리스인이 이집트와 페니키아인에

---

8) 같은 책, 114쪽.
9) 헤로도토스는 "이집트인은 제우스를 아몬(그리스어로 암몬)이라고 부른다"라고 말한다. 헤로도토스, 『역사』, 상, 박광순 옮김, 범우사, 1999, 182쪽.
10) 헤로도토스, 『역사』, 상, 187-188쪽.

게 "경멸과 두려움의 감정"과 동시에 오랜 역사와 고대 종교 및 철학을 지닌 것에 대한 "깊은 존경"의 감정도 품고 있었기 때문이며,[11] 둘째 그 당시 이집트와 소아시아는 "세계"를 일컫는 표현이기도 했기 때문이다.

이런 점은 히브리 정신의 경우도 마찬가지이다. 히브리 정신 역시 그 자체로 존재했다기보다 이미 앞서 있었던 수메르 문화의 영향을 많이 받았다. 기독교 성서의 홍수 설화 등이 수메르의 문화, 종교, 바빌로니아의 길가메쉬 서사시의 영향을 받았다는 것은 잘 알려진 사실이다. 그뿐만 아니라 그리스도교에서 주장하는 출애굽 사건 역시 독자적으로 일어난 사건이라기보다는 오히려 당시의 세계사적인 맥락에서 일어난 사건으로 보아야 한다. 말하자면 당시 세계를 지배하던 세력인 트로이와 그리스 간의 전투는 주변 국가에도 영향을 끼쳤으며, 이때 이집트 노예인 셈족 계통의 하피루들이 탈출하는 일이 벌어진 것이다. 이것은 이집트를 지배하던 셈족 계통의 힉소스족이 통치력을 상실하고 쫓겨난 일과도 연관된다.[12]

또한 프로이트는 히브리의 유일신 개념은 이집트를 개혁하려던 파라오 아크나톤이 주장한 아톤 신으로부터 영향을 받은 것이라고 주장한다. 이 점은 히브리인의 아도나이(아돈) 숭배를 고려할 때, 그 타당성이 인정된다. 또한 플라톤이 자신의 저서 『파이드로스』에서 문자를 발명한 신은 이집트의 지혜의 신 테우트(토트)라고 말하고 있는데, 기원전 6세기경에 씌어진 욥기(기독교 성서) 38장 36절에는 "누가 투후트(따오기, 토트 신)에게 지혜를 불어넣었는가?"라는 표현이 등장하

---

11) 마틴 버낼, 『블랙 아테나』, 60쪽.
12) 같은 책, 84쪽.

고 있다.

이런 예들은 그리스 정신과 히브리 정신이 주변의 영향을 받는 가운데 형성되고 성장한 것임을 입증하고 있다. 그뿐만 아니라 우리는 그리스와 히브리 정신 간의 유사성도 발견할 수 있다. 예를 들어 아르고스 왕의 딸인 이오는 제우스의 사랑을 받지만 헤라의 질투에 의해 암소로 변하게 되며, 쇠파리들에 의해 괴롭힘을 당한다. 이오는 도망치다가 마지막엔 이집트에 정착해 그곳에서 제우스의 아들 에파포스를 낳는다. 이 설화는 기독교 성서에 나오는 하갈과 이스마엘 설화와 구조적인 일치를 보이고 있다. 제우스에 아브라함, 헤라에 사라, 이오에 하갈, 에파포스에 이스마엘이 해당한다. 그리고 이오라는 이름은 이에나이(ienai)에서, 하갈은 하가르에서 파생했고 둘 다 "방랑하다"라는 의미이다.[13] 그뿐만 아니라 그리스의 이오 설화는 히브리 예언자인 예레미야에 의해 인용되기도 한다. 그는 "이집트는 아름다운 암소이지만, 북쪽에서 온 쇠파리가 달려들었다"라고 말한다.[14]

이와 같이 당시 세계는 이집트와 소아시아 정신이 지배적이었고, 그 정신이 그리스와 히브리 정신에 강한 영향을 끼쳤으며, 그리스와 히브리 정신 역시 서로 영향을 주고 받았던 것이다. 이 점을 마틴 버낼은 다음과 같이 말한다:

> 헤르메스 원문과 플라톤의 저서, 그리고 신약성서의 '플라톤적' 부분 사이의 부정할 수 없는 유사점은, 후기 이집트 종교와 페니키아, 메소포타미아, 이란, 그리스 사상에서 내려온 공동의 유산이 이 시기 동안 동부 지중해 유

---

13) 같은 책, 143, 148쪽.
14) 같은 책, 143쪽.

역 전역에 널리 퍼져 있었다는 견지에서 수월하게 설명할 수 있다.[15]

그러나 그리스 정신이 주변의 강한 정신들을 받아들이고, 자신에게 적합한 사상으로 발전시키면서, 그리스는 자신만의 고유한 정신을 형성하게 된다. 이제 이러한 자신감은 아리스토텔레스로 하여금 다음과 같이 말하게 한다:

추운 지역에 사는 인종들과 유럽 인종들은 용기와 열정으로 가득 차 있지만 기술과 지력은 다소 모자라다. 이 때문에 그들은, 비록 대체로 독립을 유지하고 있지만, 정치적인 응집력과 다른 인종을 지배할 능력은 가지고 있지 못하다. 반면 아시아 인종들은 지력과 기술을 모두 가지고 있지만 용기와 의지력이 모자라다. 그래서 그들은 노예화되고 종속된 상태로 남아 있다. 지리적으로 중간 지점에 위치한 그리스 인종은 두 가지 모두를 일정하게 가지고 있다. 그래서 그리스 인종은 계속해서 자유를 누려 왔고 최상의 정치 제도를 지녀 왔으며, 하나의 정체를 구성하기만 하면 다른 인종들을 지배할 수 있었다."[16]

이후 서구 유럽인들은 자신의 사상의 원류를 그리스로 한정시켜 왔다. 더 이상 이집트 정신을 부정할 수 없을 때, 프리메이슨과 같은 단체들은 이집트인을 백인으로 여기려고 시도하기도 했지만,[17] 대부분의 경우 이집트가 그리스 정신에 큰 영향을 주었다는 사실은 그리스도

---

15) 같은 책, 242쪽.
16) Aristoteles, *Politics*, VII, 7.
17) 마틴 버낼, 『블랙 아테나』, 68쪽.

교와 서구의 백인주의에 의해 공격받게 되며, 이집트라는 아프리카와 유색인인 소아시아는 서구 세계에서 의도적으로 배제되기 시작한다:

흑인 노예제와 인종주의의 발흥 이후 유럽 사상가들은 아프리카 흑인을 가능한 한 유럽 문명에서 배제하려 했다.[18]

이렇게 서구 정신의 출발점은 아프리카와 소아시아를 제외한 그리스 정신, 특히 플라톤 이후의 정신으로 여겨지게 된다. 반면에 하이데거가 주장하는 고대 그리스 정신은 아프리카와 아시아 정신이 은폐된 채 보존되어 있는 정신이다. 그럼에도 하이데거는 고대 그리스 정신에서 아프리카와 아시아 정신을 배제하고 있다.[19]

이런 주장들을 통해 우리는 고대 그리스 정신이 아프리카와 아시아 정신이라고 주장하려는 것이 아니다. 왜냐하면 고대 그리스 정신은 아프리카와 아시아 정신을 그리스에 맞게 창조적으로 재해석한 정신이기 때문이다. 단지 여기서 제시하려는 것은, "고대 그리스"라는 세계가 즉자적으로 고정된 채 존재한 것이 아니라, 과거에도 이웃 세계의 영향을 받았고, 그 후에도 서구인들의 취향과 시각, 희망에 따라 변형되어 왔다는 점이다. 특히 이런 점은 그리스, 로마라는 남구 유럽 중심의 세계가 북구 유럽에 의해 도전받고, 재해석됨으로써 표면으로 드러

18) 같은 책, 68쪽.
19) 하이데거는 『횔덜린의 송가 〈이스터〉』(최상욱 옮김, 동문선, 2005)에서 이스터 강과 연관된 인도, 그리스, 독일 중 인도를 제외하고 있다. 이런 점은 하이데거가 다루려는 "세계"가 서구 세계에 한정되는 것이기 때문이기도 하지만, 다른 편에서 볼 때, 하이데거가 서구 세계를 서구 중심적 시각에서 정립하고 있다는 비판도 가능하다. 참조. 최상욱, 「하이데거의 언어론」, in: 『하이데거의 언어사상』, 철학과현실사, 1998, 181쪽.

나게 된다. 이러한 시도는 프랑스와 독일 모두에서 나타나지만, 서로 상이하게 진행된다. 우리는 그 차이점이 무엇인지를 밝힘으로써, 독일 사상가들이 고대 그리스 정신을 왜 필요로 했고, 어떤 의미를 부여하려고 했는지를 명확하게 알 수 있을 것이다. 이를 위해 프랑스 사상가 루소의 입장을 간단하게 살펴보기로 한다.

2) "서구 세계"에 대한 남구 중심적 이해와 북구적 이해의 차이: 루소의 경우

서구 정신의 원류를 규정하기 위한 서구인의 노력은 우선적으로 고대 그리스를 이집트와 소아시아로부터 분리하는 일이었다. 그 이후 서구 정신의 시원은 그리스로 규정되고, 그리스 정신은 로마제국과 중세 그리스도교 세계로 이어진다.

그런데 18세기경부터 서구 정신의 주도권을 두고 투쟁이 벌어진다. 이러한 투쟁의 원인은, 비록 당시 서구의 보편적인 정신은 그리스와 그리스도교 정신이었지만, 각 민족들에게 특수한 정신들이 모두 사라져 버린 것은 아니었기 때문이다. 이제 서구에서 자신의 정체성을 찾기 위한 시도들이 특히 북구 유럽을 중심으로 이루어진다. 서구 정신은 더 이상 그리스, 로마, 로마 가톨릭만이 아니라는 것, 그리고 그동안 은폐되고 망각되어 왔던 북구적 뿌리를 회복해야 한다는 주장들이 나오기 시작한 것이다. 이런 경향은 통일된 제국과 제국적인 가톨릭이 분열된 후 각 민족들이 자기 정체성을 질문하면서 비롯된 사건이며, 이때 서구인들은 남구와 북구 유럽 정신이 다르다는 점에 주목하고 그 차이의 원인과 의미에 대하여 질문하게 된다.

이러한 질문은 프랑스와 독일 사상가들에 의해 제기되지만 그 양상과 경향은 상이하게 전개된다. 우리의 과제는 독일 사상가들이 서구 사회를 어떻게 이해하려고 시도했는지를 알아보는 것이다. 그러나 이에 앞서 프랑스 철학자 특히 루소의 경우를 먼저 살펴봄으로써, 우리는 독일 사상가들의 특징이 무엇인지를 좀 더 선명하게 알 수 있을 것이다.

우리가 프랑스 철학자 중 특히 루소를 택한 이유는, 첫째 루소는 횔덜린에게 큰 영향을 끼친 인물이었기 때문이다. 이런 점은 계몽주의적 발전보다 시원으로 돌아가기를 강조했던 두 사상가의 입장을 비교하는 데 도움이 될 수 있으며, 둘째 하이데거의 주요 개념인 존재, 즉 피지스(자연)에 대한 이해에서 루소와 하이데거가 어떻게 다른지를 이해하는 데 도움이 될 수 있기 때문이다. 마지막으로, 독일 사상가들이 고대 그리스를 이해함에 있어 독일이라는 민족과 연관짓고 있는 데 반해 루소는 일반적이고 보편적인 방식으로 북구와 남구의 특징과 차이점을 지적하고 있으므로, 우리는 루소의 사상을 통해 독일 사상가들이 고대 그리스를 어떻게 이해하려고 했는지에 대하여 좀 더 분명하게 알 수 있게 될 것이기 때문이다.

루소에 따르면 남구와 북구 유럽의 차이에 대한 주장들은, 기후나 토양 등 주변 환경이 각각의 민족에게 끼치는 영향이 어떠한지에 따라 달라진다는 자각과 더불어 나타나기 시작하였다. 이런 주장들 중 일부는 유럽과 다른 대륙에 대한 인종주의적 우월주의, 즉 백인 우월주의로 나타나기도 했다. 로크, 흄, 몽테스키외 등이 이에 속한다.

이들과 달리 루소는 유럽과 다른 대륙의 차이를 떠나 북구와 남구의 차이에 대하여 일반적인 구분을 하고 있다. 그에 따르면 인간의 문화는 자신이 태어난 지역과 무관할 수 없다. 왜냐하면 너무 더운 곳이나 너무 추운 곳에서 인간은 자신의 기량을 충분히 펼쳐 낼 수 없으며, 그 기량은 온화한 기후 속에서 최대한 실현될 수 있기 때문이다:

> 북쪽에 사는 사람들은 메마른 땅에서 많은 것을 소비하는 대신, 남쪽에 사는 사람들은 비옥한 땅에서 적은 것을 소비한다. 여기에서 새로운 차이가 생겨나서 전자는 근면한 인간이 되고 후자는 관조적인 인간이 된다. … 가난한 이들은 메마른 땅에 거주하고, 부유한 이들은 비옥한 지역에 거주한다.[20]

루소에 따르면 북구인들은 자신의 삶을 유지하기 위해 더 많은 노력과 수고를 필요로 했으며,[21] 이렇게 하는 과정에서 북구인들은 강인함을 지니게 되었다는 것이다. 남구인들보다 척박한 환경에 처한 북구인들에게 중요한 것은 더 좋은 삶이 아니라 생존 자체인 경우가 허다했으며, 생존의 위협은 그들에게 죽음에의 공포를 주었고, 이러한 죽음을 극복하기 위해 북구인들은 서로 결합하려는 경향을 띠게 되었다는 것이다. 이런 점은 언어에도 그대로 적용된다.

남구인의 경우 그들의 언어는 사랑과 부드러움에 관련된 관능적인 정념을 표현하고 있는 데 반해, 북구인의 언어는 생존을 위한 욕구를 표현한다. 북구인의 최초의 언어는 "'나를 사랑해 줘요'가 아니라 '나를 도와줘요'"[22]이다. 그 결과 "남구의 언어들은 경쾌하고 낭랑하며 (유성이며), 악센트가 있고 웅변적이고, 대게 너무 힘이 넘쳐 모호한 반면, 북구의 언어들은 둔하고 거칠며, 분절되어 있고 소란스러우며,

---

20) 장 자크 루소, 『에밀』, 박호성 옮김, 책세상, 2007, 60쪽.
21) 장 자크 루소, 『인간 불평등의 기원론』, 주경복, 고봉만 옮김, 책세상, 2007, 64쪽.
22) 장 자크 루소, 『언어 기원에 관한 시론』, 주경복, 고봉만 옮김, 책세상, 2008, 88쪽.

단조롭고 좋은 구문보다는 오히려 낱말 덕분에 더 명료하다"[23]라는 결과로 나타나게 된다.

그런데 루소의 궁극적인 의도는 남구인, 북구인을 구분하는 것이 아니라 이 모두를 포함하여 인간이 인간으로서 살아가는 방식에 대하여 탐구하는 것이었다. 왜냐하면 남구인, 혹은 북구인이라는 자연적, 신체적 불평등은 도덕적, 혹은 정치적 불평등과 달리 자연의 치유력에 의해 스스로 해결될 수 있는 문제이기 때문이다.[24]

반면에 인간을 자신의 고유한 존재로부터 멀어지게 한 주 원인은 인간의 정치적 제도와 교육이며, 그것은 도시, 소유, 화폐, 사회법의 형태로 이어진다. 결국 문명화된 인간은 복종과 강요에 의한 노예 상태로 살아가게 되며, "문명화된 인간은 노예 상태로 태어나서 살다가 죽으며, 태어나자마자 배내옷 속에 꿰매진 듯 둘둘 말려지고, 죽자마자 관 속에 갇혀 버리게 된다."[25] 이런 점은 학문의 경우도 마찬가지다. 루소에 따르면, 학문과 예술은 자연적으로 주어진 인간의 평등한 권리와 자유의 감정을 질식시키는 역할을 한다. 학문과 예술은 인간의 무위와 허영에서 생겨난 사치에 불과하며, 인간의 악덕에 그 근원을 두고 있기 때문이다.[26] 루소는 「스타니수아프 왕의 반박문에 대한 재반박문」에서 학문의 이런 폐해에 대하여 다음과 같이 말한다:

> 철학자가 자신의 헛된 체계에 몰두하여 세계라는 기계를 해결하려고 온갖 노력을 기울이는 반면, 비와 태양이 자신의 논밭을 기름지게 해 주는 것을

---

23) 같은 책, 93쪽.
24) 장 자크 루소, 『인간 불평등의 기원론』, 45쪽.
25) 장 자크 루소, 『에밀』, 36쪽.
26) 장 자크 루소, 『학문과 예술에 대하여 외』, 김중현 옮김, 한길사, 2007, 49쪽.

보는 농부는 그 은총을 부여하는 손을 ─ 그 은총이 자신에게 부여되는 방식은 상관하지 않고 ─ 찬미하고 찬양하고 감사한다.[27]

그러나 루소가 학문을 전적으로 부정하여 "당장 모든 도서관을 불질러 버리고 대학과 아카데미를 모두 파괴해 버려야 한다"라고 주장한 것은 아니다.[28] 그는 이러한 행동이 유럽을 다시 미개의 상태로 되돌리는 야만적인 행위임을 분명히 밝힌다. 그렇지만 학문을 부정적으로 평가하는 루소에게 학문은 사람들로 하여금 자신이 별로 아는 것이 없다는 사실을 알게 하는, 분별 있고 겸손한 무지를 알게 하는 것이다.[29] 이처럼 루소는 학문 자체를 부정한 것이 아니라 학문과 예술, 더 나아가 종교가 그 각각의 순수하고 본질적인 근거로 되돌아가야 함을 강조하고 있을 뿐이다.

이런 점은 「산에서 쓴 편지」에 잘 나타나 있다. 이 서한에서 루소는, 기독교를 거부하고 있다는 당국의 비판에 대하여, 자신은 단지 기독교가 더 이상 미신이 아닌 기독교의 본질로 돌아가야 함을 강조한 것이라고 답변하고 있다. 그는 그가 기독교인이 아니라고 반박하는 당국에 대하여, 그가 믿고 있는 기독교를 "공개적으로 비판하는 사람들은 단지 '그들의 기독교'를 보여 줄 뿐이며, 그들이 유일하게 증명한 바는 그들과 자신이 동일한 기독교를 믿지 않는다는 사실이며", 그들은 "악마의 행위를 하면서 그들을 신의 위치에 두고 있으니, 그렇게 높은 곳에서 내려치는 공격에서 어떻게 자신이 머리를 피할 수 있겠는가?"[30]

---

27) 장 자크 루소, 「스타니수와프 왕의 반박문에 대한 재반박문」, in: 『학문과 예술에 대하여 외』, 82쪽.
28) 같은 책, 101쪽.
29) 같은 책, 99쪽.

라고 하소연하고 있다. 루소는 당시의 미신적이고 폭압적이며, 기독교 복음의 실천에는 관심이 없고 논쟁만을 일삼는 기독교 당국에 반대하여, 자신은 이성과 복음을 가지고 복음의 실천에 전념할 뿐 논쟁엔 관심이 없다고 밝히고 있다. 이런 점을 염두에 둘 때, "자연으로 돌아가라"라는 루소의 주장은 모든 학문과 문명을 거부하고 원시 상태로 돌아가려는 단순한 회귀주의, 수구주의와는 거리가 먼 것을 알 수 있다.

　이와 같이 당시의 정치 구조와 종교, 학문, 문명을 거부하는 점에서 루소는 볼테르, 디드로, 몽테스키외와 같은 계몽주의자들로부터 환영을 받는다. 그러나 진보를 거부하고 그 본질로 되돌아가야 한다는 입장이 오해를 받음으로써 이들로부터도 멀어지게 된다. 이 점을 루소는 다음과 같이 탄식한다:

　　이제 나는 이 지상에 혼자이다. 오직 나 자신뿐, 형제도 이웃도 친구도 사회도 없다. 세상에서 가장 원만하고 애정이 넘치는 한 사람이 이렇게 그들에게서 만장일치로 추방되었다.[31]

　그런데 수구적인 세력과 계몽주의자들 양쪽으로부터 비판받은 루소가 진정으로 하고자 했던 일은 "진리를 위해 일생을 바치는 것"[32]이었고, 이 진리를 위해 그는 양쪽으로부터 벗어나 인간의 평등과 자유가 확보될 수 있는 학문과 문명의 본질 상태로 돌아가야 한다고 외친 것이다. 이런 점에서 루소의 주장은 하이데거의 사상과도 많은 부분에서

---

30)　장 자크 루소, 「산에서 쓴 편지」, in: 『학문과 예술에 대하여 외』, 210, 211쪽.
31)　장 자크 루소, 『고독한 산책자의 몽상』, 김중현 옮김, 한길사, 2007, 23쪽.
32)　장 자크 루소, 「산에서 쓴 편지, 머리말」, in: 『학문과 예술에 대하여 외』, 191쪽.

비교될 수 있을 것이다. 특히 하이데거가 시인 중의 시인이라고 명명한 횔덜린이 루소를 자주 인용하고, 루소의 입장에 동의하고 있다는 점은 하이데거와 루소의 사상을 비교할 수 있는 단초를 제공할 것이다. 그러나 이런 점은 열린 과제로 남겨 두기로 하고, 이제 우리의 관심은 남구 중심적 서구 세계로부터 북구 중심적 세계를 추구하려는 독일 사상가들의 입장이 루소와 얼마나 다른지를 확인하는 데 놓이게 될 것이다.

지금까지 우리는 루소가 북구와 남구의 차이를 일반적이고 보편적인 시각에서 해명하는 것을 보았다. 반면에 앞으로 우리는 독일 사상가들이 북구와 남구의 차이를 "민족의 정체성"과 연결하고 있다는 점을 확인하게 될 것이다.

1부

니체,

횔덜린,

하이데거에 이르는 독일 정신과,

고대 그리스 정신

1 독일 낭만주의와 관념론, 횔덜린의 독일 정신과 그리스

앞서 밝혔듯이 서구 유럽인들은 아프리카와 아시아를 배제한 그리스로부터 서구세계의 정체성을 규정했고, 그 후 오랫동안 서구 정신은 그리스, 로마를 중심으로 한 남구 유럽 정신으로 여겨졌다. 그러나 그때까지 당연하다고 여겨져 왔던 남구 유럽, 특히 로마를 중심으로 한 라틴적 유럽 정신에 대한 비판과, 자기 정체성을 찾으려는 움직임이 북구 유럽인인 독일인을 중심으로 본격적으로 나타났다. 그런데 독일인들이 서구 세계에서 자신의 정체성을 찾기 위해 보인 노력은 기이하게도 그리스에 대한 동경으로 나타났다.

이런 점은 북구 정신의 정체성을 찾으려는 시도에 반하는 것처럼 보인다. 그러나 엄밀히 말해 중세까지 지배적이었던 남구 유럽 정신은 플라톤 이후의 헬레니즘과 로마 국교가 된 그리스도교, 그리고 로마제국의 라틴 문명을 주축으로 한 것이었다. 따라서 독일인들이 자신의 정체성을 찾기 위해 중세까지 지배적이었던 라틴적 문명과 종교, 정신을 버리고 플라톤 이전의 고대 그리스로 돌아가려고 했던 것은 전략적으로 당연한 시도였을 것이다. 그러나 더 근본적인 이유는, 독일 사상가들이 플라톤 이전의 고대 그리스 정신과 자신들의 정신에서 매우 긴밀한 유사성을 발견했기 때문이기도 하다. 이런 점은 그리스에 대하여 보여 준 독일 사상가들의 태도가 가히 열광적이었던 것에서도 잘 나타난다. 따라서 그리스에 대한 독일 사상가들의 열광은 라틴 정신을 부정 혹은 극복하고 자신의 정체성을 찾으려는 자신들의 의도와 분리된 채 이해되어서는 안 된다. 그렇다면 당시 독일 사상가들이 고대 그리스 정신에서 발견한 유사성은 무엇이었을까?

독일 사상가들이 고대 그리스와 연관해 자신의 정체성을 확인하려고 했던 첫째 시도는 종교 개혁가 마르틴 루터에서 발견된다. 로마 가톨릭에 대항해 개신교를 주장한 루터가 가톨릭에 대항해 사용한 무기는 바로 그리스어로 씌어진 성서였다. 당시 루터에게 그리스어는 "라틴어보다도 더욱 믿을 만하다고 주장할 수 있는 신성한 그리스도교 언어였다."[1] 또한 독일인들은 독일어와 그리스어 명사는 5개의 격을 갖는 라틴어와 달리, 모두 4개의 격을 갖는다는 유사성도 알고 있었다.

더 나아가 훔볼트는 독일인과 그리스인 사이의 특별한 친족적 유사성을 주장하기에 이른다:

> 독일과 고대 그리스 사이에 존재하는 … 일종의 혈족 관계라는 느낌이 요구된다고 믿었으며 … 오로지 그리스인만이 우리가 되고자 하고 만들어내고자 하는 이상을 보여 주며 … 그리스인에게서 우리는 세속을 넘어서는, 즉 거의 신적인 무언가를 얻는다.[2]

고대 그리스와 독일의 연관성을 주장하는 일련의 움직임에 대하여 고전학 역사가인 루돌프 파이퍼는 다음과 같이 말한다:

> 인문주의의 라틴 전승이 단절되고 완전히 새로운 인문주의, 즉 새로운 진정한 헬레니즘이 자라났다. 빙켈만은 창시자였고, 괴테는 완성자였으며, … 빌헬름 폰 훔볼트는 이론가였다.[3]

---

1) 마틴 버낼, 『블랙 아테나』, 284쪽.
2) 같은 책, 405-406쪽.

그의 주장은 그리스에 대한 동경이 단순히 독일 사상가들의 개별적인 경향이 아니라, 독일 사상사를 이어 내려오는 근본적인 특징임을 확인시켜 준다. 이러한 특징은 1648년 30년 전쟁 후 18세기까지 군대가 붕괴되고, 정치적으로 분열되고, 경제적으로 후진적 위치에 처해 있던 독일의 상황에서, 그 위기를 극복하려는 운동인 낭만주의에서 또다시 강조된다. 특히 독일의 낭만주의는 17, 18세기를 지배했던 합리적이고 형식적인 계몽주의와 고전주의에 대한 반동으로 일어난 사조로서, 냉정한 이성보다는 감정을, 그리고 현실보다는 판타지의 세계를 주장하며, 그 근거로서 그리스의 예술과 인본주의에 나타난 세계와 인간의 모습을 자신들이 추구해야 할 전형으로 규정하였다.

그뿐만 아니라 독일 낭만주의의 또 다른 특징은, 그 관심이 보편적이고 세계사적인 것보다는 지역적이고 특수한 것에 있다는 점이다. 이렇게 독일에 고유한 대지와 고유한 역사와 기후에 대한 강조 때문에 낭만주의 시기에는 '나무' 모델이 자주 등장하고 있다. 왜냐하면 인간을 이성적 동물로 보는 보편적 정의와 달리 인간을 나무의 상징으로 보는 입장은, 인간 역시 나무와 같이 자신의 고유한 대지에 뿌리를 내리고 자양분을 받아야 한다는 생각과 연결되어 있기 때문이다.[4] 이런 점은 후에 마르틴 하이데거의 철학에서 다시 강조되지만, 이미 18, 19세기 낭만주의자인 티크와 슐레겔과 같은 문학자들과 칸트부터 헤겔, 셸링, 피히테에 이르는 일련의 독일관념론 철학자들의 사상에서 끊임없이 발견된다. 이들에 따르면, 민족은 지리적, 역사적 맥락에서 이해되어야 한다. 왜냐하면 그들은 "땅과 그 땅의 사람에게 속하는 민족적

---

3) 같은 책, 313쪽.
4) 같은 책, 300쪽.

인 특성이나 정신은 시대정신에 따라 그 형태가 바뀌었지만, 민족 고유의 본질은 늘 변함없이 유지된다"[5]라고 믿었기 때문이다.

이와 같이 독일 낭만주의자들과 독일 관념론자들은 모두 독일인의 정체성에 대하여 질문한 사상가들이다. 그들은 서구 유럽에서 자신들의 문화적, 정신적 뿌리인 시원이 무엇인지 질문하고, 그 시원으로 돌아감으로써 자신의 정체성을 독일의 시원적 대지와 정신으로부터 확인하고, 이 정신을 다시금 미래적으로 규정하기를 시도하였다. 따라서 낭만주의자들과 독일 관념론자들은 숲과 산, 안개가 많은 북유럽을 동경했고, 그곳에서 인간성의 진정한 보고를 발견할 수 있다고 믿었다. 그런데 그들은 자신들이 동경하고 추구했던 아득한 시원 시절에 존재했던 순수한 소규모의 공동체를, 우선 과거의 고대 그리스에서 발견한 것이다. 즉 "그리스는 소규모라는 점에서 확실한 자격이 있었으며, 그리스의 도시 국가들은 조금만 상상의 나래를 편다면 충분히 고결하게 묘사"될 수 있었던 것이다.[6] 또한 시원적 뿌리로의 회귀는 항상 젊고 왕성한 생명력과 무한한 가능성을 지닌 시기, 즉 유년기로의 회귀로도 나타난다. 왜냐하면 "유년기는 이성 이전의 감정과 느낌의 시기로 여겨졌지만, 또한 성년기의 성욕과 타락이 배제된 시기로도 여겨졌기 때문이며 … 유년기는 과거에 얽매이지 않고 미래를 향하는 잠재성의 시기이기"[7] 때문이다. 따라서 유년기를 동경하는 것은 역사의 유년기인 고대 그리스, 항상 어린아이인 그리스인[8]에 대한 동경과 연결되었다.

---

5) 같은 책, 301, 302쪽.
6) 같은 책, 307쪽.
7) 같은 책, 305쪽.
8) 같은 책, 305쪽. 참조. Platon, *Timaios*, 플라톤의 『티마이오스』에는 이집트인이 그리스인을 향해, 그리스인은 늘 어린아이이며, 나이든 그리스인은 존재하지 않는다고

  또한 이들은 시원적인 존재를 담고 있는 언어, 즉 민담, 전설, 신화에서 언어의 본질을 찾아야 한다고 보았다. 당시 독일 사상가들은 "'인종'의 가장 순수한 두 가지 본질을 언어와 민요라고 생각했으며, 언어와 민요는 소리로서, 공간적이 아니라 시간적인 것이며 … 언어와 민요는 … 그 인종의 가장 특징적이고 활기찬 시기, 즉 그 인종의 '유년기'나 초기 단계에 관한 표현"[9]이라고 생각했다. 그런데 우리는 이런 점을 마르틴 하이데거의 사상에서도 그대로 발견할 수 있다.

  이와 같이 독일 사상가들이 시도한 일은, 한편으론 독일인의 시원적 근거를 되찾기 위해 독일의 고유한 뿌리로 회귀하는 일이었지만, 그 일은 동시에 고대 그리스에 대한 동경으로도 나타났다.

  그러나 고대 그리스 정신에 대한 이해는 독일 사상가들 사이에서도 차이점을 드러낸다. 빙켈만은 고대 그리스 정신을 "고결한 단순성과 고요한 위대함"(die edle Einfalt und stille Größe)이라고 표현함으로써 고대 그리스 정신을 조화로운 정신으로 파악했지만, 횔덜린과 니체, 하이데거는 고대 그리스 정신 안에서 비극적이고 디오니소스적인 명랑성의 정신이 주도적임을 발견한다.[10] 니체에 의해 유명해진 아폴론적 정신과 디오니소스적 정신의 종합이 고대 그리스 정신의 본질이라는 견해는 니체 이전 하인리히 하이네나 빌란트로 소급되는 독일 전통에 속하는 것이다. 더 나아가 19세기, 20세기 동안 독일에서 회자되던 주장, 즉 고대 그리스의 도리스인과 독일인의 동일시는 제3 제국에서 절정에 이른다:

  말한다. 그리고 그 이유에 대해, 그리스는 늘 젊은 영혼을 지니고 있기 때문이라고 말한다.

9) 마틴 버낼, 『블랙 아테나』, 303쪽.
10) 같은 책, 313쪽.

19세기 말엽에 몇몇 민족주의 작가는 도리스인을 북쪽에서 온, 심지어 독일에서 왔을지도 모르는 순수 혈통의 아리안인으로 보았다.[11]

하이데거 역시 마이스터 에크하르트부터 횔덜린에 이르기까지 독일 정신이 고대 그리스 정신과 연결되어 있다고 보았다:

서구 철학의 시원에 주도적이었던 존재이해와, 그 이후 … 마이스터 에크하르트 이래 지배했던 독일 사유와 앎이, 위의 존재이해에 근접해 있고, 그러한 존재이해를 복권시켰다. 그것은 헤라클레이토스라는 사유가의 존재이해이며, 횔덜린은 자신이 헤라클레이토스에 속한다고 알고 있었다.[12] 혹은

헤겔의 사유는 헤라클레이토스의 원사상을 새롭고 창조적으로 반복하면서 이뤄 낸 성취에 의해 점화되었다. … 그러나 횔덜린도 헤라클레이토스의 사상의 힘 아래 서 있다. 또 이러한 힘 아래 또 다른 후예인 니체도 서 있다. 이러한 힘 아래에는 간접적으로 독일 철학의 시원의 근거인 마이스터 에크하르트도 서 있었다. … (헤라클레이토스)라는 이름은 처음으로 아시아인과 논쟁을 벌인 서구적-게르만적인 역사적 현존재의 근원적 힘을 위한 이름이다.[13]

---

11) 같은 책, 414쪽.

12) M. Heidegger, *Hölderlins Hymnen 》Germanien《 und 》Der Rhein《*, GA 39, Vittorio Klostermann, Frankfurt, 1999, 123쪽 (번역본: 마르틴 하이데거, 『횔덜린의 송가 《게르마니엔》과 《라인 강》』, 최상욱 옮김, 서광사, 2009, 177쪽).

13) 마르틴 하이데거, 『횔덜린의 송가 《게르마니엔》과 《라인 강》』, 189-190쪽.

특히 이러한 예로서, 하이데거는 횔덜린의 시적 단어이자 하이데거 자신도 많이 사용한 신들의 눈짓(Winke)[14]이란 표현이 헤라클레이토스의 표현임을 지적한다. 하이데거는 횔덜린의 시가 갖는 의미를 다음과 같이 말한다:

(횔덜린의 시와 연관해) 만약 그때 철학에 하나의 과제가 주어진다면, 그것은 단지 그것의 고유한 필연성으로부터, 즉 그리스적–독일적인 소명 안에서 규정될 수 있다...[15]

이외에도 하이데거는, 인간의 역사적 존재를 최초로 건립한 시인은 그리스 시인이라고 말한다:

인간의 역사적 현존재는 시인이 앞서 경험한 존재로부터 근본적으로 견지되고 이끌려지며, 그때 비로소 말로 감싸지고 민족 안에 제시된다. 이러한 사건을 하나로 파악하는 것, 그것을 우리는: 시인이 존재를 건립한다고 말하는 것이다. 서구 현존재의 경우 이러한 존재의 건립은 횔덜린이 《모든 시인들 중의 시인》이라고 칭한 호메로스에 의해 수행되었다.[16]

그리스에 대한 횔덜린의 시는 호메로스뿐 아니라, 소포클레스의 『오이디푸스』와 『안티고네』에 대한 번역과, 그리스 신화 속 인물인 아킬

---

14) "루소"라는 시에서 횔덜린은 눈짓은 신들의 언어(Winke sind die Sprache der Götter)라고 쓰고 있다. 그런데 눈짓이란 표현은 헤라클레이토스의 단편 93에 나타난다. 마르틴 하이데거, 『횔덜린의 송가 《게르마니엔》과 《라인 강》』, 182쪽.

15) 같은 책, 211쪽.

16) 횔덜린의 시 "아킬레우스에 대하여", II., III, 247, 같은 책, 254쪽.

레우스에 대한 시, 에트나 화산으로 몸을 던져 삶을 마감한 엠페도클레스에 관한 시 등으로, 그의 작품의 많은 부분을 차지한다. 특히 『안티고네』에 대한 횔덜린의 번역을 다루면서 하이데거는 "《안티고네》라고 불리는 소포클레스의 시는 하나의 시이지만, 그리스 현존재 전체를 건립하고 있다"[17]라고 주장한다. 또한 하이데거가 관심을 두는 횔덜린의 시의 표현 중 하나는 담쟁이덩굴이다. 횔덜린의 시 "라인 강"은 다음과 같이 시작된다:

> 숲의 입구에 있는 어두운 담쟁이덩굴 안에
>
> 나는 앉아 있었다. 그때 황금빛 정오가,
>
> 샘물을 지나, 알프스 산맥의
>
> 계단으로부터 내려왔다 … (라인 강 I)[18]

이 시에서 표현된 담쟁이덩굴은 횔덜린의 고향, 더 나아가 독일과는 무관하다. 그것은 전적으로 그리스적인 식물이며, 바로 디오니소스 신이 사랑하는 식물이다:

> 《담쟁이덩굴》은, 횔덜린이 기꺼이 《포도주의 신》이라고 명명한 반신 디오니소스가 선택한 사랑스러운 것이다. 《담쟁이덩굴》은 그리스어로 κισσός이며, 디오니소스는 ὁ κισσοφόρος(핀다로스: 두 번째 올림푸스 송시, V. 31)로, 혹은 직접적으로 κισσός로 불리기도 한다.[19]

---

17) 마르틴 하이데거, 『횔덜린의 송가 《게르마니엔》과 《라인 강》』, 295쪽.
18) 같은 책, 215쪽.
19) 같은 책, 259쪽.

담쟁이덩굴은 "빵과 포도주"에서는 디오니소스가 선택한 화환으로 묘사된다. 여기서 시인은 디오니소스 신의 사제로 표현된다:

궁핍한 시대에 시인의 사명이 무엇인지 나는 모른다.
그러나 그대는 말한다. 시인은 성스러운 밤에 여러 나라를
배회하는 포도주의 신의 성스러운 사제와 같다고[20]

"빵과 포도주"에서 디오니소스는 도취의 신이고, 무녀들에 의해 찢겨진 신, 즉 디오니소스-자그레우스로서, 고통의 신이면서 동시에 제우스에 의해 부활한 신이기도 하다.[21]

디오니소스에 대한 열광은 니체에게서도 발견된다. 이들이 디오니소스에 열광한 이유는 그 신이 신 제우스와 인간 세멜레 사이에 태어난 반신이고, 디오니소스는 태곳적, 즉 시원적 통일성을 추구하는 신이기 때문이다:

디오니소스는 다른 반신들 중 한 명일 뿐 아니라, 아주 특별한 반신이다. 그는 생육을 위한 충동 안에서도 고갈되지 않는 가장 야생적인 생명에 대한 긍정이며, 멸절시키려는 가장 두려운 죽음에 대한 부정이다. 그는 마술적이고 매혹적인 희열이며, 혼란스럽고 경악스러운 전율이다. 그는 스스로 타자인, 일자이다. 즉 그가 그인 것은 그가 그이면서 동시에 그가 아니기 때문이다; 그는 존재하지 않는 가운데, 그로 존재한다. … 이 반신은 현존

20) M. Heidegger, "Nietzsches Wort 》Gott ist tot《", in: *Holzwege*, Vittorio Kloster-mann, Frankfurt, 1980, 250쪽.
21) 최상욱, 「하이데거의 대지 개념에 대하여」, in: 『하이데거연구』, 제16집, 2007년, 가을호, 231쪽.

하면서 부재하며, 부재하면서 현존한다. 현존하는 부재자와 부재하는 현존
자에 대한 상징이 가면이다. 가면은 디오니소스를 위한 특별한 상징이
다.[22]

그런데 디오니소스의 모습은 1803년에 씌어진 횔덜린의 시 "유일
자"에서는 변화된다. 이제 디오니소스는 광기를 지닌 "포도주의 신이
아니라, 포도원을 가꾸는 신"의 모습을 띤다:

인도에 이르기까지
요구되는 즐거운 봉사로
포도원을 건립하고
민족들의 울분을 제어한다[23]

결국 횔덜린과 니체, 하이데거가 디오니소스를 높게 평가하고 있는
이유는 디오니소스가 민족들의 울분을 제어시켜 주고, 새로운 존재를
건립시키는 신이기 때문이다. 이것은 하이데거의 경우 형이상학의 극
복과 새로운 시원의 건립이라는 과제와 연결되고 있으며, 횔덜린의 경
우도 마찬가지이다.

이렇게 독일인을 중심으로 시도된 서구 유럽에 대한 새로운 이해는
고대 독일의 시원적 뿌리 찾기와 고대 그리스를 향한 동경이란 형태로
이어졌다는 점, 그리고 그 경향은 한두 사상가의 개인적 취향이 아니

---

22) 마르틴 하이데거, 『횔덜린의 송가 《게르마니엔》과 《라인 강》』, 261–262쪽.
23) F. Hölderlin, *Sämtliche Werke*, hrsg. v. F. Beißner, Große Stuttgarter Ausgabe
   (GSA II), 154쪽.

라, 독일 사상가들이 간단없이 추구한 본질적인 운동임을 우리는 확인할 수 있다.

2 헤겔에 있어서 그리스와 독일 정신

헤겔에 따르면 세계사는 세계에서 일어난 역사적 사건들과 그 기록들에 의해 판단되는 것이 아니라, 세계를 움직이며 세계를 통해 자신을 드러내는 이성의 자기 전개 과정으로 보아야 한다. 그는 『법철학』 서문에서 "어떤 경우에도 개인은 그 시대의 아들이다. 따라서 철학 역시 사상 속에서 파악된 그 시대이다 … 철학이 어떠해야 한다고 가르침을 줄 수 있다는 견해에 대하여 … 철학은 너무 늦게 무대에 등장하기에 그것을 줄 수 없다는 것이다. 세계에 대한 사상과 마찬가지로, 철학은 이미 그 자신의 형성 과정을 완료함으로써 끝나고 바싹 말라 버린 다음에야 비로소 나타나는 것이다"라고 말한다. 철학은 현실을 앞당겨 예언하거나 변화시키는 것이 아니라, 이미 형성된 사상을 바탕으로 그러한 현실들이 어떻게 실현되고, 그 의미가 무엇인지를 해석할 수 있을 뿐이다. 따라서 그는 "철학이 회색을 회색으로 칠할 때, 그때 인생은 이미 말년에 접어든 것이다. 철학은 회색을 회색을 칠함에 있어, 그것을 다시 소생시키는 것이 아니라 단지 해석할 따름이다. 미네르바의 올빼미는 어둠이 깔리고서야 날기 시작하는 것이다"라고 말한다.[24]

헤겔에 따르면 서구의 역사는 바로 서구 정신이 자신을 형성하고 실현해 나간 역사를 뜻한다. 그러나 세계사의 시초부터 이성이 지배적이었던 것은 아니다. 오히려 세계사의 시초에 이성은 자연적 조건에 의해 붙잡혀 있었다. 그러나 점차 이성은 자연으로부터 벗어나기 시작하여 결국 자신을 완성해 간다. 이러한 과정이 바로 헤겔이 이해한 세계사의 이념적 본질이다.

세계사의 시초의 상황에 대하여 헤겔은, "각성해 가는 의식도 처음에는 단지 자연 안에 침잠해 있는 데 지나지 않으며, 그 의식이 발전하는 각 단계는 이 자연적 직접성에 대항하여 정신이 자기 내부로 반성해 가는 것"[25]이라고 말하면서, 이때 정신은 자연에 의해 제한되며, 오히려 자연이 자신에 걸맞는 특수한 정신을 산출시키는 단계라고 주장한다. 이렇게 자연에 의해 제한된 채 진정한 자유를 갖지 못한 단계에 속한 세계를 그는 동양이라고 평가한다. 헤겔에 따르면 동양인은 아직 정신 혹은 인간의 본질이 자유라는 것을 알지 못하고 살아가는 상태에 머물고 있다. 단지 세계사의 시초인 동양 세계에서 자유가 존재한다면 그것은 단 한 사람, 즉 왕에게 있을 뿐이다. 따라서 동양의 세계는 단 한 명의 왕에 의해 다스려지고, 그 외의 국민들은 왕에게 순종할 뿐인 전제군주제의 형태를 띤다는 것이다.(헤겔, 『역사철학강의』, 1권, 서론, 정신의 본성의 추상적 제규정, 88쪽)

그 후 한 사람의 자유인으로부터 몇몇 사람들이 자유를 획득하게 되는 사건은 그리스와 로마 세계에서 일어난다. 헤겔에 따르면, 그리스

---

24) Hegel, *Grundlinien der Philosophie des Rechts*, Suhrkamp, Frankfurt, 1979, Vorrede(11-29쪽) 참조.

25) 헤겔, 『역사철학강의』, I, II, 김종호 옮김, 삼성출판사, 1982, 1권, 서론, 2편, 세계사의 지리적 기초, 1. 일반적 제규정, 167쪽 (앞으로 이 책의 권, 쪽수를 본문에 기입함).

세계에서 처음으로 자유의 의식이 나타났다. 이런 의미에서 그리스인은 최초의 자유인이고 그들은 자유의 세계에서 살았던 최초의 인간이다. 그러나 이때에도 자유인은 인간 모두에게 주어진 것이 아니라 몇몇의 인간들에게만 허용된 것이라는 한계를 갖는다.

결국 모든 인간들에게 자유가 허락된 것은 그리스도교화된 게르만계의 국민들에 이르러서이다.(1권, 89쪽) 헤겔에 따르면, 자유롭지 못한 동양의 정신, 몇몇의 자유인에 의한 그리스와 로마 정신은 결국 게르만 정신에 의해 완성되어야 한다.

이러한 헤겔의 주장에서 우리는 몇 가지를 지적할 수 있다.

첫째, 헤겔은 물질적 조건에 얽매여 있는 동양과 자유로운 그리스 세계를 구분하면서, 동양에 대한 서구 사회의 차이를 물질적 조건으로부터 해방된 정신의 탄생과 자유라고 규정하고 있다. 그가 세계의 역사를 이성의 발전사로 본다는 점을 고려한다면, 헤겔은 진정한 세계사의 시초가 그리스 세계에서 시작되었다고 주장하고 있는 셈이다. 그리스인에 와서야 인간이 비로소 정신의 지반에 도착하기에, 헤겔은 그리스에 이르러 마치 고국에 돌아온 것과 같은 느낌을 받는다고 표현하고 있다. 그리고 이러한 정신의 세계인 그리스는 인도와 같은 동양과는 구분된다고 단호하게 주장한다.(1권, 2부, 개관, 346쪽)

둘째, 헤겔은 자유의 역사의 과정을 비교하면서 그리스와 로마 세계, 즉 서구의 남구 정신으로부터 게르만적 그리스도교 정신을 구분하고 있고, 마지막으로 게르만 정신이 그리스도교로부터 벗어나 진정한 절대정신의 세계를 이뤄야 한다고 주장한다. 이런 헤겔의 입장은 우리가 앞서 제시한 구분, 즉 서구 사회가 아프리카와 아시아로부터 그리스를 구분했고, 그 후 16세기 이후 남구 중심의 서구 정신으로부터 북구 사상가들이 자신의 정체성을 묻기 시작했다는 주장과 일치한다. 또한 그리스에 대한 헤겔의 평가는 독일 사상가들이 자신의 정체성을 알기 위해 남구 중심의 서구 사회로부터 벗어나 자기주장을 하기 위해 그리스와 독일 사회를 관심의 대상으로 삼았다는 주장과 일치한다. 그렇다면 헤겔에게 그리스 정신은 어떤 의미를 갖는가?

헤겔에 따르면 그리스는 지리적으로 구세계의 심장이다. 왜냐하면 그리스는 지리적으로 원활한 교통이 가능한 지중해의 중심에 위치하고 있기 때문이다.(1권, 서론 3편, 구세계, 176쪽)

또한 세계사적 시간이란 측면에서 그리스 세계는 청년기에 해당된다. 마치 직접적인 의식만을 갖는 유아에 해당되는 동양과 달리, 그리스는 인륜적 의식과 각각의 개인의 주관적 의식이 조화를 이루는 시기이다. 이런 의미에서 헤겔은 그리스를 "아름다운 자유의 나라(Reich der schönen Freiheit)"(1권, 서론 3편, 197쪽)라고 칭한다. 이때 개인의 의식과 인륜성이 참다운 조화 속에 존재하기는 하지만 아직 주관적 의식과 인륜적 의식에 대한 반성이 없었기 때문에, 그리스인들은 진정한 의미의 도덕성을 갖기보다는 아직 "천진난만한 인륜성" 안에 살아갔던 인간이라고 평가된다.(1권, 198쪽) 이러한 표현은 후에 니체에 의하여 그리스의 "명랑성"(Heiterkeit)으로, 하이데거에 의하여 '알레테이아를 알레테이아로서 사유하지는 않았지만 이미 알레테이아 속에서 살았던 첫 번째 시원의 인간들'이란 표현으로 이어진다.

이들에 앞서 이미 헤겔은 그리스인에게서 아직 분열과 반성이 시작되지 않았지만 오히려 진정한 조화 속에 살아갔던 인류의 지복한 시절을 떠올린다. 헤겔에 따르면, 그리스인들은 개인과 공동체, 그리고 육체와 정신이 조화로운 통일성을 이뤘던 상태로 살았던 민족이다. 말하자면 그리스 정신은 동양이나 이집트의 정신과 같이 자연에 정신이 굴복된 상태가 아니라, 자연에서 출발하지만 정신을 통해 자연을 극복한 정신이다. 그리스 정신이 자연을 극복한 점은 제우스로 대표되는 올림 푸스 신들이 자연신들을 정복하는 장면에서 두드러지게 나타난다. 이 점을 헤겔은 "동양 정신에서 서양 정신으로의 추이"가 상징적으로 표 현된 것으로 해석한다.(1권, 381쪽)

그렇다고 그리스 정신이 자연을 전혀 무시한 추상적인 정신은 아니 다. 그리스의 신은 히브리적인 신과 달리 자연적 요소를 미신이나 우 상이라고 부정하지 않는다.(1권, 381쪽) 그리스 신은 자연을 부정하는 추상적인 신보다 긍정적인 의미를 지닌다. 이런 점을 독일 시인 실러 는 "신들이 아직 인간적이었기에, 인간도 훨씬 신적이었다"(1권, 389 쪽)라고 칭송한다. 그러나 정신의 우세함 속에서도 제우스 신마저 모 이라라는 운명에 굴복함으로써, 그리스 정신은 "절대적으로 자유로운 정신"에 이르지 못하는 한계를 지닌다. 왜냐하면 그리스도교의 경우 신이 현상하는 것은 신적인 것의 한 계기에 지나지 않지만, 그리스 정 신에서 신이 현상하는 것은 "최고의 존재방식"(1권, 390쪽)을 의미하 기 때문이다. 따라서 그리스 정신은 그 자체로 자유임을 의식하는 자 유로운 정신으로, 더 나아가 절대정신으로 나아가야 한다.

헤겔은 서구 정신을 그리스 정신에서 시작하고 게르만 정신에서 완 성되는 과정으로 본다. 이 점에서 헤겔은 다른 독일 사상가들의 입장 과 같다. 그러나 그는 세계사를 정신의 발전 과정으로 보았기 때문에, 독일 정신을 그리스도교 정신과 연관시켜 주장하고 있다:

게르만 정신은 새로운 세계의 정신이다. 이 새로운 세계의 목적은 자유의 무한한 자기규정으로서의 절대적인 진리의 실현에 있다. 즉 그 절대적 형 식 그 자체를 내용으로 하는 자유의 실현에 있다. 게르만 제 민족의 사명은

그리스도교적 원리의 담지자가 되는 데 있다.(2권, 134쪽)

헤겔의 경우 그리스도교를 극복하거나 부정하고 고대 게르만 정신으로 회귀해야 한다는 입장은 아직 보이지 않는다. 오히려 그는 고대 독일인들이 믿었던 북구신화는 독일인들의 심성에 더는 남아 있지 않은 것처럼 말한다:

고유한 북구신화도 있었지만, 이 독일인의 종교가 사람들의 심정에 뿌리를 박는다는 것이 얼마나 얕은 것인가 … 독일인이 쉽사리 그리스도교로 개종하였다는 사실에서도 잘 알 수 있다.(2권, 150쪽)

그러나 헤겔에게 그리스도교는 더 이상 로마 가톨릭이 아니라 이에 저항하여 종교개혁을 일으킨 마르틴 루터 이후의 그리스도교를 뜻한다. 말하자면 게르만적 그리스도교에서 그는 서구 정신의 완성을 보고 있는 것이다. 그렇다면 게르만 정신과 그리스도교 정신은 어떻게 조화를 이루게 되는가?

헤겔은 로마와의 혼교가 이뤄지지 않은 순수한 민족성을 게르만인의 특징으로 들고 있다. 특히 라인 강과 엘베 강 사이의 게르만인은 민족적 순수성을 보존한 대표적인 예로 지적된다. 순수한 게르만인은 그들만의 고유한 심성(Gemüt)을 가지고 있으며, 그 심성은 특히 자유와 충성이란 특징을 지닌다. 자유와 충성이라는 심성은 게르만인의 극히 주관적인 정신의 상태를 의미한다. 그러나 이 심성은 아직 구체적 내용을 지니지 않고 게르만인에게 주관적으로 주어져 있는 기질, 즉 주관적 정신 자체인 것이다. 이런 자유와 충성의 심성은 게르만인이 선천적으로 갖고 있는 "추상적 원리"(2권, 148-149쪽)인 셈이다.

이 원리가 현실적이 되기 위해서는 객관적 내용을 가져야 하는데, 이때 게르만인에게 필요한 객관적 내용이 바로 그리스도교 정신이라는 것이 헤겔의 입장이다. 이 말은, 그리스도교 정신의 객관적 내용이 자유와 충성이란 심성을 지닌 게르만인의 주관적 정신에 의해 받아들여지고 보존되어야 한다는 것이다. 이런 의미에서 헤겔은 게르만인이 새로운 그리스도교 정신의 담지자가 되어야 하고, 그때 절대정신에 이를 수 있다고 주장하는 것이다. 그러나 그 이후 독일 사상가들에 의해 보여진 입장은 헤겔의 결론이 불완전했음을 보여 준다. 이들 사상가들은, 게르만 정신이 더 이상 그리스도교 정신과 조화를 이룰 수 없다는 점을 보여 준다.

이런 맥락에서 하이데거는 시원(고대 그리스 정신)보다는 종말(게르만적 그리스도교 정신)이 더 위대하고 완성된 정신이라는 헤겔의 주장을 강하게 비판한다. 물론 헤겔은 계몽주의자로서, 서구 정신의 전개는 처음의 조야한 정신으로부터 흘러나와 종말에 이르러 완성된 절대정신을 이룰 수 있다고 주장한 것이다. 이런 의미에서 헤겔의 경우, 고대 그리스 정신은 로마 정신이나 그리스도교 정신보다 조야한 정신에 불과하다.

반면에 하이데거는 시원이야말로 모든 가능성을 내포한 풍부함 자체이며, 그 이후 정신의 전개는 시원으로부터 퇴락해 간 과정으로 평가한다. 그뿐만 아니라, 하이데거는 플라톤보다 고대 그리스 정신이 더 시원에 가깝고, 그 후 플라톤부터 니체까지의 서구 형이상학의 역사는 존재망각의 역사, 즉 허무주의의 역사라고 주장한다. 이런 의미에서 허무주의의 극복은 단순히 정신의 역사를 변증법적으로 전개시키고 발전시킴으로써 성취될 수 있는 것이 아니라, 오히려 서구 형이상학 전체를 해체시키고 그 이전의 전–형이상학적인 제1 시원(고대 그리스 정신)으로 돌아갈 때 가능하며, 제1 시원을 탈-형이상학적인 제2의 시원을 위해 미래적으로 재해석할 때 완성된다는 것이다. 따라서 하이데거에 따르면, 헤겔은 비록 독일 정신의 고유한 정체성을 질문하고 확립하려고 하였지만 그것은 실패한 시도에 불과하며, 독일 정신의 궁극적인 자기확립은 전적으로 새로운 길, 즉 존재사적인 사건을 통해 드러나야 한다는 것이다.

3 슈펭글러에 있어서 그리스와 독일 정신

클리퍼드 기어츠에 따르면 문화의 유래를 탐사하는 작업은 마치 "외국어로 쓰인, 오래되고 낡아 잘 해독하기 어려우며, 일관성이 없고 군데군데 수정이 가해지고 여러 주장이 엇갈리는 그러한 원고를 읽는 작업과 유사"하다.[26] 문화의 유래를 찾는 과정에서 겪는 어려움은 그 유래를 알게 하는 자료가 분실되었거나, 망각된 점에 기인한다. 그뿐만 아니라, 어떠한 문화는 항상 동일한 상태를 유지하고 전수된 것이 아니라, 여러 문화가 혼재되고 서로 영향을 끼쳐 전개되어 왔다는 점도 어려움을 심화시킨다. 따라서 어떠한 문화의 본질을 찾기 위해서는 겉으로 드러난 문화 현상에 국한되어서는 안 되며, 오히려 그러한 문화 현상을 가능케 했던 존재론적 근거를 살펴보아야 한다. 왜냐하면 문화 현상들은 정신이 곡해되었을 때 나타나는 현상이기 때문이다. 이 점에

---

26) 클리퍼드 기어츠, 『문화의 해석』, 문옥표 옮김, 까치, 1998, 20쪽.

대하여 하이데거는 다음과 같이 말한다:

> 정신에 대한 도구적인 곡해가 일어나자마자, 정신적인 사건의 힘들, 시, 조
> 형적 예술, 국가 건설과 종교는 하나의 가능한 의식적인 돌봄과 계획의 영
> 역 안으로 물러쳐진다 … (이렇게) 정신적인 세계는 문화가 된다.[27]

그런데 문화로 변한 곳에 정신은 이미 존재하지 않기도 한다.[28] 이
런 점을 하이데거는 다음과 같이 지적한다:

> 근대의 역사 안에서 그리스도교적 신앙의 세계는 다양하게 변화되었다 …
> 근대 문화는 그것이 비신앙적으로 된 곳에서도 그리스도교적으로 존재한
> 다.[29]

따라서 문화의 존재론적 근거를 찾는 작업은 이미 생명을 상실한 표
피적인 문화 현상의 배후 깊은 곳에서 행해져야 한다. 기어츠는 문화
의 근거를 찾는 작업을, 길버트 라일의 용어를 빌어, 중층기술(thick
description)이라고 표현한다. 중층기술이란, 기어츠가 예로 들고 있
는 인도 이야기처럼, 세계 밑에 있는 단상, 그 밑에 있는 코끼리, 그 밑
에 있는 거북 등등과 같이 "너무 깊숙히 있는 거북"을 찾는 작업을 뜻
한다.[30]

---

27) M. Heidegger, *Einführung in die Metaphysik*, Tübingen, 1987, 36쪽.
28) G. Seubold, *Heideggers Analyse der neuzeitlichen Technik*, Freiburg/München,
    1986, 259쪽 이하.
29) M. Heidegger, *Nietzsche II*, Pfullingen, 1961, 427쪽.
30) 클리퍼드 기어츠, 『문화의 해석』, 45쪽.

이와 마찬가지로 슈펭글러도 문화의 본질은 특정하게 드러난 표피적인 문화 현상을 중심으로 판단되어서는 안 된다고 주장한다. 하이데거는 『존재와 시간』에서, 인간 현존재와 기분(권태), 세계를 논함에 있어 문화철학자인 슈펭글러, 클라게스, 셸러, 치글러, 니체를 다루고 있다. 그는 슈펭글러가 『서구의 몰락』에서 제시하고 있는 것은 정신에 의한 삶의 몰락, 특히 이성(ratio)으로서의 정신이 기술을 통해 형성하고 창조해 온 것과 대도시로 상징화되는 것에 의해 삶과 영혼이 질식되고, 문화가 쇠퇴하고 몰락하게 된 것이라고 말한다.[31] 하이데거의 지적대로 슈펭글러의 『서구의 몰락』은 서구 사회를 지배하는 암울한 분위기를 반영하고 있으며 서구 문화의 본질이 허무주의적일 수밖에 없다는 점을 구체적인 문화 사료들을 통해 입증하고 있다.[32]

슈펭글러에 따르면 서구 문화가 허무주의적인 이유는, 다양한 민족들의 시각을 배제한 채 단 하나의 보편적 중심 가치로부터 판단이 이루어졌기 때문이다:

어느 한 지방을 한 역사 체계의 자연적인 중심으로 선택할 수는 있다. 그곳이 중심 태양이다. 역사상의 일체의 사건은 거기에서 진짜 빛을 받는다. 역사상의 의의는 그곳에서 원근법적으로 판단된다. 그러나 실제로 여기에서 말하고 있는 것은 회의에 의한 반성이 없는 서유럽인의 자기 열중이다.[33]

31) M. Heidegger, *Die Grundbegriffe der Metaphysik : Welt - Endlichkeit - Einsamkeit*, Vittorio Klostermann, GA 29/30, 번역본: 마르틴 하이데거, 『형이상학의 근본개념들』, 이기상 외 옮김, 까치, 2001, 122쪽 (번역본의 쪽수임).
32) 그런데 이 점이 하이데거에 의해 비판받는 점이기도 하다. 하이데거는, 문화철학자들은 인간을 지배하는 기분이 갖는 존재론적 의미를 이해하지 못했다고 비판한다.
33) 오스발트 슈펭글러, 『서구의 몰락』, 박광순 옮김, 범우사, 2000, 1권, 41쪽 (앞으로 본문 안에 이 책의 권, 쪽수를 기입함).

　슈펭글러는 이와 같은 문화에 대한 판단 방식을 "프톨레마이오스적 체계"라고 이름짓고, 이와 다른 자신의 방법을 "코페르니쿠스적 발견"이라고 칭하면서, 문화의 "중심점"을 거부한다. 왜냐하면 서구 역사의 중심을 말하는 경우도, 그곳이 처음엔 동부 지중해로, 그 후엔 중서부 유럽으로 한정되는 한계를 지녔기 때문이다. 따라서 그는 고대-중세-근대라는 시간의 구분도 거부한다.[34] 그렇다면 다양한 문화에 대한 판단은 어떻게 가능한가?

　슈펭글러에 따르면 다양한 문화들은 각 민족들이 지니고 형성해 온 정신과 자연, 말하자면 존재론적 토대를 통해 해명되어야 한다:

여러 문화는 어머니인 땅의 태내에서 원시적인 힘으로 꽃을 피우고, 그 존재의 모든 것이 경과하는 동안 이 땅과 밀접하게 결부되어 있다. 이런 문화는 제각기 그 재료인 인간에게 그 문화 특유의 형식의 유형을 부여하는 동시에 특유한 관념, 특유한 열정, 특유한 생활, 의욕, 감정, 특유한 죽음을 지니고 있다.(오스발트 슈펭글러, 『서구의 몰락』, 1권, 48쪽)

　이 인용문에 의하면 모든 인간은 자신에게 고유한 존재론적 토대에 의해 제한되어 있으며, 그들의 존재방식 역시 규정된다:

영원한 진리라는 것은 존재하지 않으며, 어떠한 철학도 그 시대의 표현이며, 또 그 시대만의 표현이다.(1권, 82쪽)

---

34)　같은 책, 39-42쪽. 슈펭글러에 따르면 "중세"라는 표현은 1667년 라이덴의 호른 교수가 처음 사용한 말이다.(49쪽)

그렇다면 서구의 그리스적, 그리스도교적 보편성은 서구인들이 그려 낸 환상에 지나지 않는다. 왜냐하면 그러한 모습들은 "자신의 혼의 밑바닥에 결여되어 있거나 혹은 열망한 것"을 그리스, 그리스도교 정신에 투사해 온 것에 지나지 않기 때문이다.(1권, 63쪽) 이렇게 외면적으로는 보편성을 띠면서도 보편적 이상은 각각의 민족들에 의해 상이한 방식으로 진행되어 온 것이다. 그렇다면 독일 정신 역시 외형적으로는 그리스적, 그리스도교적 정신으로 보이지만, 그 배후에서 지배적인 것은 고대 게르만 정신이라는 점이 분명해진다. 이러한 예로서 슈펭글러는 19세기, 20세기의 물리학과 과학적 이론조차 내적으로는 "게르만 신화적 관념"에 의거하고 있다는 사실을 들고 있다.(1권, 92쪽) 그렇다면 독일 정신의 역사는 게르만 정신에 고유한 시원을 "필연적으로 되풀이하는 것"에 불과하다.(1권, 210쪽) 한때 독일 정신이 그리스, 그리스도교 정신의 의상을 입고 있더라도 독일 정신의 본질은 그리스, 그리스도교 정신과는 다른 것이다.

예를 들어 그리스 정신의 아폴론적 특징은 게르만 정신의 파우스트적 특징과는 전혀 다르다. 아폴론적인 그리스 정신이 묘사한 인물, 예를 들어 오이디푸스나 안티고네의 비극은 외적이고 신체적인 것을 포함하는 비극이다. 오이디푸스의 경우, 그의 아버지를 죽이고 그의 어머니와 결혼하는 사건이 그런 경우다. 또한 안티고네의 비극도 그가 죽은 오빠의 시신, 즉 육체를 묻는 것에서 기인한다.

반면에 게르만 정신이 빚어내는 파우스트적인 비극은 역사적(시간적)인 정신, 내적으로 성숙하고 좌절하는 정신의 비극이다:

오이디푸스에게 일어나는 것은 전혀 외적인 것이고, 내적으로는 조금도 규정되지 않고 또 생겨나지 않는다. 그것은 어떤 인간에게도 예외 없이 일어

날 수 있다. 이것이 그리스, 로마 신화의 형식이다. … 이것을 (파우스트적
인) 베르테르의 운명 속에 있는 필연성과 비교하는 것이 좋다. 이 필연성
은 하나의 현존재의 전체에 의해, 또 이 현존재와 시간의 관계에 의해 조건
지어진 깊은 내적 필연성이다.(1권, 254쪽)

파우스트적 비극은 자신의 "힘에의 의지"가 역사를 통해 스스로 발
현하고, 경험하고, 좌절하는 자신의 고유한 내적인 비극인 것이다. 슈
펭글러는 이러한 파우스트적 정신이 "약 1000년경 세계 종말이라는
사상이 서구에 유포되었을 때"(1권, 284쪽) 나타났다고 주장한다.
그런데 그의 주장과 달리, 우리가 고대 게르만 신화에서 묘사되는
신들과 거인들과의 최후의 전쟁, 즉 라그나뢰크와 신들의 죽음을 떠올
린다면, 파우스트적 정신은 고대 게르만 정신으로부터 기인한다고 보
아야 할 것이다. 이런 특징 때문에 파우스트적 정신에는 죽음에 대한
묘사가 주요 주제로 등장한다. 이런 점은 죽은 영웅들이 최후의 전쟁
인 라그나뢰크까지 머무는 궁전인 발할라에 대한 묘사에서도 확인된
다. 삶과 죽음의 경계선에 존재하는 파우스트적인 영웅은 고독한 존재
일 수밖에 없다. 고독함은 지그프리트, 파르치팔, 트리스탄, 파우스트
와 같은 파우스트적인 영웅들에게서 잘 나타나는 정조이다. 따라서 이
들을 둘러싸고 있는 분위기도 인간이 극복할 수 없는 죽음이나 고독과
밀접하게 연결되어 있다:

숲의 동경, 신비적인 동정, 이름 붙일 수 없는 기댈 데 없는 상태, 이것은
파우스트적이다 … 괴테의 파우스트 속에 이 주제가 모든 깊이로 되돌아
온다.

이상한, 부드러운 동경이

나를 몰아 숲이나 들을 떠돌게 한다.

그리고 많은 뜨거운 눈물을 흘리면서

나는 느낀다. 하나의 세계가 나를 위해 일어나는 것을.(1권, 315-314쪽)

이렇게 파우스트적인 신과 영웅들의 모습에는, 어두움과 죽음, 수수께끼, 신비와 같은 게르만적 모습이 각인되어 있다:

게르만의 신들과 영웅 주위에는 일찍부터 거부적인 넓이와 수수께끼 같은 암흑이 퍼져 있었다. 그것들은 밤의 음악 속에 잠겨 있었다. 왜냐하면 대낮의 빛은 육안에 대해 한계를 만들고, 따라서 체구적인 사물을 만들기 때문이다. 밤은 해체시키고, 낮은 혼을 제거한다. 아폴론과 아테네는 '혼'을 지니지 않는다. … 발할라에겐 빛이 없다. 파우스트는 그 깊은 한밤중에 서재에서 깊은 생각에 잠긴다.(1권, 316쪽)

이런 모습은 베토벤의 음색에서 반영되고 니체의 "밤의 노래"에서 명료하게 묘사되며, 하이데거의 "비은폐성", "불안의 무라는 밝은 밤" (helle Nacht des Nichts der Angst)[35]이란 표현에서도 나타난다.

따라서 게르만적 비극은 그리스적 비극과는 다른 특징을 띤다. 그리스 비극의 경우 공포와 연민을 야기하는 영웅의 몰락과, 다시 되찾는 균형을 통한 카타르시스가 지배적인 데 반해, 게르만적 비극은 무한한 밤의 세계로 더 깊이 침잠하는 형태로 진행된다:

---

35) M. Heidegger, "Was ist Metaphysik?" in: *Wegmarken*, Vittorio Klostermann, Frankfurt, 1928, 113쪽.

(파우스트적인) 비극의 감정은 ··· 인종적, 정력학적인 체험에서 우리를 해방하는 것이 아니라, 활동적 동력학적인 체험을 불러일으키고, 이것을 자극하고 이것을 극도로 높이고, 긴장, 위험, 폭행, 승리, 범죄 등의 잔인성과 희열이라는 정력적인 인간 존재의 원감정(原感情), 정복자와 파괴자의 행복 감정(은) ··· ─ 바이킹 시대 이래 ··· 십자군 이래, 모든 북방의 혼의 밑바닥에 잠자고 있는 감정 ─ 을 깨우는 것이다."(오스발트 슈펭글러, 『서구의 몰락』, 2권, 45쪽)

게르만 정신의 특징은 그리스도교와의 비교에서도 드러난다. 슈펭글러는 원래 마리아 숭배가 그리스도교적인 특징이 아니라, 이집트적, 혹은 게르만적인 특징임을 지적한다. 시스티나 성당에 그려져 있는, 아기 예수를 안고 있는 마리아 모습은 아기 호루스를 안고 있는 이집트의 여신 이시스와 일치하며, 이러한 특징은 게르만 정신에서는 『파우스트』의 그레첸의 모습과 일치한다는 것이다.(1권, 237-238쪽) 또한 성 그랄에 대한 주장이나, 그리스도교에서는 거부하고 있는 여성성에 대한 강조는 게르만적 정신의 대표적인 특징이다. 게르만 정신에서 여성, 특히 어머니는 프리가, 홀레 부인, 태양 부인, 세계 부인, 연애 부인 등의 모습으로 나타나며, 세계의 중심에는 그리스도교적인 남성 구세주가 아니라, "고뇌하고 있는 어머니"가 놓여 있다.(1권, 443쪽) 이러한 어머니는 아이를 낳는 무한한 가능성의 원천이며, 아이를 위해 미래를 준비하고 배려하는 존재이다. 이런 어머니의 모습은 존재를 가르치려고 하는 "어머니"의 모습으로 하이데거 철학에서 등장한다.[36] 또한 어머니를 강조하는 게르만 정신의 특징은 그리스도교에 의해 거

---

36) M. Heidegger, *Was heißt Denken?*, Niemeyer, Tübingen, 1984, 19쪽.

부된 대지의 복원과 맥을 같이 한다. 대지에 대한 게르만인들의 애정
은 이미 로마의 역사가 타키투스에 의해서도 묘사되고 있다:

> 그들은 다 같이 흙(대지)의 어머니인 네르투스를 숭배한다. 그들은 그녀가
> 인간 생활에 참여하고 마차로 그들 종족을 방문한다고 믿는다. … 그녀가
> 다녀가는 날은 즐거운 날이 된다. 그리고 여신이 방문하고 머무는 모든 곳
> 은 장식이 성대하게 꾸며진다…[37]

게르만적 특징은 종교개혁가 마르틴 루터에 의해서도 나타난다. 그
는 고대 북구의 비그리스도교적인 요소를 가지고 로마 가톨릭에 반기
를 든 인물, 즉 파우스트적 인물이라는 것이 슈펭글러의 입장이다. 이
렇게 게르만 정신이 반영된 인물들이 지그프리트, 구드룬, 디트리히,
빌란트 등의 독일 영웅이고, 이러한 이야기는 니벨룽겐의 이야기, 트
리스탄, 파르치팔 등의 전설로 이어지며, 그 내용은 라그나뢰크, 신들
의 황혼과 죽음, 새로운 탄생들을 다룬 신화 『에다』에서 꽃을 피운
다.(2권, 168쪽 이하) 특히 신의 죽음과 부활, 아마겟돈과 같은 개념은
그리스도교적인 정신보다는 고대 게르만적인 라그나뢰크의 영향을 반
영한다는 것이 슈펭글러의 입장이다:

> 파우스트적 혼: … 라그나뢰크, 세계종말, 신들의 황혼기와 같은 신화는
> … 원시 게르만의 모든 신화와 마찬가지로 그리스, 로마의 동기, 특히 그리
> 스도교적, 묵시록적 동기를 모범으로 하여 생겨났다 해도, 그것은 그대로

---

37) 타키투스, 『타키투스의 게르마니아』, 이광숙 편역, 서울대학교출판부, 2005쪽, 88-
89쪽: 마르틴 하이데거 『횔덜린의 송가 〈이스터〉』, 245쪽.

파우스트적인 혼의 표현이고 상징이며, 결코 다른 혼의 표현과 상징이 아니다.(2권, 207쪽)

결국 슈펭글러에 따르면 그리스 정신과 그리스도교가 보편적인 서구 정신의 토대인 것처럼 보이지만, 실제로는 이 정신들이 독일 정신을 변화시킨 것이 아니라 오히려 고대 게르만 정신이 그리스 정신과 그리스도교를 독일적으로 변형시켰다는 것이다:

그리스도교가 파우스트적인 인간을 개조한 것이 아니라, 파우스트적인 인간이 그리스도교를 개조한 것이다. 게다가 이것을 새 종교로 만들었을 뿐 아니라, 새로운 도덕의 방향으로 개조한 것이다.(2권, 77쪽)

이로써 분명해진 것은 독일 정신의 외형은 그리스, 그리스도교적인 형태를 띠지만, 그 깊은 곳엔 아직도 게르만적 정신이 흐르고 있다는 사실이다. 그런데 단지 지하로 흘러가던 게르만 정신이 역사의 흐름 속에서 지표 위로 솟아오르는 사건들이 발생한다. 그 사건은 독일 낭만주의에서 발흥하게 되고, 이런 흐름은 헤겔, 니체, 횔덜린, 그리고 하이데거로 이어지게 된다.

그런데 하이데거에 따르면, 이러한 슈펭글러의 입장은 문화를 구체적인 문화 현상으로부터 규명함으로써, 문화를 비교분석하는 데 각각의 문화 현상이 시간과 공간에 따라 왜 다른지, 그리고 상호 간에 어떤 영향을 끼쳤는지를 이미 "드러난 지식"에 의존하는 한계를 갖는다. 즉 슈펭글러는 드러난 문화들의 배후 근거로 돌아가 "더 깊은 곳에 있는 거북"을 찾는 데는 실패하고 있는 것이다. 그리고 문화의 고유성과 차이, 상호 영향사를 논하는 데에도 관찰자인 주체의 입장에서 문화를

객체로 다루고 있다는 점도 한계로 남는다.[38] 결국 슈펭글러의 문화이
해에 대한 하이데거의 비판은 다음의 문장으로 압축될 수 있다:

> 문화란 바로 우리 영혼의 표현이다. … 표현, 상징 따위의 이념을 실마리로
> 삼아 문화뿐 아니라 문화 속의 인간을 본래적으로 유일하게 철학적으로 개
> 념 파악할 수 있다고 하는 생각이 오늘날 퍼져 있는 견해이다.[39]

이러한 하이데거의 비판은 슈펭글러가 인간에 대한 본래적인 이해
를 갖지 못하고 있다는 점,[40] 그리고 문화로부터 인간이해가 가능한
것이 아니라 거꾸로 인간에 대한 본래적인 이해로부터 진정한 문화에
대한 이해가 가능하다는 점으로 요약된다. 따라서 하이데거의 문화이
해는 문화철학과 달리, 시간과 세계(자연 포함) 속에 구체적으로 빠져
있는 인간 현존재로부터 출발한다. 인간 현존재는 이미 그 본질상 세계
-내-존재이며, 시간에 의해 규정되는 시간-내-존재이기 때문이다.[41]
　이것은 보편적인 서구 형이상학의 심층부에서 은폐된 채 꿈틀거리
고 있는 독일 정신의 정체성을 확인하기 위한 질문이며, 이런 점은 니
체로 이어진다.

---

38) 오스발트 슈펭글러,『서구의 몰락』, 1권, 110-112쪽 참조.
39) 마르틴 하이데거,『형이상학의 근본개념들』, 130쪽.
40) 하이데거는, 인간의 존재에 대한 셸러의 물음에서는, 인간의 존재가 … 이제 비로소
　　다시 규정되어야 하는 신체, 영혼, 정신의 존재양식들에서부터 나올 수 없다고 비판
　　한다 (M. Heidegger, *Sein und Zeit*, 번역본: 마르틴 하이데거,『존재와 시간』, 이기
　　상 옮김, 까치, 1998, 75쪽). 이 비판은 슈펭글러에게도 해당된다.
41) 하이데거는 인간 현존재의 존재구조를 실존성, 현사실성, 퇴락존재로 구분하는데,
　　이러한 구분이 가능한 배후 근거로서 시간성을 들고 있다. 따라서 우리는 하이데거
　　의 표현은 아니지만, 이러한 존재를 시간-내-존재(세계-내-존재에 상응하게)라고
　　부르기로 한다.

4 니체에 있어서 그리스와 독일 정신

　우리가 슈펭글러보다 니체와 횔덜린을 나중에 다루는 이유는, 하이데거가 주장하는 존재사적인 측면에서 볼 때 슈펭글러와 달리 니체와 횔덜린은 형이상학의 종말과 새로운 시원이라는 경계선에 서 있는 중요한 인물들이기 때문이다. 또 다른 이유는, 독일 정신의 흐름 속에서 슈펭글러를 통해 드러난 것이 무엇인지 확인하고, 그다음에 니체와 횔덜린을 다루는 것이 방법론적으로 더 유용하기 때문이다.

　슈펭글러에 의해 드러난 점은 다음과 같다.

　첫째, 그리스 정신과 그리스도교라는 보편적 정신의 근저에는 게르만 정신이 흐르고 있다는 점이다.

　둘째, 일련의 독일 사상가들의 작업은 이러한 흐름을 통해 독일 정신의 정체성을 확립하려는 시도였다는 점이다.

　셋째, 각각의 정신은 자신에게 고유한 자연, 즉 존재에 의해 제한될 수밖에 없다는 점 등이다.

　그런데 앞에서 제시한 독일 철학자들의 경우, 자신의 정체성을 재확인하기 위해 우선 그리스 정신으로 돌아가려고 했다는 공통점을 지닌다는 점을 밝혔다. 이런 점은 하이데거뿐 아니라 그가 선택한 두 사상가인 니체와 횔덜린의 경우도 마찬가지다. 그런데 하이데거는 자신의 존재사적인 탐구를 위해 니체와 횔덜린 두 인물을 필요로 하면서도 니체는 형이상학의 완성자로, 횔덜린은 새로운 시원의 인물로 평가하고 있다. 그렇다면 왜 하이데거는 니체에게 형이상학의 완성자라는 부정적 평가를 내리고 있는 것일까?

니체에 대한 이해는 다양한 측면에서 이뤄져 왔다. 게오르게[42]를 중심으로 한 미적-예술적 접근은 『비극의 탄생』을 중심으로, 삶의 상징으로서의 디오니소스를 조명하는 데 관심을 갖는다. 야스퍼스의 경우 실존철학적 입장에서 접근하며, 뢰비트의 경우 니체를 그리스 정신과 그리스도교 사이의 갈등을 다룬 사상가로 파악한다. 루카치의 경우 니체 철학은 제국주의적 철학으로 비판받는다. 하이데거의 경우 니체는 서구 형이상학의 역사라는 존재사적인 측면에서 해석된다. 푸코, 데리다와 같은 프랑스 철학자들은 니체 철학을 해체주의의 시초로 해석한다. 이와 같이 다양한 니체의 모습 속에서도 우리가 니체를 전형적인 독일 철학자라고 생각한다면 그것은 보이믈러나 기이제 등의 정치적 해석에 의한 것이거나, 니체의 여동생 엘리자베트 푀르스터-니체에 의해서 니체가 하나의 전설로, 그리고 독일 제3 제국의 국가 이데올로기로 사용된 사실에서 기인한다고 볼 수 있을 것이다.[43] 우리의 관심을 하이데거의 니체 해석으로 좁힌다면, 우리는 여기서 중요한 질문에 부딪히게 된다. 니체가 그렇게도 독일적인 철학자라면 왜 하이데거는 니체를 서구 형이상학의 완성자로 보았을 뿐, 새로운 독일적 시원을 가능케 하는 인물에서는 배제했는가 하는 점이다. 왜 하이데거는 니체를 허무주의의 완성자로 보았을까? 또한 하이데거의 주장과 달리 니

---

42) 하이데거가 중요하게 다루고 있는 시인 슈테판 게오르게가 니체의 영향을 많이 받았다는 점은, 하이데거와 니체의 관계가 단지 부정적일 수만은 없다는 사실을 드러낸다. 참조, W. Kaufmann, *Nietzsche. Philosoph-Psychologe-Antichrist*, Darmstadt, 1988, 9-18쪽.

43) K. Jaspers, "Nietzsches Bedeutung in der Philosophie", in: *Nietzsche*, hrsg. v. J. Salaquarda, Darmstadt, 50쪽; W. Kaufmann, 같은 책, 9, 50쪽 이하. 카우프만은 니체가 반유대주의적, 튜튼적 모습으로 그려진 것은 전적으로 누이 때문이라고 본다. 튜튼족은 토이토이, 도이칠란트라는 이름의 유래이다.

체는 자신의 철학을 어떻게 파악했을까?

니체는 자신 이전의 서구 형이상학과 그리스도교를 허무주의라고 비판하며, 자신의 철학은 이러한 허무주의를 극복하려는 시도라고 강조한다. 그렇다면 하이데거의 니체 해석과 니체의 자기이해 사이에 존재하는 모순을 어떻게 해결할 수 있을까? 이 점을 밝히기 위해 니체 자신의 입장을 확인해 보는 일이 필요하다.

1) 니체의 자기이해

니체는 자신과 자신이 발표한 저서들에 대한 입장을 『이 사람을 보라』라는 책에서 밝히고 있다. 이 책의 제목은 성서 요한복음 19장 5절에서 유래한다. 구원자로서 숭배받던 예수가 빌라도에 의해 채찍으로 맞고 가시관과 자색 옷을 입은 상태로 유대인들 앞에 내세워진 장면에서, 빌라도가 유대인들에게 던진 말이 "이 사람을 보라"이다. 이 말은, 이 사람이 어떠한 사람인지 똑똑히 보고 석방과 죽음에 대하여 결정하라는 표현이다. 철학자들이 자신의 저서에 대하여 해명하는 것이 흔한 일은 아닌데 니체가 자신의 작품들과 니체라는 인간 자체에 대하여 해명하고 있는 책이 『이 사람을 보라』인 점을 고려한다면, 이 책에는 니체가 스스로에 대해 품는 연민과, 다른 사람들에 의해 왜곡된 편견에 대한 분노 등이 담겨 있다고 보아도 무방할 것이다. 그렇다면 성서의 경우 말하는 자가 빌라도이고 보여지는 자가 예수인 반면, 니체의 『이 사람을 보라』라는 책에서는 보라고 말하는 자도 니체이고 보여지는 자도 니체이다. 말하자면 니체라는 인물을 둘러싼 사건을 구경하러 나온 사람들에게 니체가 자신에게 드러내는 말인 것이다.

혹은 이 책의 마지막 부분이 " … 나를 이해했는가? — 디오니소스
대 십자가에 못 박힌 자 …"라고 끝나는 것을 고려한다면, 말하는 니체
는 디오니소스이고 보여지는 니체는 십자가에 달린 자라고 볼 수도 있
을 것이다. 이렇게 볼 경우, 니체는 자신이 십자가에 달린 자와 같이
사람들에 의해 오해받고 있지만, 사실 자신의 본래적인 모습은 디오니
소스라고 말하고 있는 셈이다. 그런데 디오니소스란 신은 누구인가?
그는 아폴로적인 명료성을 해체시키고 원초적인 상태로 돌아가려는
광기의 신이다. 그는 포도주라는 광기를 통해 아폴론적 세계를 부수는
자이다. 마찬가지로 니체는 자신을 "망치를 든 철학자"라고 위의 책에
서 밝히고 있다. 그리고 그가 부수려는 세계는 바로 형이상학과 그리
스도교적 세계이다. 그렇다면 니체는 자신이 더 이상 기존의 서구 형
이상학에 속하는 인물이 아님을 분명히 밝힌 셈이다:

> 내가 조만간 인류에게 역사상 가장 어려운 요구를 해야만 한다는 생각이
> 들기에 내가 누구인지를 밝혀 두는 것이 반드시 필요할 것 같다 … 내 과제
> 의 위대함과 동시대인의 비소함 사이에서 오는 오해는 사람들이 내 얘기를
> 들어 보지도 않았고 나를 쳐다보지도 않았다는 사실로 나타난다 … 내 말
> 을 들으시오! 나는 이러이러한 사람이기 때문이오. 무엇보다도 나를 혼동
> 하지 마시오.[44]

이 인용문에서 니체는 자신을 역사상 위대한 일을 수행하는 자로 규
정하고, 동시대인들의 모습을 허약하고 왜소한 인간들이라고 대비시

---

44) F. Nietzsche, *Ecce homo*, KSA 6, 번역본: 니체, 『이 사람을 보라』, 백승영 옮김, 책
    세상, 2002, 번역본의 쪽수 15권, 323쪽 (앞으로 본문 안에 "에케 호모"라고 기입하
    고, 번역본의 쪽수를 밝힘).

킨다. 이런 자신의 모습을 그는 엄청난 운명 혹은 다이너마이트라고도
표현한다:

나는 내 운명을 안다. 언젠가는 내 이름에 어떤 엄청난 것에 대한 회상이
접목될 것이다 … 나는 인간이 아니다. 나는 다이너마이트다.(에케 호모,
456쪽)

다이너마이트로서 니체는 동시대인의 가치나 선/악 기준에 의해 평
가될 수 없다. 왜냐하면 그가 하려는 일은 이러한 구분을 넘어서는 일
이기 때문이다. 이렇게 시대의 가치를 넘어서는 인간형을 그는 "천재"
라고 부른다:

나의 천재개념. — 위대한 인간들은 위대한 시대처럼 엄청난 힘이 괴어 있
는 폭발물이다 … 천재는 … 필연적으로 낭비하는 자이다: 전력을 다한다
는 것. 이것이 그의 위대함인 것이다 … 그는 발산하고, 넘쳐흐르고, 자신
을 탕진해 버리며, 자신을 아끼지 않는다 — 이것은 숙명이고, 숙명적이며
자연적으로 그렇게 된다. 마치 강물이 자연적으로 범람하는 것처럼.[45)]

천재는 자신의 엄청난 힘을 폭발시키는 자일 뿐, 그 힘이 어떠한 가
치로 평가되어야 하는지에 관심을 두지 않는다. 왜냐하면 그가 원하는
것은 더 나은 가치가 아니라, 가치의 전적인 전도이기 때문이다. 그런

---

45) F. Nietzsche, *Götzen Dämmerung*, KSA 6, 번역본: 니체, 『우상의 황혼』, 백승영 옮
김, 책세상, 2002, 번역본의 쪽수 15권, 184–185쪽 (앞으로 본문 안에 "우상"이라고
기입하고, 번역본의 쪽수를 밝힘).

데 이러한 일은 동시대인에게도 위험해 보이지만, 자기 스스로에게도 위험하다. 왜냐하면 그것은 동시대를 거스를 만한 용기를 필요로 하는 시도이기 때문이다. 이때 진리는 더 이상, 기존의 최고의 가치에 적합한지(Adaequatio) 여부에 놓여 있는 것이 아니라, 새로운 가치를 창조해 낼 수 있는 용기가 있는가에 놓여지게 된다:

> 내 책들의 공기를 맡을 수 있는 자는 그것이 높은 곳의 공기이며 강렬한 공기임을 안다 ⋯ 내가 지금까지 이해하고 있는 철학, 내가 지금까지 실행하고 있는 철학은 얼음과 높은 산에서 자발적으로 살아가는 것이다 — 삶의 낯설고 의문스러운 모든 것을, 이제껏 도덕에 의해 추방당해 왔던 모든 것을 찾아내는 것이다 ⋯ 어떤 정신이 얼마나 많은 진리를 견뎌 내는가? 얼마나 많은 진리를 감행하는가? 이것이 나에게는 점점 진정한 가치기준이 되었다. 오류는 맹목이 아니다. 오류는 비겁함이다.(에케 호모, 324-325쪽)

이렇게 새로운 진리를 감행하는 인간형을 니체는 자유정신이라고 부른다. 『차라투스트라는 이렇게 말했다』에서 니체는 인간을 세 단계로 구분한다. 첫째 단계를 그는 낙타에 비유한다. 낙타는 짐을 가득 실은 채 사막을 횡단하는 동물이다. 여기서 짐은 수천 년간 이어진 가치들을 뜻하고, 주인의 명령에 따라 묵묵히 사막을 따르는 모습은 인간의 복종적인 태도를 뜻한다. 이렇게 구속적인 인간은 "너는 ⋯ 해야만 한다"(Sollen)라는 가치의 명령에 복종하는 인간이다. 그러나 이제 인간은 스스로 주인이 되기 위해 타율적인 가치와 투쟁해야 한다. 이런 모습을 니체는 사자에 비유한다. 사자와 같은 투쟁적 인간은 자율적인 가치를 얻기 위해 기존의 가치에 맞서 부정할 수 있는 용기를 지닌 정신이다. 낙타와 달리 사자와 같은 인간은 "나는 ⋯ 하고자 한다"

(Wollen)라는 태도를 취한다. 그러나 사자는 아직 새로운 가치를 창조할 수는 없다. 단지 그는 창조를 가능하게 하기 위해 기존의 가치를 부수는 한계에 머물 뿐이다. 이 한계를 넘어 새로운 가치를 창조하는 정신은 부정을 넘어 새롭고 위대한 긍정을 할 수 있는 정신이다. 이러한 모습을 니체는 어린아이로 비유한다:

> 어린아이는 천진난만이요, 망각이며, 새로운 시작, 놀이, 스스로의 힘에 의해 돌아가는 바퀴, 최초의 운동, 거룩한 긍정이다. … 창조의 놀이를 위해서는 거룩한 긍정이 필요하다. 정신은 이제 자기 자신의 의지를 욕구하며, 세계를 상실한 자는 자신의 세계를 되찾는다.[46]

  그런데 자유정신은 니체가 처한 시대와는 구별될 수밖에 없다. 왜냐하면 그 시대는 대부분의 경우 구속된 정신이 지배적이었기 때문이다. 이런 상태에서 자유정신은 예외자로서 고독한 운명에 처하게 된다. 말하자면 자유정신의 운명은 그 누구의 도움도 없이 자신이 처한 시대와 싸워 나가야 하는 고독함에 있는 것이다. 그렇다면 니체가 보았던 당시 독일 사회와 독일인의 모습은 어떠했을까?

---

46) F. Nietzsche, *Also sprach Zarathustra*, KSA 4, 번역본: 니체, 『차라투스트라는 이렇게 말했다』, 정동호 옮김, 책세상, 2000, 번역본의 쪽수 13권, 41쪽 (앞으로 본문 안에 "차라"라고 기입하고, 번역본 쪽수를 밝힘).

2) 니체의 시대 비판: 독일 비판

니체는 자신이 살았던 당시의 시대를 약한 시대로 특징짓는다. 약한 시대는 차이를 거부하고 새로운 시도를 배척하며, 모든 것이 유사해지기를 원하는 시대이다:

> 현대는 "약한 시대로 드러난다 … 우리의 덕은 우리의 약함에 의해 제약되고 요청된다 … 어떤 것이 실제로 유사해지는 것을 의미하는 … 평등은 본질적으로 쇠퇴에 속한다 … 내가 거리를 두는 파토스라고 부르는 것은 모든 강한 시대의 특성이다.(우상, 176쪽)

이런 의미에서 니체는 평등을 최고의 가치로 주장하는 공산주의에 반대하는 입장을 취할 뿐만 아니라, 자신의 "힘에의 의지"보다는 다수의 의견을 존중하는 민주주의에 대해서도 반대하는 입장을 취한다. 이 두 정치체제를 그는 약한 의지, 구속된 의지가 실현된 국가체제라고 비판한다. 이러한 국가와 인간의 전형적인 모습을 니체는 독일에서 발견한다.

한편 우리는 니체의 사상이 독일 나치제국에 의해 국가 이데올로기로 사용되었기 때문에, 마치 니체가 독일인이라는 인종을 강조하고 미화한 듯한 착각에 빠지기도 한다. 그러나 이와 달리 니체 자신은 스스로를 폴란드인이라고 주장하기도 했다:

> 나는 나쁜 피는 한 방울도 섞이지 않고 독일 피는 거의 섞여 있지 않은 폴란드 정통 귀족이다. 나와 가장 철저하게 대립하는, 생각할 수 없을 정도로 상스러운 본능을 찾아보게 되면, 언제나 나는 내 어머니와 여동생을 발견

한다 … 폴란드인으로서 나는 엄청난 격세유전질이다. 지상에 존재했던 것
중에서 가장 고귀한 이 혈통을.(에케 호모, 336쪽)

이 인용문에 따르면, 니체는 게르만 인종에 대한 우월성을 전혀 주
장하고 있지 않음을 알 수 있다. 오히려 니체는 인종에 상관없이, 스스
로 "힘에의 의지"를 실현시킬 수 있는 인간을 자신의 혈통으로 간주하
고 있다:

위대한 개인들은 가장 오래된 사람들이다 : 내가 알고 있지는 못하지만,
율리우스 카이사르가 내 아버지일 수도 있으리라 ― 아니면 알렉산더, 이
육화된 디오니소스가 … 이것을 쓰고 있는 이 순간 우편배달부가 내게 디
오니소스의 머리를 배달한다 ….(에케 호모, 337쪽)

이와 같은 맥락에서 볼 때, 니체의 독일 비판 역시 인종주의적인 관
점과는 거리가 멀다. 그렇다면 그가 독일에 대해 비판한 이유는 무엇
인가?
　니체에 따르면, 당시 독일은 건강하지 못할 뿐 아니라 건강한 자도
병자로 만들기에 충분한 데카당적인 분위기에 휩싸여 있었다. 이 점에
대하여 니체는, "독일 정신은 암담해진 내장에서 나온다 … 독일 정신
은 소화불량이다. 독일 정신은 어느 것도 잘 소화시키지 못한다"(에케
호모, 351쪽) 혹은 "… 여전히 미소한 내장의 태만은 천재 한 명을 평
균적인 자로, '독일적'인 자로 만들어 버리기에 충분하다 : 강하고 심
지어는 영웅적으로 태어난 내장의 기를 꺾어 버리는 데는 독일 풍토만
으로도 충분하다"(에케 호모, 354쪽)라고 말한다. 모든 것을 평균화,
획일화시키기 때문에 독일에서 "위대함"을 시도하는 것은 불가능하다

는 것이다.(에케 호모, 360쪽) 따라서 니체는 당시의 독일에 대하여 염세주의적인 태도를 갖든가, 혹은 혁명적인 태도를 가져야 한다고 판단한다:

우리는 '독일적'이라는 개념에 대해서는 필연적으로 염세주의자일 수밖에 없다; 우리는 도리 없이 혁명가일 수밖에 없다.(에케 호모, 362쪽)

이때 니체가 택한 것은 혁명적인 비판의 길이었다. 그러나 혁명이 제국주의적, 군사적 힘을 뜻하는 것은 아니다. 이 점은 다음의 니체의 말에서 잘 드러난다:

첫 번째 공격(1873)은 내가 그 당시 이미 사정없이 경멸하며 얕보았던 독일 교양으로 향했다. 의미도 내용도 목표도 없는 : 한갓 '여론'에 불과한 독일 교양으로. 독일의 대단한 군사적 성공이 그 교양에 이로운 무언가를 입증했다고 믿는 것은 더없이 악의 어린 오해이다.(에케 호모, 397쪽)

그렇다면 그가 독일 사회에 대해 가하는 혁명적인 비판의 내용은 무엇인가? 첫째, 니체가 보기에 독일 사회의 문제는 이상주의가 지배적이란 점이다:

의심할 여지없이 독일인은 이상주의자다 … (에케 호모, 447쪽)

그런데 독일 철학으로 대표되는 이상주의는 현실세계와 직접 대면하고 현실적인 문제를 해결하기보다는 그것으로부터 피하기 위한 방식이라는 것이 니체의 비판이다:

진리에 대한 비겁이기도 한 실재성에 대한 가장 내적인 비겁 때문에, 그들에게 본능이 되어 버린 비진실성 때문에, '이상주의' 때문인 것이다."(에케 호모, 449쪽)

니체의 둘째 비판은, 현실적인 비겁함의 표현인 이상주의가 기이하게도 독일 혹은 독일 인종이라는 현실적인 개념과 연결되어 독일 중심의 이상주의란 형태로 발전하였다는 사실에 있다:

> 독일 역사가들이 문화의 진행과정과 문화의 가치에 대한 거시적 안목을 상실해 버렸다는 사실뿐만 아니라, 그들 전부가 정치(또는 교회-)의 어릿광대라는 사실 … (그들은) 먼저 '독일적'이어야만, 먼저 '독일 인종'이어야만 역사적 사항의 가치와 무가치함 전부를 비로소 결정할 수 있다고.(에케 호모, 448쪽)

니체에 따르면 이러한 모습을 잘 드러낸 독일의 역사적 사건이 바로 마르틴 루터의 종교개혁이다. 중세 이후 대부분의 서구 사회에서 르네상스, 즉 인간 중심적 인본주의 사상이 발흥한 것과 달리, 유독 독일 사회에서만 그리스도교로 되돌아가는 사건이 발생했다:

> 독일인은 마지막 위대한 시대였던 르네상스 시대의 수확과 의미를 죽여 버렸다. 르네상스 시대는 고도의 가치 질서인 삶을 긍정하고 미래를 보증하는 고귀한 가치가 … 승리하던 순간이었다 … 루터, 이 액운과도 같은 성직자는 교회를 재건했고, 이것보다 천 배나 더 나쁜 일인 그리스도교를 재건했다.(에케 호모, 449쪽)

니체의 셋째 비판은, 인간과 삶을 긍정하는 르네상스의 정신이 발흥하던 역사적 순간에 오히려 독일은 반동적으로 과거의 그리스도교로 되돌아갔다는 점에 있다. 이것은 독일인의 자기 정체성을 확인하려는 시도에 역행하는 일이기도 하며, 또한 종교와 도덕이 다시 삶의 자리를 대신하는 사건이기도 하다. 종교개혁은 이미 지나가 버려 생명력을 상실한 수구적인 가치가 다시 자신을 단호하게 주장한 사건이었던 것이다.[47]

또한 당시 독일 사회에는 "반문화적", "비이성적"일 뿐 아니라, 서구 사회에 큰 병폐를 가져온 "민족주의"가 횡행하고 있었다. 이런 이유로 니체는 독일 정신을 "역겨운 공기"(에케 호모, 451쪽)라고 토로한다.

이와 연관해 독일 사회에 대한 니체의 넷째 비판은, 독일이 이러한 질병에 걸려 있다는 사실을 모르고 있다는 점, 더 나아가 그러한 사실에 대하여 질문하기를 잊고 있다는 점을 향한다:

독일인은 자기네들이 얼마나 비천한지를 깨닫지 못한다.(에케 호모, 453쪽)

독일인이 질문하기를 망각한 이유는, 당시 독일 사회에는 "교양의 속물들"이 지배적이었기 때문이다. 그들은 교양에 머물면서 교양이야말로 독일 문화의 특징이라고 확신하였기에, 독창적인 독일 정신에 대하여 묻기를 그쳤던 것이다.[48] 그런데 당시의 교양이라는 것은 속물

---

47) F. Nietzsche, *Menschliches Allzumenschliches*, KSA 2, 번역본: 니체,『인간적인 너무나 인간적인 I』, 김미기 옮김, 책세상, 2001, 번역본의 쪽수 7권 , 239쪽 (앞으로 본문 안에 "인간적인 I"이라고 기입하고, 번역본의 쪽수를 밝힘. 니체,『인간적인 너무나 인간적인 II』(김미기 옮김, 책세상, 2002, 전집 8권)는 본문 안에 "인간적인 II"라고 기입함).

문화에 불과할 뿐이기에, 이와 대립되는 진정한 문화에 대하여 질문해 야 했지만 결국 그것은 질문되지 않은 채 머물렀다는 것이다.(반시대 적 고찰, 191쪽)

독일인에 대한 니체의 마지막 비판은 바그너에 대한 그의 관계에서 도 확인될 수 있다. 그가 바그너를 존경했던 이유는 바그너가 독일 사 회에 대해 혁명적인 태도를 취했기 때문이다:

나는 그(바그너)를 모든 '독일적 덕목들'에 맞서는 외국으로, 대립으로, 저항의 화신으로 느꼈고 존경했다 … 바그너는 한 사람의 혁명가였다 — 그는 독일인한테서 도망쳤었다.(에케 호모, 362쪽)

그러나 후에 니체가 바그너와 결별하게 된 데는 여러 가지 복잡한 인간적인 이유도 있었겠지만, 분명한 것은 바그너가 독일 제국과 연합 하고, 마지막엔 그리스도교에 회귀했다는 점에 있다:

내가 바그너를 결코 용서할 수 없는 점은 무엇인가? 그가 독일인에게 응해 주었다는 점 — 그가 독일제국적으로 되었다는 점이다 … 독일의 손이 닿 는 한, 독일은 문화를 타락시킨다. — (에케 호모, 363, 407쪽)

믿을 수가 없다! 바그너가 경건해지다니 … (에케 호모, 411쪽)

---

48) F. Nietzsche, *Unzeitgemäße Betrachtungen*, KSA 1, 번역본, 니체, 『반시대적 고찰』, 이진우 옮김, 책세상, 2005, 번역본의 쪽수 2권, 188, 190쪽 (앞으로 본문 안에 "반 시대적 고찰"이라고 기입하고, 번역본의 쪽수를 밝힘).

결국 니체의 비판은 독일인의 왜소함, 전통적 가치인 종교와 도덕에
로의 회귀, 인종주의적 시각, 자신을 되돌아보는 질문의 부재로 요약
될 수 있으며, 이 주제들은 니체 자신의 사상인 "마지막 인간", "초인",
"데카당"과 "힘에의 의지", "가치의 전도", "종교와 형이상학 비판"으
로 전개된다. 그런데 이러한 사상들은 고대 그리스 정신에서 이미 나
타났다는 것이 니체의 입장이다. 그렇다면 니체가 이해한 고대 그리스
정신의 본질은 무엇인가?

3) 니체와 그리스 정신

a. 아폴론적 정신과 디오니소스적 정신으로서 그리스 정신

니체는 『이 사람을 보라』에서 "나는 철학자 디오니소스의 제자이다"
(에케 호모, 324쪽)라고 선언하고 있다. 그는 이 책에서 자신의 초기작
『비극의 탄생』의 저술 의도와 목적이 소크라테스주의에 대한 비판과
고대 그리스 정신의 본질이 디오니소스 정신이라는 것을 확인하려는
작업이었음을 밝히고 있다:

> 이 책에는 결정적으로 두 가지 새로운 점이 있다. 그 하나는 그리스인들에
> 게서의 디오니소스적 현상에 대한 이해이다 : 이 책은 그것에 대한 최초의
> 심리학이며, 그 현상을 그리스 예술 전체의 한 가지 뿌리로 본다. 또 다른
> 새로운 점은 소크라테스주의에 대한 이해이다 : 이 책은 소크라테스를 그
> 리스의 용해의 도구이자, 전형적인 데카당으로 최초로 파악해 냈다.(에케
> 호모, 390쪽)

니체에 따르면 고대 그리스 정신이 몰락하게 된 가장 근본적인 이유는 고대 그리스 비극을 변형시킨 에우리피데스와 알렉산드리아 문화로 이어진 소크라테스주의에 있다. 에우리피데스는 디오니소스적인 요소를 비극으로부터 분리해 내려고 시도한 인물이다. 이를 통해 에우리피데스의 작품은 "아름답기 위해서는 모든 것이 이성적이어야 한다"라는 "미학적 소크라테스주의"와 연결된다.[49] 이것은 고대 그리스 신화에 대한 부정을 뜻하며, 이런 경향은 플라톤에 이르러 고대 그리스 정신의 죽음으로 이어진다:

> 그리스인들의 삶은 오직 신화의 빛이 비치는 곳에서만 빛나고 있다. 그 밖의 부분은 어둡다. 그런데 그리스의 철학자들은 바로 이 신화를 포기하고 있다.(인간적인 I, 257쪽)

이런 움직임은 모두 에우리피데스적 경향의 근원이자 플라톤의 스승인 소크라테스에게서 비롯되었지만, 소크라테스 자신에게는 아직도 디오니소스적인 요소가 남아 있었다고 니체는 주장한다. 이런 점은, 평생 동안 이성적 철학을 가르쳤던 소크라테스가 죽음에 임박했을 때, 그에게 항상 옳은 길을 암시했던 다이몬이 그에게 음악을 행하라고 말했다는 점에서 확인된다. 죽기 직전 소크라테스의 꿈에서 들려왔던 다이몬의 말은 소크라테스가 주장했던 "논리성의 한계를 우려하는 … 징표"(비극, 114쪽)였던 것이다.

---

49) F. Nietzsche, *Die Geburt der Tragödie*, KSA 1, 번역본: 니체, 『비극의 탄생』, 이진우 옮김, 책세상, 2005, 번역본의 쪽수 2권, 100쪽 (앞으로 본문 안에 "비극"이라고 기입하고, 번역본의 쪽수를 밝힘).

그렇다면 니체가 추구한 디오니소스 정신의 본질은 무엇인가? 니체에 따르면 인간은 살아가기 위해 불완전하고 위협적이며 비규칙적인 현실과 대립되는 또 다른 세계, 즉 높은 진리와 완전성의 세계라는 "아름다운 가상"을 필요로 한다.(비극, 30쪽) 이 세계는 일종의 꿈의 세계이다. 인간은 아름답고 조화로운 꿈의 세계를 통해 척박한 현실세계를 살 만한 세계로 변형시킴으로써 삶을 살 만한 것으로 여기며 살아가게 된다. 이런 점은 그리스인의 경우도 마찬가지여서, 그들은 이러한 세계를 상징하는 정신을 아폴론의 모습으로 형상화했다. 아폴론은 어둠을 몰아내는 빛의 신이다. 그가 어둠과 빛을 구분하여 분리시킬 때, 모든 존재자들은 자신의 경계선, 즉 윤곽을 갖게 되고 자신의 고유한 형상을 갖게 된다. 이 점을 니체는 아폴론의 "개별화의 원리"(비극, 33쪽)라고 말한다:

"사방으로 끝없이 펼쳐진 채 포효하며 산과 같은 파도를 올렸다 내렸다 하는 광란의 바다 위에서, 한 뱃사람이 조각배 위에, 그 허약한 배를 신뢰하며 앉아 있는 것처럼, 고통의 세계 한가운데서 개별적인 인간은 개별화의 원리를 의지하고 믿으며 고요하게 앉아 있다." 그렇다. 그 원리에 대한 확고부동한 신뢰와 그 안에 사로잡혀 있는 자의 고요한 정좌가 아폴론의 형상 속에 가장 숭고하게 표현되어 있다고 말할 수 있을 것이다. 사람들은 아폴론 자체를 개별화의 원리의 장려한 신상이라고 부르고 싶을 것이다. 그의 아름다움과 더불어 "가상"의 쾌락과 지혜 전체가 그의 태도와 눈길을 통해 우리에게 말을 건넬 것이다.(비극, 32-33쪽)

개별화의 원리를 제공하는 아폴론에 힘입어 그리스인들은 위협적이고 무정형적인 자연으로부터 한계를 설정하고, 광폭한 내적 격정으로부터의 자유를 얻음으로써 지혜로운 평정을 획득할 수 있었다. 이렇게 "아폴론 속에 감각적으로 구체화된 충동이 … 올림푸스 세계 전체를 탄생시킨" 것이다.(비극, 40쪽) 말하자면 올림푸스 세계는 실존의 공포와 경악을 알고 있었던 그리스인이 살기 위해 형상화한 꿈의 세계인 것이다. 그들은 자신들을 괴롭히는 자연과 자신의 내적인 격정, 운명의 불가사이함 등을 의인화함으로써, 그것들을 친숙하고 동시에 필연적인 계기로 해석했던 것이다.

그런데 아폴론적 정신은 각각의 존재자들을 형상화하면서 신과 인간, 사물들로 분리시키는 개별화의 원리이기 때문에, 아름다운 가상의 원리인 아폴론적 세계는 언제든지 깨질 수 있는 위험을 포함한다. 그뿐만 아니라 형상화를 통해 모든 것을 명료하게 하는 아폴론의 밝은 빛이 인간에게 항상 편안함을 주는 것만은 아니다. 인간은 조화와 명료성뿐 아니라, 때로는 명료성과 개별성을 뛰어넘는 더 거대한 통합성 속에 빠져들기를 원하기 때문이다. 말하자면 인간은 때로는 거대한 우주의 자궁 속 세계 안에서 원초적 합일을 이루기를 원하기도 하는 것이다.

그런데 이 정신은 아폴론적 정신이 형상화와 명료성, 조화로 상징되는 것과 달리 도취라는 특징을 지닌다. 여기서 우리는 인간의 이중적인 성향을 확인할 수 있다. 인간은 원초적인 카오스가 두려워 코스모스의 세계를 원하고 그 세계를 형상화하면서 편안해하지만, 동시에 인간은 코스모스 세계의 고정성으로부터 달아나기를 원하기도 하는 것이다. 인간은 원초적 카오스로부터 코스모스라는 가상적 진리를 원하면서, 동시에 그것이 달성된 후 그 진리가 주는 답답함으로부터 자유를 원하는 것이다. 그러나 원초적 세계로의 통합을 추구하는 것은 아직 아폴론적 빛을 받지 못한 최초의 혼돈으로서의 카오스와는 구분된다. 이렇게 아폴론적 세계를 부수고 원초적 통일성을 다시 얻으려는 도취의 정신을 니체는 디오니소스라고 부른다.

디오니소스적 도취의 정신을 통해 인간은 개별적인 자신의 존재를 잊게 되고, 자신과 타자 사이의 구분을 넘어, 아폴론적 세계가 규정하고 금지한 경계선을 해체시키게 된다. 이런 의미에서 디오니소스적 정신은 환희와 황홀함, 그리고 동시에 전율을 수반하는 정신이다. 왜냐하면 아폴론의 금기를 부수는 정신이 바로 디오니소스 정신이기 때문이다:

> 디오니소스적인 것의 마력 하에선 인간과 인간 사이의 연합만이 다시 이루어지는 것이 아니다. 소외되고, 적대적이거나 억압된 자연 역시 자신의 잃어버린 탕아, 즉 인간과의 화해의 제전을 다시 축하하게 된다 … 이제, 세계의 조화라는 복음에서 각자는 자신의 이웃과 결합되고, 화해하고, 융해되어 있음을 느낄 뿐만 아니라, 마치 마야의 베일이 갈가리 찢어져 신비로운 '근원적 일자' 앞에서 조각조각 펄럭이고 있는 것처럼 자신의 이웃과 하나가 됨을 느낄 것이다. 인간은 노래하고 춤추면서 보다 높은 공동체의 일원임을 표현한다. 그는 걷는 법과 말하는 법을 잊어버리고, 춤추며 허공으로 날아오르려 한다.(비극, 34쪽)

디오니소스 정신은 형상화 때문에 나타난 모든 분리, 즉 신과 인간과 자연의 분리를 우주의 태곳적 모습으로 합일시키고 화해시키는 정신이며, 이때 모든 존재자들은 감격에 겨워 황홀해하는 것이다. 이제 인간은 자연과 분리된 주체가 아니라 자연 자체가 되며, 스스로를 신적인 존재로 느낀다.

이와 같이 디오니소스 정신은 아폴론의 빛이 너무 강렬해서 인간의 눈을 멀게 할 정도일 때, 이 빛을 상쇄해 주는 광학 작용과 같은 역할을 한다. 이런 점은, 예를 들어, 청명한 하늘 아래 가뭄이 오래 지속될 때 청명한 하늘과 빛은 더 이상 아름다울 수 없고, 오히려 멀리서부터 불어와 하늘을 감추고 대지를 어둡게 하는 무거운 구름이야말로 아름답고 반가운 존재인 것과 마찬가지이다.

그럼에도 아폴론적 정신의 시각에서 본다면, 디오니소스적 정신은 일종의 일탈과 광기, 광란의 축제, 즉 놀라움으로 보일 것이다. 그러나 그리스인이 더 놀랐던 진정한 이유는, 자신들의 내부에 그렇게 파괴적인 디오니소스적 정신이 들어 있다는 사실이 확인되었기 때문이다. 따라서 그들은 디오니소스적인 정신을 순화시킬 필요가 있었다.

b. 디오니소스 정신과 예술

정형화시키고 형상화시키는 질서와 조화, 그리고 빛의 정신인 아폴론에 비하면 디오니소스는 광기와 공포를 수반하는 정신이다. 이러한 디오니소스의 모습은 다른 민족에게서도 발견된다. 로마에서 바빌론에 이르는 고대 세계의 모든 곳에서 디오니소스 축제는 말 그대로 광란의 축제였고, 이때 인간이 호랑이나 원숭이로 타락하는 일도 빈번하게 일어났다. 여기서 디오니소스는 "육욕과 잔인함"이라는 "마녀의 술"로 나타난다:

이 축제의 핵심은 과도한 성적 방종에 있었다 … 자연의 가장 야만적인 야수들이 여기서 풀려나서 음욕과 잔인의 저 역겨운 혼합에까지 이르렀는데, 이 혼합이 내게는 항상 진정한 "마녀의 음료"로 보였다. (비극, 37쪽)

그런데 그리스인들은 디오니소스 정신을 하나의 예술적 현상으로 순화시킴으로써 야만적 광란의 디오니소스 축제를 극복한다. 그리스인의 경우 "광란의 축제에서 자연은 비로소 자신의 예술적 환희에 도달하고, 그 축제에서 '개별화의 원리'의 파열이 하나의 예술가적 현상이 된다."(비극, 38쪽)

그리스인에게 디오니소스 정신은 타민족의 경우와 같이 야만적으로 보일 수도 있지만, 그들은 디오니소스 정신도 아폴론적 정신과 마찬가지로 자신들이 피할 수 없는 필연성으로 받아들였다. 왜냐하면 두 정신은 모두 장, 단점을 지니며, 서로 보완되어야 할 필연적 요소이기 때문이다.

디오니소스 정신은 삶의 일상적 한계를 파괴시키는 황홀함을 제시하고, 인간은 이러한 황홀함 안에서 일상을 망각하여 더 큰 근원적 통일성을 경험하지만, 이 도취로부터 돌아와 일상의 의식을 되찾았을 때 디오니소스 정신은 구토를 수반하기도 한다. 반면에 아폴론적 정신은 불완전하고 두려운 현실에 구원을 제공하지만, 이것은 논리적 형식주의로 고착될 수 있는 위험성도 지닌다.[50] 따라서 이 두 정신은 서로에 의해 보완되고 종합되어야 한다:

아폴론은 개인들 사이에 경계선을 긋고 자기 인식을 하고 절도를 지킬 것을 요구하면서 가장 신성한 세계 법칙으로서의 이 경계선을 거듭 상기시킴으로써 개별 존재들을 안정시키고자 하기 때문이다. 그러나 이 아폴론적 경향으로 인해 형식이 이집트적 뻣뻣함과 차가움으로 굳지 않게 하기 위해 … 이따금 디오니소스적인 것의 큰 물결이 일방적인 아폴론적 "의지"가 그리스 정신을 추방해 유폐시키고자 하는 저 작은 동심원들을 모두 휩쓸어

---

50) 최상욱, 『진리와 해석』, 다산글방, 2002, 270쪽 이하 참조.

파괴해 버린다.(비극, 83쪽)

이와 같이 서로 필요로 하는 두 정신을 그리스인들은 예술 안에서 종합한다. 그리고 예술은 그들을 구원한다:

… 최고의 위험 속에서 예술이 구원과 치료의 마술사로서 다가온다. 오직 예술만이 실존의 공포와 불합리에 관한 저 구역질나는 생각들을 그것과 더불어 살 수 있는 표상들로 변화시킬 수 있다.(비극, 67쪽)

이것이 바로 그리스의 비극이다. 비극 예술 안에서 그리스인들은 야만적인 디오니소스 축제를 벗어나게 된다. 그들은 비극 안에서 존재의 공포와 불합리를 보지만, 그것이 가상의 공포임을 알고 있었다. 왜냐하면 비극 예술 안에서 드러나는 디오니소스적 공포는 아폴론적인 묘사이기 때문이다. 예술 안에서 디오니소스적인 공포는 비극의 주인공이 갖는 운명적 가혹함이라는 예술적 묘사로 변형된다. 이와 같이 그리스인은 비극이라는 제3의 가상을 현실에 개입시킴으로써 현실을 극복하기를 시도한다. 말하자면 그들은 가상이 현실이 아니라는 점, 그러나 동시에 그 가상은 단순한 가상이 아니라 현실을 반영하는 가상이라는 점을 알고 있었던 것이다.

이러한 비극을 통해 그들은 삶을 떠나 저 세상에서의 구원을 요구하지도 않았고, 야만적인 디오니소스 축제로 전락하지도 않았으며, 삶을 예술 속에서 승화된 삶으로 받아들일 수 있었다. 따라서 그리스인에게 비극은 염세주의적인 것이 아니라, 오히려 그 반대이다. 이 점은 니체가 『비극의 탄생』에 대하여, 『이 사람을 보라』에서 해명한 글에서 잘 나타난다:

"그리스 정신과 염세주의" : 이것이야말로 그 책에 대한 좀 더 명료한 제목이었을 것이다 ; 말하자면 어떻게 그리스인들이 염세주의를 잘 해결했는지를 최초로 알려 주는 가르침으로서 — 무엇을 가지고 그들이 염세주의를 극복했는지에 대한 가르침으로서 말이다 … 비극이야말로 그리스인들이 염세주의자가 아니었다는 점에 대한 증거이다.(에케 호모, 389~390쪽)

이와 같이 니체는 그리스 비극의 본질을 "아폴론적인 세계 속에 스스로를 늘 새롭게 표출시키는 디오니소스적 합창"(비극, 73쪽)으로 파악한다. 말하자면 그리스 비극은 아폴론과 디오니소스를 종합하는 예술인 것이다. 이 예술을 통해 그리스 비극은 또 다른 위대한 점을 제시한다. 그것은 바로 "명랑성"이란 경험이다.

c. 비극과 명랑성

니체에 따르면 그리스인들은 고통과 죽음에 유달리 예민했던 민족이다. 이들은 삶과 죽음의 고통을 비극이라는 예술을 통해 극복한다. 그리스인에게 비극은 염세주의를 극복하고 삶을 긍정하기 위한 필연적인 방식이다. 그러나 이것이 가능할 수 있었던 것은 그리스인의 경우 비극에 함몰되지 않고 비극을 단지 비극으로 담담하게 받아들일 수 있었기 때문이다. 위협적이고 두려운 삶을 드러내는 비극 앞에서 웃을 수 있는 여유. 바로 이것이 그리스 정신의 명랑성이다.(비극, 77쪽) 이런 점은 소포클레스의 오이디푸스에 대한 니체의 견해에서도 발견된다. 니체에 따르면 오이디푸스는 엄청난 운명에 의해 죄를 짓고 파멸하는 인물처럼 보이지만, 정작 소포클레스는 오이디푸스에게 아무런 도덕적, 종교적 명령과 율법도 들이대지 않고 오히려 "고귀한 인간은 죄를 범하지 않는다"라고 말한다.(비극, 77쪽) 왜냐하면 오이디푸스는 자연의 비밀을 풀도록 자연이 필요로 했던 인물이었기 때문이다. 이런 점은 『콜로노스의오이디푸스』에서 오이디푸스가 신성한 숲에서 사라지고 금기(죽음)로 부활하는 장면으로 표현된다.(비극, 78쪽) 이렇게 자기의 운명을 스스로 헤쳐 나가는 자가 겪는 비극의 모습은 프로메테우스 신화에서도 나타난다. 니체는 프로메테우스를 디오니소스와 동일시한다. 이들은 삶이 아폴론적으로 화석화되는 것을 거부하고 투쟁하는 정신이란 공통점을 지닌다.

> 삶의 가장 낯설고 가장 가혹한 문제들에 직면해서도 삶 자체를 긍정한다 : 자신의 최상의 모습을 희생시키면서 제 고유의 무한성에 환희를 느끼는 삶에의 의지 ― 이것을 나는 디오니소스적이라고 불렀다.(에케 호모, 393쪽)

이런 까닭에 그리스적인 명랑성은 아무런 비극도 알지 못하는 소박한 명랑성과는 다르다. 그리스인의 명랑성은 삶이 위협적이란 사실을 잘 알고 있었고, 그것을 비극이란 예술을 통해서 승화하고 극복함으로써 얻은 명랑성이기에 "비극적 명랑성"인 것이다. 그들에게 명랑성은, 마치 디오니소스가 찢긴 신, 즉 디오니소스-자그레우스이면서 그것으로부터 부활한 신이듯이, 비극을 알고 극복한 명랑성인 것이다.(비극, 85쪽)

또한 그리스인의 명랑성은 삶의 고달픔을 극복하기 위해 최고의 존재인 신과 저 세상이란 허구를 끌어들이고 그에게 복종함으로써 구원받기를 원하는 "노예적 명랑성"과도 구분된다. 이것을 니체는 히브리적, 그리스도교적인 명랑성이라고 칭한다.

마지막으로 그리스인의 명랑성은 에우리피데스와 소크라테스에 의해 전개된 알렉산드리아적 명랑성, 즉 이론적 명랑성과도 구분된다.(비극, 98, 135쪽) 이들에게서 삶의 위협적인 부분은 비이성적인 것으로 배제된다. 그리고 삶의 문제를 해결하기 위해서, 그것을 우연적으로 해결해 주는 존재인 자동장치의 신 Deus ex machina이 등장한다.(비극, 102쪽) 이제 아폴론 정신은 "논리적 도식주의"로, 디오니소스 정신은 "자연주의적 격정"으로 변하게 된다.(비극, 111쪽) 그리고 오직 이성적인 것만이 선하고 아름답게 된다. 그러나 니체가 보는 그리스인의 명랑성은 이론적 세계의 명랑성과도 구분된다.

결국 그리스인의 명랑성의 본질은 소박한 명랑성, 노예적 명랑성, 이론적 명랑성과 달리 현실을 현실로서 받아들이면서 예술이란 가상을 통해 현실을 극복하려는 비극적 명랑성이란 점에 놓여 있다.

이처럼 비극을 극복한 명랑성이란 개념은 니체의 작품에서 디오니소스, 명랑성, 순진무구함, 유희, 춤추는 발걸음 등으로 표현되고 있다.

4) 그리스 신 디오니소스와 게르만 신 오딘

나를 이해했는가? — 디오니소스 대 십자가에 못 박힌 자 … (에케 호모, 468쪽)

디오니소스 송가에서 니체는 차라투스트라를 "자신을 아는 자! 자신의 목을 매는 자!"[51]라고 표현하고 있다. 니체는 자신이 반그리스도교적임을 천명하고, 디오니소스의 모습을 차라투스트라를 통해 형상화하고 있다. 그런데 차라투스트라는 목을 매는 자로 표현되고 있다.

---

51) F. 니체, 『디오니소스 송가』, 백승영 옮김, 책세상, 2002, 489쪽.

여기서 목을 매는 자는 누구를 의미하는가?

우리는 이 모습에서 어렵지 않게 게르만 신화 속 오딘을 떠올리게 된다. 디오니소스가 차라투스트라와 연결되고, 차라투스트라가 오딘과 이어진다면 니체의 정신이 결국 게르만 신화라는 시원을 향하는 정신임이 분명해진다. 이런 점은 독일을 비판하면서도 그러한 비판이 애정에서 비롯된 것임을 밝히는 대목에서 잘 나타난다. 니체는 "나는 언제나 독일인이기를 선고받았다"[52]라고 고백하고 있는데, 여기서 독일인이란 표현은 현사실적인 과거를 뜻하기도 하지만, 동시에 미래적인 과제라는 의미도 포함한다. 이 미래의 모습을 그는 그리스와 독일 정신의 대조를 통해 형상화하고 있다. 이것은 진정한 독일 문화를 얻기 위해 우선 독일을 떠나는 것을 뜻한다:

> 지금까지 독일적이었던 모든 것을 곰곰이 생각해 보면 무엇이 독일적인 것인가?라는 이론적 문제는 곧 "오늘날에는 무엇이 독일적인 것인가?"라는 더 나은 반문으로 바뀌게 될 것이다. — 그리고 훌륭한 독일인이라면 누구나 자신의 독일적 특성을 극복함으로써 실천적으로 대답하게 될 것이다.(인간적인 II, 186쪽)

미래적인 독일 정신을 건립하기 위해 니체는 고대 그리스 문화와 만나 창조적인 대화를 나누기를 시도한다. 이때 필요한 것은 고대 그리스 정신의 위대한 점을 배우는 일이다:

---

52) F. Nietzsche, *Nietzsche contra Wagner*, KSA 6, 번역본: 니체, 『니체 대 바그너』, 백승영 옮김, 책세상, 번역본의 쪽수 15권, 2002, 538쪽 (앞으로 본문 안에 "니체 대 바그너"라고 기입하고, 번역본의 쪽수를 밝힘).

이제 마침내 독일 정신은 자기 본질의 원천으로 귀향한다. 그리고 그 후 독일 정신은 모든 민족들 앞에서 대담하고 자유롭게, 로마 문명의 보호 없이 큰 걸음을 걸어도 된다. 그러기 위해서는 한 민족에게서 의연하게 배울 줄 알면 된다. 즉 그 민족에게서 배울 수 있다는 것 자체가 이미 높은 명성을 보장하고 너무나 드문 일인, 그리스민족에게서 배우면 된다.(비극, 148-149쪽)

니체가 그리스 정신 안에서 독일 정신의 회복 가능성을 보고 있다는 점은 다음 문장에서도 확인된다:

우리는 그리스 고대 안에서만 독일 정신이 음악의 불꽃 마법을 통해 새로워지고 깨끗해진다는 희망을 발견할 수 있다.(비극, 151쪽) 혹은

우리는 독일 음악을 그들 덕분에 얻었고, 독일 신화의 부활도 그들에게 감사해야 할 것이다! (비극, 169쪽)

그러나 두 정신을 창조적으로 종합하는 일은 쉬운 일이 아니다. 왜냐하면 그리스와 독일 정신은 보편적인 곳에서 만날 수 있지만, 그 출발점이나 진행 과정 등에서는 항상 각각의 정신에 고유한 존재세계에 근거하고 있기 때문이다. 따라서 고대 그리스 정신을 독일적 풍토에 맞게 이식하는 것이 무엇보다 중요한 과제로 떠오르게 된다:

낯선 신화를 옮겨 심으면서 나무를 다치지 않게 한다는 것은 불가능한 것 같다. 나무는 어쩌면 언젠가 저 이질적 요소를 무섭게 투쟁하여 배척할 만큼 강하고 건강할 수 있을지도 모른다. 그러나 대개 나무는 쇠약해지고 마

르거나 병적으로 무성해지다가 죽어 버리고 만다.(비극, 171쪽)

니체의 염려와 같이, 그리스 정신을 가능케 한 존재론적 토대와 독일의 토대는 특수하며, 서로 차이점을 보인다. 그에 따르면 독일적인 것은 고대의 남방 중심적 서구 문화와는 전혀 다르다. 남방 문화의 특징은 "강렬한 대조, 주야의 급격한 변화, 뜨겁게 타오름과 색채의 화려함, 모든 뜻하지 않은 것, 신비로운 것, 굉장한 것에 대한 숭배, 돌발적인 폭풍의 속도, 여기저기에 사치스럽게 넘치는 자연의 보물들"이며, 게르만적인 북방 문화의 특징은 "밝지만 빛나지는 않는 하늘, 맑고 거의 불변하는 대기, 날카로움, 게다가 때로는 추위"이다.(인간적인 I, 237쪽)

이렇게 서로 상이한 그리스와 독일 정신을 종합하기 위해 니체가 시도한 것은 남방적 그리스 문화로의 과거적 회귀도 아니고, 북방적 게르만 문화에 대한 맹목적인 숭배도 아니며, 오히려 두 문화를 미래적인 시각에서 재해석하려는 것이다. 그러나 이러한 시도를 위해 주어진 확고한 길은 존재하지 않는다. 단지 시도 자체가 스스로 길을 열어 주기를 니체는 기대하고 있는 것이다:

> 게다가 우리는 오래된 것으로 되돌아갈 수도 없다. 우리는 이미 배를 불태워 버리고 말았다. 용감해져야 하는 수밖에 없다 … 다만 우리는 걷자.(인간적인 I, 247쪽)

그런데 여러 길들이 혼란하게 얽혀 있는 미로를 벗어나기 위해 니체가 갖고 있는 유일한 이정표, 즉 아리아드네의 실은 바로 디오니소스이다. 디오니소스는 니체 자신의 철학에서 디오니소스적인 차라투스

트라라는 이름으로 나타난다. 이와 같이 니체 철학이 독일 정신의 본
질을 찾기 위해, 그리스 정신을 디오니소스를 중심으로 창조적으로 재
해석한 것이란 점은 다음과 같은 니체 자신의 문장에서 확인된다:

> 독일인이 고향으로 돌아갈 길을 몰라 겁을 내면서 오래전에 잃어버린 고향
> 으로 자신을 데려다 줄 지도자를 찾아 두리번거린다면, 그는 디오니소스의
> 새가 즐겁게 유혹하는 소리에 귀를 기울이면 된다. 이 새는 그의 머리 위에
> 서 몸을 흔들거리며 그에게 고향으로 가는 길을 가르쳐 주려 한다."(비극,
> 171쪽)

5) 그리스 정신과 독일 정신에 대한
"보편적" 종합으로서 니체의 사상

a. 새로운 인간존재로서 초인: 남성과 여성, 정신과 육체를 아우르는 통합적 인
간존재

융은 니체가 서구 형이상학을 해체하고 극복하려고 시도하면서, 형
이상학에 의해 억압되어 왔던 시원적 특징을 발견했다고 주장한다. 그
예로서 융은, "그때 갑자기 나의 여인이여! 하나가 둘이 되었다 — 그
리고 차라투스트라는 내 곁을 지나갔다"[53]라는 니체의 표현이, 신의

---

53) F. Nietzsche, *Die fröhliche Wissenschaft*, KSA 3, 번역본: 니체,『즐거운 학문』, 안
성찬, 홍사현 옮김, 책세상, 2005, 번역본의 쪽수 12권, 414쪽. "실스 마리아/ 여기
에 앉아, 기다리고 또 기다린다 — 무를 / 선악의 저편에서, 빛을 즐기고/ 그림자를
즐기며, 모든 것은 유희일 뿐/ 모든 것은 바다고 정오고 목표 없는 시간일 뿐/ 그때
갑자기 …"

죽음과 새로운 신적인 존재의 등장을 뜻하며, 이 새로운 존재는 남성 중심적 서구 형이상학에 의해 억압된 여성적 존재, 즉 아니마를 뜻한다고 주장한다:

> 니체에게 차라투스트라는 시적 인물 이상의 것으로, 그의 의도하지 않은 신앙고백인 것이다. 그 역시 신을 저버린 탈그리스도교적 삶의 어둠 속에서 길을 잃었고, 그렇기 때문에 그의 심혼을 구원하는 원천으로서 계시된 자, 깨달은 자가 그에게 다가온 것이다.[54]

이러한 아니마는 형이상학적 구분 이전의 존재, 즉 아직 탈은폐되지 않고 망각 속에 감춰져 있는 시원적 존재의 모습을 띠고 있다. 이런 의미에서 "둘이 된" 이중적 존재는 고대 그리스의 디오니소스적인 모습과 유사하며, 남성 중심적인 형이상학 이전의 여성적 진리의 모습과 유사하다.[55] 이 점을 융은 다음과 같이 말한다:

> 아니마가 삶을 원할 때, 그것은 선한 것과 악한 것을 원한다 … 아니마는 칼론 카가톤καλὸν κἀγαθόν(아름답고 선한 것)을 신봉한다. 뒤에 발견된 … 모든 미학과 도덕의 대극성보다 먼저 있었던 원시적 개념이다 … 아니마는 보수적이며, 피곤할 정도로 오래된 인간 본질을 고수한다. 그러므로 아니마는 역사적 의상을 걸치고 나타나며 특히 그리스나 이집트의 것을 선호한다.[56]

---

54) C.G. 융, 『원형과 무의식』, 한국융연구원 C.G. 융 저작 번역위원회 옮김, 솔, 2006, 150쪽.
55) 최상욱, 『하이데거와 여성적 진리』 참조.
56) C.G. 융, 『원형과 무의식』, 138쪽.

이러한 이중적 존재는 구분하고 분리시키는 형이상학적 존재이해에 따르면, 섬뜩하고 무시무시한 존재로 보인다. 왜냐하면 "시원이라는 명징한 물을 들여다본 자는 우선 물 표면에 비친 자신의 모습을 발견하지만, 곧바로 그 물 안에 들어 있는 물고기들도 보게 되기 때문이다. 이때 물고기는 인어와 같은 유혹적인 모습을 지니기도 하지만, 동시에 사이렌이나 멜루지네, 흡혈여괴의 모습으로 나타나기도" 하기 때문이다.[57] 이런 의미에서 니체의 이중적 존재는 하이데거가 선택한 "안티고네"와 같은 모습이기도 하다. 안티고네가 섬뜩한 존재라는 것은 그녀 자신의 말을 통해 드러난다:

그럼에도 이것을 나에게, 그리고 내 안에서 매우 위험한 일을 충고하는 자에게 맡겨 두라: 즉 고유한 본질을, 말하자면 지금 여기서 나타나는 섬뜩한 것을 받아들이도록.[58]

그런데 여성적 존재에 대한 숭배는 이미 12, 13세기 프랑스에서 모든 여신을 노트르담으로 불렀던 일에서 나타나며, 이런 여신 숭배는 남신 야훼를 믿었던 히브리 구약 시대에도 존재했다. 더 나아가 신약에서 묘사하고 있는 동정녀로부터 그리스도의 탄생이란 설화가 그리스와 이집트로부터 유래한 설화라는 주장이 암시하듯이, 여성적 존재에 대한 숭배는 남성과 여성으로 분리되기 이전 시대의 존재이해에 근거한다는 점이 보편적으로 인정되고 있다. 그때엔 남성, 여성의 분리

57) 최상욱, 「하이데거의 "시원" 개념에 대하여」, in: 『하이데거 연구』, 제15집, 2007년, 봄호, 520쪽.
58) 소포클레스, 『안티고네』, 천병희 옮김, 문예출판사, 2001, 95-96쪽: 마르틴 하이데거, 『횔덜린의 송가 〈이스터〉』, 155쪽.

뿐 아니라, 영혼과 육체를 분리하는 일도 아직 벌어지지 않았다. 이런 점은 남성과 여성, 영혼과 육체를 분리해 온 서구 형이상학을 부정하는 니체에 의해 다시 나타난다.[59]

니체가 이해한 인간존재가 남성과 여성, 정신과 육체를 통합하는 것이라는 점은, 그가 『차라투스트라는 이렇게 말했다』에서 죽어 가는 광대가 차라투스트라를 향하여, 악마가 자신을 끌고 가고 있다고 외치면서 두려워할 때, 차라투스트라의 입을 통해 악마도 지옥도 없으며 광대의 영혼이 신체보다 더 빨리 죽어갈 테니 두려워할 이유가 없다고 위로하는 장면에서 잘 나타난다. 이것은 영혼 불멸을 외친 그리스도교와 플라톤 철학에 대한 반대 입장이다. 그렇다고 니체가 영혼의 존재를 부정한 것은 아니다. 오히려 그에 따르면, 서구 형이상학이 영혼이라고 주장해 왔던 것은 큰 이성인 신체에 의해 작용되는 작은 이성에 불과한 것이다. 따라서 그는 "나는 전적으로 신체일 뿐, 그 밖의 아무 것도 아니며, 영혼이란 신체 속에 있는 그 어떤 붙인 말에 불과하다. 신체는 커다란 이성이며, 하나의 의미를 지닌 다양성이고 … 너희들이 '정신'이라고 부르는 그 작은 이성 역시 너희 신체의 도구, 이를테면 너의 커다란 이성의 작은 도구이자 장난감에 불과하다"(차라, 51쪽)라고 말한다.

b. 제4의 것인 대지에 대한 긍정

서구 형이상학과 그리스도교에 대한 니체의 비판은 형이상학에 의해 부정된 대지를 복원하는 것으로 나타난다. 대지는 그리스도교와 플라톤 철학에 의해 악한 것, 불완전한 것으로 평가절하되어 왔다. 그럼

---

59) 조셉 캠벨, 빌 모이어스, 『신화의 힘』, 이윤기 옮김, 고려원, 1996, 322-331쪽.

에도 제4의 것인 대지는 은폐된 채 항상 유지되어 왔다.[60] 예를 들어 일반적으로 대지를 부정했다고 알려져 있는 플라톤의 경우에도 그의 작품 『티마이오스』 안에는 소크라테스가 다음과 같이 질문하는 장면이 묘사되고 있다:

> 한 분, 두 분, 세 분, 그런데 보십시오, 티마이오스님! 어제는 대접을 받은 손님이었으되, 오늘은 손님을 대접하시게 될 네 번째 분은 어디에 계신가요?(티마이오스, 17a)

이 인용문은 어제까지, 즉 과거에는 대접을 받았던 네 번째 분이, 현재에는 존재하지 않는다는 점을 드러내고 있다. 이러한 문장은 다양하게 해석될 수 있지만, 플라톤 철학 이전에 가장 중심적 개념이었던 피지스, 즉 신적인 것, 인간적인 것, 하늘과 대지 모두를 포함하는 피지스는 플라톤 철학 이전에 가장 대접받던 분이었지만, 플라톤 철학과 더불어 이제 그것은(네 번째 분) 더 이상 대접받지도, 참석하지도 못하고 있다는 것으로 해석될 수 있다. 그 후 『티마이오스』에서 세 인물들의 대화는 제4의 것 없이 진행된다. 그러나 그때도 제4의 것은 대화에 참여한 세 인물들의 대화 속에 은폐된 채 현존하는 방식으로 참여하고 있다. 이 점은 그리스도교의 경우도 마찬가지이다. 이 점에 대하여 융은 다음과 같이 말한다:

> 그리스도교의 경우 3위의 신이 주장되는데, 3위의 신은 모두 남성을 반영하고 있다. 그러나 무의식에 의하여 4라는 수를 중심으로 하는 상징으로

---

60) 최상욱, 「하이데거의 대지 개념에 대하여」, in: 『하이데거연구』, 213쪽 이하.

변하고 있다. 그리고 이 새로운 상징은 삼위일체에서 3개의 위격이 동일한 신인 것과 같이, 동시에 하나인 것이다.[61]

융의 해석에 따르면, 대지는 형이상학에 의해 부정된 듯이 보이지만 무의식으로 존재하고 있었다. 하이데거식으로 표현하면, 대지는 형이상학과 그리스도교에 의해 은폐되었지만, 그렇게 부재하는 방식으로 현존해 온 것이다. 따라서 융에 따르면 제4의 것인 대지는 더 이상 "악마적인 것"이 아니라, 진리의 심층을 이루는 "성스러운 것"이며, 어머니로서의 여성성을 의미하고, 그리스도교의 경우 마리아의 모습으로 다시 나타나게 된다. 이러한 제4의 상징은 원래 초대 그리스도교에서는 받아들여졌던 것이었지만, 그리스도교 교리가 전개되면서 부정되었을 뿐이다. 그러나 융은 제4의 상징이 다시 회복되어야 그리스도교는 자신의 완전성을 회복할 수 있다고 주장한다:

승리의 그리스도는 삼위일체인데 … 여기에 네 번째 것(왕비)이 부가되어 4위 1체가 되는 것이다. 푸른 색은 마리아가 천국에서 입고 있는 외투색깔이다. 즉 마리아는 푸른 하늘로 덮여져 있는 〈대지〉이다.[62]

말하자면 서구 형이상학과 그리스도교는 제4의 손님이 복원될 때 비로소 4위 1체, 즉 4가 되는 원(rotundum quod aes in quatuor ver-tit)[63]이라는 완전한 형태로 완성될 수 있는 것이다.

---

61) C.G. 융, 『원형과 무의식』, 121쪽 이하.
62) 같은 책, 103쪽.
63) R. Eisler, *Weltenmantel und Himmelszeit*, I, 85쪽; C.G. 융, 『원형과 무의식』, 136쪽에서 재인용.

이와 마찬가지로 니체에게도 대지는 형이상학과 그리스도교의 일면성을 극복하기 위해 가장 중요한 개념이다. 그는 대지의 중요성에 대해 다음과 같이 말한다:

> 맹세코 이 대지에 충실하라 … 지난날에는 신에 대한 불경이 가장 큰 불경이었다. 그러나 신은 죽었고 그와 더불어 신에게 불경을 저지른 자들도 죽었다. 이 대지에 불경을 저지르고 저 알 길 없는 것의 뱃속을 이 대지의 뜻보다 더 높게 평가하는 것, 이제는 그것이 가장 두려워해야 할 일이다.(차라, 17쪽)

그러나 니체가 대지를 강조함으로써 신적인 것, 하늘적인 것을 부정한 것이 아니다. 오히려 그는 대지 자체가 초월적 대지이기를 주장한다. 말하자면 대지로부터 떠나 하늘로 도망친 그리스도교나 플라톤 철학과 달리, 대지 자체를 지닌 채 그 대지가 초월적으로 높아져야 한다는 것이 니체의 주장이다:

> 언젠가 사람들에게 나는 법을 가르치는 자는 모든 경계석을 옮겨 놓고 말 것이다. 모든 경계석 스스로가 그의 눈앞에서 하늘로 날아갈 것이고, 그는 이 대지를 "가벼운 것"이라는 이름으로 다시 세례를 베풀 것이다 … 가벼워지기를 바라고 새가 되기를 바라는 자는 자기 자신을 사랑해야 한다. 이것이 나의 가르침이다.(차라, 313쪽)

니체에 따르면 이렇게 높아진 대지 위에 거주할 때 비로소 인간은 자신과 삶을 긍정하며 웃을 수 있게 되는 것이다.

c. 탈형이상학적인 통합적 진리

기존의 형이상학적 진리에 대한 니체의 비판은, 공교롭게도 그 진리의 창시자인 소크라테스의 말을 인용하면서 시작된다.[64] 『파이돈』 118a에서 소크라테스는 죽기 직전 자신이 닭 한 마리를 아스클레피오스에게 빚졌다고 고백한다. 이것은 병들었던 환자가 회복되었을 때 닭 한 마리를 아스클레피오스 신에게 바치는 풍습에서 유래한 표현이다. 그런데 평생 동안 아무런 빚도 지지 않았던 소크라테스가 죽기 직전에 닭 한 마리를 빚졌다고 말하는 것은, 니체에 따르면, 소크라테스에게 삶 자체가 병이었다는 사실을 의미한다는 것이다:

> 삶 — 이것은 오랫동안 병들어 있었다는 것을 의미한다네 : 나는 구원자 아스클레피오스에게 닭 한 마리를 빚졌다네.(우상, 87쪽)

그런데 삶보다 이상세계를 강조한 것은 비단 소크라테스뿐 아니라 전 세계적으로 현자라는 인물들이 내린 보편적인 판단이다. 그러나 니체에 따르면 이들이 동일하게 그러한 결론에 도달했다는 사실이 곧바로 그 주장이 진리라는 것을 입증하지는 않는다. 왜냐하면 그들의 의견일치는 단지 그들의 생리적인 일치를 반영하는 데 지나지 않기 때문이다.(우상, 88쪽)

니체는 이러한 병적 증상들을 보인 예로 플라톤을 거론하며, 그의 증세에 대하여 다음과 같이 질문한다:

> 플라톤이 그랬던 것처럼 정신과 선에 대해 말한다는 것은, 확실히 진리를

---

64) 최상욱, 『진리와 해석』, 222쪽 이하 참조.

전복하고, 모든 생명의 근본 조건인 관점주의적인 것을 스스로 부인함을 의미했다. 우리는 의사로서 다음과 같이 물을 수 있을 것이다: "그 병은 어디에서 고대에 가장 아름답게 자라난 존재 플라톤에게 옮겨 왔는가? 사악한 소크라테스가 그마저도 타락시켰던 것일까? 소크라테스야말로 청년들을 타락시킨 자가 아닐까? 그 스스로 독배를 받을 만했던 것은 아닐까?"[65]

니체가 진단하는 플라톤의 병은 실제로 존재하는 세계 대신 또 다른 이상세계를 만들고, 이상세계만이 "실재하는 세계"라고 주장한 점에 있다. 이러한 주장은 플라톤 이후 서구 철학사를 통해 이어진다. 그런데 니체는 이러한 세계는 개념의 세계에 불과하며 실제로 존재하지 않는 허구라고 비판한다:

철학자들한테서 나타나는 특이 성질이 전부 무엇이냐고 내게 묻는가? … 그들의 역사적 감각의 결여, 생성이라는 생각 자체에 대한 그들의 증오, 그들의 이집트주의가 그 예이다. 어떤 것을 영원이라는 관점에서 탈역사화하면서 그들은 그것을 영예롭게 만들고 있다고 믿는다 ─ 그것을 미라로 만들면서 말이다. 철학자들이 지금까지 수천 년 동안 이용했던 모든 것은 죄다 개념의 미라들이었다.(우상, 96쪽)

서구 형이상학적 진리의 오류는 허구와 실재를 전도시킨 점, 그리고 그것을 두 세계로 나누고, 한 세계에만 의미를 부여한 점에 있다. 그런

---

65) F. Nietzsche, *Jenseits von Gut und Böse*, KSA 5, 번역본: 니체, 『선악의 저편』, 김정현 옮김, 책세상, 2002, 번역본의 쪽수 14권, 서문 10-11쪽 (앞으로 본문 안에 "선악"이라고 기입하고, 번역본의 쪽수를 밝힘).

데 이런 주장은 "변하지 않고 항상 존재"하는 세계만이 진리의 세계이고, 이러한 세계의 정점엔 최고의 존재자가 위치하며, 세계는 이 최고의 존재자인 신으로부터 이해될 수 있다는 주장으로 이어진다:

> 이런 식으로 철학자들은 '신'이라는 개념을 갖게 된 것이다 … 최후의 것, 가장 빈약한 것, 가장 공허한 것이 최초의 것으로, 원인 그 자체로서, 최고의 실제적인 존재자라고 규정된다.(우상, 99쪽)

니체는 "어떻게 '참된' 세계가 결국 우화가 되어 버렸는지" 그 과정을 해명하면서, 참된 세계라고 주장되던 세계의 본질이 허구에 불과했기에, 이제 허구의 세계는 해체되어야 한다고 강조한다. 말하자면 니체는 플라톤에 의해 전도된 참된 세계와 허구의 세계를 다시 전도시키고 있는 것이다. 그런데 단순히 두 세계를 전도시키는 것이 아니라, 참된 세계라고 믿어져 왔던 허구의 세계를 없애면서, 그는 허구와 참된 세계 사이의 경계선마저 해체시켜 버린다. 왜냐하면 애당초 참된 세계와 허구 세계라는 두 세계가 존재하지 않았다면, 두 세계를 구분하는 경계선 역시 존재하지 않았기 때문이다. 그렇다면 이제 남은 유일한 세계는 현상의 세계뿐이며, 그것을 긍정하는 일이 인간에게 주어진 과제가 된다.

니체가 서구 형이상학과 그리스도교를 비판한 또 다른 이유는, 서구 형이상학이 인과율에 의해 모든 존재자를 파악한 점에 있다. 신이라는 최고 원인을 정점으로 하여 모든 존재자는 인과율이라는 "체계" 속에 편입되게 된다. 이제 세계를 이해하는 것은 체계를 이해하는 것을 뜻하게 된다. 반면에 니체는 체계를 세우려는 시도에는 삶에의 성실성과 정직성이 결여되어 있다고 비판한다.(우상, 81쪽) 왜냐하면 체계는 영

원히 변치 않는 존재들의 집합을 전제하고, 이 모든 존재들이 진리라
는 끈에 의해 맨 위부터 아래까지 연결되어 있으며, 이 모든 것은 절대
적 관점에서 파악된다고 전제하기 때문이다. 따라서 체계 안에는 삶의
다양성, 시간과 역사 속에서 상황의 변화들, 인간의 자유가 모두 부정
된다. 그런데 이런 점을 니체는 플라톤의 병이라고 칭한 것이다. 이러
한 이해방식에 반대하면서 니체는 인간의 앎은 자신의 관점에 의해 제
한적일 수밖에 없다고 주장한다:

> 감옥에서. —내 눈이 지금 좋든지 나쁘든지 간에 나는 아주 가까운 거리밖
> 에 보지 못한다. 내가 활동하고 사는 공간은 이렇게 작은 곳이다 … 마찬가
> 지로 귀도 우리를 하나의 작은 공간에 가두며, 촉각도 마찬가지다 … 우리
> 는 자신의 그물 안에 갇혀 있다. 우리들 거미는 이 그물 안에서 무엇을 붙
> 잡든 바로 우리의 그물 안에 걸리는 것 이외에는 아무것도 잡을 수 없다.[66]

인간의 이해능력은 단지 우리가 바라볼 수 있는 관점과 시간에 제한
되어 있다. 따라서 삶을 뛰어넘는 절대적 시각에서 체계적으로 파악될
수 없다. 따라서 우리의 인식능력에 의해 삶을 진리와 비진리로 나누
는 일은 우리의 한계를 넘어서는 일이다. 왜냐하면 진리는 공간에 따
라 다르게 평가될 수도 있고, 동일한 공간 내에서도 시간의 흐름에 따
라 달리 평가될 수 있기 때문이다. 이런 점을 니체는 "예전에는 삶의
향료였던 것이 우리에게는 독이 될 수도 있다"(우상, 175쪽)라고 말한

---

66) F. Nietzsche, *Morgenröte*, KSA 3, 번역본: 니체, 『아침 놀』, 박찬국 옮김, 책세상,
2004, 번역본의 쪽수 10권, 134-135쪽 (앞으로 본문 안에 "아침 놀"이라고 기입하
고, 번역본의 쪽수를 밝힘).

1부: 니체, 횔덜린, 하이데거에 이르는 독일 정신과, 고대 그리스 정신 117

다. 말하자면 pharmakon은 적당히 주어질 때는 약이 되지만, 지나칠 때는 독이 되기도 하는 것이다. 따라서 pharmakon의 본질이 약인지 독인지는 그것 자체에 의해 결정되는 것이 아니라, 그것이 언제 어느 곳에서 어떻게 사용되는가에 의해 변하는 것이다.

예를 들어 배의 앞부분이 바다의 물을 가르면서 나아갈 때 바다는 배의 앞부분에 의해 좌와 우로 나뉜다. 그러나 바다라는 존재 자체 안에 좌와 우가 있는 것이 아니라, 배가 언제 어느 곳을 어떻게 지나가는가에 따라 바다에는 좌와 우의 물결이 생기는 것이다. 그러나 배가 지나간 후 바다는 다시 통합된 바다일 뿐 좌와 우의 물결로 분리되지 않는다.[67] 이와 같이 삶은 다양성의 총체일 뿐이고, 삶의 진리는 단지 관점과 시간에 의해 한계를 갖는 진리에 불과한 것이다. 따라서 형이상학적 진리보다 더 큰 진리가 있다면, 그것은 삶 자체라는 진리이며, 그것은 모든 형이상학적인 진리를 넘어서고 포괄하는 진리이어야 한다. 이런 진리를 니체는 여성적 진리라고 부른다:

> 진리가 여성이라고 가정한다면, 어떠한가? 모든 철학자가 독단주의자였을 경우, 그들이 여성을 제대로 이해하지 못했다는 혐의는 근거 있는 것은 아닐까? 지금까지 그들이 진리에 접근할 때 가졌던 소름 끼칠 정도의 진지함과 서툴고 주제넘은 자신감이 바로 여성의 마음을 사로잡기에는 졸렬하고 부적당했다는 혐의는 근거 있는 것이 아닐까? … 그래서 모든 종류의 독단론은 오늘날에도 울적하고 힘없는 모습으로 서 있는 것이다.(선악, 서문, 9쪽)

---

67) 자크 데리다, 『에쁘롱-니체의 문체들』, 김다은, 황순희 옮김, 동문선, 1998, 34–36쪽: 자크 데리다, 『해체』, 김보현 편역, 문예출판사, 1996, 251쪽 이하.

아마도 진리는 자기의 근저를 보여 주지 않을 이유를 갖고 있는 여자가 아닐까? … 아마도 그녀의 이름은 그리스어로는 바우보 Baubo가 아닐까? (니체 대 바그너, 547쪽)

이러한 여성적 진리는 진리와 비진리라고 구분하기 이전의 통합적 진리이며, 그것은 체계적인 전능자의 관점에서 세계를 바라보는 것이 아니라, 수많은 관점들로 바라보는 것을 허용하는 진리의 세계이다. 왜냐하면 사물들을 있는 그대로 본다는 것은 그것들을 다양한 눈으로 보는 것을 의미하기 때문이다. 이런 의미에서 니체가 주장하는 진리는 삶의 흔적을 좇아 이리저리 떠나는 유랑적(nomadisch) 특징을 지닐 때, 그 생명력을 지니는 것으로 이해할 수 있다.

d. 새로운 진리와 도덕의 근거로서 힘에의 의지

서구 형이상학과 그리스도교는 관점과 시간을 초월하는 절대적 진리가 존재한다고 주장해 왔다. 그러나 니체에 따르면 진리 자체는 존재하지 않는다. 진리는, 하이데거식으로 표현하면, 탈은폐될 때 비로소 인간에게 진리로서 드러나는 것이다. 더 나아가 니체는 진리는 현존하는 어떤 것이나 발견되어야 할 어떤 것이 아니라, '만들어져야 할' 어떤 것이라고 주장한다.[68] 따라서 "신의 죽음" 이후, 이제 새로운 인간에게 필요한 것은 절대적인 진리 자체는 없다는 사실을 인정하는 일이다:

---

68) 이 지점이 하이데거가 니체를 비판하는 대목이다. 하이데거는 니체가 진리를 인간에 의해 만들어져야 하는 것으로 보는 점을 강하게 비판한다. 왜냐하면 하이데거의 경우 진리는 인간이 만드는 것이 아니라, 인간에게 발견되는 것이기 때문이다. 이때 발견의 주체도 인간이 아니라, 진리의 역운에 속한다는 것이 하이데거의 입장이다.

철학에 대한 우리의 입장의 새로운 점은 그 어떤 시대도 이미 갖지 못했던 확신, 즉 우리는 진리를 갖고 있지 않다는 확신이다. 이전의 인간은 진리를 갖고 있었다.[69]

이 인용문에 따르면 니체는 이전의 형이상학적 진리가 전적으로 오류였던 것이 아니라, 적어도 그 당시에는 진리였다는 점을 인정하고 있다. 왜냐하면 니체에게 진리와 비진리는 그 자체로 존재하는 것이 아니라, 각각의 시대가 갖는 관점에 의해 해석되고 받아들여진 것에 불과하기 때문이다. 그런데 그러한 해석이 역사의 흐름 속에서 더 이상 진리의 역할을 수행할 수 없다면, 그것은 폐기되고 새롭게 재해석되어야 한다. 이런 의미에서 진리의 본질은 해석이지만, 그 해석을 영원한 진리로 믿는다면, 그것은 오류이다.[70] 이 점에 대하여 니체는 다음과 같이 말한다:

진리란 … 그것 없이는 특정 종의 생물이 살 수 없을지도 모르는 그러한 종류의 오류이다. 삶에 대한 가치가 결국은 결정적이다.[71]

말하자면 진리의 본질은 관점과 시간적 상황에 의해 제한된 해석, 즉 오류이다. 그런데 그 오류가 진리일 수 있었던 것은, 그 오류가 당시 인간의 생존을 위해 필수적인 것이었기 때문이다. 즉 그 오류는 그때 당시 인간이 생존하기 위해 가장 적합한 해석이었기 때문에, 진리

---

69) M. Heidegger, *Nietzsche I*, Pfullingen, 1961, 290쪽에서 재인용.
70) 최상욱, 『진리와 해석』, 318쪽.
71) F. 니체, 『권력에의 의지』, 강수남 옮김, 청하, 1988, 309쪽.

로 받아들여졌던 것이다. 그러나 이러한 진리는 영원히 지속될 수 있는 것이 아니며, 시간에 따라, 관점에 따라 변화되어야만 한다. 그런데 이렇게 변화시키는 원동력은 "힘에의 의지"이다. 그렇다면 어떠한 해석이 진리일 수 있는 근거는, 그 해석이 힘에의 의지를 반영하고 있는가에 달려 있다. 이 점에 대하여 니체는 다음과 같이 말한다:

> 저마다의 민족 위에는 저마다의 가치 목록이 걸려 있다. 보라, 그것은 저마다의 민족이 극복해 낸 것들의 목록이다. 보라, 그것은 저마다의 민족이 지닌 힘에의 의지의 목소리이다. … 지금까지 천 개나 되는 목표가 있었다. 천 개나 되는 민족이 있었기 때문이다. 다만 … 하나의 목표가 없을 뿐이다.(차라, 93–96쪽)

이 인용문에 의하면, 각각의 민족들은 자신들의 힘에의 의지를 통해 가치를 평가하고, 그 해석을 진리로 여겼다는 것이다. 만약 모든 진리가 힘에의 의지에 의해 만들어진 것이라면, 우리는 그 해석이 진리로서 가치가 있는지 여부는 어떻게 판단해야 하는가?

이 점에 대해 니체 자신도 한 민족의 진리가 다른 민족에게는 웃음거리와 모욕으로 간주되고 있음을 인정한다. 그리고 니체는, 왜 어떤 진리는 웃음거리로 되는지에 대하여 질문한다. 그것은 "힘에의 의지"가 표출되는 다양한 형태에 대한 질문으로 이어진다:

> 생명체를 발견할 때마다 나는 힘에의 의지도 함께 발견했다. 심지어 누군가를 모시고 있는 자의 의지에서조차 나는 주인이 되고자 하는 의지를 발견할 수 있었다. 보다 약한 자 위에 주인으로서 군림하려는 의지는 보다 강한 자에게 예속되어야 할 것이라고 자신을 설득한다. 약자도 주인이 되는

즐거움 하나만은 버릴 수가 없다.(차라, 189쪽)

여기서 니체는 모든 존재자들은 스스로 주인이 되기를 의지한다고 말하고 있다. 그리고 주인이 되는 즐거움은 포기할 수 없는 것이라고 말한다. 그러나 현실적으로 모든 존재자들이 모두 주인이 될 수는 없다. 그렇다면 주인이 될 수 없는 존재자들은 어떠한 방식을 취해야 하는가? 그것은 주인에게 복종하면서, 자신보다 더 낮은 자에게 주인으로 군림하는 방식으로 나타난다. 이것은 힘에의 의지를 스스로 제한하는 경우이다.

그런데 낮은 자들이 항상 그리고 기꺼이 주인에게 복종하는 것은 아니다. 낮은 자들은 언제라도 주인을 넘어서서 그 주인의 주인이 되기를 의지한다. 그런데 주인의 힘에의 의지와 동일한 방식으로 주인을 극복하는 것이 불가능하다면, 낮은 자는 자신의 힘에의 의지를 주인과는 다른 방식으로 변형시킴으로써 주인을 극복하려고 한다. 그 점을 니체는 다음과 같이 말한다:

희생과 봉사, 그리고 사랑의 눈길이 있는 곳에도 주인이 되고자 하는 의지는 있다. 보다 약한 자들은 뒷길로 해서 보다 강한 자의 요새 속으로, 심장 속으로 숨어들어 간다. 그러고는 그곳에서 힘을 훔쳐 낸다.(차라, 190쪽)

이것은 힘에의 의지가 지닌 모순이다. 즉 힘에의 의지를 지닌 강자가 항상 약자를 이기는 것이 아니라는 말이다. 오히려 인류의 역사를 통해 승자로 군림한 것은, 많은 경우 강자가 아니라 약자였다. 왜냐하면 강자는 혼자인 데 반해 약자는 조직과 체계를 갖춘 집단으로 대응해 왔기 때문이다. 이때 그들이 드러내는 것 역시 힘에의 의지이다. 단지 강자의 힘에의 의지가 긍정적이고 능동적인 힘에의 의지인 데 반해, 이들의 힘에의 의지는 수동적이고 반동적인 힘에의 의지라는 차이점을 지닌다. 강자의 힘에의 의지는 순간적으로 거대한 폭발을 내는 다이너마이트와 같지만, 약자들의 힘에의 의지는 집단적이고 지속적인 특징을 지닌다. 따라서 '지속'되는 역사의 연속성에서 약자가 승리하는 역설이 발생하는 것이다.

그러나 강자는 이러한 역사의 흐름의 방향을 일거에 변경시키는 폭발력을 지닌다. 말하자면 강자가 드러내는 힘에의 의지는, 기존의 가치를 이어받아 고수하고 그 가치에 의존하는 약자의 힘에의 의지와 달리, 기존의 가치를 파괴하고 새로운 가치를 창조하는 의지인 것이다. 따라서 약자의 입장에서 볼 때 강자의 힘에의 의지는 파괴자의 모습처럼 보인다:

선과 악의 창조자가 되어야 하는 자는 먼저 파괴자가 되어 가치들을 부숴버려야 한다. 이렇게 하여 최상의 악은 최상의 선에 속하게 된다. 그러나 최상의 선, 그것은 창조적인 선이다.(차라, 191쪽)

이렇게 강자의 힘에의 의지가 기존의 가치를 파괴하여 전도시키고 새로운 가치를 창조해 냄으로써 새로운 역사의 지평은 열리게 되는 것이다. 이런 의미에서 카이로스적인 사건의 역사라는 측면에서 볼 때 진정한 역사의 승리자는 강자라고 할 수 있다.

이런 특징은 도덕의 경우에도 그대로 반영된다. 도덕에 대한 니체의 관심은 기존의 도덕이 갖는 내용 자체가 보편적으로 타당한지, 혹은 그렇지 않은지에 있지 않다. 오히려 그의 관심은 "도덕이 어떠한 조건 하에서 발생되었는지"에 집중된다. 말하자면 그는 도덕을 형성시켰던 기원에 대하여 계보론적인 해명을 시도하고 있는 것이다.

서구 형이상학과 그리스도교는 도덕 자체라는 것이 선험적으로 존재하며, 도덕이 궁극적으로 실현해야 하는 것은 비이기적 행위, 즉 타자에 대한 사랑이라고 말해 왔다. 그러나 니체에게 도덕 자체라는 것은 존재하지 않는다. 단지 도덕에 대한 인간의 해석들만이 존재할 뿐이다:

> 도덕적인 현상이란 존재하지 않으며, 현상에 대한 도덕적 해석만이 있을 뿐이다.(선악, 117쪽)

니체에 따르면 우리가 일반적으로 알고 있는 도덕은 그 자체로 존재했던 것이 아니라, 역사를 통해 인간이 어떠한 사건과 행동에 대하여 도덕적인 해석을 부여해 온 것이다. 이때 도덕적 가치를 부여하는 힘에의 의지의 종류에 따라 도덕은, 강자의 도덕과 약자의 도덕으로 구분된다.

도덕이 도움을 받은 자들이 갖는 감사의 마음에서 시작되었다는 일반적 믿음과 달리, 니체의 경우 도덕의 시초는 강자가 갖는 힘에의 감정에 기인한다. 강자의 도덕의 경우 "좋음"이란 판단은 좋은 것을 받은 인간에 의해 발생하는 것이 아니라, 좋은 것을 행하는 인간에 의해 능동적으로 발생하는 것이다. 예를 들어 능력이 있는 사람이 어떤 일을 할 때, 자신의 힘을 충분히 발휘했을 때, 그는 "좋다"라고 말한다. 이러한 좋음은 강자 자신이 약자와 다르다는 우월감에서 비롯된 것이다. 이것을 니체는 "거리의 파토스"(Pathos der Distanz)라고 부른다. 강한 자가 강한 힘을 발휘했을 때 그는 좋다(gut)라고 표현하며, 그가 자신의 힘을 충분히 발휘하지 못했을 때 그는 "좋지 않다, 나쁘다"

(schlecht)라고 말한다. 이와 같이 강자의 도덕은 자신과 자신의 행위가 고귀하다는 표현이며, 그 힘에 새로운 가치를 창조했다는 지배적 감정을 뜻한다. 이런 점은 어원론적으로도 입증된다.

니체에 따르면 "좋음"이란 단어는 esthlos, 즉 존재하는 자, 진실한 자, 성실한 자, 고귀한 자, agathos와 같이 좋은 태생이란 의미와 연관되며, "좋음"이란 의미의 라틴어 bonus는 전사, 용기를 의미했다. 이와 같이 강자의 도덕의 특징은 자신이 갖는 힘에의 의지의 감정, 특히 자신에 대한 외경심이라는 능동적 감정에 놓여 있다.

반면 약자의 도덕의 경우, 약자들은 현실에서 강자를 이길 수 있는 능력을 갖지 못한다. 따라서 그들은 강자가 가진 힘과 비교해 자신들의 존재를 표현하려고 한다. 그들에 의해 강자의 힘은 약자를 괴롭히는 힘이며, 강자의 힘은 "좋지 않은 것", 더 나아가 "악한 것"(böse)으로 판정된다. 그리고 그들은 현실적으로 강자를 이길 수 없는 자신의 처지를 비겁함이라고 칭하지 않고, "사랑함"이라고 전도시킨다. 그런데 약자가 주장하는 사랑 안에는 강자의 지배가 끝났을 때 되갚으려는 "원한 감정"(Ressentiment)이 숨어 있다. 그들은 보복할 수 없는 자신들의 무력함을 "우리는 악인과 다른 선한 자"라는 표현으로 전도시키고, 자신들의 비겁함을 겸허와 덕, 순종과 관용, 사랑이라는 이름으로 전도시킨다. 이제 강자의 좋음과 나쁨(좋지 않음)이라는 도덕적 판단은 약자에 의해 선과 악(böse)이라는 도덕적 판단으로 고착된다. 니체에 따르면 이것이 도덕의 역사이다.

이후 약자들은 자신들을 보호하기 위해 후손들이 자신들의 처지를 기억하길 요구했고, 이것이 도덕의 전승이란 형태로 나타났다는 것이다. 이와 같이 약자의 도덕은 스스로 도덕적 가치를 표현하는 것이 아니라 강자에 대한 반동으로 판단하는 수동적이고 반동적이라는 특징을 지니며, 사랑이란 이름 아래 원한 감정을 숨기고 있다는 특징과, 그 가치를 지속시키기 위해 기억이라는 방식을 취한다는 특징을 지닌다.

반면에 강자의 도덕은 능동적인 도덕, 즉 힘에의 의지의 감정이기에 기억을 필요로 하지 않는다. 강자는 스스로를 드러내고 그다음 곧바로 잊을 뿐이다. 이와 같이 강자의 도덕에서 지배적인 방식은 지속을 위한 기억이 아니라, 망각인 것이다.

따라서 역사의 흐름 속에서는 약자의 도덕이 강자의 도덕을 이기게 되며, 약자의 도덕은 보편적인 도덕 자체로 여겨지게 된다. 그러나 이러한 도덕은 새로운 세계를 열 만한 능력을 지니지 못했을 뿐 아니라, 심지어 그러한 가능성을 거세시켜 왔다는 것이 니체의 입장이다. 이런 의미에서 니체는 서구 형이상학과 도덕의 본질을 허무주의라고 부르는 것이다.

e. 허무주의의 본질과 극복

서구 사상사에서 허무주의라는 표현이 처음 등장한 것은, 야코비가 피히테에게 보낸 서한에서이다. 야코비는 이 서한에서 관념론을 허무주의로 칭한다. 이와 유사하게 투르게네프는 감각적으로 인지 가능한 것만이 현실적으로 존재하며 그 외의 것은 무라고 여기는 세계관을 허무주의라고 부른다. 이외에 허무주의란 표현은 장 폴이나 도스토예프스키에 의해 시학적인 특징으로 나타난다.[72]

그런데 니체가 이해하는 허무주의는 위의 주장보다 범위가 훨씬 넓다. 니체에 따르면 허무주의는 일시적인 현상도 아니고, 각각의 개인적 감정이나 취향의 문제도 아니고, 문학적인 조류에 그치는 것도 아

---

72) M. Heidegger, *Nietzsche II*, 31쪽 이하.

니다. 오히려 허무주의는 서구 형이상학의 시초, 즉 플라톤과 그리스 도교로부터 발생하고 형이상학의 역사를 통해 진행되고 결국엔 서구 형이상학의 역사가 도달하게 된 필연적 귀결이다. 말하자면 허무주의 는 서구 형이상학의 본질이다. 따라서 서구 형이상학이 주장한 최고의 가치는 이제 그 의미를 상실하게 되고, 모든 가치들은 무 속으로 가라 앉게 된다:

"우리가 신을 죽였다 ─ 너희들과 내가! 우리 모두가 신을 죽인 살인자다! 하지만 어떻게 우리가 이런 일을 저질렀을까? … 우리는 어디를 향해 가고 있는 것일까? 모든 태양으로부터 떨어져 나온 지금? 우리는 끊임없이 추 락하고 있는 것은 아닐까? 뒤로 옆으로 앞으로 모든 방향으로 추락하고 있 는 것이 아닐까? 아직도 위와 아래가 있는 것일까? 무한한 허무를 통과하 고 있는 것처럼 헤매고 있는 것이 아닐까?[73]

신을 죽이고 난 후 방향을 상실한 미친 자의 외침과 같이 허무주의 의 본질은 기존의 최고의 가치가 더 이상 의미를 지니지 못하게 된 상 태를 뜻한다. 이 표현은 "신은 죽었다"라는 선언으로 압축된다. 이것 은 모든 존재자에게 존재의미를 부여하던 최고의 존재자가 더 이상 존 재능력을 상실했거나 혹은 존재하지 않는다는 자각이다. 그런데 최고 의 존재자가 무로 되었다는 사실은 단지 니체 자신의 개인적인 판단이 나 감정을 뜻하지 않는다. 오히려 허무주의는 서구 형이상학과 그리스 도교가 역사의 흐름 속에서 부딪히게 된 역사적 운명이고 필연적 귀결

---

73) F. Nietzshe, *Die fröhliche Wissenschaft*, KSA 3, 번역본: 니체, 『즐거운 학문』, 200 쪽 (앞으로 본문 안에 "즐거운 학문"이라고 기입하고, 번역본의 쪽수를 밝힘).

이다. 최고의 존재자가 무화되는 사건은 이제 진리의 무화, 도덕의 무
가치화, 목표의 상실, 모든 의미 체계의 무의미화로 연결된다. 그런데
이러한 증상들은 서구 형이상학이 처음부터 주장해 온 가상 개념에서
비롯된 것이다.

  예를 들어 서구 형이상학이 주장해 왔던 존재, 실체라는 개념은 실
제로는 존재하지 않는 허구에 불과하다. 니체에 따르면 모든 것은 끊
임없는 변화의 과정 속에 있으며, 그 과정을 통해 강화되거나 약화되
는 변화가 세계의 실재 모습이다. 그럼에도 서구 형이상학이 실체를
주장하게 된 것은, 예를 들어 생각하는 작용이 있는 것으로부터 생각
하는 주체를 추론하는 것과 같은 논리적 오류에 의해서이다. 말하자면
"실체"는 여러 작용들을 통일시키려는 의도에서 만들어진 허구이다.
그럼에도 서구 형이상학이 이러한 허구를 원했던 이유는 그것을 통해
인간에게 낯선 세계가 친숙한 세계로 인식될 수 있다고 여겼기 때문이
다. 그렇다면 존재, 실체와 같은 철학적 개념들은 세계를 인간화시키
기 위한 도식화 작업에서 발생한 것임을 알 수 있다. 그리고 인간에게
친숙한 세계로 변화시키기 위한 도식화 작업의 정점에 신이란 존재가
등장하게 되는 것이다.

  그런데 신의 등장은 비단 철학적 도식화 작업에 의한 것뿐만 아니
라, 삶의 고통으로부터 피하고 위로받고 싶은 심리적 현상이나 꿈에
의해 이루어진 것이다:

  꿈의 오해 ── 미개한 원시문화 시대의 인간은 꿈속에서 제2의 현실세계를
  접하게 된다고 믿었다. 여기에 모든 형이상학의 기원이 있다. … 영혼과 육
  체를 분리하는 것 역시 가장 오래된 꿈의 해석과 관계가 있다.(인간적인 I,
  27쪽)

꿈의 세계나 철학적 인식의 세계는 그 자체로 정돈되고 조화를 이룬 것처럼 보이는 세계이다. 이런 이유로 그 세계는 현실세계보다 더 나은 세계, 즉 진정한 세계로 여겨지게 된다. 이 세계는 신을 정점으로 하여 인과율에 의해 정확하게 연결되어 있는 체계적인 세계가 된다. 그리고 신뿐 아니라 모든 존재자들은 소멸되거나 부족해지지 않고 항상 그 상태를 유지하는 것으로 존재한다. 이로써 존재의 세계는 진정한 세계가 되고, 현실의 세계는 가상의 세계가 되는 가치의 전도가 일어난다. 그런데 허무주의의 도래는 형이상학이 가치의 전도를 통해 완성한 존재의 세계가 사실은 무의 세계라는 것이 알려짐으로써 시작된 것이다.

이러한 존재화 작업에 큰 역할을 한 것 중 하나는 "선험적"(apriori)이라는 개념이다. 그런데 선험적 개념은 역사의 진행을 통해 얻어진 경험이 오랫동안 후세에 전달되고 그 과정에서 그 가치의 유래가 망각될 때 나타난 현상에 불과하다. 그러나 그 이후의 인간들에게 이 가치는 처음부터 선험적이고 보편적인 가치 자체처럼 여겨지게 된다. 즉 그것은 인간에게 선천적으로 주어진 진리 자체와 도덕 자체로 받아들여지게 된다.

그러나 니체에 따르면 선험적 가치 역시 일정한 시점에 얻어진 경험에 불과하다. 그런데 경험은 역사를 통해 변할 수 있고 또 새롭게 변해야 한다. 그러나 고정되고 화석화된 선험적 가치가 변화된 세계에서 더 이상 아무런 의미도 지닐 수 없게 될 때 나타난 사건이 바로 허무주의이다.

이와 같이 서구 형이상학과 그리스도교가 기초로 삼았던 근거들이 붕괴되면서, 서구의 역사는 허무주의에 봉착하게 된다. 이때 니체는 허무주의를 극복하기 위해 새로운 가치를 창조해 낼 수 있는 용기를 지닌 새로운 인간형을 제시한다. 그가 바로 초인이다. 그런데 초인이 허무주의를 극복하기 위한 길은 순탄치 않다. 왜냐하면 신의 죽음과 더불어 모든 것이 끝난 것이 아니라 죽은 신의 그림자가 아직도 배회하고 있기 때문이다:

> 새로운 투쟁. ― 부처가 죽은 후에도 수세기 동안 사람들은 동굴 안에서 엄청나게 크고 두려운 그의 그림자를 보여 주었다. 신은 죽었다. 그러나 인간의 방식이 그렇듯이, 앞으로도 그의 그림자를 비추어 주는 동굴은 수천 년동안 여전히 존재할 것이다. ― 그리고 우리는 ― 우리는 그 그림자와도 싸워 이겨야 한다.(즐거운 학문, 183쪽)

허무주의의 극복은 죽은 신의 그림자마저도 없애는 작업이 되어야 한다. 따라서 초인의 과제는 죽은 신의 그림자 역시 무에 불과하다는 점을 밝히고, 그 위에 새로운 가치를 창조해야 하는 일이다. 초인은 새로운 가치를 창조하기 위해 기존의 가치를 부술 수 있는 용기와 의지를 지녀야 하고, 기존의 가치와 전혀 다른 가치의 세계를 추구하기 위해 미래적인 존재이어야 한다. 이런 의미에서 차라투스트라는 초인에 대한 자신의 가르침의 의미를 다음과 같이 전한다:

> 창조하는 자로서, 수수께끼를 푸는 자로서, 그리고 우연을 구제하는 자로서 나는 그들에게 미래를 창조할 것을, 그리고 이미 있었던 모든 것을 창조를 통해서 구제할 것을 가르쳤다.(차라, 322쪽)

그러나 힘에의 의지를 가지고 새로운 가치를 창조하는 미래의 인간형으로서 초인을 제시했던 니체는 마지막으로 또 다른 어려움에 부딪한다. 허무주의를 극복하기 위해 새로운 가치를 창조하려고 시도했지만, 이러한 창조 작업 역시 이미 존재했던 것을 다시 반복하는 것이 아닌가라는 질문에 부딪히게 된다. 이것은 얼핏 보기에 궁극적인 허무주의 속으로 다시 빠져드는 것처럼 보인다.

f. 동일한 것의 영원회귀에서 시간의 새로운 의미

만약 초인의 시도가 이미 존재했던 것을 반복하는 일이라면 그것보다 더 허무한 일은 없을 것이다. 해 아래 새로운 것은 없다면, 즉 현재의 것은 이미 과거에 존재했고, 미래에 있을 것도 이미 존재했다고 한다면, 초인의 창조라는 것은 무슨 의미가 있는가? 모든 것이 영원히 동일하게 반복된다는 것, 바로 이 사상 앞에서 니체는 큰 위험에 처하게 된다. 이 사상을 그는 "심연의 사상"(차라, 257쪽)이라고 부르며, 이 사상 앞에서 "두려워졌다고"(차라, 259쪽) 고백한다. 왜냐하면 동일한 것의 영원회귀 사상을 극복하지 못한다면, 니체가 추구했던 허무주의의 극복은 사실상 불가능하기 때문이다. 이 사상이 주는 혼란함을 그는 다음과 같이 표현한다:

이 길을 보라 … 그것은 성을 기점으로 두 개의 얼굴을 갖고 있다. 두 개의 길이 이곳에서 만난다. 그 길들을 끝까지 가 본 사람이 아직은 없다. 뒤로 나 있는 이 긴 골목길, 그 길은 영원으로 통한다. 그리고 저 밖으로 나 있는 긴 골목길, 그것은 또 다른 영원이다. 이들 두 길은 서로 모순이 된다. 그들은 서로 머리를 맞대고 있다. 그리고 여기, 바로 이 성문에서 그들은 만난다. 그 위에 이름이 씌어 있으니 '순간'이 바로 그것이다. … 만물 가운데서 달릴 줄 아는 것이라면 이미 언젠가 이 골목길을 달렸을 것이 아닌가? 만물 가운데서 일어날 수 있는 것이라면 이미 언젠가 일어났고, 행해졌고,

지나가 버렸을 것이 아닌가? … 이 길에 앉아 있는 나와 너, 우리 모두는
이미 존재했었음이 분명하지 않은가? … 우리들도 영원히 되돌아올 수밖
에 없지 않은가?(차라, 257–259쪽)

이 인용문에 의하면 니체가 허무주의를 극복하려고 시도하면서 동
시에 허무주의에 빠질 수도 있는 위험에 처하게 된 이유는 시간에 대
한 이해에서 비롯되는 것이다. 힘에의 의지를 통한 창조가 시간 속에
서 영원히 반복되는 시도에 불과하다면, 그리고 그 시도도 이미 존재
했던 것이라면, 허무주의의 극복은 불가능해 보인다. 이런 점은 검은
뱀이 차라투스트라의 목을 막고 있는 모습으로 그려진다.

그러나 다른 곳에서 시간의 회귀라는 원형의 상징은 차라투스트라
의 제자인 독수리가 크게 원형을 그리며 비행하는 모습과, 뱀이 원형
으로 독수리의 부리에 매달려 있는 모습으로 묘사된다. 이와 같이 영
원회귀에 대한 두 가지 묘사는 동일한 것의 영원회귀가 한편으로는 허
무주의의 극단적인 모습인 동시에, 다른 한편으로는 허무주의를 극복
할 수 있는 모습이기도 하다는 점을 암시한다. 단지 영원회귀가 허무주
의의 극단적인 모습인지 아닌지는 시간에 대한 이해에 의해 결정된다.

만약 영원회귀를 크로노스적인 반복으로 이해한다면 그것은 차라투
스트라의 목을 막고 있는 허무주의의 극치로 파악될 수 있다. 그러나
목을 막은 뱀을 물어뜯어 버리는 순간 그 반복은 물어뜯는 창조적 행
위에 의해 극복될 수 있다. 말하자면 시간이 크로노스적으로 영원히
회귀하더라도 창조하는 "순간"은 지루한 연속적인 시간을 끊고 새로
운 카이로스적인 시간의 지평을 열어젖힐 수 있는 것이다. 이런 점을
니체는 다음과 같이 말한다:

모든 것은 가며, 모든 것은 되돌아온다. 존재의 수레바퀴는 영원히 돈다. 모든 것은 죽는다. 모든 것은 다시 피어난다. 존재의 시간은 영원히 흐른다 … 존재의 수레바퀴는 영원히 자신에게 충실하다. 매 순간(Nu) 존재는 시작된다. 모든 여기를 중심으로 저기라는 공이 굴러간다. 중심은 어디에나 있다.(차라, 354-355쪽)

이 인용문에 의하면 영원회귀가 허무주의적인 이유는, 모든 것이 가고 오는 반복에 불과하기 때문이다. 그러나 카이로스적인 "순간"의 등장과 더불어 순환적인 시간의 고리가 끊어지고 끊는 그 순간은 새로운 "중심"이 된다. 영원회귀를 하나의 중심을 갖는 체계로 이해한다면 그 중심으로 들어가지 못하는 한, 그것은 단지 원의 주변을 영원히 도는 허무주의적인 반복에 불과하지만, 카이로스적으로 시간을 끊는 순간에 의해 각각의 중심이 생기는 것으로 이해한다면, 그 중심은 항상 새로운 중심이 될 수 있는 것이다. 힘에의 의지를 통해 중심을 창조하는 초인은 이제 스스로 중심이 됨으로써, 영원회귀는 더 이상 허무한 반복이 아니라, 스스로를 확인하는 즐거운 반복이 된다. 여기서 니체는, 다시 반복된다면 허무주의적일 수밖에 없는 반복과, 다시 되풀이되어도 즐거운 반복을 구분하고 있다. 이 점은 다음과 같다:

나의 가르침이 말하는 것은: 그대가 살기를 원할 수밖에 없는 방식으로 살라는 것, 그것이 과제이다 ─ 그대는 언제라도(jedenfalls) 그대가 되어라![74]

---

74) M. Heidegger, *Nietzsche I*, 397쪽.

이러한 니체의 주장은 하이데거가 인간 현존재를 "그때마다 나임" (Je-meinigkeit)이라고 밝힌 것과 크게 다르지 않다. 그럼에도 하이데 거는 니체의 철학이 형이상학의 완성이라고 비판하고 있다. 그렇다면 그 이유는 무엇일까?

6) 니체에 대하여 하이데거가 이중적 입장을 취하면서도 결국 비판한 근본적인 이유

하이데거가 니체를 다룬 시기는 1936년부터 1946년까지이다. 이때 는 니체가 나치 정권에 의해 국가 이데올로기로 사용되던 때이다. 이 시기에 하이데거가 다루었던 사상가는 시인 휠덜린이다. 또한 이 시기 는 하이데거의 사상에서 소위 말하는 "전회"(Kehre)가 이루어진 시기 이기도 하다. 이런 점을 고려한다면 우리는 하이데거가 니체와 휠덜린 을 서구 형이상학, 그리스도교, 나치 정권의 이데올로기와 구분하고 있다고 보아야 할 것이다. 왜냐하면 나치 정권에 의해 선전된 니체의 모습이 하이데거의 이해와 동일하다면, 굳이 하이데거가 니체를 다뤘 을 이유는 없기 때문이다.

그렇다면 우리는 니체가 하이데거에 의해 일방적으로 허무주의의 완성자로 판정된 것만은 아니란 점을 인정해야만 한다.[75] 이런 점은 하이데거 자신의 표현에서도 발견된다:

---

75) 최상욱, 「니체에 대한 하이데거 초기 해석(1936-37)의 존재사적 위치」, in:『하이데 거연구』, 제17집, 2008년, 봄호, 9쪽.

우리가 횔덜린을 도외시한다면, 니체는 고전적인 것을 고전주의적, 인본주의적 해석으로부터 다시 벗어나게 한 최초의 인물이다.[76]

만약 우리 역사의 궤도 안에 횔덜린과 니체가 있지 않았다면 … 우리는 시원과 더불어 시작할 아무런 권리도 요구하지 못했을 것이다.[77]

니체의 철학은 그리스적 사유의 시원으로 돌아감으로써 … 형이상학의 종말이다.[78]

이 세 인용문은, 하이데거가 니체를 일방적으로 허무주의의 완성자로 보았던 것이 아님을 분명히 드러낸다. 이 인용문에 따르면 니체는 적어도 서구 형이상학을 극복하고 새로운 시원의 세계로 넘어갈 수 있게 한 사상가라고 평가되고 있다. 왜냐하면 하이데거는, 니체가 — 횔덜린을 제외한다면 — 형이상학의 극복을 최초로 시도한 인물이라고 주장하고 있기 때문이다. 그런데 니체에 의해 형이상학이 극복되고 새로운 시원으로 넘어가는 일이 가능할 수 있었던 이유는 니체가 당시까지 형이상학을 지배했던 플라톤주의와 그리스도교를 넘어서 제1 시원으로, 즉 고대 그리스 정신으로 돌아갔기 때문이다.

말하자면 니체는 형이상학의 극복과 제1 시원에로 돌아감, 그리고 제2 시원을 향하는 경계선에 서 있는 사상가인 셈이다. 이런 점은 하이데거가 니체를 해석하는 데 "힘에의 의지" 중 "예술에의 의지"를 맨

---

76) M. Heidegger, *Nietzsche I*, 150쪽.
77) M. Heidegger, *Grundfragen der Philosophie. Ausgewählte 》Probleme《 der 》Logik《* (GA 45), 126쪽.
78) M. Heidegger, *Nietzsche I*, 464쪽.

처음으로 해석하기 시작한 점, 그리고 "동일한 것의 영원회귀" 사상에서 시간에 대한 본래적인 이해가 들어 있다는 점을 밝힌 대목에서 분명히 드러난다.[79]

　하이데거가 이러한 입장을 취하면서도, 그가 더 많은 부분에서는 니체를 굳이 "허무주의자"라고 판정한 이유는 무엇일까? 하이데거는 제2 시원을 위해서는 니체와 횔덜린 모두가 필요하지만, 결국 제2 시원의 세계를 실현한 사상가는 횔덜린이라고 주장한다. 그런데 하이데거의 주장과 달리 니체는, "우리의 횔덜린과 클라이스트 그리고 그 밖의 여러 사람들은 자신들의 비범함 때문에 죽었고, 소위 독일 교양의 기후를 견디지 못했다. 베토벤, 괴테, 쇼펜하우어와 바그너처럼 강철 같은 천성을 가진 인물들만이 견뎌 낼 수 있었다. 그러나 그들에게도 극도로 피로한 투쟁과 긴장의 영향이 얼굴 곳곳에서, 주름살에서 나타난다"(반시대적 고찰, 408쪽)라고 말한다. 즉 니체는 횔덜린이 비범한 천재이기는 하지만 독일 기후를 견디지 못하여 죽고 만 인물이라고 평가하고 있는 것이다. 반면에 하이데거는 제2의 시원을 가능케 하는 자는 괴테도 쇼펜하우어도 아니고 니체도 아니고 단지 횔덜린이라고 주장한다. 그렇다면 하이데거는 왜 니체를 배제했을까?

　하이데거가 제시하고 있는 표면적인 이유는 니체의 철학이 근대 주체주의 철학이라는 점이다. 하이데거는 니체의 철학이 모든 가치를 주체인 인간이 규정하는 인간 중심적인 철학이며, 가치의 철학이라고 비판한다. 이런 이유 때문에 하이데거는 니체가 모든 존재자의 "존재의 의미"를 묻는 데 실패했다고 규정한다. 그리고 이러한 비판은 하이데

---

79) 최상욱, 「니체에 대한 하이데거 초기 해석(1936-37)의 존재사적 위치」, in: 『하이데거 연구』, 11쪽 이하 참조.

거에 의해 명시적인 표현으로 제시되었다.

그러나 이러한 표면적인 이유 외에 하이데거가 니체를 배제한 근본적인 이유는, 니체가 그리스 정신으로부터 독일 정신의 회복을 시도할 때 독일의 특수한 존재세계로부터 시작하지 않고, 단지 보편적인 주장을 하였다는 점에 놓여 있다. 말하자면 니체가 주장한 "힘에의 의지", "초인", "가치의 전도", "동일한 것의 영원회귀" 등의 개념은 독일적 현존재와 존재가 아니라, 보편적인 인간과 보편적인 존재세계를 통해 실현될 수 있기 때문이다.

이에 반해 하이데거는 독일의 특수한 존재세계로부터 미래적인 독일 정신이 회복되기를 기대하였다. 그렇다면 바로 이 점이 하이데거가 니체를 비판한 근본적인 — 그러나 은폐된 — 이유임이 분명해진다. 그렇다면 하이데거가 휠덜린이야말로 제2 시원을 가능케 한 시인이라고 평가한 근본적인 이유는, 하이데거가 휠덜린의 시 안에서 니체가 주장한 보편적이고 인륜적인 사상과 달리, 구체적인 그리스와 구체적인 독일이라는 구체적인 사상을 발견했기 때문이라는 점도 확실해진다. 이 점을 좀 더 명확히 하기 위해, 우리는 휠덜린 자신의 입장과 휠덜린에 대한 하이데거의 해석을 비교해 보기로 한다.

5 하이데거와 횔덜린에 있어서 그리스와 독일 정신

1) 횔덜린이 처한 독일의 시대적 상황과, 고대 그리스 정신

횔덜린은 1770년 네카 강변의 라우펜에서 태어났다. 2세 때 아버지가 사망하고, 4세 때 어머니는 크리스토프 고크와 재혼한다. 9세 때 그의 계부도 사망한다. 이들의 죽음은 횔덜린에게 큰 영향과 충격으로 남았음은 분명해 보인다. 1788년 횔덜린은 튀빙겐 신학교에 입학하여 노이퍼, 셸링, 헤겔과 만나게 된다. 당시 역사적인 상황은 1789년 프랑스 대혁명이 일어나 바스티유 감옥이 함락되고, 혁명에 동조하는 분위기가 발흥하던 시기였다. 1792년 프랑스는 오스트리아와 프러시아에 대하여 선전포고를 한다. 횔덜린은 프랑스 편에 동조하였으나 자코뱅당의 테러에 대하여는 반대하는 입장을 보인다. 1794년 횔덜린은 예나 대학에서 피히테의 강의를 열광적으로 듣는다. 이때 실러와 괴테, 헤르더를 알게 되며, 칸트, 플라톤 철학을 읽으면서 『휘페리온』을 집필하기 시작한다. 1796년 프랑크푸르트에 있는 콘타르트가의 가정교사로 일하면서 그 집의 부인 주제테와 사랑에 빠진다. 주제테는 『휘페리온』에서 디오티마라는 인물로 형상화된다.

1800년경 그는 홈부르크에 머물면서 그리스 시인인 핀다로스에 열중하며 많은 작품들을 쓰게 된다. "빵과 포도주", "귀향" 등이 이 시기의 작품이고, 1801년엔 "라인 강", "게르마니엔", "파트모스", "마치 축제일처럼 …" 등을 쓴다. 1802년 그는 50여 일간의 도보여행 끝에 1월 28일 프랑스 보르도에 도착하지만, 그해 5월 정신착란 증세를 보이

며 뉘르팅겐으로 돌아온다. 1803년 "회상", "이스터", "므네모쉬네" 등
을 쓰고, 1804년엔 소포클레스의 작품『오이디푸스 왕』과『안티고네』
를 번역하여 출판한다. 1807년 네카 강변에 있는 목수 침머의 집에서
지내다가 1843년 세상을 떠난다.

　휠덜린의 생애 전반부는 사랑하는 사람들의 죽음과 이로부터 받은
충격 그리고 신학적인 수업과 이에 대한 갈등으로 특징지어진다. 이때
휠덜린은 그리스어에 능통했던 것으로 알려진다. 동시에 그는 자신의
고향에 대한 시를 남긴다. 이런 시도가 무엇을 뜻하는지 당시 휠덜린
자신은 의식적이고 명료하게 알지 못했다고 하더라도, 이미 이때부터
휠덜린의 관심은 그리스와 독일이라는 두 세계에 맞춰지고 있었다.

　예를 들어 "네카 강"과 같은 시에는 고향의 강, 고향의 산, 숲과 계
곡들, 강물들, 샘 등이 등장하며, 이러한 풍경은 후에 "고향", "귀향"
등의 시로 이어진다. 휠덜린에게 "고향"은 단순히 자신이 태어나고 자
란 곳이 아니라, 그의 존재의 가장 깊은 곳에 위치한 중심 개념이며,
신화, 운명과 연결된 개념이다.[80] 이런 것은 휠덜린이 그리스 예찬자
인 칼 필립 콘츠를 통해 그리스어와 그리스 작품들을 알게 됨으로써
가능했던 일이다. 이때 휠덜린은 "에게 해"와 같은 시를 쓴다.

　동시에 그는 헤겔, 셸링과의 만남을 통해 독일 철학에도 심취하게
된다. 이때 독일 철학은 프랑스 대혁명과 연결되어 있지만, 그 내용은
고대 그리스의 심미적 아름다움과 이상적인 조화로 표현되고 있었다.
그러한 점은 휠덜린의 "튀빙겐 찬가" 중 첫 작품인 "조화의 여신들에
의 찬가"(Hymne an die Göttin der Harmonie)에서도 잘 나타난다.

　이 찬가에서 추구하는 세계는 우라니아, 즉 천상의 아프로디테로 상

---

80) 장영태,『휠덜린 – 생애와 문학, 사상』, 문학과지성사, 1987, 20쪽.

징되는 사랑에 의한 조화의 세계이다. 이 세계는 사랑이 빚어내는 정
신적 형식으로서 영혼의 세계이자, 조화의 세계를 뜻하며, 프랑스혁명
을 도덕성과 감각적 세계의 일치로 보려는 당시의 독일 철학, 특히 독
일관념론을 가능케 한 칸트철학이 추구하던 세계이기도 했다. 이런 세
계에 대한 희구는 셸링과 헤겔, 피히테로 이어진다. 이때 횔덜린이 특
히 열광을 했던 철학자는 피히테였다. 그의 철학은 자유, 그리고 자유
를 위한 행동을 강조하는 철학이었기 때문이다. 그러나 횔덜린은 곧
피히테로부터 떠나게 된다. 왜냐하면 피히테의 철학에서는 절대적 자
아(das absolute Ich)만이 유일하게 실재성을 지니는 주체로 파악되었
기 때문이다. 이런 경우 피히테의 철학에서 모든 대상은 사라지게 되
고, 자연 역시 주체에 적대적인 요소에 불과하게 된다. 따라서 횔덜린
이 볼 때, 피히테의 철학은 주체 중심의 독단론이자 폭군적인 철학이
었던 것이다. 이런 점은 횔덜린이 헤겔과 멀어지게 되는 계기이기도
하다. 이 점에 대하여 횔덜린은 『휘페리온』에서 다음과 같이 말한다:

> 단순한 오성으로부터는 어떤 철학도 나타나지 않을 것이네. 왜냐하면 철학
> 은 현존하는 것의 제약된 인식 이상이기 때문이라네. 단순한 이성으로부터
> 도 철학이 생겨나지 않을 것이네. 왜냐하면 철학은 어떤 가능한 소재의 결
> 합과 구별로의 결코 끝날 줄 모르는 진행에 대한 맹목적인 요청 이상이기
> 때문이라네. 그러나 아름다움의 이상인 신적인 '자체 안에 구분된 하나'가
> 노력하는 이성에게 빛을 비치게 되면 그 이성은 맹목적으로 요청하지 않으
> 며, 무엇 때문에 무엇을 위해서 자신이 요청하는지를 알게 된다네.[81]

---

81) F. Hölderlin, *Hyperion*, 번역본: 프리드리히 횔덜린, 『휘페리온』, 장영태 옮김, 을
유문화사, 2008, 136-137쪽 (앞으로 본문 안에 "휘페리온"이라고 기입하고, 번역본
의 쪽수를 밝힘).

횔덜린의 사상에서 우위는 신적인 조화 속에 있는 자연, 즉 존재에 주어진다. 자연 중심의 횔덜린 사상은 독일관념론과 비교할 때, 피히테나 헤겔보다는 셸링의 철학과 더 많은 유사성을 지닌다. 그러나 횔덜린의 사상은, 그의 관심이 고대 그리스 사상과 연결되면서 셸링과도 멀어진다:

"제 자신 안에 구분되어 있는 일체"라는 헤라클레이토스의 말, 그 말은 오로지 그리스 사람만이 발견해 낼 수 있었다네. 왜냐하면 그것은 아름다움의 본질이기 때문에 그 말이 발견되기 전에는 어떤 철학도 존재하지 않았기 때문이네.(휘페리온, 134쪽)

이와 같이 횔덜린의 사상이 고대 그리스의 본질과 매우 긴밀하게 연결되고 있는 점에서, 하이데거는 자신의 존재론이 횔덜린의 시적 사상과 매우 유사하다는 것을 발견하게 된다. 그 사상은 횔덜린의 경우 Hen kai Pan(일자는 모든 것)이라는 표현으로 나타난다. 횔덜린의 표현 '일자이자 모든 것'은 아름다움을 일컫는 표현이다. 이때 일자와 모든 것은 서로 분리된 실체가 아니며, 질료와 이념 역시 분리되지 않는다. 오히려 아름다움은 윤리의 표현이고 동시에 현실에의 참여이기도 하다. 신적인 조화 역시 단순하게 조화로운 상태가 아니라 투쟁을 통해 실현되는 조화를 뜻한다:

사랑하는 자들의 갈등처럼, 세계의 불협화들도 그러하다. 화해는 다툼의 한가운데 있고 모든 분리된 것들은 다시금 제 위치를 찾는다.(휘페리온, 57쪽)

이렇게 갈등들을 극복한 조화는 그 자체로 신적인 것이다. 그리고

그 신적인 것은 일자이자 동시에 모든 것을 포괄하는 존재이다:

> 오로지 하나의 아름다움만이 존재하게 될 것이다. 인간성과 자연은 삼라만
> 상을 포괄하는 하나의 신성 안에 결합될 것이다.(휘페리온, 147쪽)

이때 모든 것은 근본적으로 변화되며, 과거부터 존재했고 현재에도
존재하는 아름다움인 신적인 것은 다시 젊어짐으로써 새로운 미래를
가능케 한다. 이런 상태야말로 횔덜린이 추구하는 자연과 인간의 모습
이다:

> 삼라만상과 하나가 되는 것, 그것은 신성의 삶이며 인간의 천국이다. 살아
> 있는 삼라만상과 하나가 되는 것, 행복한 자기망각 가운데서 자연의 총체
> 안으로 되돌아가는 것, 그것은 사유와 환희의 정점이자 성스러운 산봉우리
> 이며 영원한 휴식의 장소이다. … 살아 있는 모든 것과 하나가 되는 것!
> (휘페리온, 14쪽)

이것은 주체를 통한 의식세계에서 도달되지 않는다. 오히려 그러한
세계는 신적인 하나의 세계로 들어갈 때 비로소 알려지게 된다. 이런
의미에서 횔덜린은 다음과 같이 말한다:

> 오, 인간은 꿈꿀 때는 하나의 신이지만 생각에 젖을 때는 거지이다.(휘페
> 리온, 15쪽)

이 점은 하이데거가 근대적 사유를 계산적 사유라고 비판하면서 존
재사유로 돌아갈 것을 주장하는 것과 맥을 같이한다. 횔덜린 역시 당

시 독일에 대한 비판과 고대 그리스 정신을 향한 동경, 그리고 그와 같은 동경이 독일 민족에게서 다시 새롭게 이루어지기를 바랐다. 당시 독일인에 대한 횔덜린의 비판은 다음과 같다:

예부터 야만스러운 자들이 근면과 학문으로 그리고 심지어 종교를 통해서 더욱 야만스러워져 있었던 것이다. 어떤 신적인 감정을 가지기에는 말할 수 없이 무능해지고 성스러운 우아미의 행복을 맛보기에는 골수까지 썩어 있었다. 과장과 초라함의 정도는 어떤 온순한 영혼에게도 손상을 입히며, 내던져 버린 그릇의 파편처럼 둔감하고 조화를 잃고 말았다. ― 이것이, 나의 벨라르민이여, 내가 위안을 받으려 했던 사람들의 모습이었다.(휘페리온, 254쪽)

횔덜린이 보기에 자연을 훼손하고 자연으로부터 떠난 독일인의 문명과 덕망은 "반짝이는 악"에 불과하다. 이것을 극복하기 위해 시인이 해야 할 일에 대하여 그는 다음과 말한다:

누군가 이 신들이 버리고 떠난 독일인들에게 언젠가 이렇게 말해 준다면 얼마나 좋겠는가. 어떤 순수한 것, 성스러운 것을 그 서투른 손길로 건드리지 않고 타락시키지 않은 채 내버려 둔 것이 없기 때문에 그들에게 모든 것은 그렇게 불완전하다는 사실, 그들이 번성의 뿌리, 신적 자연을 존중하지 않기 때문에 그들에게 어떤 것도 번성하지 않는다는 사실, 그들이 인간의 행위에 힘과 고상함을 불어넣으며 고통 안에 명랑함을, 마을과 가정에 사랑과 형제애를 가져다주는 정령을 경멸하기 때문에 그들에게서 삶이 지루하고 근심에 짓눌리고 이곳저곳에 차갑고 말 없는 불화가 존재한다는 사실을 말이다.(휘페리온, 258-259쪽)

이러한 당시 독일의 모습에 절망하면서 휠덜린은 그 극복 가능성을 고대 그리스에서 찾으려 한다. 이러한 시도는『휘페리온』안에서 디오티마라는 인물의 말을 통해 묘사되고 있다. 디오티마는 휠덜린이 실제적으로 사랑했던 여인 주제테가 작품화된 인물이라고 볼 수도 있지만, 다른 한편 디오티마는 이미 플라톤의『향연』에서 에로스의 본질을 소크라테스에게 알려 주는 여인으로 등장한다. 이러한 디오티마를 휠덜린은『휘페리온』의 제1권 2서의 마지막 서한, 즉 "아테네 서한"이라고 불리는 서한에서 실존하는 인물로 등장시켜, 휠덜린 당시의 참담한 독일 상황과 대조되는 완전한 세계, 즉 실재로 존재했고 앞으로도 존재해야 할 완전한 세계를 알려 주는 여인으로 묘사하고 있다. 그 세계는 아름다움의 세계이다:

오 그대들이여, 최상의 것과 최선의 것을 지식의 심연에서, 행동의 소란 가운데서, 과거의 어둠 속에서, 미래의 미로에서, 무덤들 속에서 아니면 별들 너머에서 찾고 있는 그대들이여! 그대들은 그것의 이름을 아는가? 하나이자 모두인 것의 이름을? 그것의 이름은 바로 아름다움이다.(휘페리온, 85)

디오티마에 따르면 그리스인들은 이렇게 아름다움의 세계 속에서 살아간 민족으로서, 그들은 자연의 손길로부터 아름답게 태어나 육체와 영혼 모두 아름다운 민족이며 신들과 하나가 되어 살았던 민족, 영원한 아름다움의 예술과 종교 속에서 살았던 민족으로 묘사되고 있다.(휘페리온, 130쪽)

이러한 디오티마의 말은 휠덜린이 추구하는 사상의 표현이기도 하다. 그런데 휠덜린이 그리스를 통해 독일의 상황이 아름다운 세계로 변화될 수 있다고 믿었던 이유는, 휠덜린에게 자연은 신적인 존재로서, 이 자연이 다시 젊어질 때 새롭고 아름다운 세계가 드러날 수 있으며, 또한 신적인 자연의 힘에 의해 새로운 인간의 탄생도 가능하리라 여겼기 때문이다. 이러한 그의 확신은 다음과 같이 묘사되고 있다:

> 근본부터 달라지리라! 인간 본성의 뿌리로부터 새로운 세계는 움트리라! 새로운 신성이 그들을 지배하며, 새로운 미래가 그들 앞에 밝아 오리라.(휘페리온, 146쪽)

결국 횔덜린이 고대 그리스 정신에서 본 것은 "가장 위대한 것과 가장 아름다운" 인간과 세계, 즉 신과 자연과 인간 모두(pan)가 하나(hen) 되는 세계였던 것이다. 그는 이러한 세계가 단순히 하나의 과거의 모습이거나 추상적 이상에 그치는 것이 아니라, 독일 정신이 미래적으로 다시 획득해야 할 모습이자 과제로 여겼다. 그런데 이러한 횔덜린의 시도에서 하이데거는 제2 시원을 위한 시인의 모습을 발견하고 있는 것이다.

2) 고대 그리스 작품에 대한 횔덜린과 하이데거의 입장

a. 고대 그리스 작품에 대한 횔덜린의 입장

횔덜린은 1801년 12월 보르도로 떠나면서 조국을 떠난다는 사실에 대한 슬픔을 토로하고, 동시에 언제까지나 조국으로부터 떠날 수 없는 자신의 운명에 대하여 말한다. 이러한 방랑과 고향을 향한 그리움 그리고 귀향은 횔덜린에게 중요한 체험으로 남는다.

1802년 7월경 귀향했을 때 그는 정신분열의 증상을 보였는데, 그 이유는 주제테의 죽음 때문인 것으로 해석되기도 한다. 그러나 이러한 정신분열의 증상 속에서도 횔덜린의 창조적인 힘은 오히려 증대하여서, 그의 친구 징클레어는 "당시의 그에게서보다 더 위대한 정신력과 영혼의 힘을 결코 본 적이 없다"[82]라고 전한다. 횔덜린 자신도 뵐렌도르프에게 보내는 서한에서 자신의 정신적인 상태가 단순한 질병이 아니라, 오히려 신적인 세계와 만나는 체험에 기인하는 것이라고 밝히고 있다:

> 영웅들을 따라서 말한다면, 아폴로 신이 나를 내리쳤다고 말할 수 있을 것이다.[83]

이 시기를 전후하여 횔덜린은 고대 그리스 작품을 번역하기도 하고 시로 짓기도 하였다. 대표적인 시도 중 하나로서 엠페도클레스에 대한 시 짓기를 들 수 있다.

"엠페도클레스의 죽음"에 대한 개요인 "프랑크푸르트 계획"은 1797년에 씌어졌고, 홈부르크에서 "엠페도클레스에 대한 기초"가 작성되었지만 이 비극은 완성되지 못하고 만다. 그 전체적인 내용은 엠페도클레스가 이전엔 신들에 의해 사랑받는 자였지만, 그 후 신들과 자연으로부터 통일성을 상실하게 됨으로써 인간으로부터도 버림받고, 마지막엔 스스로 죽음을 택하게 된다는 내용이다. 여기서 다뤄지는 주제는 신들과 자연과 인간의 절대적인 통일성, 이를 위해 필연적으로 겪게 되는 대립과 몰락이라는 비극성 그리고 비극을 넘어 자신의 내밀성

82) F. Hölderlin, GSA, VII/2, 254쪽 (Sinclair an Hölderlins Mutter).
83) 같은 전집, 서한 240번.

안에서 절대적인 통일성에 이르는 길 등이다. 이러한 주제를 관통해 흐르고, 결국 완성시키는 존재방식은 죽음이다.

엠페도클레스의 죽음은 단지 한 개인의 자연적 사건으로서 죽음을 뜻하는 것이 아니라, 자신의 존재를 신들과 자연과 합일시키는 행위이며 조화의 세계로 들어가기 위한 필연적인 통과의례이기도 한 것이다. 이런 의미에서 엠페도클레스의 죽음은 『휘페리온』에서 디오티마의 죽음과 맥락을 같이한다.

그녀의 죽음은 그녀가 희망했던 세계를 완성하기 위한 계기이다. 그녀가 꿈꾸었던 세계의 모습은 다음과 같다:

> 존재하고 산다는 것, 그것으로 충분합니다. 그것이 신들의 명예입니다. 그리고 그렇기 때문에 신적인 세계에서는 단지 하나의 생명인 것, 모두가 동등한 것입니다. 그 세계에서는 주인도 노예도 존재하지 않습니다. 자연이 마치 사랑하는 이들처럼 번갈아 살고 있습니다. 그들은 모든 것을, 정신과 기쁨과 영원한 청춘을 공유합니다.(휘페리온, 245-246쪽)

디오티마의 죽음에 대한 『휘페리온』의 묘사에서는, 그녀가 묘지에 묻히기보다는 불길과 함께 대지로부터 이별하기를 원했다는 표현이 있다. 이러한 죽음의 모습은 엠페도클레스의 죽음을 연상시키며, 그녀의 유골을 숲 속에 놓아 달라는 표현은 소포클레스의 작품 속 "오이디푸스"의 죽음을 연상시킨다. 디오티마는 휘페리온에게 고대 그리스의 완전한 세계를 보여 준 인물인 점을 고려한다면, 디오티마의 죽음이 그리스 작품 속 인물들의 죽음과 겹쳐지는 것은 당연하다고 볼 수 있다. 이런 디오티마의 죽음을 횔덜린은 "아름다운 죽음"(휘페리온, 249쪽)이라고 표현하고 있다.

또한 디오티마의 죽음은 소포클레스의 "안티고네"의 죽음과 연관된다. 횔덜린이 고대 그리스 정신을 추구하면서 "죽음"을 주요 주제로 다루고 있는 점은, 당시 독일적 상황에 대한 부정과, 새로운 정신, 새로운 세계를 확립하기 위해 필연적인 과정으로 죽음을 이해한 데서 기인한다. 이런 점은 하이데거의 경우도 마찬가지이다. 따라서 죽음이란 주제의 동질성이 하이데거로 하여금 횔덜린을 시인 중의 시인으로, 혹은 독일적 시인으로 선택하는 데 큰 역할을 했으리란 점은 분명하다. 이런 점은 횔덜린과 하이데거 모두 고대 그리스 작품인 『안티고네』를 다루고 있는 데서도 잘 나타난다.

그런데 『안티고네』에 대한 해석에서 횔덜린과 하이데거는 미묘한 차이를 보인다. 그 차이점은 그리스어 deinon에 대한 번역에서부터 나타나며, 안티고네와 크레온에 대한 해석에서도 나타난다.

우선 deinon에 대한 번역의 경우를 살펴본다면, 횔덜린은 소포클레스의 『안티고네』의 2막 첫 번째 코러스 polla ta deinon kouden anthropou deinoteron pelei에서 deinon이란 단어를 1801년엔 압도적인 것(Gewaltige)으로 번역했다:

많은 압도적인 것들이 있다. 그럼에도
인간보다 더 압도적인 것은 없다

그런데 1804년엔 deinon을 기이한 것(Ungeheuer)으로 번역한다:

기이한 것은 많다. 그럼에도
인간보다 더 기이한 것은 없다[84]

횔덜린의 번역은 문헌학적이기보다는 자신의 시학적 견해에 따르고 있다. 따라서 문헌학적으로 볼 때 그의 번역은 오류일 수도 있다.[85] 하이데거 역시 횔덜린이 deinon이란 단어를 번역할 때 흔들리고 있음을 지적한다.(이스터, 110쪽) 그러나 하이데거는 이러한 번역이 고대 그리스 정신에 더 부합되는 번역임을 강조한다.

더 나아가 하이데거는 위의 코러스 내용을 다음과 같이 번역한다:

섬뜩한 것은 다양하지만, 그럼에도

인간을 뛰어넘어서는 더 섬뜩한 것은 없다.(이스터, 98쪽)

하이데거는 deinon을 섬뜩한 것(das Unheimliche)으로 번역하면서 이러한 자신의 번역이 "낯설고, 강압적이며, 혹은 '언어학적으로' 말해서 '거짓'"일 수 있음을 인정한다.(이스터, 98쪽) 그러나 이렇게 번역을 한 이유에 대하여 그는, 이런 번역을 통해 그리스어로 진술된 것을 넘어설 수 있기 때문이라고 말한다.(이스터, 102쪽) 이런 주장은, 하이데거가 횔덜린을 넘어서서, 횔덜린을 미래적으로 해석하려는 시도와 맥락을 같이한다. 그렇다면 『안티고네』를 횔덜린은 어떻게 이해했는가?

횔덜린은 『안티고네』가 "폭동", "조국에의 회귀", "모든 사유 형태와 형식의 혁명"을 다루고 있는 것으로 파악한다.[86] 안티고네와 크레온은 가족 신과 국가의 법 사이에서 벌어지는 폭동이며, 안티고네는

---

84) 마르틴 하이데거, 『횔덜린의 송가 〈이스터〉』, 110쪽 (앞으로 본문 안에 "이스터"라고 기입하고, 이 책의 쪽수를 밝힘).

85) 장영태, 『횔덜린 – 생애와 문학, 사상』, 124-125쪽.

86) 같은 책, 127쪽.

불문율적인 신의 뜻을 믿지만, 크레온의 입장에서 보면 비정형적인 인물(unförmlich)로 보이게 된다. 왜냐하면 크레온이 확신하는 신의 뜻은 너무나도 정형적인 모습(das Allzuförmliche)이기 때문이다. 이런 맥락에서 횔덜린은 표면적으로 확고하고 진리인 듯이 보이는 종교에 대한 비판을 안티고네의 모습에서 발견한다.

또한 그는, 안티고네가 크레온의 왕명을 어기고 오빠인 폴리네이케스의 시신을 묻어 주는 장면은 국가와 윤리 사이의 갈등을 묘사하고 있는 것으로 파악한다. 횔덜린이 추구하는 국가는 윤리와 조화를 이루는 국가이다. 그러한 국가는 더 이상 왕 한 사람의 국가가 아니라 구성원 모두에게 공감받는 국가이어야 한다. 이렇게 횔덜린은 윤리와 종교, 국가의 본질이 안티고네의 비극을 통해 드러나고 있다고 보고 있으며, 비극을 극복해 나가는 원리를 그는 "이성 형식"이라고 표현한다. 횔덜린에게 이성 형식은 크레온과 안티고네의 갈등을 조화롭게 해결하는 정치적 형식이며, 그 모습은 "공화주의적"이다.[87] 이런 점은 횔덜린이 소포클레스의 『안티고네』를 단순히 번역하거나 해석하는 데 그치지 않고, 그 내용을 독일적인 상황에 비추어 재해석하려고 시도했기 때문에 가능한 것이다.

이러한 입장은, 특히 보르도에서 귀향한 후 두드러지게 나타난다. 1803년에 씌어진 "회상"의 첫 구절은 다음과 같다:

북동풍이 분다.
나에겐 모든 바람들 중 가장 사랑스러운 바람이다.
그 바람은 불타는 정신과

---

87) 같은 책, 128쪽.

좋은 항해를 사공들에게 약속하기에.[88]

여기서 북동풍은 조국 독일로부터 불어오는 바람이다. 이 바람은 고향의 바람으로서 정신을 불타오르게 하고 사공들의 항해를 도와주는 고마운 바람이다. 이러한 바람을 통해 횔덜린은 조국에 대한 찬가를 부르고 있다. 조국에 대한 찬가는 민족과 조국의 대지와 강에 대한 찬가로 나타나며, 민족의 음성은 신적인 음성으로 묘사된다:

그대는 신의 음성이다. 그렇게 나는 전에는 믿었다,
성스러운 청춘 시절에; 그렇다고 나는 아직도 말한다!(이스터, 24쪽, IV,
139)

시 "라인 강"에서 조국의 강은 다음과 같이 묘사된다:

그 소리는 가장 고귀한 강물인
자유롭게 태어난 라인 강의 소리였다,
그리고 그 강은 저 위의 형제 강인
테신 강과 로다누스 강과는 다른 것을 희망했다(이스터, 226쪽; 게르마니
엔,[89] 216쪽)

이와 같이 조국의 모습은 신적인 존재와 동일시되고 있다.[90] 이것은

88) F. Hölderlin, KSA II, 188쪽.
89) 마르틴 하이데거, 『횔덜린의 송가 《게르마니엔》과 《라인 강》』(앞으로 본문 안에 "게르마니엔"이라고 기입하고, 이 책의 쪽수를 밝힘).
90) 황윤석은, 횔덜린의 조국에 대한 사유에는 클롭슈토크의 영향이 있다고 지적한다.

"도래하는 신들의 날"에 대한 희망의 표현으로 볼 수 있다.[91]

이러한 모습은 "라인 강"에서는 신들과 인간들의 결혼식으로 묘사된다:

> 그때 인간들과 신들의 결혼축제가 벌어진다
> 모든 생명체들이 그것을 축하하며,
> 그리고 오랫동안 운명은
> 균형을 이룬다.(게르마니엔, 223쪽)

모든 갈등과 투쟁이 끝나고 화해와 평화가 이루어진 조국의 모습은 "평화의 축제"에서도 묘사된다. 그런데 이것은 조국에 대한 국수주의적 애착과는 거리가 멀다. 오히려 독일 조국의 신적인 모습은 고대 그리스와의 대화와 배움을 통해 가능하다는 것이 횔덜린의 입장이다:

> 말하자면 정신이 집에 있는 것은
> 시원과 원천에서는 아니다. 고향은 그 정신을 먹어치운다.
> 식민지를 사랑하고, 과감히 잊기를 정신은 사랑한다.(이스터, 198쪽)

여기서 횔덜린은 독일 정신이 집에 머물러서는 안 되고 오히려 타자

그에 따르면 클롭슈토크의 조국감정에는 "경건주의와 감정 종교적 색체가 강하게 깔려" 있으며, 그것은 "고대 게르만족의 영웅적 자유감각과 도덕적 위대함을 새로운 극형식에 담으려는 시도"로서, 횔덜린도 그의 작품에 열광했다고 지적한다. 황윤석, 『횔덜린 연구』, 삼영사, 1983, 51쪽.

91) Stefanie Roth, *Friedrich Hölderlin und die deutsche Frühromantik*, Stuttgart, 1991, 299쪽.

를 향해 흘러 나가야 하며, 그다음 다시 귀향함으로써 완성될 수 있다
고 밝히고 있다. 이런 점은 1801년 12월 뵐렌도르프에게 보낸 서한에
서도 나타난다:

> 우리에게 민족국가라는 것을 자유롭게 사용하기를 배우는 것보다 더 어려
> 운 일은 없네. 그리고 내가 믿기엔, 묘사의 명료성(Klarheit der Darstel-
> lung)이 우리에게 자연스럽듯이, 그리스인들에겐 하늘의 불(Feuer im
> Himmel)이 그렇다네. 바로 이 때문에 호메로스적인 현재적 정신과 묘사
> 능력 안에서보다는, 그대 역시 가지고 있는 아름다운 격정 안에서, 그대는
> 더 쉽게 그리스인들을 넘어설 수 있을 걸세. … 따라서 예술법칙을 유일하
> 게 단지 그리스적인 탁월성으로부터 추출해 내는 것 역시 위험하네. 나는
> 오랫동안 그 점을 고민해 왔네. 그런데 … 그리스인들에게나 우리에게 최
> 고의 것이어야 하는 것, 즉 생명력 있는 관계들과 역운들을 제외하고는, 우
> 리는 그들과 똑같은 것을 가지려고 해서는 안 되네. 그러나 자신에게 고유
> 한 것도 낯선 것만큼이나 잘 배워야 하네. 따라서 우리에게 그리스인들은
> 꼭 필요한 것일세. 단지 우리에게 고유한 것, 즉 민족국가적인 것에 있어
> 우리는 그들을 따라잡을 수 없을 걸세. 왜냐하면 이미 말했듯이, 자신에게
> 고유한 것을 자유롭게 사용하는 것이 가장 어려운 일이기 때문이네.(게르
> 마니엔, 392쪽)

이 서한에서 횔덜린은 고대 그리스 정신인 "하늘의 불"과 독일 정신
인 "묘사의 명료성"을 비교하며 독일에 고유한 것을 배우기 위해 낯선
것, 즉 그리스 정신을 배워야 함을 역설하고 있다. 그리고 두 정신의
종합을 통해 비로소 민족국가적인 것의 본질을 배우기를 강조한다. 이
것은 미래적인 독일 정신에 대한 횔덜린의 기대를 드러낸다.

b. 횔덜린의 고대 그리스 작품 해석에 대한 하이데거의 입장

횔덜린과 달리 하이데거는 크레온과의 갈등에서 보여 준 안티고네의 모습을 자신의 존재론적 입장에 맞춰 해석한다. 그것은 횔덜린을 통해 횔덜린을 넘어 미래적인 독일 정신에 대한 자신의 고유한 입장을 피력하는 일이기도 하다.

안티고네는, 하이데거가 현존재를 통해 드러내고자 하는 인간의 본질을 담고 있는 인물로 해석된다. 그녀는 섬뜩한 것(deinon)을 감행하는 인물이다. 이것은 크레온의 명령에 대한 반역이고 폭동의 모습이다. 그런데 이렇게 섬뜩한 것을 시도하면서 안티고네는 일상적인 것, 관습적인 것으로부터 멀어지고 모든 것이 무화되는 경험을 하게 된다. 특히 폴리네이케스의 시신을 묻어 줌을 통해 그녀는 자신의 고유한 죽음과 맞닥뜨리게 된다. 그런데 죽음에의 선취를 통해 그녀는 자신의 가장 고유한 존재, 즉 자신의 운명을 드러내고 실행하게 된다. 이것은 그녀가 존재하는 장소(da), 즉 에토스를 드러내는 시간이기도 하다. 죽음에의 선취를 통해 안티고네는 자신의 에토스를 발견하고 그 에토스를 드러냄으로써, 그녀는 존재론적인 윤리(Ethik)를 감행하고 있는 것이다. 또한 크레온이 지배하는 곳이 polis이지만, 하이데거는 polis를 국가나 도시라고 번역하지 않는다. 오히려 안티고네와 같이 자신의 존재를 드러내는 장소, 즉 에토스의 장소를 polis라고 해석한다. 이것은 하이데거가 의도하는 국가가 더 이상 정치적 의미의 국가를 뜻하지 않음을 드러낸다. 오히려 하이데거가 이해한 polis는 국가가 국가로서 존재하기 위해 필요한 전제인 셈이다. 그런데 하이데거는 안티고네가 자신의 고유한 존재를 드러내고 있기 때문에, polis의 주인은 더 이상 크레온이 아니라 안티고네라고 해석한다.

이와 같이 하이데거에게 안티고네의 모습은 "플라톤의 형이상학이 시작되기 이전의 시원적인 인간의 모습을 의미한다. 이 여성은 적합성 (Adaequatio)에 근거한 형이상학적인 진리에 따라 진리/비진리, 윤리학적인 선/악과 죄, 미학적인 미/추, 성별적인 남성/여성에 대한 평가나 판단에 의해 구속되어 있지 않은 모습이다. 오히려 안티고네는 섬뜩한 것을 피하지 않고 스스로 선택하고, 행위를 통해 은폐된 존재를 드러냈기에 더 정당하며(Aletheia), 자신의 존재의 장소를 드러냈기에 더 고귀하며(Ethos), 존재의 역운에 맞서 자신의 운명을 부딪쳐 나가면서 자신의 운명을 스스로 완성시켰기에 더 아름다우며(kalos), 사회적인 가치에 의해 제한된 성별적 한계를 넘어섬으로써 섬뜩한, 그러나 더 인간적인(Da-sein) 모습을 보여 준 인물인 것이다."⁹²⁾

그렇다면 국가의 의미는 인간 현존재의 존재를 드러낼 수 있는 곳이어야 하며, 이곳을 하이데거는 "고향의 부뚜막"이라고 표현한다. 그리고 하이데거가 추구한 국가는 횔덜린과 같이 이성 형식에 의해 완수되는 것이 아니라, 고향에로의 존재론적인 귀향을 통해 경험되고 완수될 수 있는 것이다. 이러한 시도는 제1의 시원이라는 형이상학 이전 세계로 돌아가는 것, 그리고 제1의 시원을 미래적인 제2의 시원으로 재해석하려는 발걸음이다.

3) 횔덜린에 대한 하이데거의 평가의 근거: 그리스적 시원으로부터 게르만적 시원으로

횔덜린에 대한 평가는 다양한 측면에서 이루어지고 있다.⁹³⁾ 이미

---

92) 최상욱, 『하이데거와 여성적 진리』, 306쪽.

1905년에 딜타이는 『횔덜린론』에서 횔덜린의 문학적 깊이에 대하여 말하고 있다.[94] 이후 슈테판 게오르게와 같은 독일 시인들에 의해 횔덜린의 모습은 베일에 가려진 시인으로 신비화된다.[95] 횔덜린의 시를 발간한 헬링라트는 "괴테는 가장 '위대한' 독일 시인이며, 횔덜린은 가장 위대한 독일 '시인'이다"[96]라고 말하고 있다. 더 나아가 하이데거는 횔덜린을 시인 중의 시인이라고 부르며, 그가 다루고 있는 독일 시인들인 슈테판 게오르게, 릴케, 게오르크 트라클은 모두 횔덜린으로부터 큰 영향을 받은 시인들이다.[97] 그렇다면 하이데거가 횔덜린을 시인 중의 시인으로 평가한 근거는 무엇인가?

그 근거를 우리는 다음에서 확인할 수 있다:

> 시인의 시인으로서 횔덜린은 하나의 고유하고도 역사적인 위치와 소명을 갖는다. 이러한 위치와 소명은, 우리가 그를 독일의 시인이라고 말할 때 이해하게 된다. 그러나 클롭슈토크와 헤르더, 괴테와 실러, 노발리스와 클라이스트, 아이헨도르프와 뫼리케, 슈테판 게오르게와 릴케들도 또한 독일의

---

93) 신화와의 연관성의 측면에서는 P. Böckmann, *Hölderlin und seine Götter*, München, 1935, 독일관념론의 측면에서는 Kurt Hildebrandt, *Hölderlin, Philosophie und Dichtung*, Stuttgart und Berlin, 1939, 기독교와의 관계에서는 Romano Guardini, *Hölderlin, Weltbild und Frömmigkeit*, München, 1955, 예술관의 측면에서는 Lawrence Ryan, *Hölderlins Lehre vom Wechsel der Töne*, Stuttgart, 1960, 정치적으로 베르토, 루카치 등이 있다.

94) W. Dilthey, "Friedrich Hölderlin", in: *Das Erlebnis und die Dichtung*, Göttingen 1965, 242쪽 이하.

95) Kurt Bartsch, *Die Hölderlin-Rezeption im deutschen Expressionismus*, Frankfurt, 1974, 39쪽 이하 참조.

96) N.v. Hellingrath, *Hölderlin-Vermächtnis*, 2. Auflage, München, (hrsg. v. Ludwig von Pigenot), 1944, 236쪽 이하.

97) 장영태, 『지상에 척도는 있는가 - 횔덜린의 후기문학』, 유로서적, 2003, 266쪽.

시인이며, 독일인에 속한다. 그러나 우리는 그들을 독일의 시인이라고 하지는 않는다. 독일의 시인은 … 독일을 비로소 시로 짓는 시인을 말한다. … 횔덜린은 특출한 의미의 시인이다. 그는 독일적 존재의 건립자이다. 왜냐하면 그는 독일적 존재를 아주 광범위하게, 즉 가장 먼 미래를 향해 멀리, 그리고 앞서서 기획하였기 때문이다.(게르마니엔, 300쪽)

이 인용문에 따르면 하이데거가 횔덜린을 시인 중의 시인이라고 명명한 근거는, 그가 독일을 시로 지었기 때문이며 그것도 미래적인 독일을 시로 지었기 때문이다.

이런 점은 횔덜린과 하이데거의 작품에서 동일하게 고향적이고 독일적인 대지와 하늘, 세계가 묘사되고 있는 것에서도 확인된다. 횔덜린의 시 "저녁 판타지"를 예로 들어보기로 한다:

저녁판타지

농부는 오두막 앞 그늘에 편히 앉아 있고,
만족해하는 자 부뚜막에는 연기가 솟는다.
평화로운 마을에서는 저녁 종소리가
방랑자에게 호의적으로 울려온다.
…
이제 그대 오라, 달콤한 잠이여! 마음은
너무도 많은 것을 원하지만; 그러나 무상한 청춘이며! 타올라라,
그대 쉼 없이 꿈꾸는 자여!
그때 노년은 평화롭고 명랑해진다.

이 시는 프랑크푸르트 시절에 씌어진 시다. 이 시 안에 등장하는 단어들은 니체의 보편적 표현과 달리, 아주 독일적이고 고향적인 단어들이다. 그리고 횔덜린의 시어들, 즉 농부(Pflüger), 오두막(Hütte), 부뚜막(Herd), 대기(Luft), 빛(Licht), 황금빛 세계(goldene Welt), 마음(Herz) 등은 하이데거가 즐겨 사용하고 있는 단어들이다.

독일적인 단어들을 사용한다는 점 외에 하이데거가 횔덜린을 시인 중의 시인으로 평가한 또 다른 근거는, 두 사람 모두 자신들이 처했던 당시의 상황 속에서 피폐한 독일 정신과 서구 형이상학을 극복하기 위해 고대 그리스 정신으로 돌아가고 있는 점에 놓여 있다.

고대 그리스에 대한 횔덜린의 입장은 『휘페리온』에서 잘 나타난다:

> 인간적인, 그리고 신적인 아름다움의 첫째 아이는 예술이다. 예술 안에서 신적인 인간 자신은 스스로 젊어지고 반복된다. 그는 자기 자신을 느끼길 원하며, 따라서 그는 자신의 아름다움을 자기에 대립시킨다. 이렇게 인간은 스스로에게 자신의 신들을 부여한다. 왜냐하면 시원에 인간과 그의 신들은 하나였으며, 그때에는 자기 스스로를 알지 못한 채, 영원한 아름다움으로 존재했었기 때문이다. … 아테네인의 경우가 그랬다.(게르마니엔, 45-46쪽)

횔덜린은 고대 그리스 정신을 자유의 정신, 예술과 철학의 정신, 과하거나 부족함이 없는 정신 그리고 신과 인간이 하나였던 정신으로 파악한다:

> 인간은 인간이 되자마자 하나의 신이다. 그리고 인간이 하나의 신일 때, 인간은 아름답다.(휘페리온, 130쪽)

이처럼 휠덜린의 눈에 비친 고대 그리스 정신은 아름다운 시원적 정신이다. 이 점은 하이데거의 경우도 마찬가지이다. 하이데거에 따르면 고대 그리스인은 형이상학 이전의 시원적 세계의 풍요로움과 순수함 안에서 살았던 인간들이며, 사유와 시가 분리되기 이전의 통전적 정신 속에서 살았던 인간들로서, 그들은 이러한 세계를 형이상학적, 철학적 개념이 아니라, 비극적 서사시의 형태를 통해 그려 내었던 것이다. 이런 입장은 휠덜린의 경우도 마찬가지이다. 그는 다음과 같이 말한다:

이 학문(철학)의 시원과 종말은 시 짓기이다. 미네르바가 주피터의 머리로부터 나왔듯이, 철학은 무한한 신적인 존재의 시 짓기로부터 발원한다. 그리고 마찬가지로 종말에는, 시 짓기의 비밀스러운 원천 안에 있는 모순적인 것이 그 학문(철학) 안으로 합쳐져 흘러간다.(게르마니엔, 46-47쪽)

이 외에도 휠덜린은 1799년 1월 1일 동생에게 보낸 서한에서 그리스에 대한 자신의 입장을 밝히고 있다:

오 천재성과 경건함을 갖춘 그리스여, 그대는 어디로 갔는가? 나 역시, 이 세계에서 유일한 인간인 그리스인을, 모든 선한 의지를 가지고, 나의 행동과 사유와 함께 따라가고자 한다. 그런데 내가 행하고 말한 것은 단지 더 서툴러지고 더 어리석어지고 있다. 왜냐하면 나는, 마치 거위처럼 평평한 발로 현대의 물 안에 서 있으면서, 무력하게 그리스 하늘을 향해 날아오르고자 하기 때문이다.(게르마니엔, 248쪽)

그런데 조국의 본질을 그리며 그리스를 향했던 휠덜린을 통해, 이제 하이데거는 휠덜린이 돌아간 고대 그리스 정신(제1 시원)으로부터 독일 정신(제2 시원)에로 나아가려고 한다. 이런 점은 하이데거가 시원을 횔덜린과 연결시키고 있는 점에서 확실히 나타난다:

우리는 시원을 향해 해석해 나가기 위해, 《게르마니엔》이란 시로부터 시작하려고 한다. 이것이 뜻하는 바는: 이 시는 근원, 가장 먼 것, 가장 어려운 것을 지시하며, 이것을 우리는 결국 횔덜린이란 이름 아래 만나게 된다는 점이다.(게르마니엔, 22쪽)

고대 그리스 정신(제1 시원)과 횔덜린, 그리고 하이데거가 추구하는 횔덜린으로부터 시작된 독일 정신(제2 시원)의 관계는 다음의 하이데거 말에서 잘 표현되고 있다:

운명에 대한 이와 같은 아시아적인 표상은 … 횔덜린의 사유 안에서 창조적으로 극복된다. 아시아적인 숙명을 처음으로, 그리고 다시 반복될 수 없는 자신의 방식으로 극복한 것은 그리스인에게서 완수되었다. 특히 그 극복은 그리스 민족의 시적-사유적-국가적인 변화와 일치한다. 그리스인이 모이라와 디케 자체를 알았을 때, 모이라와 디케라고 불린 것들은, 이것들을 넘어서는 존재의 빛 안에서 존재하게 되었다. 그것들은 자신의 맹목적인 배타성을 상실하고, 동시에 섬뜩한 것이라는 특징과, 한계를 가르는 할당과 규정이라는 특징을 비로소 획득하게 되었다. 이때 얻은 근본 경험은 죽음의 경험과 죽음에 대한 앎이었다. 따라서 죽음을 사유하려고 하지 않는 존재개념은 불충분한 개념이다. 그러나 우리는 운명에 대한 횔덜린의 앎을 그리스적인 앎과 동일시해서는 안 된다. 우리는 이렇게 본질적으로 독일적인 단어를, 그것의 진정한 독일적인 내용 안에서 본질적인 존재를 명명하는 단어로 본질적으로 사용하기를 배워야만 한다.(게르마니엔, 240-241쪽)

횔덜린을 제2의 시원으로 해석하려는 하이데거의 입장은 곧바로 횔덜린과 자신이 직면한 주제, 즉 조국이 무엇인가에 대한 질문으로 이어진다.

4) 조국에 대한 횔덜린과 하이데거의 입장

a. 조국과 시간의 관계

하이데거는 횔덜린을 통해 제2의 시원이 시작되고 있다고 평가한다. 그렇다면 하이데거에 의해 선택된 횔덜린의 조국은 과연 어떤 모습의 조국이며, 어떤 역사적 시점의 조국을 뜻하는가?

"독일인에게"라는 횔덜린의 시를 해석하면서 하이데거는 횔덜린이 지시하는 독일인이 과연 어떤 시기의 독일인을 뜻하는지 묻고 있다. 횔덜린이 이 시를 쓴 시대를 고려한다면, 이 시 속의 독일인은 대략 1801년경의 독일인을 뜻한다. 그런데 하이데거는 이 시가 가리키는 독일인에는 1934년의 독일인도 포함되는지 묻고 있다. 이 시기는 하이데거가 나치 정권하에서 프라이부르크대학 총장 직을 맡아 대학의 개혁을 추진하다가 좌절한 시기이다. 그리고 바로 "횔덜린의 송가 《게르마니엔》과 《라인 강》"에 대한 강연이 이뤄지던 시기이다.

더 나아가 하이데거는 횔덜린이 말하고 있는 독일인에는 1980년의 독일인도 포함되는지 묻는다. 그런데 이 강연이 이뤄지던 시기는 1934이고 하이데거가 죽은 해는 1976년이다. 그렇다면 1980년이란 숫자는, 1934년 당시에서 볼 때는 꽤 멀리 떨어진 미래를 뜻하는 표현이라고 보아야 한다. 그렇다면 하이데거는 횔덜린의 시에 표현된 독일인이 횔덜린 당시의 독일인에 국한되는지, 혹은 하이데거 자신이 살고 있는 역사적 상황에도 적용되는지, 더 나아가 아직 실현되지 않은 미래적인 꿈을 의미하는지를 묻고 있는 것처럼 보인다.

그러나 이러한 기대와 달리 하이데거는 휠덜린의 시에 나타난 독일인은 물리적인 시간, 연대기적인 시간이라는 크로노스적 시각에 의해 분류되는 것이 아님을 분명히 밝힌다. 말하자면 휠덜린의 시 속의 독일인을 하이데거는 근원적인 시간이라는 카이로스적인 의미에서 파악하고 있는 것이다.(게르마니엔, 82쪽 이하)

이제 시원은 고대 그리스 정신으로부터 제2의 시원으로, 그리고 이 시원은 다시 카이로스적인 시원으로 해석되고 있다. 이러한 제2의 시원은 과거적, 미래적 독일 정신이 현재 안에서 서로 만나지는 순간이다. 그렇다면 미래적 독일적 정신은 고대 그리스 정신뿐 아니라, 궁극적으로는 고대 게르만 정신과 만나야 한다. 말하자면 그 순간은:

 1) 망각된 고대 게르만적 시원을 근거로 하여,

 2) 고대 게르만적 시원과의 만남을 통해,

 3) 미래적 독일 정신을,

 4) 현재적 순간에 실현시키려는 투쟁의 순간인 것이다.

즉 그것은 망각된 조국의 과거(기재)의 풍부함을 앞당겨(미래, 도래) 현재적 순간에 드러내려는 작업을 뜻한다:

조국, 우리의 조국 게르마니엔은 일상의 서두름과 작업의 소음으로부터 가장 많이 금지되고, 벗어나 있다. 그것은 지고자이기에 가장 어려운 것이고 최후의 것이다. 왜냐하면 그것은 근본적으로 최초의 것, 즉 침묵하는 근원이기 때문이다.(게르마니엔, 23쪽)

하이데거에 따르면 이렇게 은폐되어 있었던 게르만 정신을 휠덜린

은 "지고자" 혹은 "조국"으로 표현하고 있다. 이런 점은 횔덜린의 단편 시에서 확인할 수 있다:

지고자에 대하여 나는 침묵하려고 한다.

그러나 월계수와 같이, 가장 많이 금지된 열매는

조국이다. 그러나 그 열매를

사람들은 최후에야 맛본다.(게르마니엔, 22–23쪽)

시인이 시로 지어야 하는 것은 근원, 가장 먼 것, 가장 어려운 것으로서, 그것은 신적인 음성이기도 하다. 이런 의미에서 시인의 사명은 그동안 은폐되고 망각된 신의 음성과 눈짓을 민족에게 다시 들려주는 일이다. 따라서 하이데거는 시인의 모습을 반신(Halbgötter)이라고 칭한다. 이런 점은 횔덜린의 시 "마치 축제일처럼…"에서 나타난다:

그럼에도 우리에게 지당한 것은, 신의 뇌우 아래서,

그대 시인들이여! 드러난 머리로 서 있는 것이며,

아버지의 빛을, 아버지 전체를, 자신의 손으로

붙잡고, 노래로 감싼 채 민족에게

하늘의 선물을 건네주는 것이다.(마치 축제일처럼…, IV, 153, V. 56)(게르마니엔, 58쪽)

시인은 섬광과 같은 신의 음성과 눈짓을 말씀 안에서 포착하고 그것을 민족의 언어로 다시 전해 주는 자이다. 이런 의미에서 하이데거는 시인의 시 짓기, 즉 Dichten이란 단어의 의미를 "가리키면서 명확히 함이란 방식으로 말하기"라고 규정한다.(게르마니엔, 59쪽) 결국 하이데거가 이해하고 있는 시 짓기의 의미는 신적인 근원적 소리를 역사 속 민족에게 가리키고, 그러한 지시를 통하여 명확하게 하고, 이를 위해 민족의 언어로 표현하는 것이다. 그것은 "우리는 누구인가?"라는 질문을 던지는 일이고, 이에 대한 답을 찾아내려는 시도이다. 즉 시 짓기는 역사 속에서 살아가는 민족의 은폐된 정체성을 확립하는 작업인 것이다.

그런데 이런 일은 정치적인 작업이기도 하다. 그리고 이들은 모두 새로운 존재를 드러내는 창조자이어야 한다. 이 점에 대해 하이데거는 다음과 같이 말한다:

> 우리는 … 민족들의 역사적 현존재, 발흥, 번영과 쇠락으로부터 시 짓기가 발원하며, 시 짓기로부터 철학이라는 의미의 본래적인 앎이 발원하고, 이 둘로부터, 하나의 민족으로서 민족의 현존재의 성취가 국가, 즉 정치를 통해 발원한다는 것을 들었다. 따라서 민족들의 근원적이고 역사적인 시간은 시인, 사유가와 정치적 창조자의 시간이다. 즉 그 시간은 본래적으로 한 민족의 역사적 현존재의 근거이고, 그것을 근거 짓는 사람들의 시간이다.(게르마니엔, 85쪽)

이제 조국에 대한 하이데거의 관심은 자신과 횔덜린, 즉 사유가와 시인의 관계를 넘어 시인과 사유가와 정치가의 관계를 해명하는 데로 나아간다.

b. 조국을 위한 시인, 사유가, 정치가의 관계에 대하여
하이데거에 따르면 시인과 사유가(철학자), 정치가는 역사 속에서 민족의 본래적인 존재를 창조하는 세 봉우리이다. 그들은 동일한 것을 추구하기 때문에 서로 가까이 존재하지만, 그들이 추구하는 방식은 상이하기 때문에 그들은 서로 멀리 떨어져 있는 존재들이다. 그럼에도 그들이 창조하려는 것은 동일한 것이기에, 시인은 사유가이어야 하고 정치가이기도 하여야 한다.

그렇다면 하이데거는 창조자들인 시인과 철학자(사유가), 정치가의 관계를 어떻게 이해하고 있는가?

우선 시인과 사유가(철학자)의 관계에 대한 하이데거의 입장은, 그가 횔덜린을 "시인 중의 시인"이라고 칭송한 부분에서 밝혀질 수 있다. 횔덜린이 시인 중의 시인인 이유는 그가 헤겔이나 셸링과 같이 독일관념론을 이어받은 철학적 시인이기 때문이 아니라, 그가 독일의 근원적 현존재를 미래적으로 창조한 독일 시인이기 때문이다.(게르마니엔, 25쪽) 말하자면 횔덜린이 위대한 시인인 이유는 그가 철학적 소양과 깊이를 갖춘 시인이기 때문도 아니고, 그의 시가 철학적 개념을 표현했기 때문도 아니고, 거꾸로 철학적 논의를 시적으로 표현했기 때문도 아니다.

오히려 횔덜린의 시 안에서 시와 철학이 만날 수 있었던 근본적인 이유는, 시를 짓게 하는 근원과 철학을 하게 하는 근원이 동일하기 때문이다:

시적인 규정에 대한 질문은 단지 시적으로만 질문되고, 시적으로만 대답될 수 있다. 마찬가지로 단지 사유가만이 사유가 무엇인지 안다. 단지 시인만이 시에 대하여 결정하며, 단지 사유가만이 사유가의 정신을 결정하며, 그밖의 누구도 결정하지 못한다. 그러나 시인과 사유가는 결코 자신의 인간 정신으로부터 결정하는 것이 아니라, 오히려 단지 시로-지어져야-하는 것, 사유되어야-하는 것으로부터 결정한다.(이스터, 228-229쪽)

하이데거에 따르면 횔덜린은 당시 독일관념론적인 표현을 사용하기도 하지만, 이것은 그가 독일관념론이란 철학적 사상을 시로 짓기 위한 것이 아니며 오히려 그 사상을 "극복하기" 위해서이다:

만약 우리가 … 횔덜린이 '정신'이란 형이상학적 개념을 단지 '철학'으로부터 빌려서 자신의 시 안에 … 받아들였다고 생각한다면, 우리는 잘못된 길을 가는 것이다. 이러한 생각이 오류인 것은 … 횔덜린이 비록 자신과의 시적인 비판적 대화 안에서 이러한 형이상학적인 사유와 연관되어 있더라도, 그는 그것에 대한 극복과 전향이란 방식으로 연관되어 있었기 때문이다.(이스터, 198-199쪽)

이렇게 시와 사유(철학)는, 이들로 하여금 시를 짓게 하고 사유하게 하는 근원적 시원과 연관되어 있기 때문에 서로 이웃해 있는 봉우리라고 칭해지는 것이며, 이런 의미에서 하이데거가 횔덜린과 대화를 나누는 것은 당연해 보인다. 그런데 그는 더 나아가 철학(사유)과 정치도 서로 가까워져야 한다고 주장한다.

그런데 이러한 주장은 하이데거가 살았던 당시의 나치 정권에 대한 그의 입장을 표명하는 것으로 이해되어야 하는가? 어쩌면 이런 추정은, 그가 나치 정권하에서 대학의 개혁을 시도했다는 점에서 이해될 수도 있다. 그러나 그는 자의든 타의든 10개월 만에 총장직에서 사임, 혹은 해임되었다. 그렇다면 하이데거를 따라붙는 정치적 스캔들은 어떻게 이해되어야 하는가?

우리는 이에 대한 대답을 외면적으로 드러난 그의 정치적 행동이나 그의 변론을 통해 해명하기보다는, 그의 철학적 저서들로부터 이해하는 것이 좋을 듯하다. 하이데거는 철학자와 정치가의 관계가 어떠해야 하는지에 대하여 그의 저술들 속에서 다루고 있다.

그는 플라톤을 해석하면서, 플라톤의 경우 철학과 예술의 관계와 달리, 철학과 정치는 대등한 관계로 다뤄지고 있다는 점을 지적하고 있다. 플라톤에 따르면 시인은 이데아의 세계를 이차적으로 묘사하는 자에 불과하며 예술은 감각적인 것(aistheton)을 다루는 학문이기에, 순수하고 사유적인 것(noeton)을 다루는 철학보다 아래에 속하는 학문이지만, 정치의 경우는 철학과 밀접하게 연관되어야 한다는 것이다. 이런 점은 하이데거도 마찬가지이다.

그렇다면 정치가란 누구인가? 플라톤은 『국가』 V. 473c 이하에서 다음과 같이 말한다:

> 만약 철학자가 polis의 지도자가 되지 않거나, 혹은 지금 언명된 지도자와 권세가가 순수하고 적당한 방식으로 철학을 하지 않는다면 — polis를 위해 재앙의 끝은 없다.

일반적으로 이런 플라톤의 주장은, 철학자가 정치가가 되거나 정치가가 철학자이어야 한다는 식으로 이해되곤 했다. 그러나 이러한 해석에 대하여 하이데거는 다른 입장을 보인다. 하이데거는 정치가라고 번역되는 Politiker나 국가라고 번역되는 Polis는 모두 polis의 본래적 의미로부터 이해되어야 한다고 주장한다. 마치 윤리학(Ethik)이 ethos로부터 논리학(Logik)이 logos로부터 근본적으로 이해되어야 하는 것과 마찬가지이다. 이런 점은 "인간은 정치적 존재자"라고 이해되는 아리스토텔레스의 표현(zoon politikon)의 경우도 마찬가지이다. 하이데거에 따르면 아리스토텔레스의 표현 zoon politikon은, 인간이 언어를 갖는 존재자(zoon logon echon)라는 점으로부터 이해되어야 한다. 즉 인간이 정치적인 존재자인 것은 그가 자신의 존재에 대하여 말을 건넬수 있는 존재자이기 때문이다. 말하자면 인간은 polis의 본질에 속할수 있는 존재자이기 때문에 정치적인 존재자일 수 있는 것이다.(이스터, 130–131쪽) 그렇다면 하이데거가 이해하는 polis의 본질적 의미는무엇인가?

하이데거에 따르면 인간은 한 곳에 고정된 존재자가 아니라, 자기의존재를 여러 방식으로 기투하며 살아간다. 그러는 과정에서 그는 오류에 빠져 길을 잃을 수도 있고(aporos), 여러 가지 길들을(pantaporos)감행할 수도 있다. 인간은 그때마다 자신의 고유한 본질에 도달할 수도 있고, 그 본질로부터 일탈할 수도 있다. 그런데 자신의 본질이 속해야 하는 장소를 하이데거는 polis라고 칭하며, 자신의 본질로부터 벗어난 존재상태를 apolis라고 칭한다. 자신의 본질에 속함으로써 인간은좀 더 높은 존재방식에 속하게 되는데, 이를 hypsipolis라고 부른다.이처럼 하이데거에게 polis는 국가나 도시를 뜻하지 않는다. 오히려polis는 인간의 고유한 존재와 자신을 둘러싼 많은 존재자들이 그 자체로 훤히 드러나는 장소(topos, Da)를 뜻한다. polis는, 그것을 중심으로 인간 현존재와 세계가 돌아가는 중심축이며, 인간 현존재와 존재자들의 본질과 비본질을 구분하는 경계선이자 극점(polos)이다. polis는역사적 인간이 자신의 존재를 드러내고 역사를 이뤄 나가는 장소다.

이런 이유 때문에 하이데거는 소포클레스를 해석하면서 polis를 부뚜막(Hestia)과 연결시키기도 한다. 왜냐하면 부뚜막은 집의 중심이고집을 밝히는 존재이기 때문이다. 이 점을 하이데거는 다음과 같이 말한다:

부뚜막은 존재자의 중심이며, 이 중심은 말하자면 모든 존재자가 존재자로

존재하며, 그리고 그런 한에 있어서 모든 존재자와 시원적으로 연결되어
있다. … 존재는 부뚜막이다. 왜냐하면 존재의 본질은 그리스인에겐
physis, 즉 자신으로부터 스스로 출현하는 번쩍임이며, … 그 자체로 중심
이기 때문이다. 이러한 중심은 시원적으로 머무는 것이며, 모든 것을 자신
주위로 모으는 것, 즉 그 안에서 모든 존재자가 그것의 장소들을 갖고, 존
재자로서 고향적으로 존재하는 그러한 것이다.(이스터, 176쪽)

하이데거가 이해하는 polis는 존재가 드러나는 중심으로서 부뚜막과
같은 곳이다. 그런데 이런 해석은 하이데거가 비로소 시도한 것이 아
니라, 이미 소크라테스의 말을 통해 언급되고 있다. 플라톤의『파이드
로스』에서는 영혼의 비상과 신들의 삶과 체류지에 대한 묘사가 나온
다:

그러나 하늘의 위대한 지도자, 제우스는 날개 달린 마차를 운행하면서, 그
최고의 존재자는 출발하고 있다. 모든 것을 두루 주재하며, 그리고 그것을
그의 염려와 더불어 숙고하면서. 그러나 그를 신들의 군사들이 뒤따르고,
또한 우아하고-악의적인 영도 열한 대열로 정렬한다. 그것이 단지 열한 대
열로 존재하는 것은, 그것이 항상 유일한 것으로서 신들의 고향-장소 안
에 있는 헤스티아로 돌아오기 때문이다.(Phaidros, 264 이하)

이 본문에서 부뚜막은 신들의 신인 제우스조차 항상 되돌아오는 장
소로 명명되고 있다. 따라서 부뚜막으로서 polis는 신들과 인간들, 인
간의 역사가 두루 펼쳐지고 드러나는 장소일 뿐, 결코 현대적인 의미
의 정치적인 것을 뜻하지 않는다. 바로 이 점이 하이데거가, 철학자는
정치가일 수 있으며 또 그래야 한다고 주장하는 근거인 것이다.

결론적으로 하이데거는 시인과 사유가(철학자), 정치가의 관계에 대하여 다음과 같이 말한다:

근본기분, 즉 한 민족의 현존재의 진리는 근원적으로 시인에 의해서 건립된다. 그러나 그렇게 드러난 존재자의 존재는 사유가에 의해서 비로소 존재로서 파악되고 결합되며 열어젖혀진다. 그리고 그렇게 파악된 존재는, 민족이 스스로 자신을 민족으로 이끎을 통해서, 존재자에 대한 마지막이자 처음인 진정성 안에, 즉 조율하며 규정하는 역사적 진리 안에 세워진다. 이 것은 국가 건립자가 국가의 본질에 적합하게 규정되어야 할 국가를 건국함을 통해 일어난다. 그러나 이러한 전체 사건은 그것의 고유한 시간들을 지니며, 그것의 고유한 시간의 계기들을 지닌다.(게르마니엔, 202쪽)

그렇다면 시인, 사유가, 정치가는 조국을 위하여 무엇을, 어떠한 방식으로 행해야 하는가? 얼핏 보기에 시인과 사유가는 이론가처럼, 정치가는 실천가처럼 보이는데, 어떻게 이론과 실천이 연결되고 종합될 수 있는가? 이것은 사유와 행동의 본질에 대한 질문으로 이어진다.

c. 횔덜린과 하이데거에 있어서 사유(시, 철학)와 실천(정치)의 관계에 대하여

위에서 언급했듯이 하이데거가 횔덜린을 본격적으로 다룬 시기는 나치당 아래서 약 10개월 간 프라이부르크대학 총장직을 맡았던 자신의 경험과 연관되어 있다. 역사의 혼란기 속에서 보여 준 그의 행동은 여러 가지 오해와 비판의 표적이 되기도 했다. 이런 의미에서 그의 횔덜린 해석은 자신의 행동에 대한 변론이라고 볼 수도 있다. 이런 점을 우리는 횔덜린의 시 "게르마니엔"에 대한 하이데거의 해석에서 확인할 수 있다.

횔덜린의 시 "게르마니엔"에 "숲 속에 숨어, 활짝 핀 양귀비 꽃 안에서" 꿈꾸는 소녀라는 표현이 나온다. 이 비유에 나타난 게르마니아의 모습은 "니더발트 기념비에 있는 풀어헤친 머리카락과 거대한 칼을 찬 게르마니아"와 비교할 때, 낭만주의적, 비영웅적, 여성주의적인 모습으로 그려지고 있다. 횔덜린의 게르마니아는 "평화주의자"로서 비무장을 옹호하는 듯이 보인다. 하이데거는 자신이 처했던 역사적 상황과 비교해, 횔덜린의 이런 모습이 "반시대적"으로 보일 수도 있음을 지적한다.

다른 한편 횔덜린의 "게르마니엔"은 "지복자들, 옛 나라 안에서 나타났던/ 신들의 모습들, 그들을/ 그래, 나는 다시 부르지 않으리"라는 표현과 더불어 시작된다. 얼핏 보면 시인은 지복자, 즉 조국을 더 이상 부르지 않겠다고 선언하는 듯이 보인다. 이것은 마치 조국과 현실에 대한 도피처럼 들리기도 한다.

그러나 또 다른 곳에서 횔덜린은 이와 반대되는 입장을 표명하기도 한다. 그는 1799년 동생에게 보낸 서한에서 모든 인간은 서로 차이를 지니지만, 모두 동일한 인간임을 강조하면서, 이러한 점을 부정하려는 어떤 세력과도 투쟁해야 한다고 외치고 있다:

우리는 우리들의 모든 위급함과 우리의 정신을 견고하게 붙잡고 있어야 한다. 무엇보다도 우리는, "나는 인간이다. 인간적인 어떠한 것도 나는 나에게 상관없는 것으로 여기지 않는다"(homo sum, nihil humani a me alienum puto)라는 위대한 말을 모든 애정과 모든 진지함으로 받아들이길 원한다 … 만약 어둠의 왕국이 폭력으로 파괴하려 한다면, 우리는 펜을 책상 아래로 던지고 신의 이름으로, 위급함이 최고도인 곳으로, 그리고 우리를 가장 필요로 하는 곳으로 달려가야 한다.(게르마니엔, 42쪽)

이 서한에 의하면 횔덜린은 결코 행동하지 않는 무능한 자가 아니다. 오히려 그는 인간의 인간됨을 파괴하고 부정하려는 어떠한 세력과도 투쟁해야 한다고 역설하고 있다. 이런 점은 위에서 본 평화주의자, 도피주의자와 다른 투쟁가의 모습처럼 보인다. 그러나 그의 투쟁은 현실적 폭력과는 전적으로 구분되는 시적인 투쟁을 뜻한다. 이런 점은 1801년 친구 뵐렌도르프에게 보낸 서한에서 분명하게 드러난다:

오 친구여! 세계는 내 앞에 전보다 더 밝고, 더 진지하게 놓여 있어! 그런 일이 일어나는 것이 내 마음에 들고, 만약에 여름날 〈나이든 성스러운 아버지가 의연한 손으로 붉은 구름으로부터 복스러운 섬광을 흔든다면〉, 그것도 내 마음에 드네. 왜냐하면 내가 신에 대하여 볼 수 있는 모든 것 중에서, 이러한 표지야말로 나에게 선택된 표지가 되었기 때문일세. 그 외에 나는, 우리를 넘어서고 우리를 둘러싸고 있는 것에 대한 새로운 진리와 더 나은 전망에 대하여 환호할 수도 있었네. 그런데 지금 나는, 마치 신들로부터 그가 소화시킬 수 있는 것 이상을 받았던 옛 탄탈로스처럼, 결국엔 이런 일이 벌어지지 않을까 두려워하고 있네 … 지금 나는 작별을 하려 하네. 오랫동안 나는 울지 않았네. 그러나 나의 조국을 이제, 아니면 아주 영원히 떠나려고 결심하니 쓰디 쓴 눈물이 흐르네. 왜냐하면 이 세상에서 내가 그보다 더 귀한 어떤 것을 가질 수 있겠는가? 그러나 그들은 나를 필요로 할 수 없을 걸세. 하여간 내 마음의 상처와 생활고가 나를 오타하이티(타이티섬)로 몰아대더라도, 나는 독일적으로 남길 원하고 그래야만 할 것일세.(게르마니엔, 193쪽)

이 서한에서 횔덜린은 조국 독일에 대한 애정과, 조국을 시로 지어야 하는 시인의 어려움에 대하여 말하고 있다. 여기서 횔덜린은 조국에 대한 이중적인 갈등에 대하여 말하고 있다. 한편으로 그는 조국을 떠나길 원하면서, 동시에 다른 한편으론 조국을 영원히 떠날 수 없으리라는 점을 말한다. 이것은 조국의 현실과 조국의 본질에 대한 갈등, 즉 퇴락한 조국과 시원적 존재를 미래적으로 확립해야 하는 조국에 대한 갈등으로 이해되어야 한다. 이러한 그의 고민은 조국에 대한 시 짓기에 대한 질문으로 이어진다. 이때 횔덜린은 자신이 조국에 대하여 할 수 있는 일이 시를 짓는 일이지만, 마치 천형을 받는 탄탈로스와 같이 자신의 능력이 모자라지 않을까 염려하고 있다. 왜냐하면 조국에 대한 시는 조국과 조국으로부터 떠남이라는 상반된 사건을 수반하는 일이기 때문이며, 시인 역시 신의 음성과 민족 사이에 존재하는 경계인, 즉 사이-존재이기 때문이다. 이러한 시인이라는 존재의 어려움을 그는 다음과 같이 토로한다:

> 고향의 대지의 접경에 서 있다는 사실은 이중적 의미를 지닌다: 즉 그곳으로부터 열망은 낯선 자, 먼 곳을 둘러볼 수 있다는 점, 그리고 그곳에서, 즉 접경에서 그러한 신들이 거주하는 고향의 국가가 받아들여져야만 한다는 점이다. 시인은, 일어나는 사건이 그에게 일어날 수 있도록, 그러한 접경에 머물러야만 한다. 단지 접경에서만 결정들이 내려지게 되며, 그 결정들은 항상 한계와 무-한계 너머에 존재하는 것이다.(게르마니엔, 236쪽)

그런데 횔덜린에 대한 기존의 평가는, 조국과 시 짓기라는 이중적 어려움을 실행해야 하는 횔덜린을 잘 이해하지 못한 채 일방적으로 평가된 경향이 있었다.

예를 들어 홈부르크 시절 횔덜린은 프랑스혁명과 개혁에 열광하던 젊은이들인 징클레어, 에머리히, 뷜렌도르프와 어울리면서 급진적인 개혁 가능성에 대한 희망을 갖기도 한 것이 사실이었다. 그런데 이러한 경향을 근거로 하여 프랑스 독문학자 베르토는 횔덜린의 시는 정치적인 경향을 담지하고 있으며, 횔덜린 자신도 자코뱅 당원이었다고 평가한다.[98]

이와 달리 베크는 횔덜린이 자코뱅 당파가 아니며, 오히려 공화주의적 사상을 가졌을 뿐이라고 주장한다. 그는 이에 대한 증거를, 횔덜린 자신이 동생에게 보낸 서한에서 살해당한 마라(Marat)를 "수치스러운 독재자"라고 표현한 데서 발견한다.[99]

이외에 횔덜린은 혁명에는 찬성했지만 현실적 폭력과는 전혀 다른 방식으로였다는 주장도 있다.[100] 이런 주장은 행동주의자 징클레어와 같은 인물이 횔덜린의 작품 『휘페리온』에서는 휘페리온과 다른 길을 가는 알라반다로 묘사되고 있는 장면에서 간접적으로 확인될 수 있다는 것이다. 이런 주장에 의하면 횔덜린이 추구하고 희망했던 혁명은 예술적, 시적 혁명이었으며, 횔덜린 자신은 조국과 연관된 정치적 사건들과 상황들을 평화주의적으로든 폭력적으로든 결코 현실적이고 정치적인 방식으로 해결할 수 있으리라 생각하지 않았다는 것이다.

그런데 횔덜린에 대한 하이데거의 평가는 마지막 입장에 가깝다. 그러나 하이데거의 입장은 횔덜린의 예술적, 시적 혁명이 단순히 예술적인 것에 그치는 것이 아니라, 당시 망각되고 은폐되었던 고대 게르만적 정신을 미래적, 존재론적으로 재해석하려는 시도였다고 주장하는

98) Pierre Bertaux, *Hölderlin und die Französische Revolution*, Frankfurt, 1969 참조.
99) Adolf Beck, "Hölderlin als Republikaner", in: *Jahrbuch der Hölderlin-Gesellschaft*, Tübingen (HJb.) (15), 67/68, 45쪽.
100) Lawrence Ryan, "Hölderlin und die Französische Revolution", in: *Festschrift für Klaus Ziegler*, Tübingen, 1968, 165쪽.

점에서 그들과 구별된다.

조국의 현실과 새로운 독일 정신, 그리고 시 짓기 사이에서 고민하던 횔덜린과 마찬가지로, 하이데거 역시 당시 독일의 상황과 미래적 독일 정신, 그리고 존재론적 사유 사이에서 고민하였다는 점에서 두 사상가의 시도는 동일한 길을 향한 발걸음이었다는 일치점을 보인다.

또한 하이데거에 따르면 활동(Handeln)의 본질은 사용(Nutzen)할 수 있고 작용을 끼칠 수 있는(Bewirken) 행동을 뜻하지 않는다. 오히려 활동의 본질은 완성시킴, 완수함이란 의미에 놓여 있다:

> 우리는 활동의 본질을 아직도 오랫동안 충분히 결정적으로 사유하지 못했다. 사람들은 활동을 단지 작용을 끼치는 것으로 생각한다. 그것의 현실성은 그것이 사용되는 것에 의해 평가된다. 그러나 활동의 본질은 완수함이다. 완수함이란: 어떤 것을 그것의 본질의 충만함 안으로 전개시키고, 그 충만함 안으로 이끄는 것, 산출하는 것(producere)이다. 따라서 완수될 수 있는 것은, 단지 이미 존재했던 것뿐이다. 그런데 무엇보다도 《있는 것》은 존재이다. 사유함은 인간의 본질과 존재의 관계를 완수한다.[101]

이 표현에 의하면 활동은 인과율에 의한 행동이나 이익을 추구하는 행위가 아니며, 활동은 현실적인 것도 아니다. 오히려 활동은 현실적인 것을 비로소 가능하게 하는 근거이다. 즉 활동은 현실적인 것을 가능케 하는(das Mög-liche) 능력(Vermögen)이고, 그 능력은 시끄럽고 선동적인 것이 아니라 조용한 힘이며(die stille Kraft), 사랑(Liebe)이다.[102]

---

101) M. Heidegger, "Brief über den Humanismus", in: *Wegmarken*, 311쪽.
102) 같은 책, 311~314쪽.

이러한 내용은 장 보프레에게 보낸 1946년 서한 안에 들어 있다. 이 서한 안에서 하이데거는, 역사적 사건을 근본적으로 변화시킬 수 있는 힘은 사르트르적인 참여와 행동이 아니라, 그러한 행동을 가능케 하는 근거를 통해서 완수될 수 있다고 강조하고 있다. 이런 맥락에서 하이데거는 "사유가 사유하는 가운데, 사유는 활동한다"[103]라고 말하며, 이러한 사유의 활동을 통해 비로소 존재와 인간의 본질의 관계가, 그리고 존재의 진리가 열릴 수 있다고 강조한다. 말하자면 역사적인 존재 사건은 근본적인 활동인 사유함을 통해 가능하다는 것이다. 이러한 하이데거의 입장은 횔덜린에 대한 그의 해석에도 그대로 적용된다. 왜냐하면 "사유가는 존재를 말하고, 시인은 성스러움을 명명하는"[104] 차이를 지니지만, "가장 멀리 떨어져 있는 산맥 위에서 가까이 거주하는"[105] 두 봉우리는 동일한 시원적 진리에 대하여 말한다는 공통점을 지니기 때문이다. 따라서 하이데거에 따르면 횔덜린은 결코 삶에 무능했거나 삶으로부터 도피했던 것이 아니라, 오히려 그 시대 현상을 가장 깊은 근거로부터 이해하려고 노력했던 시인이다. 이런 점을 염두에 두고 앞에서 제시한 횔덜린의 시를 하이데거가 어떻게 해석하는지 다시 살펴보기로 한다.

위에서 언급했듯이 횔덜린의 "게르마니엔"은 "지복자들, 옛 나라 안에서 나타났던/ 신들의 모습들, 그들을/ 그래, 나는 다시 부르지 않으리"라는 표현으로 시작된다. 여기서 시인은 지복자들, 즉 조국에 대하여 더 이상 부르지 않겠다고 말하는 것처럼 보인다. 그러나 이 표현은 더 이상 지복자와의 관계를 거부한다는 의미가 아니다. 오히려 그 표

---

103) 같은 책, 311쪽.
104) M. Heidegger, "Nachwort zu: 》Was ist Metaphysik?《", in: *Wegmarken*, 309쪽.
105) 같은 책, 같은 곳.

현은 지복자와의 관계에 대한 간절함의 표현이며 그 관계를 포기할 수
밖에 없는 탄식의 표현이다. 그러나 탄식하는 마음이 원하는 것은 "신
들을 방기하면서도 신성을 범하지 않은 채 보존하고, 멀리 있는 신들
을 포기하면서 보존하는 가운데, 신들의 신성에 가깝게 스스로를 유지
하는 것이다. 옛 신들을 더 이상-부르지-않으리라는 것, 즉 스스로 포
기함을 준비하는 것은, 신적인 것을 기다리기 위해 필요한, 유일하고
단호한 준비를 뜻한다:

> 왜냐하면 그러한 신들로서 신들은 단지 포기함 안에서 주어질 수 있기 때
> 문이다.(게르마니엔, 141쪽)

이와 같이 사라진 지복자를 더 이상 부르지 않겠다는 것은, 더 이상
현존하지 않는 지복자에 대한 탄식에 그치는 것이 아니다. 오히려 시
인이 지복자의 부재를 확인할 때, 사라진 지복자의 존재는 더 크게 각
인되고 시인의 마음에 가까이 자리잡게 된다. 이때 시인은 고통 속에
서 새롭게 지복자의 존재를 부르게 된다.
    그런데 시인의 부름은 단순히 존재하는 것이나 파악될 수 있는 것을
부르는 것이 아니라, 부재하는 것을 부르는 것이지만, 이 부름을 통해
역설적으로 부재하는 지복자의 현존은 가능하게 되는 것이다:

> 부름은 단지 그에게 친숙한 것을 불러들이는 것이 아니고, 시인으로 하여
> 금 남의 눈을 끌도록 하는 부름도 아니다. 오히려 그것은 우리로 하여금 불
> 러진 것 자체를 애타게 기다리게 하고, 부름을 통해 비로소 우리가 애타게
> 기다리는 것 자체를 먼 것으로서 멀리 세움으로써, 그것으로의 가까움을
> 그리워하도록 하는 것이다. 이러한 부름은 스스로 준비하는 것과, 아직 성

취하지 못한 것 사이에서 벌어지는 저항을 견뎌 냄을 뜻한다. 이러한 저항을 참아 내는 것은 아픔이고 고통이다. 따라서 부름은 하나의 탄식이다. (게르마니엔, 123–124쪽)

그런데 부름은 시간 속에서 이루어져야 한다. 그러나 지복자를 부르는 시간은 크로노스적인 시간의 흐름 속으로 뚫고 들어오는 카이로스적인 순간에 이루어진다. 따라서 일상적인 시간을 염두에 둔다면 그 시간을 볼 수 있는 것은 불가능해 보인다. 이런 점을 횔덜린은 "독일인에게"라는 시에서 표현하고 있다:

우리의 삶의 시간이 짧게 한정되어 있다 하더라도,
　　우리는 우리의 세월들을 보며 세어 본다,
　　　그러나 민족들의 세월들을,
　　　　죽을 자의 눈이 본 적이 있는가?

동경하는 영혼이 그대의 고유한 시간을 넘어
　　날아오른다 해도, 그때 그대는 탄식하며
　　　차가운 물가에서 그대 자신 안에
　　　　머물 뿐, 결코 민족들의 세월은 알 수 없으리라
　　　　　　　　(독일인에게 IV, 133, V. 41 이하, 게르마니엔, 83쪽)

이 시에 따르면 시인은 조국의 시간을 보는 것이 불가능하다고 외치는 것 같다. 그러나 하이데거에 따르면 횔덜린의 "그들을 … 않으리"란 표현이나, 인간과 민족들의 시간에 대한 구분은, 조국을 근원적인 시간으로부터 이해하려는 시도이다.(게르마니엔, 85쪽) 그런데 근원적인 시간은 단순히 긴 시간 혹은 초시간적인 것, 무시간적인 것을 뜻하는 것이 아니다. 그 시간은 창조하는 자의 시간으로서, 시간과 역사의 심연을 경험하고 그것으로부터 높은 산봉우리로 올라 돌아보는 시간인 것이다:

> 창조자들의 시간들은 높이 파도치는 산맥이며, 고독하게 에테르 안으로 들어서는, 즉 신적인 것들의 영역 안으로 들어서는, 산들의 정상이다. 창조자들의 시간들은 일상적인 진부함 안에 있는 성급한 날들의 단순한 전후를 넘어 우뚝 솟는다. 그럼에도 그 시간들은 응고되고, 무시간적인 넘어섬이 아니라, 대지 위로 파도치는 시간들이며, 고유한 만조와 고유한 법칙을 갖는 시간들이다.(게르마니엔, 86쪽)

이렇게 창조자의 시간은 일상적인 시간과 달리 조국과 민족을 규정하는 사건으로 드러나며 그것은 기다림을 전제로 한다. 그러나 기다림은 아무런 준비도 없이 시간이 지나가기를 방관하는 것이 아니라, 압박해 오는 기분 속에서 예감하며 준비하는 것이다. 이러한 기다림에 의해 조국과 민족은 바로 자신의 고유한 존재방식으로 드러나게 되는 것이다:

> … 시간은
> 오래 걸리지만, 그러나 진정한 것은
> 일어난다.(므네모쉬네, IV, 225, V. 17 이하, 게르마니엔, 90쪽)

이 시간이 존재사건으로 일어나는 순간 시인은 새로운 대지와 고향, 새로운 조국과 민족의 모습이 드러나는 것을 경험하게 된다. 이 점에

대하여 하이데거는 다음과 같이 말한다:

> 성스러운 대지는, 심연을 간직하는데, 심연 안에서 모든 근거들의 견고함
> 과 개별성은 사라진다. 그럼에도 그곳에서 모든 것은 항상 새롭게 밝아오
> 는 변화를 발견한다. ⋯ 민족들의 위대한 전환시간들은 항상 심연으로부터
> 오며, 한 민족이 심연 안으로, 즉 자신의 대지 안으로 내려와서 고향을 소
> 유하는 만큼 이루어진다.(게르마니엔, 155쪽)

이렇게 새로운 존재세계는 언어를 통해 존재를 건립하는 시인에 의
해 — 횔덜린의 표현에 따르면 — "찢어지는 시간"(die reißende Zeit)
(게르마니엔, 160쪽)에 존재사건으로 일어나게 된다. 이러한 사건을
하이데거는 "혁명"이라고 부른다.

d. 횔덜린과 하이데거에 있어서 혁명의 의미: 조국의 제2 시원을 위한 필연적
   인 계기

횔덜린이 프랑스혁명을 목격하고 새로운 세계가 도래하기를 기대했
다면, 하이데거는 나치 정권이 지배하던 시기에 혁명에 대하여 말하고
있다. 물론 하이데거는 그의 전 작품을 통해 "혁명"에 대하여 거의 언
급하지 않고 있다. 따라서 "혁명"은 그의 주관심사가 아닌 듯이 보일
수도 있다. 그러나 그에 의해 자주 언급되지 않는 단어가 반드시 그의
관심에서 밀리 벗어난 것이라고 성급하게 결론 내릴 수는 없다. 오히
려 레이진(W.v. Reijen)에 따르면 하이데거는 혁명을 피할 수 없는 사
건으로 보았고 단지 혁명에 의해서만 구원이 가능하다고 보았다.[106]

---

106) W.v. Reijen, *Der Schwarzwald und Paris. Heidegger und Benjamin*, München,

이런 점은 하이데거가 자신의 가장 큰 주제어인 "시원"에 대하여 말할 때, 시원을 민족과 연결시키면서 "혁명"에 대하여 언급하는 점에서도 분명히 드러난다.

그렇다면 우리는 하이데거의 "혁명"은 바로 제2 시원이 일어나는 존재사건을 뜻한다고 이해할 수 있을 것이다. 이 점은 1933년 라이프치히에서 그가 "나치 혁명은 국가 안에 현존하는 힘을 단순히 양도받는 것이 아니라 … 혁명은 우리 독일 현존재의 전적인 전복을 가져오는 것"[107]이라고 말한 데서도 잘 드러난다.

물론 하이데거는 1934년 나치가 더 이상 새로운 시대를 위한 혁명적 힘이 아니라는 점을 깨닫게 된다. 이때부터 혁명에 대한 그의 입장은 나치적 혁명과는 결별하게 된다.[108] 그러나 그는 프라이부르크대학에서 행해진 1937/38년 겨울 학기 강의에서, 다시 "혁명"이란 표현을 쓰고 있다:

익숙한 것을 전복시키는 것, 즉 혁명은 시원에로의 순수한 연관성이다. 반면에 보수적인 것은 시원 이후에 시작되는 것, 시원으로부터 형성된 것만을 단단히 움켜잡는 안주함이다. 단순한 안주함을 통해서는 결코 시원은 포착되지 않는다. 왜냐하면 시원은 도래적인 것, 익숙하지 않은 것으로부

1998, 58쪽.

107) 같은 책, 17쪽.

108) Reijen은, 하이데거가 1934년에 나치에 좌절했을 뿐, 그 이전까지는 나치운동을 그 시대에 대한 혁명의 힘으로 보았다고 주장하면서, 하이데거의 혁명은 당 중심의 정치적인 혁명도 세계사적인 혁명도 아니고, 형이상학적인 혁명이었다고 주장한다. 그러나 레이진의 주장은 하이데거가 추구한 것이 형이상학 이전의 고대 게르만 정신으로 돌아가는 것이었다는 점을 인지하지 못한 평가라고 볼 수 있다. 같은 책, 18, 20쪽.

터 사유하고 활동하는 것이기 때문이다.[109]

《보수적인 것》은 연대기적인 것 안에 박혀 있다; 단지 혁명적인 것만이 역
사의 심층부에 도달하며, 이때 혁명은 단순한 와해와 파괴를 뜻하지 않는
다. 오히려 혁명은 시원이 다시 모습을 갖추게 하기 위해, 익숙한 것을 변
혁시키는 전복을 뜻한다.[110]

이 두 인용문에서 하이데거는 혁명에 대하여 말한다. 이때 그는 보
수주의자나 혁명가라는 인격성(der, die)을 피하고, 중성 정관사 das
를 씀으로써 당시 역사적 상황의 미묘함을 염두에 두고 있는 듯이 보
인다. 이런 점은 하이데거가 자주 사용했던 단어인 지도자(Führer)와
비교해 볼 때, 의도적인 표현이라고 볼 수도 있다. 즉 이러한 표현은,
그가 혁명이란 단어를 사용하면서 당시의 구체적 인물들을 전혀 고려
하지 않았음을 드러낸다. 그는 혁명이란 것을 단순히 새로운 세력(힘)
에 의한 체제전도와 새로운 체제구축과 같은 구체적 행동으로 파악하
지 않았다. 오히려 혁명이란 단어가 사용된 이 책(GA 45)에서 주로 다
뤄지는 것은 역사와 시원 그리고 횔덜린이다. 그렇다면 하이데거의 혁
명이란 단어는 시인과 사유가를 통한 혁명을 가리킨다고 보아야 한
다.[111] 즉 하이데거는 시원을 시로 짓는 횔덜린의 시 짓기 자체를 혁명

---

109) M. Heidegger, *Grundfragen der Philosophie. Ausgewählte* 》Problem《 *der* 》Logik《,
(GA 45), 40–41쪽.
110) 같은 책, 41쪽. 이러한 하이데거의 입장과 달리 토마스 만은 횔덜린이 보수적 문화
이념을 대표한다고 주장한다: Thomas Mann, *Werke*, Frankfurt, 1968 (Moderne
Klassiker Bd. 117), 173쪽: "결정적으로 독일적이 될 수 있는 것은, 보수적인 문화
이념이 혁명적인 사회사상과 동맹을 맺고 타협하는 일이다 … 칼 마르크스가 횔덜
린을 읽었더라면, 이런 것은 저절로 찾아졌을 것이다 …"

이라고 파악했던 것이다.[112] 그렇다면 우리는 횔덜린을 통해 제2의 시
원을 시도하는 하이데거의 사유의 본질 역시 혁명이라고 보아야 할 것
이다.

이런 점을 고려한다면 횔덜린이 시로 표현하고 하이데거가 사유를
통해 다루고 있는 단어 "조국" 혹은 "민족" 역시 일상적인 의미로 이해
되어서는 안 된다. 이 점에 대하여 하이데거는 다음과 같이 강조한다:

이것을(이 시 짓기가 본래적이고 궁극적으로 말하고자 하는 것) 시인은
〈누구라도 그 값을 치러야 하는〉《금단의 열매》: 즉 《조국》이라고 명명하
고 있다. 그 시인에게 조국은 아주 의심스럽고 소란스러운 국수주의를 뜻
하지 않는다. 그가 의도한 것은 〈아버지들의 국가〉이며, 우리들에게 그것
은 역사적인 것으로서 자신의 역사적인 존재 안에 있는 대지의 민족을 뜻
한다. 그러나 이 존재는 시적으로 건립되어 있고, 사유적으로 결합되어 알
려져 있고, 대지의 국가창설자의 행위성 안에, 그리고 역사적 공간 안에 뿌
리박고 있다. 그 민족의 역사적 존재와 조국은, 특히 본질적으로 그리고 항
상 비밀 속에 감춰져 있다.(게르마니엔, 173쪽)

---

111) M.E. Zimmerman, *Heidegger's Confrontation with Modernity*, Indiana
University Press, Bloomington and Indianapolis, 1990, 114쪽: 하이데거의 경우
실재적인 혁명은 아직 시작되지 않았다고 보았다. 1933-35년 그는 시인, 철학자,
국가 설립자들은 정당한 시간에 새로운 역사적 세계를 위해 필요한 "본래적 창조
자"라고 주장했지만(GA 39, 51), 30년대 후반 이후 히틀러의 의견에 회의적이 되
었고, 본래적인 창조자의 범주에서 정치가를 제외하고 있다.
112) W.v. Reijen, 같은 책, 36-37쪽. 하이데거와 달리 Szondi와 Böschenstein은, 횔덜
린의 "성스러운 바쿠스"는 자연의 성장력이 아니라, 극단적인 역사적 혁명 … 정치
적 신을 의미했다고 해석하며, 횔덜린의 표현 "하늘의 불"도 자연 사건이 아니라 정
치적 사건을 뜻하는데, 이와 달리 하이데거는 횔덜린 해석에서 시와 정치를 분리했다
고 비판한다.

이렇게 횔덜린은, 하이데거에 따르면, 조국의 "본질"을 시로 지은 시인 즉 독일의 시원을 미래적(도래적)으로 선취해 기획한 시인이다. 따라서 그리스를 열망했던 횔덜린 자신과 달리, 하이데거는 그를 독일 시인이라고 부르는 것이다. 이런 점은 다음에서 확실히 드러난다:

횔덜린은 그리스 정신이 아니라, 독일인의 미래이다.(게르마니엔, 346쪽)

결국 하이데거에 따르면, 독일이라는 조국의 본질은 횔덜린과 같은 시인과 사유가, 즉 창조자들이 존재를 사건화하고 실현시킬 때 비로소 건립될 수 있는 것이다. 따라서 하이데거가 횔덜린을 통해 드러내고자 하는 것은 다음과 같이 요약될 수 있다:

1) 횔덜린은 그리스인의 현존재와 독일인의 현존재를 비교함을 통해, 동일성과 차이점을 밝히려고 시도했다.

2) 횔덜린에 의해 드러난 그리스인과 독일인의 동일성은 존재를 존재로서 경험할 수 있는 현존재들이라는 점에 있다.

3) 횔덜린에 의해 드러난 그리스인과 독일인의 차이점은: 그리스인에게 고유한 것은 "하늘의 불(Das Feuer im Himmel), 즉 신들의 도래와 가까움을 규정하는 것의 빛과 작열함"인 반면, 독일인에게 고유한 것은 "묘사의 명료성(Die Klarheit der Darstellung)"이라는 점에 있다.(이스터, 212쪽)[113]

그러므로 하이데거에 따르면, 독일이란 조국의 본질은 이렇게 서로 상이한 것을 배울 때 비로소 완수될 수 있는 것이다. 이런 점을 하이데

---

113) M.E. Zimmerman, 같은 책, 117쪽. 하늘의 불이 수반하는 성스러운 고뇌의 기분은 엄격한 기술적 입장에 얼어붙어 있는 독일인의 아폴로적 마스크를 용해시킬 수 있는 것으로 하이데거는 보았다.

거는 다음과 같이 말한다:

> 독일인은, 그들에게 고유한 것을 사용하기를 배우기 위해 하늘의 불과 만
> 나야만 한다. 따라서 남쪽 나라로의 출발은 피할 수 없다. 또한 북동쪽은
> 시적인 역운의 약속이다. 따라서 북동쪽은 환영받는다. 횔덜린은 신의 빛
> 에 의해 얻어맞은 자이다. 그는 '불'에로의 방랑으로부터 귀향길에 있다.
> 그는 '죽어 가는 채 영혼을 불어넣는 자'이다. 횔덜린은 독일인의 고향적
> 이-됨의 법칙에 대하여 진술한다.(이스터, 213-214쪽)

독일인의 고향적인 존재는 독일 사유가와 시인이 역사를 통해 은폐
되고 망각되어 왔던 민족 국가적인 본질인 시원적인 게르만 정신을 미
래적으로 재해석하여 현재적 순간에 건립할 때 다가갈 수 있는 것이
다. 그것은 당시 나치의 시도와는 전적으로 구분되는 기획이다. 그러
나 이러한 시도는 비현실적으로 보이며 아무 소용이 없는 것처럼 보인
다. 그러나 하이데거는 이러한 시도야말로 조국의 본질을 실현시킬 수
있는 유일한 가능성이자 능력이라고 보고 있다. 그것은 제1 시원인 고
대 그리스 정신을 배움으로써 서구를 지배했던 형이상학적 사고를 극
복하는 작업을 통해, 그리고 동시에 고대 게르만 정신을 미래적으로
현재 순간에 다시 끌어내는 작업을 통해 이루어진다. 이러한 점을 하
이데거는 다음과 같이 말한다:

> 그때마다 어떠한 민족에게 가장 어려운 일은 — 〈민족국가적인 것을 자유
> 롭게 사용하는 것〉 — 그때마다 과제로 주어진 것, 즉 자유롭게 사용할 가
> 능성의 조건들을 얻는 것을 위해 싸울 때, 비로소 성취될 수 있다. 이러한
> 투쟁 안에서 그리고 단지 이 안에서만 역사적 현존재는 자신의 최고의 것

에 도달한다 … 그리스인들과 독일인들에게는 함께 주어진 것과, 과제로 주어진 것이 그때마다 상이하게 할당되었기 때문에, 독일인들은 자신에게 고유한 것 안에서, 결코 그리스인에게 최고의 것을 능가할 수 없다. 이것은 〈역설〉이다. 우리가 그리스인과의 투쟁을, 그러나 전도된 전선 안에서, 싸우는 가운데, 우리는 그리스인이 아니라, 독일인이 된다.(게르마니엔, 394-395쪽)

이러한 주장은 횔덜린과 하이데거에 의해, 비록 다른 시기와 다른 상황이지만, 동일하게 반복되고 있다. 그럼에도 이러한 주장이 그들의 시대에 이해되거나 받아들여지지 않았던 것도 동일하다. 따라서 횔덜린과 하이데거가 내리는 한탄도 동일하다. 그것은 다음과 같다:

우리가 민족국가적인 것을 자유롭게 사용하기를 배우는 것보다 더 어려운 일은 없다.(게르마니엔, 397쪽)

5) 고대 그리스 정신과 횔덜린의 시로부터
고대 게르만 신화로

하이데거가 횔덜린을 집중적으로 다룬 시기는 소위 말하는 "전회" 직후인 1934-35년부터이다. 이때 그는 "횔덜린의 송가 《게르마니엔》 과 《라인강》"(1934-35), "횔덜린과 시의 본질"(1936), "마치 축제일처럼"(1939-40), "횔덜린의 송가 〈회상〉"(1941-42), "횔덜린의 송가 〈이스터〉"(1942)를 다뤘다. 그 후 하이데거는 자신만의 존재사유를 진행해 나간다. 이때 대표적인 작품으로 「휴머니즘에 관한 서한」(1946),

「사물」(1950), 「건축하기, 거주하기, 사유하기」(1951), 『사유란 무엇인가?』(1951-52), 『내맡김』(1955), 『시간과 존재』(1962) 등을 발표한다. 물론 1957-58년에 「언어의 본질」, 1959년에 「횔덜린의 대지와 하늘」이란 작품을 발표한 점으로 미루어 볼 때, 하이데거가 다른 시인들의 작품이나 횔덜린의 작품으로부터 떠난 것은 아니다. 따라서 하이데거의 존재론적 사유에서 등장하는 주요 개념들은 여전히 횔덜린이나 독일 시인들의 언어들과 매우 유사한 정조를 자아낸다.

그러나 하이데거의 언어가 독일 시인들의 언어와 유사한 것은 독일 시인의 작품을 다뤘다는 이유뿐 아니라, 하이데거와 독일 시인들 모두 고대 게르만 정신을 동경하는 낭만주의의 영향을 많이 받았고 그러한 영향을 시를 통해 반영했기 때문이다. 즉 하이데거나 독일 시인들, 그리고 횔덜린은 모두 고대 게르만 신화라는 시원의 빛을 향해 나아갔고, 고대 게르만 신화로부터 영향을 받은 사상가들이라는 공통점을 지니는 것이다. 그렇다면 이제 우리의 과제는 하이데거의 존재론적 사유가 얼마나 고대 게르만 신화와 연결되어 있는지를 밝히는 일이다.

2부

고대 게르만 신화와

하이데거

하이데거가 고대 그리스 비극(제1 시원)을 다루면서, 동시에 제2 시원을 가능케 하는 시인으로 독일 시인 횔덜린을 선택한 이유는 고대 그리스 정신과 횔덜린의 시를 통해 서구 형이상학으로부터 고대 게르만 신화로 돌아가기 위해서이다. 이 점에 대해 침머만은 "하이데거가 횔덜린의 시와 그리스 비극을 다루는 것은 종교적, 예술적, 존재론적인 독일 신화를 예비적으로 안내하려는 것"이라고 말한다.[1] 또한 본대학의 독문학자 한스 나우만은 『게르만의 운명에 대한 신앙』(*Germanischer Schicksalsglaube*, 1934)이란 책에서, 『존재와 시간』에서 보여 준 하이데거의 "존재를 위한 거인과의 싸움"은 게르만 신화에 나타나는 "신들의 황혼", 즉 라그나뢰크와 연관해 이해되어야 한다고 주장한다. 말하자면 나우만의 경우, 하이데거가 주장한 존재질문은 게르만의 신 "오딘"에 대한 질문과 다르지 않다는 것이다.[2]

이러한 주장들은, 하이데거의 존재론적 사유의 언어가 고대 게르만 신화를 반영하고 있다는 점을 밝힐 때 입증될 수 있을 것이다. 따라서 우리의 작업은, 하이데거 사상의 독특한 특징이 그의 개인적인 성향이나 능력에 따른 것이라기보다, 그에게 은폐된 채 흘러온 시원적 물줄기가 그의 작품에서 드러났기 때문이라는 점을 입증하는 데 놓이게 될 것이다.

이 작업을 위해 우선적으로 우리에게 요구되는 것은, 그리스도교와 그리스 철학이 서구 사회를 전적으로 지배하고 있다는 착각에서 벗어나는 것이 필요하다.

---

1) M.E. Zimmermann, *Heidegger's Confrontation with Modernity*, 126쪽.
2) H. Vetter, "Anmerkungen zum Begriff des Volkes bei Heidegger", in: R. Margreiter/K. Leidlmair(Hrsg.), *Heidegger: Technik-Ethik-Politik*, Königshausen & Neumann, Würzburg, 1991, 239쪽.

일반적으로 독일은 서구 사회의 일원이며, 독일 사회를 지배하는 것은 그리스도교인 것처럼 보인다. 그러나 그리스도교화된 독일 정신 안에는 고대 게르만적인 요소가 아직도 심심치 않게 눈에 띈다. 이미 타키투스는 고대 게르만인들이 로마의 신 머큐리를 보탄(오딘)으로, 헤라클레스를 토르로, 마르스를 티르로 이해하고 있다고 밝히고 있다.[3] 이런 점은 각 요일들에 대한 영어나 독일어의 표현에서도 여전히 보존되고 있다. 화요일(Tuesday, Dienstag)의 경우 전쟁의 신 마르스의 날이지만, 그 발음을 보면 게르만의 신 티르(Tyr)에서 파생됐음을 알 수 있다. 수요일(Wednesday)은 보탄(오딘)의 날이며, 목요일(Thursday, Donnerstag)은 도나르(Donar) 즉 토르(Thor) 신의 날이다. 금요일(Freiday, Freitag)은 게르만 여신 프레이야(Freyia)의 날이다.[4]

이런 예가 보여 주듯이 서구 사회는 모두 그리스도교화된 것 같지만, 각각의 민족의 내면엔 그리스도교화되지 않은 자신들만의 고유한 정신이 흐르고 있음을 알 수 있다. 이런 점은 특히 독일의 경우 강하게 나타난다. 그런데 위에서 우리는 이런 성향이 독일 사상가들, 독일 시인, 그리고 하이데거로 이어지고 있다는 점을 밝혔다. 그렇다면 이제 남은 과제는 고대 게르만 신화와 하이데거의 존재론의 관계를 구체적으로 살피는 일이다.

---

3) 타키투스, 『타키투스의 게르마니아』, 이광숙 편역, 서울대학교출판부, 2005, 137쪽.
4) 에른스트 H. 곰브리치, 『옛날이야기처럼 재미있는 곰브리치 세계사 1』, 이내금 옮김, 자작나무, 2005, 66쪽.

1 하이데거와 게르만 신화에서 "존재"의 의미

우리의 눈을 아득한 공간의 범위로 넓혀 본다면 우리는 이 세계가 엄청난 양의 존재자들로 이루어져 있음을 알 수 있다. 이 존재자들은 끝없이 펼쳐진 "공간" 안에 존재한다. 또한 이 세계가 언제 생겨났는지를 생각하면, 우리는 인류의 역사로부터 신화 시대를 거쳐 인간이 아직 존재하지 않았던 배후까지 돌아가게 된다. 이 모든 존재자의 모습은 끊임없이 지속되는 "시간" 안에 존재한다.

공간과 시간은 너무나 아득해 우리는 그 공간과 시간의 "한계"가 있는지조차 구분하기 어렵다. 공간과 시간은 유한한 것인가? 혹은 무한한 것인가?

칸트는 이러한 난점을 선험적 이념의 첫째 모순으로 표현하고 있다: 한편으로 우리는 "세계는 시간상의 시초를 가지며, 공간상으로도 한계지어 있다"라고 주장할 수도 있지만, 다른 한편 "세계는 시초나 공간상의 한계를 갖지 않으며, 시간에 있어서나 공간에 있어서도 무한하다"[5]라고 말할 수도 있다. 그러나 어느 주장도 진리로 입증되지는 않는다. 왜냐하면 그러한 주장들은 인간 사유의 극점에 위치하는 문제들이기 때문이다.

이제 눈을 작은 공간으로 옮긴다면 우리는 지구라는 행성 안에 존재하는 다양한 존재자들을 만나게 된다. 생명을 갖지 않은 존재자로부터

---

5) I. Kant, *Die Kritik der reinen Vernunft*, Felix Meiner, Hamburg, 1956, A 426, B 454/ A 427, B 455.

눈으로 볼 수 없을 정도의 지극히 미세한 생명체, 그리고 우리가 주변에서 볼 수 있는 식물과 동물에 이르기까지. 이러한 존재자들의 개체 수가 너무도 많다는 사실을 떠올린다면 우리는 이들 생명체들이 각각 "개체적"으로 "단번에" 만들어진 것인지, 혹은 일정한 "시간"의 흐름 속에서 "연관적"으로 만들어진 것인지 판단하기 어렵다.

이 질문은 존재자가 존재한다면 그것은 단순한 하나로 만들어진 것인지 혹은 단순한 것들이 합성된 것인지에 대한 질문이다. 우리는 단세포 생명체를 예를 들어, 모든 존재자는 단순한 것에서부터 만들어졌다고 주장하기도 어렵고, 그렇다고 모든 것은 무한히 합성이 가능하고, 단순한 것 역시 무한히 분할 가능하다고 말하기도 어렵다. 현대 과학에 이르러 인간은 무수한 시도와 탐구를 통해 가장 작은 것을 발견했다고 주장했지만, 그러한 주장은 더 작은 것의 발견을 통해 부정되었다. 물론 이때 가장 작은 것은 더 이상 분할 불가능하다는 주장도 아울러 폐기되었다.

이러한 난점에 대해서 칸트는 한편으로 "세계 내의 합성된 실체는 그 어느 것이나 단순한 부분들로 되어 있다. 일반적으로 단순한 것이거나 단순한 것에서 합성된 것만이 실재한다"라는 주장과, 다른 한편으로 "세계 안의 그 어떤 합성물도 단순한 부분들로써 되어 있지 않다. 그리고 일반적으로 세계에서 단순한 것은 실재하지 않는다"[6]라는 모순된 주장이 동시에 가능하다고 말하고 있다. 이 주장들 역시 어느 것이 진리인지는 입증되지 않는다.

이러한 수학적 이율배반 외에 우리는 관계적인 이율배반도 알고 있다. 예를 들어 계절의 순환과 생명체의 순환을 보면서 우리는 이 세계

---

6) 같은 책, A 434, B 462/ A 435, B 463.

에 일정한 질서와 법칙이 존재한다고 생각한다. 특히 어떤 사건이 이전의 사건으로 말미암아 벌어졌다면 우리는 이전의 사건을 원인으로, 그다음의 사건을 결과라고 말한다. 어떤 면에서 이 세계에서 벌어지는 사건들은 원인과 결과라는 인과율에 매여 있는 것처럼 보인다. 그러나 모든 존재자가 인과율에 매여 있다고 할 때조차도 원인 자체 안에는 무수한 원인들, 즉 작은 원인과 큰 원인들이 혼재되어 있기에, 어떠한 사건을 원인과 결과라는 인과율에 따라 설명하는 것은 무리가 있다.

더 나아가 우리는 인간 자신 안에 자유가 존재한다는 사실, 따라서 이전의 사건과 관계없이 자율적인 판단과 행동을 할 수 있다는 것도 알고 있다.

이런 점을 들어 칸트는 한편으로 "자연의 법칙에 따르는 원인성은, 그것으로부터 세계의 모든 현상들이 도출될 수 있는 유일한 원인성이 아니다. 현상을 설명하려면 그것 외에 자유에 의한 원인성을 상정하는 것이 필요하다"라는 입장과, 다른 한편으로 "자유란 것은 없다. 세계의 만상은 자연의 법칙에 따라서만 생긴다"[7]라고 말하면서, 양쪽 모두 가능하다고 보았다.

그런데 앞의 두 경우와 달리 칸트는, 세 번째 이율배반은 해결 가능하다고 보았다. 왜냐하면 칸트에 따르면, 인과율은 현상세계를 지배하며 자유는 예지적 세계에 속하기 때문이다. 그러나 칸트가 해결했다는 주장도 문제가 있기는 마찬가지이다. 만약 니체의 주장과 같이, 현상계와 예지계가 분리되어 각각 존재하는 것이 아니라면? 혹은 인간이 자유롭다고 생각하는 것도 결국은 유한한 능력 때문에 빚어진 오해이고, 자유 역시 거대한 인과율의 수레바퀴가 만들어 내는 한 부분에 불

---

7) 같은 책, A 444, B 472/ A 445, B 473.

과하다면? 혹은 거대한 인과율 같은 것이 애당초 존재하지 않는다면? 그렇다면 이 세계는 아무런 필연성이나 자유도 없는 무의미한 우연에 불과한 것인가? 이런 점을 들어 칸트는 한편으로 "세계에는 그것의 부분으로든 혹은 그것의 원인으로든, 단적으로 필연적인 어떤 존재가 존재한다"라는 주장과, 다른 한편으로 "단적으로 필연적인 존재는 세계 안에서나 세계 밖에서나 일반적으로 세계의 원인으로서 존재하지 않는다"[8]라는 두 입장이 동시에 가능하다고 본다.

이러한 이율배반이 우리의 삶과 인식능력의 한계이자 현실이라고 한다면, 그러나 동시에 우리는 이미 수많은 존재자들이 존재하는 세계와 시간 속에서 살아가고 있다면, 우리는 무엇으로부터 우리의 논의를 시작해야 하는가?

우리는 이러한 문제들을 자신의 학문적 질문으로 다루고 있는 또 다른 철학자를 독일 철학의 역사 속에서 발견할 수 있다. 그는 헤겔이다. 헤겔은 "무엇으로부터 학문은 시작되어야 하는가?"[9]라는 질문을 통해, 학문은 전적으로 무전제한 것으로부터 시작될 수 있는지? 혹은 모든 시작은 이미 매개된 것인지 질문하고 있다. 헤겔의 질문은 칸트가 부딪혔던 이율배반적인 질문과 형태만 다를 뿐, 거의 동일한 이율배반적인 어려움을 담고 있다.

만약 학문이 매개된 것으로부터 시작된다면, 그 시작은 이미 어떤 것을 전제로 하는 것이고, 그 전제는 검증되지 않은 것이다. 반면에 학문이 무전제적인 것으로부터 시작되어야 한다면, 그때 아무 전제도 없는 직접적인 것이란 도대체 무엇인가? 매개되지 않고 순수하게 직접

---

8) 같은 책, A 452, B 480/ A 453, B 481.
9) G.W.F. Hegel, *Wissenschaft der Logik I*, Werke 5, Suhrkamp, 1986, 65쪽.

적인 것이란 무엇이며, 과연 그러한 것이 존재하는가?

이 점에 대하여 헤겔은 전제가 없는, 순수하고 직접적인 것은 바로 경험적인 존재자 이전의 "순수한 있음"이라고 주장한다. 헤겔은 이러한 순수한 있음, 즉 순수한 존재(das reine Sein) 자체로부터 학문을 시작하려고 한다. 헤겔에 따르면 순수존재는 아직 매개되지 않은 것이기에 비-존재자와 같은 것, 즉 비규정적인 의미의 무와 동일하다. 그러나 그 존재는 아직 규정되지 않은 것일 뿐 존재하지 않는 것은 아니기 때문에 "순수존재"인 것이다. 따라서 학문은 아직 규정되지 않은, 즉 비규정적이고 매개되지 않은, 직접적이고 순수한 존재로부터 시작될 때 정당성을 가질 수 있다는 것이다.

그러나 이러한 헤겔의 주장에 대하여 포이어바흐가, 왜 시초에 있는 것이 "구체적인 존재자"가 아니라 "순수한 존재"이어야 하는가'라고 질문할 때, 우리는 그에 대한 정당한 대답을 제시하기 어렵다. 또한 우리가 헤겔의 입장을 따른다 하더라도, 헤겔이 주장하는 순수한 존재는 존재론적 측면에서는 순수할 수 있지만, 그러한 순수존재는 이미 '직접성 → 매개성 → 매개된 직접성'의 과정을 펼쳐 나간 로고스에 의해 규정된다는 점에서 "순수하다"고 말하기 어렵다.[10]

이런 점은 헤겔이 신을 논할 때도 마찬가지이다. 헤겔에 따르면, 신은 처음엔 스스로에 머물러 있는 즉자적인 신이고, 그다음엔 스스로를 드러내어 자신을 바라보는(창조하는) 대자적인 신이 되고, 마지막에는 자신 안의 모순을 극복하여 "자신에게로 되돌아오는" 즉자-대자적인 신이라는 형태로 전개된다.[11] 그러나 헤겔은, 이렇게 스스로에게로

---

10) G.W.F. Hegel, *Phänomenologie des Geistes*, Felix Meiner, Hamburg, 1952, 20-21쪽.

돌아온 신이 시초의 신과 동일하다고 주장함으로써, 시초의 신은 단순히 즉자적인 신이 아니라 즉자-대자를 종합한 신이라는 문제에 봉착하게 된다.[12] 물론 신은 전능한 존재이기 때문에 시초의 신과 스스로에게 되돌아온 신이 상이하다면 문제이지만, 다른 한편 시초와 종말의 신이 다르다고 한다면, 그 신의 전능성과 무한성이 훼손되게 된다.

그렇다면 우리는 무엇으로부터 우리의 논의를 시작해야 할까? 우리는 이러한 질문거리를 다시 진지하게 질문하고 있는 사상가를 독일 철학의 역사 속에서 발견할 수 있다. 그는 하이데거이다.

그는 헤겔과 달리 존재를 의식 안으로 끌어들이지 않고, 존재자들이 "존재"한다는 현사실로부터 논의를 시작한다. 하이데거에 따르면, 우리가 세계 속에 던져졌을 때, 이미 세계에는 수많은 존재자들이 존재하고 있다. 이러한 현사실로부터 하이데거는 라이프니츠를 인용해 "도대체 왜 존재자가 존재하며, 오히려 무가 아닌가?"라고 물으면서, 존재자가 존재하는 이유를 새롭게 해석해 내고 있다. 그렇다면 그에게 존재자가 존재한다는 사실은 무엇을 의미하는 것일까?

그리고 하이데거가 제시하는 대답은 게르만 신화와 어떠한 연관성이 있을까?

---

11) G.W.F. Hegel, *Vorlesungen über die Philosophie der Religion*, I, Suhrkamp, 1986, Stw 616, 92-101쪽.

12) U. Guzzoni, *Werden zu Sich. Eine Untersuchung zu Hegels "Wissenschaft der Logik"*, Alber, Freiburg/München, 1963, 14-17쪽.

1) 하이데거의 존재이해: "도대체 왜 존재자가 존재하며, 오히려 무가 아닌가?"

a. 서구 형이상학이 주장한 "근거율"에 대한 하이데거의 비판

하이데거에 따르면 이 세계가 존재하는 이유는, 세계가 그렇게 존재하기 때문이라는 생각보다는, 오히려 시초에 누군가에 의해, 혹은 어떤 것에 의해 세계가 존재하게 되었다고 해석해 온 것이 플라톤 이후의 그리스 사상과 그리스도교 사상의 특징이다.[13] 이러한 사상은 "무로부터는 아무것도 생기지 않는다"(ex nihilo nihl fit)라는 사상과 닿아 있다. 그리스도교 교리에 의하면 무는 신의 대립 개념이다.[14] 무는 철저한 신의 부재를 뜻한다.

플라톤 사상의 경우, 무는 아직 형태를 갖지 못한 질료(ungestalteter Stoff)를 뜻한다. 말하자면 아직 형상(idea, eidos)을 갖춰 개별화되지 못한 무정형의 덩어리가 무이다. 여기서 무는 그리스도교와 같이 전적인 무는 아니지만, 형태를 갖춘 존재와 대립되는 개념이다.

이러한 차이점이 있지만 두 사상은 무로부터는 아무것도 생겨날 수 없으며, 어떠한 것이 존재한다면 그 근거가 있어야 한다고 주장하는 공통점을 지닌다.

그리스도교 교리에 의하면 모든 존재자는, 스스로 존재하는 신에 의해 창조된 피조물이며, 플라톤 철학의 경우도 모든 존재자는 창조주 데미우르고스가 이데아를 보고 만든 것이다. 따라서 "무로부터는 아무것도 생기지 않는다"라는 근본 명제는 이제 "근거가 없는 것은 아무것

---

13) P. Davies, *The Mind of God*, 번역본: 폴 데이비스, 『현대물리학이 탐색하는 신의 마음』, 과학세대 옮김, 한뜻, 1994, 49쪽.

14) M. Heidegger, *Wegmarken*, Vittorio Klostermann, 1928, 118쪽.

도 없다"(nihl est sine ratione)라는 근본 명제로 이어지고, 또다시 "모든 것은 하나의 근거를 갖는다"(Alles hat einen Grund), 혹은 "모든 각각의 존재자는 하나의 근거를 갖는다"(Jedes Seiende (als Seiendes) hat einen Grund)라는 근본 명제로 이어진다.[15]

　이때 우리의 관심을 끄는 대목은, 1) "무로부터는 아무것도 생기지 않는다"라는 명제가 2) "근거가 없는 것은 아무것도 없다"라는 명제로 이어지면서, 입증되지 않은 단어 "근거"가 등장하고 있는 점이다. 또 명제 2)로부터, 3) "모든 것, 혹은 모든 각각의 존재자는 하나의 근거를 갖는다"라는 명제로 이어지면서 "하나의"라는 단어가 강조되고 있으며, '존재자 전체'와 '각각의 개별적 존재자'가 모두 "하나의 근거"를 갖는다는 표현으로 귀결된다는 점이다.

　이러한 명제의 변화에서 나타나는 특징은, 근거가 없는 것은 없다는 점, 근거는 '하나의', 즉 '최고'의 근거라는 점, 존재자는 전체로서도, 그리고 각각의 개별자로서도 모두 최고의 근거에 의해 규정된다는 점이다.

　그런데 이러한 최고의 근거를 그리스도교나 서구 형이상학은 신이라고 불러 왔다.[16] 이제 '하나'이며 '최고'인 신에 의해 모든 그리고 개별적인 존재자는 근거 지어지며, 어떠한 존재자도 '하나의' 근거(하나의 신)로부터 벗어날 수 없다. 그리고 모든 존재자와 근거의 관계는, 1) 최고의 근거인 신, 2) 그다음 근거인 인간, 그리고 3) 그 밖의 존재자들이라는 위계질서를 갖는 체계(hiearchisches System) 안으로 편입

---

15) M. Heidegger, *Der Satz vom Grund*, Pfullingen, 1986, 75쪽.

16) 서구 형이상학과 그리스도교 신학의 관계에 대하여 하이데거는 다음과 같이 말한다: "근대철학은 결국 그리스도교 신학이 세속화된 것이라는 주장은 단지 조건적으로만 옳다 … 오히려 거꾸로 옳은 것으로, 그리스도교 신학은 비그리스도교적 철학이 그리스도교화된 것이며, 단지 그 때문에 그리스도교 신학은 다시 세속화될 수 있었던 것이다.", in: 마르틴 하이데거, 『셸링』, 최상욱 옮김, 동문선, 1997, 77쪽.

되게 된다. 말하자면 체계 밖에는 아무것도 존재하지 않으며, 어떠한 존재자도 이 체계 밖으로 나갈 수 없게 된다. 최고의 근거는 모든 존재자의 최고, 최초의 원인이며, 존재자들은 그 근거의 결과들이다. 이렇게 모든 존재자와 신은 원인과 결과라는 인과율에 의해 하나의 체계 속에 연결되게 된다.

이제 신은 자신 안에 스스로의 근거를 갖는 최고의 존재자(principium reddendae rationis)이다. 최고의 근거(ratio)로서 신은 모든 존재자들의 원인(causa)이며, 존재자들에 작용을 끼친다(efficere). 그러기 위해 그 근거는 스스로 충분한 것(sufficere)으로서 피조물을 완전하게 (perficere) 만든(facere) 자라는 특징을 지닌다.[17]

따라서 라이프니츠는 "왜 어떤 것이 존재하는가"라는 질문에 대하여, "신이 계산하는 동안 세계가 만들어졌다"(Cum Deus calculat fit mundus)라고 대답할 수 있었다.[18] 또한 그는, 최고의 근거는 최고의 존재자이며 최고의 선이기에, 최고 근거가 창조한 모든 존재자와 세계는 필연적으로 선한 세계라고 주장하기에 이른다.

그러나 하이데거는 신을 최고의 원인, 혹은 근거로 보는 서구 형이상학에 반대 입장을 분명히 밝힌다. 왜냐하면 이러한 신의 모습은 서구 형이상학의 역사 속에서, 지배하고 만드는(기술) 주체로 파악되어 왔으며, 신 중심적 세계가 세속화되었을 때 그 신의 모습은 다시 계산적 사유와, 지배하는 의지라는 형태의 인간 주체로 변형되어 세계와 모든 존재자를 착취하고 변형시키고 황폐화시켰기 때문이다.[19]

---

17) M. Heidegger, *Der Satz vom Grund*, 64쪽.
18) 같은 책, 170쪽.
19) M. Heidegger, *Vorträge und Aufsätze*, Pfullingen, 1985, 30쪽.

그런데 서구 형이상학에서 이런 일이 가능했던 것은, 인간이나 신이 모두 "존재자"로서 파악됨으로써 존재의 의미가 망각되었기 때문이라고 하이데거는 주장한다. 이제 그는 존재자에 의해 망각되었던 존재의 의미를 다시 사유하는 일이 가장 중요한 과제라고 강조한다. 이것은 존재, 존재자, 무에 대한 — 서구 형이상학적 이해와는 근본적으로 상이한 — 새로운 이해, 즉 존재론적 이해를 필요로 한다.

b. 존재, 존재자, 무에 대한 하이데거의 새로운 이해

하이데거에 따르면 서구 형이상학은 존재에 대하여는 질문도 하지도 않은 채 단지 존재자만을 문제로 삼았다. 심지어 최고의 원인자인 신조차도, 최고의 존재자로서 여겨졌을 뿐이다. 이런 점은 인간과 존재자에 대한 이해방식에서도 그대로 적용되어 왔다.

서구 형이상학이 "존재자"에 몰두하는 동안, "존재"는 "가장 보편적인 개념", 즉 존재자에 대한 추상적이고 유적인 상위개념으로 여겨졌을 뿐이다. 또한 존재가 유적이고 보편적이고 추상적인 상위개념으로 파악되었기 때문에, 존재는 "정의 내려질 수 없고", 이미 "자명한 개념"으로 간주되어 왔다.

그러나 하이데거는, 존재는 존재자에 대한 유적, 보편적, 추상적 개념이 아니며, 자명한 것도 아니며, 오히려 이제 비로소 질문되어야 하는 것이라고 거듭 강조한다.[20]

또한 서구 형이상학에서 모든 관심이 존재자에 집중되었기 때문에, 무 역시 질문 영역의 밖에 머물러 왔다. 왜냐하면 존재자와 연관된 서구 형이상학의 입장에서 볼 때, 무를 다룬다는 것은 일단 논리적으로

---

20) M. Heidegger, *Sein und Zeit*, Niemeyer, Tübingen, 1972, 3-4쪽.

불가능했기 때문이다. 말하자면, "무"에 대하여 다루려면, 무는 "대상"이 되어야 하고, 무에 대한 진술도 "무는 …이다"(Das Nichts 》ist《)라는 형태를 띠어야 하기 때문이다.

이러한 난제 앞에서 논리학은, 무를 어떤 것에 대한 "부정"(Verneinen)에서부터 유래한 논리적 개념으로 여겼다. "무"는 단지 논리적인 부정으로부터 추상화된 개념에 불과하다는 것이다.[21]

한편 그리스교 교리에서 무는 최고의 존재자인 신의 반대 개념으로 파악됨으로써, "존재론적"으로는 아무것도 아닌 것에 불과하지만, 인간을 유혹하는 "악"의 본질로 파악되었다.[22]

그런데 절대적 관념론을 주장한 헤겔은 위의 경우와 다른 입장을 취한다. 헤겔에 따르면, 순수존재는 매개되지 않은 직접적인 것이란 점에서 존재자가 아니다. 그러나 존재자가 아닌 존재는 비규정적이란 면에서 순수한 무 자체와 동일하다. 이러한 헤겔의 주장은 존재와 존재자를 유사한 것으로 분류하고, 무를 이것들에 대립되는 개념으로 본 형이상학적 입장을 전적으로 부정하는 것이다.

이러한 헤겔의 주장을 하이데거는 어느 정도 긍정적으로 평가한다. 그러나 하이데거의 경우 존재와 무가 동일한 이유는, 그것들이 헤겔의 주장처럼 "비규정적"이기 때문이 아니라, "존재가 유한하기 때문이며, 존재는 단지 무 안으로 내밀려지는 현존재의 초월 안에서 개시되기 때문이다."[23] 그렇다면 하이데거에게 "존재", "존재자", "무"는 어떻게

---

21) M. Heidegger, *Wegmarken*, 107-108쪽.
22) 같은 책, 118쪽. 무를 악으로 보는 입장에 대하여 하이데거는 「휴머니즘에 관한 서한」에서 짧게 다루고 있다. 그런데 무와 악의 연관성에 관한 논의를 우리는 플라톤 철학을 재정립하고 그리스도교 교리에 큰 영향을 준 플로티노스 철학에서 찾아볼 수 있다.

이해되어야 하는가?

하이데거의 경우 "존재"는 "존재자"에 대한 상위개념이 아니다. 왜
냐하면 "존재"는 항상 "존재자의 존재"이기 때문이다. 예를 들면 연필
이 존재하고, 잉크가 존재한다고 말할 때, 존재는 연필과 잉크 모두에
관계하지만, 연필의 존재와 잉크의 존재는 동일하지 않다. 존재는 연
필의 상위개념도 아니고 잉크의 상위개념도 아니다. 동시에 존재는 연
필이나 잉크 같은 구체적인 존재자를 떠나 홀로 존재하는 보편적, 추
상적 개념도 아니다. 그럼에도 연필의 존재는 연필이라는 존재자도 아
니다. 이렇게 존재가 존재자와 서로 관계를 맺으면서도, 서로 다르다
는 점(das Nicht zwischen Seiendem und Sein)을 하이데거는 "존재론
적 차이"(die ontologische Differenz)라고 말한다.[24]

하이데거에 따르면 존재는 존재자와 구분된다는 점에서 "존재론적
차이"를 지니지만, 동시에 존재는 존재자로부터 추상화된 보편적 개념
이 아니란 점에서 항상 "존재자의 존재"이다.

또한 "무"는 논리적 부정으로부터 추론된 단순한 추상적 개념이 아
니다. 오히려 하이데거에 따르면, 논리적인 부정이 가능할 수 있었던
이유는, "무"가 이미 인간 현존재에게 주어졌고, 인간이 "무"에 대한
경험을 했기 때문이다.

그러한 예를 하이데거는 "불안"이란 기분에서 발견한다. 그에 따르
면 인간 현존재는 바쁜 일상 동안 불안이란 기분을 잊고 살아간다. 그
러나 어느 순간 불안이 엄습해 올 때 인간 현존재는 불안 속에 사로잡
히게 된다. 그때 그는 자신이 왜 불안해하는지 질문하기도 하지만, 그

---

23) 같은 책, 119쪽.
24) 같은 책, 123쪽.

를 불안하게 했던 것은, 불안이 지나간 다음에야 비로소 정체를 드러
낸다. 즉 그로 하여금 불안하게 했던 것은 "아무것도 없다"라는 사실,
즉 "무"였던 것이다. 이런 의미에서 "무"는 "아무것도 아닌 것"이 아니
라 인간 현존재의 존재를 구성하는 존재방식의 하나이다. 따라서 하이
데거는, 인간 현존재는 "무 안으로 내밀려짐"을 뜻하며, 이러한 "무"
안에서 인간 현존재는 자신의 일상과 자신의 관심사였던 존재자로부
터 벗어나 자신의 "본래적인 존재"에로 "초월"(Transzendenz)의 가능
성을 갖게 된다고 말한다. "무"가 인간 현존재로 하여금 "존재자"로부
터 "존재"로 향하게 하기에, 하이데거는 "불안의 무라는 밝은 밤 안에
서 비로소 존재자 자체의 근원적인 개시성이 발생한다"[25]라고 말한다.

　이와 같이 무는 인간 현존재가 존재자로부터 벗어나, 자신의 고유한
존재에로 초월하게 하는 근본 경험을 뜻한다. 이런 의미에서 무는 존
재와 동일하다. 이런 점을 일컬어 하이데거는, "존재는 무화한다 ─ 존
재로서"[26]라고 표현한다.

c. 존재론적으로 이해된 근거율: 심연적 근거(Abgrund)

　존재, 존재자, 무에 대한 하이데거의 이해가 이와 같다면, 근거율에
대한 이해도 달라질 수밖에 없다. 하이데거에 따르면 근거율은 서구
형이상학이 주장했듯이 최고의 존재자로부터 해명되어서는 안 되며,
오히려 "존재"와 연관해서 이해되어야 한다. 그런데 존재가 무와 동일
하다면, 이제 존재론적으로 이해된 근거율도 "최고의 근거"가 아니라
무와 같은 근거, 즉 "심연적 근거"(Abgrund)라는 형태를 띠게 된다.

---

25) 같은 책, 113-114쪽, "helle Nacht des Nichts der Angst."
26) 같은 책, 356쪽.

하이데거는, 서구 형이상학이 이해하는 근거율인 "'근거가 없는 것
은 아무것도 없다' 라는 명제는 … 존재자에 대한 진술일 뿐, 근거가 무
엇인지에 대하여 아무런 해명도 주지 못한다"[27]라고 비판하면서, 이제
근거율은 존재론적으로 이해되어야 한다고 강조한다. 그러기 위해 "도
대체 왜 존재자가 존재하며, 오히려 무가 아닌가"라는 질문에서 무의
존재론적 의미를 이해하는 것이 필요하다. 그런데 무와 연관해 근거율
을 이해하는 것은, 형이상학으로부터 떠나는 발걸음을 요구한다.[28] 그
렇다면 형이상학과 다른 사유방식은 무엇인가?

형이상학은 존재자들의 최고 근거를 찾으려고 노력했다. 그 결과 신
이라는 최고의 존재자로부터 모든 존재자를 인과율에 의해 설명하려
고 했다. 반면 하이데거는 이미 존재자들이 존재하는 세계에 던져진
인간 현존재가, 자신이 이해하고 있는 존재이해를 근거로 하여 존재자
가 "존재"한다는 것이 무슨 의미인지 밝히고자 한다.

예를 들어 주변에 아름다운 장미가 있다. 장미가 존재한다는 것에
대하여 서구 형이상학은 최고의 원인자인 신을 끌어들여 설명한 반면,
하이데거는 장미가 피는 것은 존재가 드러내는 유희일 따름이라고 말
한다. 이런 점을 그는 신비주의 사상가 실레지우스의 시를 예로 들고
있다:

장미는 '왜' 없이 존재한다; 그것이 피는 것은, 그것이 피기 때문이다.
그것은 자신에 주의를 기울이지 않으며, 사람들이 자신을 보는지, 질문하
지 않는다.[29]

---

27) M. Heidegger, *Der Satz vom Grund*, 85쪽.
28) M. Heidegger, *Einführung in die Metaphysik*, 17쪽 이하.

이 시에 따르면 장미가 피는 이유(근거)는 "없다." 장미를 피게 하는 근거는 최고의 존재자가 아니라는 말이다. 그렇다면 비–존재자적인 근거가 가능한가?

이 시는 장미가 피는 근거를 장미 안에서 찾고 있다. 말하자면 장미가 피는 근거는 장미로부터 분리되어 있는 최고의 존재자가 아니라, 장미의 "피어남" 자체 안에서 벌어지는 사건에 놓여 있다. 장미의 "있음"(존재)이 장미의 "피어남"을 가능케 한다. 그런데 "있음"이나 "피어남"은 모두 피지스(존재)이다. 장미라는 존재자의 있음(존재) 자체가 장미라는 존재자의 피어남(존재)의 근거이다. 그런데 이 존재는 존재자가 아니기에, 이 근거는 비–존재자적 근거, 즉 심연적 근거(Abgrund)라는 특징을 지닌다.

따라서 장미가 왜 피는지, 언제 피는지는 단지 존재의 유희에 달려 있을 뿐이다. 말하자면 존재는 장미의 존재이기도 하지만, 동시에 물, 햇빛, 대지, 바람, 추위와 더위의 존재이기도 하기 때문에, 이러한 모든 존재자들의 존재가 두루 어우러졌을 때, 장미는 필 수 있는 것이다. 이런 점을 하이데거는 실레지우스의 또 다른 시와 헤라클레이토스를 인용하며 보여 주고 있다:

어떻게? 언제? 어디서? — 신들은 말이 없다!
그대는 — '때문에'에 머물 뿐, 왜라고 묻지 말라.[30]

'–때문'은 유희 안으로 가라앉는다. 유희는 '왜'가 없다. 그것이 유희인

29) M. Heidegger, *Der Satz vom Grund*, 68쪽.
30) 같은 책, 206쪽.

것은, 그것이 유희이기 때문이다. 그것은 단지 유희로 머문다: 가장 높은 것이자 가장 깊은 것으로서.[31]

이렇게 장미를 "있게" 하고, 장미를 피어나게 하는 것을 하이데거는 존재가 보내 주는 선물, 즉 역운(Geschick)이라고 부른다. 이러한 존재의 역운에 걸맞게 장미는 자신에게 주어진 몫, 즉 운명(Schicksal)을 드러낼 뿐이다. 그렇다면 "도대체 왜 존재자가 존재하며 오히려 무가 아닌가?"라는 질문에 대한 하이데거의 대답은 그것이 바로 존재의 역운이고, 그것이 바로 존재자의 운명이기 때문이라고 표현될 수 있을 것이다.

2) 게르만 신화에 나타난 존재이해: 도대체 왜 신들이 존재하며, 오히려 무가 아닌가?

게르만 신화의 창조 이야기

게르만 신화에 의하면 시초엔 아무것도 없고 단지 추위와 더위가 있었을 뿐이다. 북쪽엔 추위와 어둠이 지배했고, 남쪽엔 따뜻함과 밝음이 지배했다. 추위가 지배하는 곳은 니플하임이라 불렸고, 더위가 지배하는 곳은 무스펠하임이라 불렸다. 그 사이엔 거대한 빈 공간인 기눙가가프가 있었다. 아직은 하늘도 대지도 신들도 존재하지 않았다. 이후 추위와 얼음, 안개가 자욱했던 니플하임의 얼음에 틈이 생기고,

---

31) 같은 책, 188쪽.

2부: 고대 게르만 신화와 하이데거 207

더운 무스펠하임의 불꽃에 의해 흐버겔미르라는 샘으로부터 11개의 강물이 흘러나와 심연을 향해 갔다.

불꽃이 타오르는 남쪽 역시 아무도 살 수 없었지만, 더위와 추위가 만나 온화한 기후가 만들어지고, 얼음과 서리가 녹아 물방울 소리와 불꽃이 튀는 소리가 혼재하게 되었다.

이렇게 남쪽의 불꽃과 북쪽의 얼음이 만나 최초 생명체가 탄생했다. 그는 태초의 거인인 이미르로서 남성이자 여성인 존재였다. 뒤이어 얼음이 녹으면서 아움둘라라는 거대한 암소가 탄생했다. 이미르와 아움둘라는 모든 생명체들이 탄생할 수 있게 하는 물질 덩어리로 이루어진 존재였다. 이미르는 아움둘라의 젖을 먹고 자랐다.

이미르가 자면서 땀을 흘리자 왼쪽 겨드랑이로부터 남자와 여자 거인이 태어난다. 동시에 아움둘라가 소금기 섞인 얼음을 핥자 추위에 얼어붙어 죽어 있던 신들의 조상인 부리(아버지)가 드러났다. 부리는 남성과 여성 모두를 포함하는 존재로서 스스로 뵈르(아들)를 낳았다. 그리고 뵈르는 오딘, 베, 빌리라는 아들을 낳는다.

거인과 신들은 동시적으로 탄생했다. 그런데 이미르는 무위도식할 뿐 아니라 이미르로부터 태어난 거인들은 강물을 다시 얼게 하고 신들의 영역을 공격한다. 이러한 거인들에 대하여 불만을 가지고 있던 신들은 급기야 거인 이미르를 살해하게 된다. 이때 나온 피가 세상을 뒤덮어 아움둘라와 거의 모든 거인들이 죽게 된다. 단지 베르길미르라는 거인만이 살아남아, 이후 거인들의 조상이 된다.

반면 오딘 형제들은 죽은 이미르의 몸을 기눙가가프에 채워 넣고 세계를 만든다. 이미르의 뼈로는 산들을, 작은 뼈로는 돌을, 머리카락으로는 나무와 풀을, 두개골로는 하늘을, 뇌수로는 구름을 만들고, 땅을 바다에서 끌어올려 단단하게 하자, 그 위에서 푸른 식물들이 성장하기 시작하였다.

a. 게르만 신화 속 근거율과, 다양한 존재방식들

게르만 신화 안에는 존재에 대한 다양한 표현들이 혼재되어 있다.

첫째, 게르만 신화는, 한편으로 태초엔 아무것도 없었다고 말하면서, 동시에 태초엔 추위와 더위가 있었을 뿐이라고 말한다. 태초엔 대지도 없었고 하늘도 없었고, 태양과 달도 없었다고 말하면서, 동시에 더위가 지배하는 무스펠하임과 추위가 지배하는 니플하임이 있었다고 말한다.

둘째, 게르만 신화 안에는 신들과 거인들, 그리고 세계의 탄생에 대한 묘사가 있는데, 이 경우에도 서로 상반된 표현이 동시에 나타나고 있다. 한편으로 게르만 신화 안에는 신들과 거인이 처음부터 존재했던 것이 아니라 추위와 더위가 만나면서 생긴 물줄기로부터 거인 이미르가 탄생하고, 곧이어 아움둘라라는 거대한 암소가 탄생하며, 아움둘라가 혀로 얼음을 핥자 신들이 탄생했고, 이미르의 겨드랑이 땀에서 거인들이 탄생했다고 말한다. 물론 아직 세계는 존재하지 않았다고 말한다. 그러나 다른 곳에는 이미르, 아움둘라, 신들, 거인들, 세계가 존재하기 이전에 이미 태초부터 이그드라실이라는 우주목이 이미 존재했고, 이 우주목은 라그나뢰크라는 세계의 종말 이후에도 존재하는 것으로 묘사되고 있다.

셋째, 게르만 신화에 의하면 신들이 세계와 인간을 창조한 것으로 묘사되고 있지만, 다른 곳에서는 이그드라실이라는 나무가 단순히 나무라는 존재자가 아니라, 세계를 의미한다고 할 때, 신들이 세계를 창조하기 이전에 세계는 존재했던 것으로 표현되고 있다.

이렇게 게르만 신화의 창조 이야기에는 서로 모순되는 묘사들이 혼재되어 있다. 그렇다면 이러한 모순적인 표현들을 어떻게 이해해야 할까?

게르만 신화 안에 서로 모순되는 표현들이 들어 있는 이유에 대하여, 게르만 신화가 체계적인 학술서가 아니라 여러 전승들이 혼재되고 편집된 책이기 때문이라고 볼 수도 있다. 이런 점은 그리스도교 성서에서도 찾아볼 수 있는데, 최초의 인간인 아담과 이브, 카인과 아벨에 대한 이야기가 진행되는 도중에, 카인이 동생 아벨을 살해하여 다른 지방으로 쫓겨나는 장면에서, 다른 사람들이 자신을 해칠까 두려워하는 장면이 나온다. 문자 그대로 이해한다면 세상엔 네 사람만이 존재해야 함에도, 동시에 다른 사람들이 존재하고 있었다는 것이다.

만약 우리가 이러한 모순적인 표현을 문자 그대로 이해하려고 시도한다면, 그 모순은 해결될 수 없다. 그러나 우리의 시각을 문자 자체로부터 문자가 지시하는 곳을 향해 열어 놓는다면, 그때 우리는 그리스도교 설화가 말하고자 하는 사태를 알 수 있게 된다. 즉 그리스도교 설화는 세계 안에 단 네 사람만이 존재했다는 것을 말하려는 것이 아니라, 네 사람 사이에서 어떠한 사건이 벌어지고 있다는 점을 알리고 있는 것이다. 말하자면 그리스도교 설화 중 카인의 살인 사건과 추방에 대한 이야기는 다른 사람들의 존재 여부나 창조 여부에 관해 말하는 것이 아니라, 인간의 타락이라는 사건을 말하고 있는 것이다. 이러한 관점에서 본다면, 이 이야기의 주 관심은 이 세상에 네 사람만 존재하는지, 혹은 더 많은 사람들이 존재하는지에 놓여 있는 것이 아니라, 오히려 세상에 존재하는 사람들 사이에 악이 발생하기 시작했다는 사실에 놓여 있는 것이다.

이와 마찬가지로 게르만 신화에서도 우리는 태초에 어떠한 것이 있었는지, 혹은 없었는지, 혹시 어떤 것이 있었다면 그것은 무엇인지 문자 그대로 이해하기보다는, 게르만 신화가 말하고자 하는 것이 무엇인지를 해명하려고 시도해야 할 것이다. 그렇다면 게르만 신화가 말하고 자 하는 것, 혹은 지시하는 것은 무엇인가?

게르만 신화의 창조 이야기를 보면 처음에 추위와 더위가 "존재했 고"(존재한다), 그다음 추위와 더위가 만나 이미르라는 최초의 생명체 가 탄생했다(존재한다). 거의 동시에 아움둘라라는 거대한 암소가 탄 생했다(존재한다). 그 후 이미르가 땀을 흘리자 그의 겨드랑이에서 거 인의 조상이 태어났다(존재한다). 다른 한편 아움둘라가 얼음을 혀로 핥아 내자 신들의 조상이 얼음으로부터 드러났다(존재한다). 그다음 신들이 이미르를 죽일 때 그 피로 말미암아 아움둘라와 모든 거인들도 (베르길미르라는 거인 부부만 예외로) 그 피에 빠져 죽었다(존재하지 않는다). 그리고 이미르의 몸으로 신들은 세계(산, 계곡, 돌들, 나무와 풀들, 하늘과 구름 등등)와 인간을 만든다(존재한다).

이 신화에서 우리는 "존재한다"는 의미가 구분되지 않은 채, 1) 추 위, 더위가 존재한다, 2) 이미르, 아움둘라가 존재한다, 3) 신들과 거 인들이 존재한다, 4) 산, 돌, 구름과 같은 세계와 인간이 존재한다라는 표현에 등장하는 것을 알 수 있다.

4)에서 제시되는 것은 "존재자 일반"에 대한 표현으로서, "존재자가 존재한다"는 의미이다.

2)의 경우, 이미르와 아움둘라라는 거대한 물질 덩어리를 뜻한다. 이 것은 엄밀히 말해 돌, 구름과 같은 "존재자"와는 구분된다. 이미르와 아움둘라는 모든 존재자를 가능케 한 질료 자체를 뜻한다. 이것은 그 리스 신화의 경우 "코라"[32]라고 불린다. 코라는 아무런 형태도 갖지 않

32) 줄리아 크리스테바, 『공포의 권력』, 서민원 옮김, 동문선, 2001, 38쪽 이하: Platon, *Timaios*, 48e.

는 무정형의 질료 자체이지만, 이것으로 말미암아 형태를 갖춘 질료들이 존재할 수 있게 되는 근거이다.

그리스도교 설화의 경우에도 전능한 신이 무로부터 창조한 듯이 보이지만, 창세기 2장(야훼 자료)[33])에 의하면 야훼 신이 진흙을 가지고 인간을 만드는 것을 볼 수 있다. 이때 진흙 덩어리가 바로 그리스적 의미의 코라이며 게르만 신화의 이미르, 아움둘라이다. 그러나 물질 덩어리는 형태를 갖춘 "존재자"와는 구분되며 그 존재방식도 서로 상이하다.

3)의 경우 거인과 신들의 탄생 장면을 묘사하는 것 같지만, 자세히 보면 거인들은 이미르의 땀으로 말미암아 생겨난 것이다. 즉 이미르가 거인을 "창조한" 것이 아니라, 이미르의 따뜻한 땀으로 말미암아 추위에 싸여 있던 거인이 드러난 것이다. 이런 의미에서 거인은 피조물이라고 보기 어렵다.

이런 점은 신의 경우 더 명확하게 묘사되고 있다. 게르만 신화에 의하면 아움둘라라는 암소가 얼음 덩어리를 핥자 얼음 속에 죽어 있던 신들의 조상이 드러난다. 게르만 신화 속 신들은 "존재하지 않았다가 창조된 후 비로소 존재하기 된" 것이 아니라, "항상 존재해" 왔는데, 단지 얼음 속에 은폐되어 있었을 뿐이다. 즉 신들은 원초적 추위 속에

---

33) 성서학자들은 창세기 1장은 제사장 자료(P 자료), 2장은 야훼 자료(J 자료)로 구분한다. 실제로 쓰여진 시기를 보면 창세기 2장의 J 자료가 1장의 P 자료보다 앞선다. 그럼에도 구약성서의 순서에는, 나중에 쓰여진 P 자료가 1장에 배치되어 있다. 왜냐하면 P 자료는 순수하게 신의 창조, 신에 대한 묘사가 강조되고 있는 데 반해, 2장은 신과 인간 사이의 관계, 앞으로 인간으로 말미암아 벌어질 타락사건과 연결되어 있기 때문이다. 그리고 J 자료에서는 신이 진흙으로 인간을 만든 반면, P 자료에서는 무로부터 인간을 창조한 듯 보이지만, P 자료에도 신의 창조에 앞서 물질 덩어리가 있었다는 흔적이 남아 있다.

서 죽은 방식으로 은폐되어 있다가 아움둘라가 핥자(따뜻함) 생명의 방식으로 자신의 존재를 탈은폐시킨 것이다. 신들에게 존재는 전적인 없음으로 사라지지 않고, 단지 죽음과 삶이란 형태로, 즉 부재와 현전 이란 방식으로 존재하고 있었던 것이다.

　1)의 경우 추위와 더위는 "존재자"가 아니라, 존재자를 가능하게 하는 근거이다. 그러나 이 근거는 비-존재자인 방식으로 존재한다. 추위와 더위가 마치 최고의 존재자인 양 모든 것을 창조한 것이 아니다. 추위와 더위는 그 자체 비-존재자로서, 존재자를 존재자이게 하는 능력이다. 이러한 것을 그리스인은 피지스라고 불렀다. 그리스인에게 피지스는 그 자체로 물질의 근거이며 운동과 인식의 근거이고 영혼이며 신적인 존재이다. 게르만 신화에서 추위와 더위는 이러한 피지스에 해당한다.

　결국 게르만 신화의 창조 이야기에 의하면, 피지스인 추위와 더위로부터 물질 덩어리인 이미르와 아움둘라 생겨나고, 이것들로 말미암아 (이것들 "로부터"가 아님) 거인이 생겨나며, 추위와 더위가 혼합됨으로써 얼어 있는 신들이 다시 드러나고 탈은폐된다. 그리고 신들이 이미르로부터 인간과 모든 존재자를 만드는 일이 벌어진다.

　이때 우리가 주목할 점은, 게르만 신화의 창조 이야기는 "근거율"에 의해 창조가 이루어지지 않는다는 점이다. 추위와 더위가 있었고, 그둘이 합쳐졌을 때 ― 여기엔 "왜"가 없다 ―, 거인들과 신들이 탈은폐되고 있는 것이다. 이와 같이 게르만 신화에서는 "왜 존재자가 존재하는가?"라는 질문에 대하여, "존재하기 '때문'"이라고 말하고 있다.

　이로써 우리는 하이데거가 "왜 존재자가 존재하며, 오히려 무가 아닌가?"라는 질문에 답할 때, 서구 형이상학과 같이 최고의 존재자라는 근거(Grund)가 아니라 존재론적으로 파악된 심연적 근거(Abgrund)

를 제시하고 있는 이유를 알 수 있을 것이다. 또한 우리는, 게르만 신화에서 하이데거가 사용한 "존재론적 차이"란 표현을 발견할 수는 없지만, 그 이야기 안에서 "존재한다"라는 의미가 상이하게 사용되고 있음을 알 수 있다.

b. 게르만 신화에서 존재의 부재와 현전의 순환

게르만 신화에 의하면 "태초"엔 아직 돌, 구름과 같은 "존재자"는 존재하지 않았다. 이렇게 "존재자"가 존재하지 않았다는 점에서, 우리는 태초엔 '아무것도 존재하지 않았다' (무)라고 말할 수 있다. 존재자가 없는 세계는 무의 세계이다.

그러나 다른 한편 태초엔 이미 추위와 더위가 존재했다. 그것은 존재자가 아니다. 그것은 비-존재자로서, 존재자의 존재론적 근거일 뿐이다. 따라서 태초엔 '아무것도 없었던' 것이 아니라, 이미 존재론적 근거가 존재했던 것이다. 그리고 이러한 존재론적 근거는 종말 때도 없어지지 않는다. 그렇다면 게르만 신화에서 말하고 있는 "존재론적 근거"가 무엇을 뜻하는지는 태초와 종말, 즉 시간과 연관해 이해될 때 분명히 드러날 수 있다.

게르만 신화에서 묘사된 태초의 장면에는 추위와 더위만이 존재했다. 그런데 더 우월한 능력을 지녔던 것은 더위가 아니라 추위였다. 태초엔 모든 것이 추위 속에 숨겨져 있었다. 그런데 왜 태초에는 추위가 지배적이었을까? 그 대답은 종말 부분에서 확인된다.

게르만 신화에 의하면, 라그나뢰크라는 종말의 사건 때 거대한 용이 우주목인 이그드라실을 갉아먹고 노르네들은 그 나무에 물을 주는 일을 하지 않아 이그드라실 가지가 부러지고 줄기도 송두리째 흔들리게 된다. 또한 늑대 스퀼과 하티가 태양과 달을 잡아 삼키며 대지는 바다 속으로 가라앉고, 여름이 오지 않고 겨울이 계속되어 모든 것이 눈과 얼음에 파묻히는 일이 벌어진다. 신들 역시 늑대와 거대한 뱀에 의해 죽임을 당하고 신들의 궁전도 무너져 내리며 모든 것은 사라진다.

그러나 엄밀히 말하면, 종말 때 모든 것이 "무"가 되는 것은 아니다. 오히려 종말 때 모든 것은 태초의 장면과 같이 다시 추위 속으로 은폐될 뿐이다. 이런 이유 때문에 태초에는 추위가 지배적이었다고 게르만 신화는 말하고 있는 것이다.

그러나 종말 이야기는 새로운 창조 장면으로 이어진다. 종말 후 이루어지는 새로운 창조는 태초의 창조에 대한 묘사와 거의 동일하다. 즉 종말 후 새로운 창조는 태초의 창조를 반복하는 것이고, 거꾸로 태초의 창조는 종말 후 이어지는 새로운 창조와 동일한 사건인 것이다.[34]

말하자면 게르만 신화는 1) 태초, 2) 전개, 3) 종말이라는 직선적이고 일회적인 역사를 다루지 않는다. 오히려 게르만 신화에 의하면 시간은 태초부터 시작해 종말로 이어지며, 그 종말은 다시 태초로 이어진다. 종말과 태초는 동일하다. 이렇게 순환적인 시간 속에서 모든 것은 진행 중에 있다. 그런데 게르만 신화의 편집자는 그 순환 과정을 묘사하기 위해 한 부분에 초점을 맞춰 이야기를 전개하고 있는 것이다.

---

34) 이런 구조 때문에 게르만 신화에서 첫째 창조의 종말과 둘째 창조, 즉 제2의 시원이라는 미래에 대하여 생각하는 것은 태초(제1 시원)라는 과거를 회상하는 일로서 족하다. 우리는 여기서 헤겔의 사상, 즉 즉자적 신이 대자적 신으로 그리고 다시 즉자-대자적 신으로 전개해 가지만, 그때 자신을 전개한 즉자-대자적 신은 시초의 즉자적 신과 다르지 않다는 사상을 떠올릴 수 있다. 헤겔은 그의 저서에서 그 전개 과정을 "한 번" 다루고 있지만, 논리적으로 볼 때 그 하나의 과정은 계속되는 과정들 중한 과정임을 알 수 있다. 또한 우리는 여기서 왜 하이데거가 존재사유를 시원에로 되돌아감(Schritt zurück zum ersten Anfang), 혹은 시원에의 "회상"(Andenken)이라고 주장하는지 알 수 있다.

예를 들어 일련의 역사적 사건을 둘러싼 이야기를 하려고 할 때, 저자는 수많은 사람들과 장면들 속에서 주인공이 될 사람에게 화면의 초점을 맞추고 그 사람을 중심으로 역사적 사건에 대한 이야기를 전개하는 방식을 취한다. 이러한 경우 이야기가 시작되기 전에 다른 사람이나 장면들이 존재하지 않았던 것이 아니라, 단지 관심의 초점이 되는 사람을 중심으로 이야기를 하기 위해 그들은 관심의 전면에 나타나지 않았을 뿐이다.

이와 마찬가지로 게르만 신화의 편집자는 창조와 종말, 그리고 또 새로운 창조와 종말, 말하자면 존재와 무의 계속되는 순환 속에서 존재의 의미가 무엇인지를 말하기 위해 태초 이야기를 다루고 있는 것이다. 따라서 게르만 신화의 창조 이야기에 등장하는 최초의 신의 이름이 뵈르이고,[35] 그 아들이 오딘이고, 오딘의 죽음 후 새로운 세계를 지배하는 신들은 오딘의 아들 비다르와 발리, 토르의 아들 모디, 마그니 등이라는 것은 큰 의미가 없다. 이 신들의 이름들이 거명되는 이유는 단지 "창조와 종말에 대한 한 가지 예시적 사건"이 일회적으로만 존재하는 것이 아니라, 그 사건이 계속 순환하며 일어난다는 것을 암시하기 위해서이다. 따라서 뵈르와 오딘, 비다르는, 마치 그리스도교 설화에서 "아담"이 특정 인물이 아니라 보편적 인간 일반을 뜻하듯이, 모두 "신"(Theos, Theoi)을 뜻할 뿐이다. 뵈르가 곧 오딘이고, 오딘이 곧 비다르인 것이다. 단지 뵈르는 오딘의 부재이고 오딘의 현전은 뵈르의

---

35) 오딘 신의 아버지 뵈르 신은 게르만 신화에서 아무 역할도 하지 않는다. 아마 그의 역할은 오딘 신 이전의 태초와 종말을 이야기하기 위해 필요했을 것이다. 또한 오딘의 아들은 오딘 이후의 새로운 세계의 태초와 종말을 이야기할 때 필요할 것이다. 그러나 오딘을 중심으로 태초와 종말 이야기가 진행되는 것으로 족하기 때문에, 뵈르와 오딘의 아들 비다르와 같은 신은 단지 오딘 이전과 이후를 위한 이름으로 거론될 뿐, 구체적 역할은 주어지지 않은 것이다.

부재이며, 다른 곳에서 오딘의 현전은 비다르의 부재이고 비다르의 현전은 오딘의 부재일 뿐이다.

그런데 이 신들은 결국 동일한 신들이기 때문에, 만약 우리가 게르만 신화 속 오딘에만 초점을 맞춘다면, 오딘은 태초에 얼음 속에 은폐되어 있다가 더위와 더불어 탈은폐되고, 라그나뢰크 때 다시 추위와 얼음 속에 은폐되어 사라지는 듯이 보이지만, 그는 새로운 이름의 신으로서 다시 탈은폐되고 있는 것이다. 단지 게르만 신화가 오딘이라는 신을 범례적으로 묘사하고 있는 이유는, 그 신의 존재사건을 통해 신과 인간, 세계, 모든 존재자들이 어떤 의미를 갖게 되는지 말하기 위해서이다. 즉 게르만 신화는 신들이라는 "존재자"의 탄생과 종말을 다루고 있는 것이 아니라, 신들이라는 존재자의 존재의미가, 그리고 그 신들을 통해 모든 존재자의 존재의미가 어떻게 발현되고 진행되고 사건화되는지를 해명하고 있는 것이다.

2 하이데거와 게르만 신화에서 "진리"의 의미

1) 하이데거의 진리론

a. 서구 형이상학의 진리론에 대한 하이데거의 비판

서구 형이상학에 의하면 진리는, 첫째, 사물이 진정한 사물일 때 진리로 인정된다. 예를 들어 금이라는 사물의 경우 진정한 금은 진리이지만, 금의 외형을 지닌 것에 불과한 것은 비진리이다. 둘째, 진정한

금을 "그것은 진정한 금이다"라고 올바르게 진술했을 때 그 진술은 진리이다.

첫째 경우의 진리 여부는 금과 같이 보이는 사물이 금과 일치하는가에 달려 있다. 반면 둘째 경우의 진리 여부는 금이라는 사물과, 그것을 금이라고 판단하는 주체의 인식이 일치하는가 여부에 달려 있다.[36] 그런데 이 두 방식의 진리의 공통점은 그것이 사물과 사물 사이이든, 사물과 인식 사이이든, 그 둘이 일치하는가 여부에 따라 진리, 비진리가 결정되는 것이다.

이런 의미에서 하이데거는 서구 형이상학의 진리론에 대하여:

"1) 진리의 '자리'는 발언(판단)이다. 2) 진리의 본질은 판단과 그 대상의 '일치'에 있다. 3) 논리학의 아버지인 아리스토텔레스는 진리를 그 근원적인 자리인 판단에 지정했을 뿐 아니라 '일치'로서의 진리의 정의도 궤도에 올려놓았다"[37]라고 요약한다. 즉 서구 형이상학에서 진리의 장소는 판단에 놓여지게 되었고, 이런 맥락에서 진리는 아리스토텔레스 이래 논리학에서 다뤄졌으며, 판단의 옳고 그름은 일치 여부에 달려 있게 되었다는 것이다. 이런 점은 그리스도교의 진리관에서도 마찬가지이다. 어떤 한 인간의 판단과 행위가 진리이기 위해서는, 그것이 신의 뜻과 일치해야 한다.

따라서 서구 형이상학에서 "진리는 인식과 대상과의 일치"(veritas est adaequatio intellectus et rei)라는 형태로 정식화된다. 그런데 인식이 사물을 올바로 인식하려면, 인식은 사물을 올바로 향해야 한다. 따라서 진리의 둘째 특징은 "진리는 인식이 대상을 올바로 향하는 것"

36) M. Heidegger, *Wegmarken*, 176-178쪽.
37) 마르틴 하이데거, 『존재와 시간』, 이기상 옮김, 까치, 1998, 289-290쪽.

(veritas est adaequatio intellectus ad rem)[38]이라고 정식화된다.

이런 경향은 이미 플라톤부터 시작된다. 플라톤은 태양의 비유를 통해 진리가 어떤 것인지 밝히고 있다. 그에 따르면 우리가 사물을 보기 위해서는 시력을 갖춘 눈이 있어야 하고, 그 눈이 볼 수 있으려면 태양으로부터 주어진 빛이 있어야 하듯이, 이데아를 볼 수 있으려면 이성의 눈이 필요하고, 이성의 눈이 올바로 볼 수 있으려면 진리 자체로부터 진리의 "빛"이 먼저 주어져야 한다. 즉 눈 : 빛 : 태양 = 이성 : 진리 : 선의 이데아라는 유비적 관계가 성립된다.

이러한 플라톤의 구도에 따르면, 첫째, "진리 자체"는 이미 선험적으로 존재하며, 둘째, 진리 자체와 인간의 이해가 일치할 때 인간은 진리를 알 수 있으며, 셋째, 그러기 위해 인간은 자신의 시선을 올바로 진리에로 향해야 한다.

플라톤의 주장 이래로 서구 형이상학에서 "진리 자체"는 선의 이데아로부터 최고의 존재자로, 그리스도교적인 전능한 신으로, 그리고 근대 이후 인간의 순수한 이성으로 주장되어 왔다. 이러한 변화 속에서도 서구 형이상학에서 진리(Wahrheit)는 '진리 자체'를 올바르게 (richtig) 향하는 것(richten), 즉 올바름(Richtigkeit)을 의미하였다.

그런데 하이데거에 따르면 진리의 본질이 변하게 된 이유가 그리스도교 교리와 플라톤 철학에 기인하기도 하지만, 다른 한편 aletheia라는 그리스어가 라틴어 veritas로 번역된 데도 기인한다. 왜냐하면 라틴어 veritas는 그리스어 aletheia(비은폐성)가 갖는 탈취적 특징(a privativm)을 상실했기 때문이다. 이제 "비은폐성"이라는 고대 그리스어 aletheia는 형이상학의 역사를 통해 본래적 의미를 상실하고, "올바름

---

38) M. Heidegger, *Wegmarken*, 178쪽.

으로서의 진리"(Wahrheit als Richtigkeit)로 바뀌게 된다.

그런데 하이데거는 이러한 서구 형이상학의 진리론을 거부한다. 왜 냐하면 "진리 자체" 혹은 "영원한 진리"가 존재하는지 여부는 아직 입 증되지 않았기 때문이다[39] :

> '영원한 진리'가 있다는 것은, 현존재가 영원으로부터 있었고 영원히 있게 되리라는 데에 대한 증명이 성공했을 때, 비로소 충분하게 입증될 것이다. 그 증명이 시행되지 않는 한, 그 명제는 하나의 환상적인 주장으로 남을 뿐 이다.[40]

b. 하이데거의 실존론적 진리와, 존재의 알레테이아

예를 들어 뉴턴의 법칙은 뉴턴이 발견하기 전까지는 진리가 아니었 고, 단지 뉴턴이 발견함으로써 비로소 진리로 드러난 것이라는 점을 하이데거는 강조한다. 물론 하이데거는 뉴턴이 발견하기 전에는 그러 한 법칙이 "없었다"고 말하려는 것은 아니다. 오히려 하이데거가 강조 하려는 것은, 진리는 "발견"될 때, 비로소 진리로 드러나게 된다는 것 이다.

---

39) 이러한 점은 비단 하이데거에서만 발견되는 것은 아니다. 이미 니체가 서구 형이상 학의 진리론을 거부했다. 니체에 따르면, 진리 자체는 존재하지 않고, 그것은 단지 진리로 만들어진 것에 불과하다. 말하자면 진리는 일정 시기에 일정한 사람들에 의 해 진리로서 받아들여진 것이며, 그 본질은 하나의 해석에 불과할 뿐이다. 따라서 그 해석이 계속 진리로 인정되려면, 진리는 항상 새롭게 해석되어야만 한다. 이러한 니체의 주장은 하이데거의 존재론적인 진리론과 상이하지만, "진리 자체"가 선험적 으로 존재한다는 것을 부정하는 점, 진리는 항상 새롭게 '드러나야' 한다는 점에서 공통점을 보인다.
40) 마르틴 하이데거, 『존재와 시간』, 305쪽.

그런데 진리 자체가 존재하지 않는다면, 인간이 진리와 일치하기 위해 향해야 하는 올바른 길도 존재하지 않게 된다. 그렇다면 인간은 어디를, 어떻게 향해야 하는가? 앞의 예를 든다면, 뉴턴의 법칙은 뉴턴이 발견했다. 그렇다면 그는 어떻게 그 법칙을 발견했을까?

하이데거에 따르면 인간 현존재의 존재는 염려이다. 현존재는 자신의 존재를 염려할 뿐 아니라, 타인의 존재를 심려하고 모든 존재자들을 배려하면서 살아간다. 그런데 "우선 그리고 대부분"(zunächst und zumeist)의 경우 인간 현존재는 자신의 존재를 잊어버리고, 존재자의 존재가 무엇인지도 관심 갖지 않으며 살아간다. 이렇게 하는 한 진리는 발견될 수 없다.

다른 한편 인간 현존재는 이전의 세대로부터 전승된 존재이해, 즉 선이해를 바탕으로 자신의 존재를 새롭게 기투함으로써, 그때까지 은폐되어 있던 진리를 진리로서 드러낼 가능성을 갖는다. 이런 의미에서 하이데거가 주장하는 진리는 "실존론적 진리"이며, 그 특징은 은폐되어 있던 것을 드러내는 탈취(Raub)에 놓이게 된다. 이렇게 탈은폐시키는 실존론적인 진리에 대하여 하이데거는 다음과 같이 말한다:

진리는 오직 현존재가 있는 한에서만 그리고 있는 동안에만 '주어져 있다.'[41]

가장 근원적인 의미에서의 진리는 현존재의 열어 밝혀져 있음(Erschlossenheit)이며, 이 열어 밝혀져 있음에 세계내부적인 존재자의 발견되어 있음(Entdecktheit)도 속한다.[42]

---

41) 같은 책, 305쪽.

하이데거가 이해하는 진리의 본질은 서구 형이상학이 주장한 "일치"의 진리가 아니라, 인간 현존재가 자신의 실존을 통해 열어 밝히고 드러내는 진리이다. 그런데 인간 현존재의 존재에는 비실존, 즉 퇴락 존재도 속하기에, 진리는 언제라도 비진리일 수 있는 것이다:

현존재는 똑같이 근원적으로 진리와 비진리 안에 있다.[43]

이와 같이 하이데거가 주장하는 진리는 "실존론적"(existenzial) 진리라는 특징을 지닌다.[44] 실존론적 진리는 무엇보다도 현존재의 자유에 근거하게 된다.[45] 그러나 인간 현존재의 자유는 무한한 자유가 아니다. 오히려 그의 자유는 그의 존재, 그리고 그를 둘러싸고 있는 존재에 의해 제한되는 자유이다. 따라서 하이데거의 진리는 현존재의 실존과 자유로부터, 존재의 진리로 전이된다. 이런 변화는 존재의 진리가 인간 현존재의 존재를 통해 드러나기보다, 오히려 거꾸로 인간 현존재의 진리가 존재의 진리에 근거한다는 생각을 반영하는 것이다. 이제 인간 현존재는 더 이상 자신의 존재에 한정된 실존(Existenz)이 아니라, 존재에로 나아가는 탈존(Ek-sistenz)으로 파악되며, 진리 또한 탈존적 진리, 즉 존재의 진리로 넓혀진다. 이렇게 존재가 스스로를 드러내는 것을 하이데거는 A-letheia(비은폐성으로서 진리)라고 부른다.

이제 진리는 존재의 역사를 통해 드러나는 존재의 비은폐성을 뜻한다. 말하자면 진리는 존재가 보내 주는 선물이라는 것이다.

---

42) 같은 책, 300-301쪽.
43) 같은 책, 301쪽.
44) 같은 책, 300쪽.
45) M. Heidegger, *Wegmarken*, 183쪽.

그렇다면 하이데거의 진리론에서 존재와 진리의 관계는, 선의 이데아(태양)와 진리(빛)의 관계와 어떻게 다른가?

플라톤의 '태양과 빛의 관계'에서 태양, 즉 선의 이데아는 "최고의 존재자"이다. 반면에 하이데거의 '존재와 진리의 관계'에서 존재는 "존재자가 아니다." 존재는 선의 이데아와 같이 모든 존재자의 상위에 있는 또 다른 존재자가 아니라, 모든 존재자의 존재이면서 동시에 특정한 실체로서의 존재자는 아니다. 이런 의미에서 하이데거는 "존재가 무엇인가?"(Was ist das Sein?)라는 실체론적, 존재적 질문에 대하여, 존재는 규정될 수 없는 "그것 자체"(Es selbst), 혹은 "가장 까까운 것"(das Nächste)이라고 표현한다.

또한 플라톤의 선의 이데아는 최고의 존재자로서 항상 빛 자체로 드러나는 데 반해, 하이데거의 존재는 존재의 역사에 따라 드러나기도 하고 은폐되기도 하는 "그것 자체"이다. 말하자면 플라톤의 선의 이데아는 세계와 역사의 어둠 속에서도 항상 밝은 빛으로 드러나지만, 하이데거의 존재는 즉자적으로 존재하는 존재자가 아니라 존재자들의 존재이기 때문에, 어떤 존재자가 세계와 역사를 지배하는가에 따라 존재의 진리로 드러나기도 하고 은폐되기도 하는 것이다. 이런 점을 하이데거는 "존재는 무화한다- 존재로서"[46]라고 표현한다.

이런 특징은 앞에서 말한 하이데거의 실존론적 진리의 경우도 마찬가지다. 인간 현존재는 자신의 본래적인 존재로 실존할 수도 있지만, 퇴락존재로 살아갈 수도 있다. 따라서 현존재의 실존론적인 진리는 현존재에 의해 드러날 수도 있고 은폐될 수도 있으며 심지어 왜곡될 수도 있다.

---

46) 같은 책, 356쪽.

이런 점은 알레테이아 자체에서도 확인된다. 알레테이아는 탈은폐되어 알레테이아로서 드러나기도 하지만, 레테로서 은폐되기도 한다. 이렇게 서구 형이상학과 근본적으로 다른 진리 개념인 알레테이아를 묘사할 때 하이데거는 종종 밝힘(Lichtung)이란 표현을 사용한다. 그렇다면 플라톤의 빛(Licht)과 하이데거가 말하는 알레테이아의 밝힘(Lichtung)은 어떻게 다른가?

c. 하이데거의 "존재사건"(Ereignis)과 "밝힘"(Lichtung)의 의미

하이데거가 말하는 밝힘(Lichtung)은 '항상 밝은 빛'(Licht)을 뜻하지 않는다. 오히려 Lichtung은 울창한 숲의 어두운 나무들 사이로 뚫고 들어와 주위를 밝히는 것을 뜻한다.[47] 즉 Lichtung은 어두움을 제거하고 숨겨져 있던 것을 드러내는 특징을 지닌다. 따라서 Lichtung은 밝음과 동시에 어두움을 수반한다. 이러한 점을 해명하기 위해 하이데거는 헤라클레이토스를 예로 들고 있다.

하이데거가 보기에 헤라클레이토스는 "어두운 자"(der Dunkle)이다. 그러나 동시에 그는 밝히는 자(das Lichtende)이다. 이런 것은 비단 헤라클레이토스라는 인물에만 국한된 것이 아니라 그의 사상에도 해당된다. 헤라클레이토스에 따르면 삶이 죽음이고 올라가는 길이 내려가는 길이고, 드러나는 자연은 숨기를 즐기는 자연(physis kryptesthei philei)[48]이다. 이런 의미에서 밝힘은 어두움의 반대 개념이 아니

---

47) M. Heidegger, *Zur Sache des Denkens*, Niemeyer, Tübingen, 1976, 72-73쪽. 독어 Lichtung은 고어 Waldung과 Feldung에서 유래했는데, 고어 Dickung, 즉 울창하고 빽빽한(dichten) 숲과 달리, 가벼운(leicht), 자유로운(frei), 열려 있는 숲, 즉 나무들로부터 자유로워진 곳을 뜻한다.
48) M. Heidegger, *Vorträge und Aufsätze*, 262쪽.

라 동시적인 개념이다.

　이런 점은 호메로스의『오디세이아』에 대한 하이데거의 해석에서도 발견된다.『오디세이아』안에는 오디세우스가 오랜 방랑 끝에 자신의 고향으로 돌아오지만, 자신의 궁전에서 행해지는 온갖 모욕적인 행태들을 보고 눈물을 흘리는 장면이 묘사되고 있다. 그 장면은 일반적으로 "다른 사람들이 눈치채지 못하게, 그는 눈물을 흘렸다"로 번역된다. 포스(Voss)는 이 대목을 좀 더 그리스어의 의미에 가깝게 "그는 흐르는 눈물을 다른 모든 사람들에게 감추었다"라고 번역한다.

　그런데 하이데거에 따르면 호메로스의 표현은 "오디세우스가 자신의 눈물을 감췄다"라는 의미도 아니며, "오디세우스가 울고 있는 자인 자신을 감췄다"라는 의미도 아니고, 오히려 그 문장은 "오디세우스는 은폐된 채 머물렀다"라는 의미를 지닌다. 즉 호메로스의 문장은 오디세우스의 궁전에 모인 손님들이 주체가 되어 객체인 오디세우스가 눈물을 흘리는 것을 보거나 보지 못했다는 의미도 아니고, 주체로서 오디세우스가 자신의 눈물을 감췄다는 의미도 아니며, 오히려 눈물을 흘릴 때 오디세우스의 존재는 은폐되어 있었다는 것을 뜻한다는 것이다. 오디세우스의 진리는 타인들의 시각에 의해 평가되는 데 있는 것도 아니고, 눈물이라는 단순한 존재적 현상에 있는 것도 아니라, 오디세우스가 자신의 궁전과 무례한 손님들이란 세계 속에서 스스로 은폐된 채 머무는 존재방식에 있는 것이다.[49] 이와 같이 오디세우스의 존재 안에는 은폐됨과 드러남이 동시에 들어 있다. 그러나 그는 은폐라는 방식으로 자신의 존재를 '드러내고' 있는 것이며, 이것은 거지의 모습으로 은폐한 오디세우스를 그의 개가 알아보는 장면에서도 확인된다.

---

49) 같은 책, 254-255쪽.

　이와 같이 스스로 안에 은폐와 탈은폐를 동시에 간직하면서, 적절한 시간에 자신을 탈은폐시키는 것을 하이데거는 알레테이아라고 말한다. 그런데 하이데거에 따르면, 플라톤 이전의 고대 그리스인들은 진리를 알레테이아로 이해했다는 것이다. 그들에게 진리는 특정한 진리 자체가 아니라, 숨겨져 있던 것이 탈은폐되는 알레테이아였던 것이다. 이런 의미에서 하이데거는 고대 그리스, 즉 제1 시원의 진리의 본질은 "알레테이아"였다고 강조하는 것이다.

　그러나 알레테이아 안에서 살았던 고대 그리스인들과 달리, 이제 서구 형이상학을 거쳐 그것을 극복하려는 현대인에게는 고대 그리스의 알레테이아를 자신들에게 고유한 알레테이아로 새롭게 받아들이는 것이 필요하다. 그런데 그것은 의미의 전달을 통해서는 불가능하다. 왜냐하면 전적으로 새로운 의미는 오직 "사건"을 통해서 이루어지기 때문이다.[50] 이렇게 알레테이아가, 제2 시원을 시도하는 사유가와 시인에게 고유한(eigens) 방식으로 사건화하는 것을 하이데거는 Ereignis라고 표현한다. 이제 이 존재사건(Ereignis)이 새로운 "시간"과 "존재"를 드러내게 된다. 따라서 하이데거는 제2 시원에서의 진리는 실존의 진리도, 존재의 알레테이아도 아니고 존재의 "사건" 자체이어야 한다고 말하며, "사건"으로서 진리의 본질을 Lichtung이라는 메타퍼를 통해 해명하고 있다.

　위에서 우리는 하이데거의 표현 Lichtung은 항상 밝은 빛(Licht)과

---

50) 전적으로 새로운 진리는 의미가 아니라, 존재의 "사건"이어야 한다는 점을, 우리는 인류의 사상을 근본적으로 전환시킨 선각자들에게서 발견할 수 있다. 그리스도교의 예를 들면 새로운 하늘과 새로운 땅은 이전의(구약) 약속과는 전혀 다른 "사건", 즉 예수 그리스도라는 사건을 통해서 성취된다. 이와 같이 하이데거의 해석학도 의미의 해석학이 아니라, 실존, 더 나아가 존재 자체의 "사건의 해석학"을 통해 완성된다.

달리, 어둠을 찢어 내며 들어와 밝히는 사건이라고 말했다. 하이데거
의 Lichtung은 플라톤적인 '태양의 빛'이 아니라, 숲의 어두움을 뚫고
들어와 밝히는 Lichtung, 어둔 구름을 뚫고 뻗어 나오는 Lichtung, 즉
"번개의 섬광"과 같은 것이다.[51] 그런데 하이데거는, 헤라클레이토스
를 해석하면서, 그 번개의 섬광은 제우스 자신을 뜻한다고 말한다.[52]
말하자면 이제 하이데거의 Lichtung은 신이 보내는 번개의 섬광을 뜻
하는 것이다. 이런 의미에서 횔덜린도 빛(Licht)보다 상위에 있는 것
을 신의 "명랑함"(die Heitere), 즐거운 "번쩍임"(Leuchten), 즉 성스
러운 번쩍임이라고 표현하고 있다. 마찬가지로 하이데거도 이제 밝힘
(Lichtung)은 성스러운 신의 번개의 섬광으로서, "점화시키는"(Blitz
der Entzündung) 사건이 되어야 한다고 말한다.[53]

　밝힘(Lichtung)이 성스러운 번개의 섬광이라는 불(Feuer)로 "사건
화"(Ereignis)할 때, 대지와 하늘, 신적인 자들과 죽일 자들이 서로 어
우러지는 4방 세계가 드러날 수 있는 것이다.[54] 이때 4방 세계의 중심
에서 점화시키는 불이 바로, 하이데거가 헤라클레이토스와 소포클레
스의 『안티고네』, 횔덜린을 인용하면서 주장하고 있는 "근원에의 불",
"부뚜막으로서의 불"인 것이다.[55]

---

51) 헤라클레이토스 단편 B 64 "번개의 섬광은 모든 것을 조정한다". M. Heidegger,
　　Vorträge und Aufsätze, 214쪽.

52) M. Heidegger, *Vorträge und Aufsätze*, 214쪽.

53) M. Heidegger, *Erläuterungen zu Hölderlins Dichtung*, Vittorio Klostermann,
　　1981, 68쪽.

54) 같은 책, 18, 68쪽.

55) 같은 책, 23쪽; 마르틴 하이데거, 『횔덜린의 송가 〈이스터〉』, 176쪽; 최상욱, 『하이
　　데거와 여성적 진리』, 283–291쪽 참조.

이와 같이 하이데거의 진리 개념은,

1) 현존재의 실존론적 진리로부터,

2) 존재사적으로 제1 시원인 고대 그리스의 알레테이아로,

3) 제2 시원을 위한 "존재사건"(Ereignis)으로 바뀌고,

서구 형이상학에서 진리의 상징인 빛(Licht)은,

1) 실존론적인 열어 밝힘(Erschlossenheit),

2) 제1 시원에 걸맞는 밝힘(Lichtung),

3) 제2 시원을 위한 신의 번개의 섬광, 즉 점화시키는 불(Feuer)로
바뀐다.

따라서 하이데거는 자신과 같이 "불"을 요구하는 시인인 횔덜린을
인용하면서 제2 시원을 위한 불을 다시 살려 내기 위해, 그리스 정신
의 강점인 "하늘의 불"이 독일 정신의 강점인 "묘사의 명료성"과 종합
되어야 한다고 말하고 있다.[56] 그러나 "묘사의 명료성"이라는 '차가
움'에 익숙해진 독일 정신에게 뜨거운 "하늘의 불"은 위험한 것이기도
하다. 따라서 하이데거는 한편으로는 하늘의 불을 요구하면서, 동시에
다른 한편으로는 그 불이 어두운 밝힘, 즉 디오니소스적인 불이기를
요구한다.[57] 즉 그는 그리스 정신인 소포클레스의 "안티고네"의 불이
아니라, 횔덜린의 시 "독일인의 노래"에 등장하는 "독일 여성"들에 의
해 부드러워진 불을 요구하고 있는 것이다.[58]

---

56) 마르틴 하이데거, 『횔덜린의 송가 《게르마니엔》과 《라인 강》』, 392쪽 이하: 마르틴 하
   이데거, 『횔덜린의 송가 〈이스터〉』, 211쪽 이하.
57) M. Heidegger, *Erläuterungen zu Hölderlins Dichtung*, 119–121쪽.
58) 최상욱, 『하이데거와 여성적 진리』, 303–309쪽.

이와 같이 하이데거는 "하늘의 불"을 위해 제1 시원인 그리스 정신에로 되돌아갈 것을 강조하고 있지만, 그가 "하늘의 불"을 위해 그리스로 향하려고 했던 것은 그 불이 미래적인 독일 정신을 위해 가장 필요한 것일 뿐 아니라, 이미 시원적 과거부터 독일 정신에게 가장 익숙했던 — 망각되었지만 — 것이기도 하기 때문이다. 말하자면 하이데거가 찾던 불은 이미 고대 게르만 신화 안에서 자주 등장했던 불이었던 것이다. 이 점을 우리는 "게르만 신화"를 통해 확인할 수 있을 것이다.

2) 게르만 신화에서 "진리"의 의미

a. 실존적 진리로서 게르만 신화의 진리

게르만 신화에서 형이상학인 "진리" 개념을 찾는 것은 무익한 일이다. 왜냐하면 게르만 신화는 진리에 대한 철학적 규정을 하지 않기 때문이다. 오히려 우리는 게르만 신화 안에서, 여러 신들이 끊임없이 '삶의 진리와 같은 것'을 찾으려고 시도하고 있다는 사실을 발견할 수 있다. 게르만 신들이 얻고자 하는 것은 사변적이고 추상적인 인식이 아니라, 자신들의 삶을 유지하고 보존하고 위협으로부터 보호하기에 적합한 것들이다. 예를 들어 그들이 얻고자 하는 것은 오딘의 창 궁니르, 토르의 망치 묠니르와 같은 무기이기도 하고, 난쟁이나 거인들로부터 빼앗은 꿀술과 같은 음료이기도 하고, 궁극적으로는 오딘의 경우와 같이 미미르의 샘과 이그드라실 나무에서 얻은 지혜이기도 하다. 이 모든 것들은 신들에게는 소중하고 중요한, 즉 보물과 같은 것들이다. 말하자면 게르만 신들이 추구하고 있는 것은 바로 "보물" — 그것을 우리가 진리라고 표현할 수 있다면 — 과 같은 것들이었던 것이다.

그런데 게르만 신화에서 신들이 이와 같이 보물을 찾으려고 했던 궁극적인 이유는 신들도 죽는다는 사실 때문이었다. 이런 의미에서 우리는, 만약 게르만 신화 안에 "진리"가 존재한다면 그것은 "신들을 포함해 모든 존재자들은 죽는다"라는 사실에 대한 앎 때문이라고 말할 수 있다. 이 점을 『에다』에서는 다음과 같이 말한다:

가축이 죽고/ 친구들이 죽어 가니
결국에 나도 역시 죽으리라.
…
한 가지는/ 내가 아니
죽은 자의 평판은 영원히 남으리라.[59]

게르만 신화 안에서 "영원한 진리"라고 표현할 만한 것이 있다면, 그것은 바로 '모든 것은 죽는다' 는 사실뿐이다. 그런데 "죽음"이 진리인 경우 그 진리는 "내용"(Was)이 아니라, 단지 "존재방식"(Wie)을 뜻할 뿐이다. 말하자면 죽음이라는 진리는 삶을 위해 필연적이고 절대적인 "내용"을 주지 않고, 단지 "어떻게"를 알려 줄 뿐이다. 또한 죽음은 각각의 신들에 따라, 서로 상이한 "내용"의 죽음으로 나타난다. 따라서 모든 신들이 따라야 할 궁극적인 "죽음의 내용"이라는 척도는 존재하지 않는다. 다만 "어떻게 죽는가"라는 방식만이 존재할 뿐이다.

그렇지만 게르만 신들은 죽음을 피할 수 없다는 사실과 죽음의 두려움 앞에서 삶을 체념하거나 포기하지는 않는다. 오히려 그들은 죽음을

---

59) 『에다』(게르만 민족의 신화, 영웅전설, 생활의 지혜), 임한순 외 옮김, 서울대학교출판부, 2006, 80-81쪽.

삶의 일부로서 받아들이고 준비하며 살아간다. 이런 점은 오딘 신이 최후의 전쟁인 라그나뢰크를 준비하기 위해, 자신의 궁궐(발할)에 '죽은 용사들'을 모으는 방식으로 나타난다. 이처럼 게르만 신들에게 죽음은 삶의 또 다른 존재방식일 뿐 아니라, 삶을 살아가는 의미를 일깨우는 사건이기도 하다.

그러나 죽음이 삶을 일깨우는 계기이기는 하지만, 삶의 내용을 제시하지는 않고 단지 "어떻게 살아야 하는지" 알려 줄 뿐이기 때문에, 게르만 신화에 진리가 있다면, 그 진리는 "궁극적인 내용으로서의 진리"가 아니라, "궁극적인 방식으로서의 진리", 즉 "실존적인 진리"[60]인 것이다.[61]

이런 점에서 게르만 신화에서 진리의 특징은, 첫째 "즉자적이고 영원한 내용적 진리"는 존재하지 않는다는 것, 둘째 이와 연관해 어떤 인식이나 행위가 진리인지 여부는 그것이 궁극적인 내용적 진리와 정합성(adaequatio)을 지니는가에 놓이지 않는다는 데 있다. 말하자면 게르만 신화 속 진리는 서구 형이상학이 주장해 온 즉자적 진리 자체, 진리와의 일치라는 두 가지 특징을 전혀 갖지 않고 있는 것이다. 이와 달리 게르만 신화에서 나타난 진리는 "어떻게"라는 "실존적 진리"일 뿐이다.

이런 점은 하이데거의 철학에서 다시 발견된다. 그는 『존재와 시간』

---

60) 물론 게르만 신화에는 "실존적 진리"라는 표현은 없다. 그것은 당연하다. 그런데 우리가 이렇게 표현한 이유는, 게르만 신화 속 진리가 하이데거가 말한 실존론적 진리의 특징을 이미 포함하고 있기 때문이다.

61) 이런 점을 횔덜린은 시 "사랑스러운 푸르름 안에서"에서 "대지 위에 척도가 있는가?"("Gibt es auf Erden ein Maß?")라고 표현하고 있다. 『횔덜린의 송가 〈이스터〉』, 257쪽.

에서, "현존재의 '본질'은 그의 실존에 놓여 있다"[62]라고 말한다. 하이데거가 인간의 존재를 "실존"(Existenz)이라고 표현한 이유는, 인간에게는 자신의 존재가 특정한 내용으로 정해진 것도 아니고, 그의 존재가 따라야 할 척도가 주어진 것도 아니며, 단지 그에게는 자신의 존재를 고유한 방식으로 존재하게 해야만 하는 과제가 주어졌기 때문이다. 그러나 자신의 존재로 실존해야 한다는 하이데거의 표현에는, 인간 현존재가 많은 경우 자신의 본래적인 존재방식으로 살아가지 못하고 자신의 존재를 망각하고 있다는 사실을 알려 준다. 따라서 실존하면서 살아간다는 말은, 자신의 존재를 망각한 상태로부터 벗어나 자신의 본래적인 존재를 선택하며 살아간다는 것을 뜻한다.

　이런 점은 게르만 신화에서도 마찬가지이다. 게르만 신화에서 진리는 항상, 은폐되어 있는 것을 신들이 실존을 통해 드러내고 밝히며, 자신의 존재로 빼앗는 데 있다. 따라서 게르만 신화가 보여 주는 진리의 세 번째 특징은, 진리는 스스로 존재하는 것이 아니라, 은폐를 벗겨 내는 탈은폐, 즉 탈취함에 있다는 데 있다.

　이런 점을 하이데거는 "진리는 오직 현존재가 있는 한에서만 그리고 있는 동안에만 《주어져 있다》"[63]라고 말하며, 진리는 항상 존재자로부터 쟁취되는 것이고, 이러한 쟁취를 통해 존재자의 존재가 비로소 탈은폐된다고 말한다.

　이런 특징은 게르만 신화 안에서, 신들이 보물을 쟁취하고 빼앗는 형태로 묘사된다. 이에 대해 안인희는 다음과 같이 말한다:

---

62) M. Heidegger, *Sein und Zeit*, 42쪽. "Das 》Wesen《 des Daseins liegt in seiner Existenz."

63) 같은 책, 226쪽. "Wahrheit 》gibt es《 nur, sofern und solange Dasein ist."

게르만 신화나 중세 서사시에서 모든 보물은 정당한 대가를 지불하고 얻는 것이 아니라 힘이 센 존재가 난쟁이들에게서 빼앗아 오는 것으로 설정되어 있다. 보물의 원래 임자는 땅 속에서 보물을 지키는 난쟁이들이지만, 신들 조차도 보물을 그냥 빼앗는다. 그러므로 보물의 정당한 임자는 땅 위에는 없는 셈이다.[64]

이와 같이 게르만 신화에서 진리의 넷째 특징은, 하이데거가 주장하는 바와 같이, 진리는 쟁취(Abringen), 빼앗음(Raub)과 같은 투쟁을 필요로 한다는 데 있다.

그렇다면 게르만 신화에서 진리는 왜 투쟁이라는 특징을 지니는가?

이 질문에 대한 답을 찾기 위해 우선 우리는 동시대인들의 눈에 보였던 게르만인들의 특징을 살펴보는 것도 의미가 있을 것이다. 로마의 황제 카이사르는 『갈리아 전쟁기』에서 게르만인들에 대하여 다음과 같이 기술하고 있다:

수에비족은 게르만인 중에서도 규모가 가장 크고 가장 공격적이다. 대략 100개의 부락을 이루고 사는 그들은 매년 각 부락에서 1000명의 병사를 선발해 영토 밖까지 나가 전쟁을 벌인다 … 이듬해에는 부락에 남았던 자들이 무장을 하고 전장에 나가고 원정에서 돌아온 자들이 부락에 남는데, 이런 식으로 일상과 전쟁을 중단 없이 병행한다.[65]

카이사르가 보기에 게르만인들의 삶과 전쟁은 서로 구분되어 있는

---

64) 안인희, 『게르만 신화, 바그너, 히틀러』, 민음사, 2004, 40-41쪽.
65) 카이사르, 『갈리아 전쟁기』, 김한영 옮김, 사이, 2005, 148-149쪽.

것이 아니라, 삶 자체가 전쟁이기도 했다. 마치 게르만 신화 이야기 중 '죽은 용사들'이 오딘의 궁궐 발할에서 다시 살아나 훈련을 하는 장면 과 같이 게르만 인들의 일상생활은 사냥과 전쟁에의 훈련, 신체의 단련으로 점철되었다.[66] 또한 카이사르의 기술에 따르면 게르만인들은 개인이 땅이나 집을 소유하는 것을 금지했는데, 그 이유는 집과 땅에 얽매여 호전성이 사라지는 것을 막기 위해서였다고 한다.[67] 그리고 게르만 신화에서 보물을 빼앗는 장면이 자주 등장하듯이, 게르만인들은 각 부족의 영토 밖에서 벌어지는 약탈행위를 불명예로 생각하지 않았을 뿐 아니라, 젊은이들을 훈련시키고 나태함을 몰아내기 위해 약탈을 오히려 장려하였다고 한다.[68]

이런 점은 로마의 역사가 타키투스의 기록에도 나타난다. 그에 따르면 게르만 귀족 중 많은 젊은이들은 자기 종족의 평화 시기가 길어질 경우, 몸과 마음이 해이해지는 것을 막기 위해 스스로 다른 종족의 전쟁에 참여하였다고 한다. 그들에게 일상적 평온함은 가치 있는 일이 아니었고, 오히려 전쟁을 통해 명성을 얻을 수 있다면, 기꺼이 그것을 선택했다는 것이다.[69]

이들의 기록이 공통적으로 묘사하고 있는 것은, 게르만인들이 삶과 전쟁을 동시적인 일과로 여겼고 전쟁을 명예로운 일로 장려했으며 일상적 생활보다는 전투적인 사건을 선호했고 약탈을 당연한 것으로 여겼다는 점이다.

물론 이러한 점이 게르만 신화나 하이데거의 사상으로 직접 이어졌

---

66) 같은 책, 149–150쪽.
67) 같은 책, 252쪽.
68) 같은 책, 253쪽.
69) 타키투스, 『타키투스의 게르마니아』, 71쪽.

다고 볼 수는 없다. 왜냐하면 게르만 신화나 하이데거의 사상에서 나
타나는 투쟁적 특징은 "예술적, 사유적 투쟁"이기 때문이다.[70] 특히 하
이데거는 헤라클레이토스를 다루면서 투쟁적 특징이 무엇을 뜻하는지
밝히고 있다. 하이데거는 "전쟁은 모든 사물들의 아버지다"라는 헤라
클레이토스의 말을 실제적인 전쟁으로 이해하는 것은 어리석은 일임
을 분명히 밝히고 있다. 그러면서 하이데거는 이 말의 의미를 다음과
같이 해석한다:

> 전쟁은 존재자를 창조하는 힘이지만, 전쟁이 사물들을 만든 다음에, 사물
> 들에서 물러나는 방식은 아니라는 점이다. 오히려 전쟁은 존재자를 바로
> 그것의 본질 안에 존속하도록 보존하고 또한 주관한다. 전쟁은 창조자이지
> 만, 또한 지배자이다. 말하자면 보존하는 힘으로서 전쟁이 그칠 때, 정지,
> 평화, 평균, 무해함, 쇠약, 퇴락이 시작된다. 그러나 여기서 전쟁은 … 우연
> 한 반목과 불화, 그리고 단순한 소요가 아니라, 존재의 본질적인 힘들 사이
> 에 벌어지는 위대한 투쟁이다.[71]

하이데거는 헤라클레이토스를 해석하면서 신 자체, 인간 자체, 주인
자체, 노예 자체가 있는 것이 아니라, 전쟁이 그들을 그러한 존재로 결
정하는 것이라고 말한다. 따라서 정의 자체도 존재하는 것이 아니라,
전쟁이 정의의 본질이게 된다.

---

70) 그럼에도 게르만 신화와 하이데거의 사상에서 투쟁, 탈취 등의 표현이 자주 등장하
　　는 것은, 카이사르나 타키투스가 기록한 것과 같이, 게르만인들에게 그러한 존재방
　　식과 표현방식이 오래전부터 익숙하게 전해 온 것이었기 때문이라고 볼 수 있을 것
　　이다.
71) 마르틴 하이데거, 『횔덜린의 송가 《게르마니엔》과 《라인 강》』, 179쪽.

물론 이러한 하이데거의 해석이 존재론적 해석이라는 점은, 하이데
거 자신이 강조하듯이, 분명하다.[72] 그러나 그의 해석에서 우리가 카
이사르와 타키투스의 묘사를 떠올리게 되는 것도 부정할 수 없다. 하
이데거의 "투쟁"은 비록 현실적, 군사적 투쟁을 뜻하지는 않지만, 그
에게는 '익숙한' 개념이었다는 점을 고려한다면, 그리고 하이데거가
주장하듯이 존재는 항상 존재자의 존재이고, 존재는 대지와 하늘, 신
적인 자들과 죽을 자들을 떠나 존재하는 것이 아니라는 점을 고려한다
면, 우리는 왜 진리의 투쟁적 특징이 게르만 신화와 하이데거에서 자
주 나타나는지 헤아릴 수 있을 것이다.

예를 들어 게르만 신화에서 신들이 보물을 얻는 장면은 여러 곳에서
묘사된다. 신들(토르)을 속인 로키가 난쟁이들에게 가서 신들에게 적
합한 보물을 만들게 하여 신들에게 전해 주는 장면이 있다. 이 대목에
서 로키와 신들, 그리고 난쟁이 사이에 서로 속고 속이는 일이 전개되
며 결국 난쟁이들은 오딘에게 창 궁니르와, 아흐레째 날마다 똑같은
팔찌를 만들어 내는 팔찌 드라우프니르를, 토르에게는 망치 묠니르를,
프라이에게는 가장 빠른 배 스키드블라드니르를 주게(빼앗기게) 된
다. 또 거인 건축가를 속인 덕분에 신들은 신의 궁전의 성벽을 얻게 되
고 오딘은 명마 슬라이프니르도 얻는다. 이 외에도 신들이 빼앗은 보
물은 시인의 술을 담는 단지, 항아리, 큰 솥 등 여러 가지이다.

---

72) 하이데거와 나치의 관계에 대하여, 많은 하이데거 연구자들은, 하이데거가 구체적
으로 나치에 어떻게 참여했고, 어떠한 행동을 하였는지를 통해, 그 관계를 해명하려
고 시도했다. 그러나 분명한 것은, 하이데거가 나치와 연관된 어떤 모임이나 행동을
했기 때문에, 그가 정치적 논란에 휩싸인 것이 아니라, 반대로 하이데거의 사상이
투쟁적 특징을 지닌 게르만 신화와 연결되기 때문에, 그는 — 자의든 타의든, 혹은
그의 사상이 올바로 이해됐든, 혹은 그렇지 않든 — 정치적 논란에 휩싸일 수 있었
던 것이다.

이처럼 게르만 신들이 보물(궁극적 보물인 지혜를 포함해서)을 얻는 것은, 첫째 실존적인 기투를 통해, 둘째 숨겨져 있던 것을 빼앗음으로 말미암아 가능하다. 그리고 보물을 빼앗아 신들 자신의 것으로 했을 때, 비로소 그 보물은 보물로서 드러나게 된다. 즉 게르만 신들에게 보물(진리)은 빼앗는 것이고, 이러한 실존적 행위를 통해 보물은 빼앗은 신에게 고유한 보물로서 드러나는 것이다. 그러나 보물 중의 보물인 지혜를 얻는 장면은, 단순히 신들의 실존적인 탈취 행위를 통해 얻어지지 않는다. 오히려 지혜 자체가 신들에게 드러날 때 신들은 지혜를 알게 된다. 하이데거식으로 표현하면, 이제 궁극적인 보물과 더불어 게르만 신화의 진리는 실존적 진리로부터, 진리 자체의 드러남(Aletheia), 혹은 드러나는 사건(Ereignis)으로 전환된다.

b. 실존적 진리로부터, 진리 자체가 드러나는 사건(Aletheia, Ereignis)으로

하이데거에 따르면 실존적 진리는 항상 진리인 것이 아니라, 인간 현존재가 자신에게 고유한 존재를 결단하고 실존하는가 여부에 따라 진리로 드러나기도 하고 드러나지 않은 채 은폐될 수도 있다. 실존적 진리에서 중요한 것은 인간 현존재가 자신의 실존을 결단하는 투쟁에 달려 있다. 이런 의미에서 하이데거는 실존적 진리에서 탈취(Raub), 빼앗음(Abringen)과 같은 투쟁적 특징을 거론하고 있는 것이다.

그러나 인간 현존재가 실존을 통해 모든 진리를 드러낼 수 있는 것은 아니다. 왜냐하면 진리는 인간의 능력에 의해 은폐되기도 하지만, 은폐는 진리 자체의 특징이기도 하기 때문이다. 즉 진리는 은폐된 것을(lethe) 탈은폐(aletheia)시킬 뿐 아니라, 때에 따라서는 은폐된 것을 진리의 일부로 보존(bergen)하기도 한다.

이런 점은 게르만 신화에서, 오딘이 최고의 보물인 지혜를 얻기 위해 노력하지만 결국 그 보물은 오딘의 죽음을 통해서 얻어질 수 있는 대목에서 잘 나타난다. 진리는 오딘의 주체적인 능력으로 얻을 수 있는 것이 아니라, 진리가 주어질 때 비로소 오딘은 진리를 알 수 있는 것이다.

예를 들어 오딘 신은 보물 중의 보물인 지혜를 얻기 위해 현자 크바지르의 피로 만든 지혜의 술을 거인으로부터 빼앗아 온다. 그 술을 마시고 오딘은 지혜를 얻게 된다. 그러나 이 지혜는 궁극적인 지혜가 아니다.

또 다른 곳에서 오딘은 지혜를 얻기 위해 노르네가 지키는 미미르의 샘에서 자신의 눈 한쪽을 희생한다. 이러한 희생 행위는, 일상적 눈 하나를 바침을 통해 근원적인 지혜를 볼 수 있는 한쪽 눈을 얻게 되는 일을 뜻하며, 또한 미미르의 샘 안에서 또 다른 세계를 볼 수 있는 눈을 얻게 되는 일을 뜻한다. 이런 방식으로 오딘은 일상적 지식을 넘어 근원적인 세계를 볼 수 있는 두 눈(한쪽 눈과 이미르 샘의 눈)을 갖게 된다. 이때 진리는 오딘이 주체적, 능동적으로 획득한 것이 아니라 눈 하나를 희생한 대가로 비로소 그에게 주어지는(Ge-schick) 것이다. 이렇게 지혜가 주어졌을 때 비로소 오딘은 그것을 자신의 고유한 지혜로 이해하게 된다.

지혜(진리)가 "주어진 것"이라는 점은 오딘이 태초와 최후에 벌어질 일들에 대한 지혜를 얻기 위해 죽은 예언녀인 발라, 그로아, 힌들라로부터 '존재의 비밀'을 훔쳐 내는 장면에서도 묘사되고 있다. 여기서 진리는 자신의 실존으로부터가 아니라, "죽음에의 존재"로부터 주어지고 있다.

이런 점은 오딘이 삶과 죽음의 지혜를 얻기 위해 스스로 이그드라실 나무에서 죽음을 경험하는 장면에서 정점에 이른다. 이때 지혜는 오딘 자신의 목숨을 담보로 얻어지는 것이다. 이러한 게르만 신화 속 진리의 특징을 우리는 하이데거의 비은폐성(Aletheia), 즉 존재 스스로 드러내는 "존재의 진리"에 상응하는 것으로 이해할 수 있을 것이다.

이제 죽음으로부터 지혜를 얻은 오딘은 죽은 예언녀에 의해 탈은폐된 진리(Aletheia)를 "이해"하는 듯이 보인다. 그러나 그가 그 진리를 궁극적으로 이해하는 것은 그 진리가 "존재의 사건"(Ereignis)으로 사건화될 때이다. 존재사건은 오딘 신이 일으키거나 지배할 수 있는 것이 아니다. 존재사건은 존재자 전체를 통해 일어나는 사건이기 때문에 존재사건이 오딘을 지배하게 된다. 그런데 진리가 사건화할 때, 게르만 신화에서 등장하는 주제어가 바로 "불"이다.

c. 게르만 신화에서 "불"의 의미

플라톤 철학에서 등장하는 빛(태양)이 신적인 것이고, 진리와 생명을 보존하는 좋은 것(agathon)인 데 반해, 게르만 신화에서 불은 신적인 것이 될 수도 있고 악한 것이 될 수도 있다. 또한 생명을 탄생시키고 보존하기도 하지만, 생명을 없애기도 한다. 이처럼 게르만 신화의 불은 선과 악, 진리와 비진리를 모두 포함하는 특징을 지닌다. 플라톤의 빛이 이원론적인 신적인 것, 선한 것, 진리라는 한쪽 면만을 의미한다면, 게르만 신화의 불은 선-형이상학적, 혹은 탈-형이상학적인 특징을 갖는다. 이런 불의 특징이 제일 먼저 나타나는 곳은 창조 이야기에서이다.

게르만 신화에서 창조는 추위로 뒤덮인 곳에 더위가 합쳐지면서 시작된다. 불이 창조의 근원인 셈이다. 최초의 암소 아움둘라의 더운 혀, 즉 입김으로 추위에 얼어 죽어 있던 신 뷔르가 다시 살아나고 그 후 이 신이 모든 존재자를 창조한다. 이와 같이 불은 신을 포함한 존재자 전체가 존재하도록 하는 "존재사건"이다. 불이라는 존재사건을 통해 오딘의 존재모습이 드러나고 전개되기 시작하며 이제 오딘을 중심으로 한 신과 인간, 거인들의 존재의미도 새롭게 드러난다.

이러한 점은 오딘의 죽음 후 그의 아들 비다르 신에 의해 다시 반복된다. 이런 의미에서 게르만 신들의 존재의미는, 하이데거가 말하듯이, "가능적인 것의 《회귀》"가 되며, 각각의 신들이 자신의 "실존을 운명적-순간적으로 결단하는 방식으로 반복할"[73] 때, 드러나는 것이다. 그러나 이 모든 실존적 결단을 가능케 하는 근거는 바로 "불"이라는 "존재사건"이 있기 때문이다.

결국 게르만 신화에서 모든 존재자의 존재의미[74]가 드러날 수 있는 것은, 이러한 "비은폐성"(Aletheia) 이전에 "불"이라는 "존재사건" (Ereignis)이 먼저 일어나기 때문이다.

다른 한편 창조 이야기에서 불은 창조를 가능케 하는 근거이지만, 종말이 암시되는 시점부터 "불"은 신들과 모든 존재자의 죽음을 야기

---

73) 마르틴 하이데거, 『존재와 시간』, 511쪽. 니체는 "동일한 것의 영원회귀"(die ewige Wiederkehr des Gleichen)를 말하는 데 반해, 하이데거는 "가능적인 것의 회귀"(die Wiederkehr des Möglichen)를 말함으로써 니체가 세계현상을 표현한 데 반해, 하이데거는 실존 중심의 현상을 말하는 듯이 보인다. 그러나 하이데거는 후기 사상에서, 특히 "사물"(Ding)의 본질을 말하면서, 4방 세계가 서로를 반영하면서 어우러지는 윤무로서의 유희에 대하여 말한다. 이것은 세계 자체가 유희라는 형식을 띤 채 영원히 원의 모습으로 회귀한다는 의미이다. 이런 점을 고려하면, 하이데거가 니체를 비판하면서도, 그 둘 사이에는 게르만 신화적인 '회귀' 사상이 근저에 깔려 있음을 알 수 있다.

74) 하이데거의 경우 "존재의 의미"는 Sinn von Sein, Sinn des Seins, Wahrheit des Seins, Sein selbst 등의 표현으로 변해 간다. 그러나 이 표현들은 모두 동일한 뜻을 지닌다. 특히 의미(Sinn)는 존재의 진리(Wahrheit)이며, 존재 자체로 파악된다. 참조. M. Heidegger, GA 45, 200, 212, 214쪽; M. Heidegger, GA 54, 83쪽; M. Heidegger, *Schelling*, 77쪽.

하는 무시무시한 힘으로 나타난다.

예를 들어 발더 신이 죽은 후 바다의 신 아에기르가 주최하는 연회에서, 로키는 신들에게 악담을 퍼부으면서 "아에기르, 다시 이런 잔치를 열지 못할 거야. 날름거리는 불꽃이 이 궁전을 완전히 불태워 버리고 자네가 가진 모든 것을 파괴해 버릴 것이거든. 자네 몸뚱이도 불꽃 속으로 사라질 거고 말이야"[75]라고 말한다. 이 말을 들은 신들은 무서운 침묵 속에서 앞으로 다가올 엄청난 운명에 몸서리치며 궁전을 떠난다. 그런데 불이 파괴하는 힘이라는 점은 세계의 종말인 라그나뢰크에 대한 묘사에서 분명히 나타난다.

종말 때 로키의 아들인 늑대 스퀼은 태양을 삼키고 또 다른 늑대 하티는 달을 부수며, 하늘의 별들은 사라지고 대지는 흔들리고, 나무가 쓰러지고 산들도 요동을 친다. 이때 게르만 신화는 신들을 종말로 몰아넣는 적대자들을 모두 불과 연관시키고 있다. 예를 들어 신들을 멸망시키는 장본인인 "로키"는 "들불"이란 의미를 지니며, 펜리르라는 늑대는 눈에서 불꽃이 이글거리고 코에서는 불을 토하는 모습으로 묘사되며, 또 다른 거인 수르트는 불의 거인으로서 종말 때 불의 칼로 온 세상을 휘두른다. 이 불로 말미암아 신들의 궁전인 아스가르트를 포함해 모든 궁전들과 세계가 이글거리는 용광로처럼 끓어오르고 불타는 화염과 연기 그리고 재만이 남게 된다.[76] 이처럼 불은 신과 인간, 그 외 모든 존재자를 태워서 재(무)로 만드는 거대한 파괴력을 뜻한다.

이와 같이 게르만 신화는 불(빛이 아님)에서 시작해서 불로 끝나는 신화이다. 불이라는 "존재사건"이 있음으로 해서 비로소 "존재의미"가

---

75) 케빈 크로슬리-홀런드, 『북유럽 신화』, 서미석 옮김, 현대지성사, 2005, 327쪽.
76) 같은 책, 336쪽 이하.

드러나게 되며, 실존적인 진리도 가능하게 되는 것이다. 이런 점을 고려하면, 왜 하이데거가 "빛" 대신, "불"을 강조하는지, 그리고 왜 "실존론적인 진리"로부터 "비은폐성"(Aletheia), 그리고 다시 "존재사건"(Ereignis)을 말하고 있는지 알 수 있을 것이다.

그렇다면 창조 이야기 이후 오딘 신을 중심으로 한 게르만 신들의 특징은 무엇일까? 이 점을 우리는 하이데거가 주장하는 인간 현존재의 모습과 비교하면서 확인하고자 한다.

3 하이데거와 게르만 신화 속 "죽음"의 의미

1) 하이데거의 "죽음에의 존재"의 게르만 신화적 배경

인간이란 무엇인가?라는 질문에 대하여 키에르케고르는 "인간은 정신이다"[77]라고 답하고 있다. 그의 대답은 자신의 실존적인 입장이나 자신이 살고 있던 시대사적, 종교적인 진실을 반영할 수는 있지만, 진리는 아니다. 그의 대답은 단지 당시에 주도적이었던 헤겔 철학의 영향을 반영하고 있을 뿐이다.

반면에 똑같은 질문에 대하여 마르크스는 인간이 어떤 존재인가 하는 것은 "그들의 생산, 다시 말해서 그들이 무엇(was)을 생산하는가, 그리고 어떻게(wie) 생산하는가와 일치한다. … 개인이 어떤 존재인가

---

77) 쇠렌 키에르케고르, 『죽음에 이르는 병』, 임춘갑 옮김, 종로서적, 1996, 9쪽.

하는 것은 그의 생산의 물질적 조건에 달려 있다"[78]라고 말한다. 그렇다면 인간은 정신인가, 혹은 물질인가? 이에 대하여 결정적이고 단호하게 "이 대답이 진리이다"라고 말할 수 있는 사람은 없을 것이다.

이와 마찬가지로 인간이 누구인가?라는 질문에 대해 하이데거는 "인간은 죽음에의 존재"라고 규정하고 있다. 이러한 그의 표현은 흔한 주장이 아니다. 물론 죽음은 인간이 피할 수 없는 구체적이고 무거운 질문거리이기는 하나, 죽음은 많은 사상가들에 의해 논의의 대상에서 제외된 경우가 허다하다. 왜냐하면 죽음과 삶은 서로 분리된 존재방식이며, 죽음은 삶 속에서 경험될 수 없는 사건이기 때문이다. 혹은 죽음이라는 어두운 분위기는 살아가는 데 도움이 되지 않는다고 여겨지기 때문이기도 하다.

그렇다면 하이데거가 인간은 죽음에의 존재라고 말한 것은, 그의 관심사나 시대적 상황, 혹은 그에게 전승된 심층적이고 은폐된 존재론적 성향을 떠나 해명될 수 없다. 물론 하이데거가 죽음을 논한 근거로 가까이엔 키에르케고르의 사상이 있을 수 있고, 기독교적인 종말론의 영향도 있겠지만, 이러한 사상들은 하이데거의 입장과는 많은 차이점을 보인다.

그런데 우리는 "인간은 죽음에의 존재"라는 하이데거의 주장이 이미 게르만 신화의 근본적인 특징과 동일하다는 점을 발견할 수 있다. 그렇다면 하이데거의 주장은, 그의 임의적인 주장도 아니며 당시의 사상사적인 경향을 반영하는 것도 아니고, 오히려 그에게 전승된 시원적 게르만 신화로부터 연원된 것이라고 볼 수 있다. 이러한 전제가 정당

---

78) 칼 마르크스, 프리드리히 엥겔스, 『독일 이데올로기 1』, 김대웅 옮김, 두레, 1989, 59쪽.

한지는 게르만 신화와 하이데거의 죽음에의 존재를 비교하는 가운데 해명될 것이다.

2) 하이데거와 게르만 신화에서 "죽음"의 특징

a. 하이데거의 "죽음에의 존재"

하이데거에 따르면 인간은 세계 안으로 던져진 존재이면서 동시에 시간 안으로 던져진 존재이다. 인간은 자신의 선택과 상관없이 일정한 세계에 던져졌다. 어디서 왔는지 그는 알 수 없다. 그렇지만 던져진 세계 안에서 인간은 자신의 실존을 통해 또 다른 세계를 기투해 나아가야 한다. 그 세계가 어디를 향하는지도 알 수 없다.

마찬가지로 인간은 시간 속에 던져졌고, 시간 속에서 살아간다. 그러나 그 시간은 무시간적인 영원으로 이어지지 않는다. 인간은 필연적으로 죽을 수밖에 없다. 그는 시간 속에 현존재로 던져지자마자 이미 죽음을 향해 흘러가는 존재인 것이다. 물론 죽음을 도외시하거나 망각하고 살아갈 수 있다. 그렇다고 그의 존재가 죽음과 연관되어 있다는 사실이 부정되지는 않는다. 죽음은 태어나자마자 이미 그의 존재의 일부인 것이다.

이런 의미에서 하이데거는 "현존재의 전체존재"를 해명하는 부분에서 죽음을 다루고 있다. 하이데거가 말하는 죽음은 피안의 세계를 설명하기 위한 것도 아니고 죽음 일반에 대한 추상적인 규정도 아니며, 타자의 죽음을 통해 목격할 수 있고 경험할 수 있는 죽음도 아니다. 더 나아가 자신의 생명이 끝나는 의학적 사건으로서 죽음을 뜻하지도 않는다.

오히려 그가 말하는 죽음은 인간 현존재의 실존을 통해 끊임없이 개입하는 죽음의 능력을 뜻한다. 이 능력은 인간의 전 존재를 휘어잡는 거대한 능력이다. 그리고 죽음이 인간의 실존을 실존이도록 한다는 점에서, 인간은 죽음에의 존재를 통해서 비로소 자신의 전체존재에 이르게 된다. 왜냐하면 자신의 존재를 이루는 일부인 죽음을 제외한다면, 그는 자신의 존재의 일부를 포기하는 것이기 때문이다. 이런 의미에서, 하이데거가 주장하는 죽음은 현존재의 전체존재를 완성시키는 존재 자체이다. 이 점을 그는 다음과 같이 말한다:

> 현존재는 존재가능으로서 죽음의 가능성을 건너뛸 수는 없다. 죽음은 현존재의 단적인 불가능성의 가능성인 것이다.[79]

이러한 죽음은 아직 멀리 있는 듯이 보여 위협적이지 않은 것이라고 무시할 때도, 혹은 모든 사람들이 다 죽는 것이기 때문에 큰 문제가 아니라고 위로할 때도, 죽음의 시기가 언제 닥칠지 모르기 때문에 아직은 아니라고 안심할 때도, 혹은 죽음을 생각하지 않음으로써 불편한 불안을 피하고 안정감을 가지려 할 때도, 죽음은 항상 그리고 이미 인간 현존재의 존재 전체를 구성하는 또 다른 존재방식으로 함께하고 있는 것이다:

> 죽음을 향한 본래적인 존재는 가장 고유하고 무연관적인 가능성 앞에서 회피할 수 없으며 또 이러한 도피 속에서 그 가능성을 은폐할 수도 없고 '그들'의 이해를 위해서 바꾸어 해석할 수도 없다.[80]

---

79) 마르틴 하이데거, 『존재와 시간』, 336쪽.

이제 필요한 것은 죽음을 자신의 전체존재로, 그리고 자신의 본래적인 존재를 완성시키는 존재방식으로 미리 앞당겨 선취하는 일이며, 이때 인간 현존재는 죽음에의 존재로 실존하게 된다. 죽음과 마주한 현존재가 선택해야 할 일은 죽음을 자신의 "불가능성의 가능성"이란 존재로 앞서 받아들이며 실존하는 일이다. 이것만이 죽음과 마주한 현존재에게 주어진 자유이다:

미리 달려가 봄은 … 현존재를 … 그 자신이 될 수 있는 가능성 앞으로 데려온다. 이때의 자기 자신이란 … 정열적이고 현사실적인, 자기 자신을 확신하고 불안해하는 죽음을 향한 자유 속에 있는 자신이다.[81]

b. 게르만 신화 속 "죽음"의 의미

죽음에 대한 하이데거의 주장은 이미 게르만 신화 안에 거의 동일한 방식으로 표현되어 있다. 게르만 신화는 『고 에다』(800-1200년경)와 『신 에다』(1220년경)를 통해 전승되었다.[82] 『에다』의 첫 머리말은 태고의 전설에 대한 이야기를 전하고 있다:

조용히 들으시오/ 고귀하신 분들이여

헤임달 신족의/ 높고 낮은 자손이여,

천부의 위업을/ 전파하려 하노니,

---

80) 같은 책, 348쪽.
81) 같은 책, 355쪽.
82) Edda는 증조할머니, 즉 태조모란 의미이다. 『에다』 안에는 크게 "신들의 노래"와 "영웅들의 노래"가 들어 있다. 결국 『에다』 안에 수록된 노래들은 시원적인 게르만 정신을 담고 있는 노래라고 볼 수 있다.

내가 아는 태고의/ 오랜 전설이니라.[83]

이 이야기에 이어 거인들과 신들의 탄생 그리고 존재자 전체와 인간의 탄생에 대한 이야기가 전개되며, 신들의 죽음에 대한 이야기가 명시되고 있다:

현자는 많이 알고/ 미리 알고 있으니

세계가 멸망하고/ 아스 신들이 몰락하리라

…

이그드라실이 벌벌 떠니/ 거기 서 있는 물푸레나무구나,

수르투르 늑대가 풀려 나오니/ 늙은 세계수가 버석거린다.

(저승에 묶인 이들/ 모두가 겁에 질리니

수르투르의 불꽃이/ 물푸레나무를 삼키는구나.)

…오딘이 서둘러서/ 수르투르 늑대와 싸우러 가고

벨리의 살인자(프레이르)가/ 수르투르와 싸우는구나.

프리그의 유일한 기쁨(오딘)이/ 그때 쓰러졌구나

…

태양이 어두워지고/ 대지가 바다에 가라앉는다.

하늘에서 빛나던/ 별들도 사라진다.

불꽃이 만물의 생명수/ 세계수를 집어삼키니

타오르는 불길은/ 하늘까지 치솟는구나.[84]

---

83) 『에다』, 5쪽.

84) 『에다』, 16–19쪽 (앞으로 필요한 경우 본문 안에 "에다"라고 기입함).

게르만 신들의 탄생은 죽음과 더불어 예언되어 있고, 이 예언이 신들의 삶을 항상 지배하고 있다. 이런 이유로 게르만 신화는 슬픔과 우수에 찬 기분에 휩싸여 있다. 이런 점은 인간의 경우도 마찬가지이다. 『에다』에 등장하는 니벨룽겐의 노래는 영웅적인 인간 종족의 죽음과 멸망을 그리고 있다. 더 나아가 니벨룽겐은 "죽은 자"라는 뜻을 지니기도 한다.

이와 같이 게르만 신화 속 신들이나 인간들은 그들에게 주어진 (schicken) 죽음에의 운명(Schicksal, Geschick)으로부터 결코 벗어날 수 없다. 그런데 게르만 신들의 죽음이 운명인 이유는, 게르만 신화가 씌어질 당시 이미 게르만 족이 그리스도교화되었기 때문인 것만은 아니다.[85] 오히려 그리스도교에 의해 게르만 신들이 죽기 이전부터 게르만 신들은 죽을 운명을 지녔기 때문에, 게르만 신화는 신들의 죽음에 대하여 말하고 있다고 보아야 한다.

이런 점은 게르만 신화가 묘사하는 신들의 탄생과도 연관된다. 신들은 그리스도교의 신과 같이 절대적이고 모든 존재자에 앞서는 지고의 존재가 아니다. 오히려 게르만 신들의 탄생 이전에 세계는 존재하고 있었고, 그 세계에서 지배적인 것은 낮이 아니라 밤이었다. 밤과 낮 중

---

85) 이 점에 대하여, 안인희는 게르만인의 신들은 그리스도교에 의해 정복된 신으로 이미 신앙과 숭배의 대상이 아니라 지나간 시절의 흔적으로 남아 있을 뿐이며, 이런 상황에서 그들이 신들의 죽음에 대하여 말하는 것은 당연한 시대적 결과라고 말한다. 그에 따르면 게르만 신화가 서술될 당시 게르만 신들의 죽음은 예언이 아니라 현실이었으며, 이런 이유로 그들은 신들의 죽음에 대하여 아무 거리낌 없이 이야기할 수 있었다고 주장한다. 참조. 안인희, 『안인희의 북유럽 신화』, 2권, 웅진지식하우스, 2007, 68-69쪽. 그런데 안인희는 다른 곳에서는 게르만 신들이 처음부터 죽을 존재였다고 밝히기도 한다. 참조. 안인희, 『게르만 신화, 바그너, 히틀러』, 161쪽. 이 두 입장 중에서 우리는 후자의 견해가 게르만 신들이 죽어야 하는 이유를 더 정확히 파악하는 것이라고 볼 수 있을 것이다.

에서 시원적이고 본원적인 것은 밤이고, 밤에서 빛이 생겼으며, 낮의 세계는 변화를 거듭하는 불안한 왕국인 데 반해 밤의 왕국은 근원적이고 영원히 지속되는 세계이다. 따라서 밤에 대한 게르만 신화의 찬양은 죽음에의 찬양과 연결되고, 그것은 세계 다음에 창조된 신들의 죽음으로 이어진다. 말하자면 게르만 신화 속 신들은 처음부터 철저히 죽음에의 존재였던 것이다. 삶과 죽음이 혼재된 모습은 그리스도교적 주장과는 크게 다르며, 오히려 고대 게르만인이 가졌던 샤머니즘적 입장을 반영한다고 볼 수도 있다.

이 점에 대하여 데이비슨은, 신이 나무 위에서 죽어 간다는 관념은 "샤먼의 시초에 대한 묘사와 일치하며, 이것은 그리스도교적 십자가와는 무관하다"라고 주장한다.[86] 또한 그는 게르만 신화에 묘사되고 있는 여자 예언자, 즉 이미 죽은 상태임에도 불구하고 오딘이 질문하려고 애쓸 때 다시 살아나 비밀을 전해 주는 여자 예언자의 모습 역시 "무아지경에서 미래나 잃어버린 것에 대한 지식을 나타내고 개인의 운명을 예측하는 샤먼"과 흡사하다고 주장한다.[87]

데이비슨의 주장과 같이 우리는 그리스도교 이전에 게르만 세계를 지배했던 정신이 샤머니즘이라고 단적으로 말하기는 어렵지만, 샤머니즘이 가장 오래된 종교 형태 중 하나이고 꽤 보편적으로 퍼져 있던 종교 형태라고 본다면, 게르만인들이 믿었던 신들에게 삶과 죽음은 서로 분리된 채 왕래가 불가능한 것이 아니라, 자연의 법칙과 마찬가지로 서로 순환되는 과정이었다고 볼 수 있을 것이다. 만약 게르만 신들이 그리스도교에 의해 사라져 버린 것에 불과하다면 그리고 죽음이 더

86) 엘리스 데이비슨, 『스칸디나비아 신화』, 심재훈 옮김, 범우사, 2004, 236쪽.
87) 같은 책, 196쪽.

이상 삶과 무관하다면, 독일 낭만주의자들이나 휠덜린 그리고 하이데거는 더 이상 게르만 정신에 관심을 갖지 않았을 것이다. 그러나 이와 반대로 그들 모두는 고대 게르만 정신이 미래적인 새로운 독일 정신으로 부활할 수 있으리라고 생각했고, 이런 이유에서 하이데거는 고대 게르만 정신을 시로 지었던 휠덜린을 통해 제2의 시원이 가능하리라고 여겼던 것이다.

결국 게르만 신화에 등장하는 신들은 영원하거나 절대적이지 않으며, 시간의 흐름 속에서 삶과 죽음이란 운명을 피할 수 없다. 이렇게 죽음은 신들의 삶 속에서 항상 중요한 존재방식으로 이해되어 왔던 것이다. 따라서 게르만 신화는 그리스 신화와 달리, 시간과 연결되어서만 이해될 수 있으며, 시간과 연관된 게르만 신들이 처음부터 죽음에의 존재로 묘사된 것은 당연해 보인다. 왜냐하면 시간은 이미, 그리고 항상 죽음에의 사건, 즉 라그나뢰크를 향하기 때문이다.[88]

이런 비교를 통해 우리는 하이데거가 말한 "죽음에의 존재"는 게르만 신화를 그대로 반영하고 있다는 것을 확인할 수 있다.

3) 죽음에의 존재와 기분

a. 하이데거의 "죽음에의 존재"와 불안

하이데거에 따르면 인간 현존재의 존재는 염려이다. 현존재는 이미 특정한 세계에 던져져 있지만, 그 기원에 대하여는 알지 못한다. 동시에 그는 자신의 존재를 던져 나가지만 그 방향의 궁극점 역시 알 수 없

---

88) 같은 책, 63쪽.

다. 왜냐하면 그곳엔 죽음이 위치하고 있기 때문이다. 이와 같이 현존재의 두 방향의 끝, 즉 탄생 이전의 존재와, 죽음은 무와 같다. 그런데 이러한 무와 같은 존재가 현존재를 불안하게 한다. 불안으로부터 벗어나기 위해 현존재는 자신에게 친숙한 가치나 문화, 기술, 잡담 등으로 도피한다. 이를 통해 그는 불안으로부터 벗어나 안전하다고 생각한다.

그러나 자신이 "죽음에의 존재"를 피할 수 없는 한, 그에게 불안은 언제라도 문득 휘몰아쳐 올 수 있다. 불안이 갑자기 찾아왔을 때 현존재는 자신에게 익숙했던 모든 의미가 무의미해지고, 모든 존재자 역시 무화되는 경험을 하게 된다. 불안은 인간 현존재를 둘러싼 존재자 전체를 무화시키고, 현존재 자신을 무화시키고, 현존재의 말조차도 막아 버린다. 이 점을 하이데거는 다음과 같이 말한다:

> 불안 속에서 우리를 엄습해 오는, 존재자 전체의 뒷전으로 빠짐이 우리를 조여 온다. 거기에는 붙잡을 것이란 아무것도 없다. 거기에 남아 있어 우리를 덮쳐 오는 것이란 — 존재자가 미끄러져 빠져 나감으로써 — 단지 아무 것도 "없다"는 그것뿐이다. 불안이 무를 드러낸다. 우리는 불안 속에서 "둥둥 떠 있다." … 불안이 존재자 전체를 미끄러져 빠져 나가게 하기 때문에, 불안이 우리를 공중에 떠 있게 한다. 바로 거기에 우리 자신도 … 존재자의 한가운데에서 함께 우리의 손아귀를 미끄러져 빠져 나간다는 사실이 있다 … 불안은 우리에게서 말마저도 빼앗아 버린다."[89]

모든 것을 앗아가 버리는 불안은 현존재를 무와 마주치게 한다. 아무것도 더 이상 기대고 의지하고 잡을 것이 없다. 단지 현존재 자신만

---

89) 마르틴 하이데거, 『형이상학이란 무엇인가?』, 이기상 옮김, 서광사, 1995, 81-83쪽.

이 덩그렇게 남아 있을 뿐이다. 그 외의 모든 것은 미끄러져 무화되어 버렸다. 죽음에의 존재로서 현존재는 죽음이 야기하는 불안을 통해 무 속으로 빠져들게 되며, 현존재는 섬뜩한 기분 속에 젖어 있는 자신을 발견하게 된다:

불안 속에서는 사람이 "섬뜩해진다." 거기에서는 우선 현존재가 불안 속에 처해 있는 그곳의 독특한 무규정성이, 즉 아무것도 아님과 아무 데에도 없 음이 표현되고 있다.[90]

불안은 인간 현존재가 "죽음에의 존재"인 한, 피할 수 없이 찾아오 는 기분이며, 이 기분은 모든 것을 무화시킨다. 그러나 불안이란 기분 이 꼭 부정적인 것은 아니다. 왜냐하면 불안을 통해 현존재는 많은 존 재자들과 호기심에 빠져 있던 자신으로부터 돌아와 자신의 고유하고 본래적인 존재를 선택할 수 있는 가능성 앞에 서기 때문이다:

죽음 앞에서의 불안은 가장 고유한, 무연관적, 건너뛸 수 없는 존재가능 "앞에서"의 불안이다. 이러한 불안의 '그것 앞에서'는 세계-내-존재 자체 이다. 그리고 이 불안의 '그것 때문에'는 단적으로 현존재의 존재가능이 다.[91]

불안은 현존재로 하여금 자신의 존재를 만나게 하고, 존재자를 존재 자 그 자체의 모습으로 만나게 하는 긍정적인 기능을 갖는다. 따라서

90) 마르틴 하이데거, 『존재와 시간』, 257쪽.
91) 같은 책, 336쪽.

하이데거는 "불안이라는 무의 밝은 밤에 비로소 존재자 그 자체의 근원적인 열려 있음(Offenheit)이, 즉 그것은 존재자이고 무가 아니다라는 열려 있음이 생겨 나오게 된다"[92]라고 말한다.

이와 같이 하이데거 철학의 특징 중 하나는, 인간이 자신과 세계를 이해하는 데 중요한 역할을 하는 것이 이성이 아니라 기분이라는 점이다. 이성은 인간이 자신의 판단과 선택에 의해 세계를 구성하는 능력을 갖는 데 반해, 기분은 세계가 이미 인간에게 드러나고 알려 주는 것을 받아들이고 경험하게 한다. 하이데거에 따르면 인간이 자신과 세계를 이해할 수 있는 것은, 인간이 이성이란 안경을 통해서 자신과 세계를 그려 보는 것을 통해서가 아니라, 자신에 앞서 다가오는 세계와 만날 때 일어나는 기분을 통해서이다. 이것은 데카르트 이후 모든 이성 중심주의 철학으로부터의 결별을 의미한다. 그런데 하이데거가 이성 중심주의를 부정하고 기분을 우선적으로 내세울 수 있었던 이유를 우리는 게르만 신화에서 발견할 수 있다.

b. 게르만 신화 속 죽음과 불안

신들이 죽을 운명을 피할 수 없다는 예언, 그리고 신들을 휘감는 불안에 대한 묘사는 여자 예언자 발라의 말에서 드러난다. 그녀는 오딘에게 신들 탄생 이전의 일들과 신들의 죽음에 대한, 모든 과거와 미래의 운명을 고지한다. 신들을 휘감는 불안은 우선 신들 자신이 죽으리라는 예언녀의 고지에서 묘사된다:

현자는 많이 알고/ 미리 알고 있으니

---

92) 마르틴 하이데거, 『형이상학이란 무엇인가?』, 89쪽.

세계가 멸망하고/ 아스 신들은 몰락하리라 (에다, 15쪽)

바프트루드니르의 노래에서는 오딘 신의 죽음에 대한 예언이 묘사되고 있다:

경험한 것도 많고/ 알아본 것도 많고
신들에게도 많이 물어 보았다.
신들이 몰락할 때/ 오딘의 최후는 어떠하겠느냐?
…
세상의 신 (오딘)을/ 늑대가 삼켜 버리니
비다르가 이에 복수를 한다. (에다, 49쪽)

혹은 다음과 같이 묘사도 있다:

샘 지키는 여신에게/ 현자가 물으니
지하 저승에서/ 아스 신들의 운명에 대해
그녀가 무엇을/ 알고 있는가이니
시작과 지속 기간과/ 최후의 죽음이라.

말하려고도 않고/ 보고해도 안 되니
집요하게 물었건만/ 한마디 대답도 없구나.
얼굴의 거울에서/ 눈물이 쏟아지나
애써서 참으니/ 두 손을 적시는구나.

아무 말 하지 않는/ 무례한 여신은

잠에 취한 듯이/ 신들에게 여겨지는구나.

거부하면 할수록/ 더욱 더 다그치나

온갖 수단을 써도/ 알아낸 것이 없구나.(에다, 53-54쪽)

불길한 예언에 의해 신들이 불안 속에 사로잡히는 모습은 발더 신의 죽음에 대한 장면에서도 등장한다. 가장 온순하고 선한 신 발더는, 어느 날 펜리스의 늑대가 사슬을 끊고 나타나고 산들이 무너지며 세계의 적들이 풀려나와 신들의 신 오딘을 공격한다는 불길한 꿈을 꾼다. 그리고 다른 신들은 미래의 재앙을 꿈에서 확인한 발더 신이 곧 죽게 되리란 예언을 듣게 된다. 그들은 발더 신을 살릴 방법을 강구하던 중, 모든 무기가 될 만한 것들을 발더에게 향하지 못하도록 한다. 그러나 신들은 위험해 보이지 않는 가장 여린 나뭇가지에는 관심을 두지 않는다. 그런데 그 나뭇가지 때문에 발더 신은 죽게 된다.

발더 신의 죽음은 이제 신들 전체의 죽음, 즉 라그나뢰크라는 신들의 최후의 죽음과 연관되어 신들을 불안 속으로 빠뜨린다. 그러나 죽음이란 운명 앞에서 게르만 신들은 죽음을 피하거나 무관심하려 하지 않는다. 오히려 죽음이 불러일으키는 불안 속에서 신들은 자신들의 운명에 대하여 더 명확하게 이해하기를 시도한다. 이와 같이 게르만 신화 속에서도, 신들로 하여금 자신들의 운명을 이해하게 하는 동인은 이성이 아니라 불안이라는 기분이다. 불안은 게르만 신들로 하여금 자신들의 본래적인 운명과, 본래적인 존재에 맞닥뜨리게 하는 결정적인 동인인 것이다. 왜냐하면 이 기분을 통해 그들은 운명 앞에서 더 이상 일반적인 죽음이 아니라 바로 자신들의 고유한 죽음이란 문제와 부딪히게 되기 때문이다.

4) 존재론적 내면의 소리

a. 하이데거의 "나의 죽음"과 양심의 소리

인간 현존재가 "죽음에의 존재"라는 하이데거의 주장은, 인간이 언젠가는 죽을 존재이지만 그 죽음에 대하여 무관심하거나 피해도 좋다는 것이 아니다. 오히려 현존재는 죽음을 자신의 고유하고 본래적인 존재로(Eigentlichkeit), 그리고 자신의 존재의 전체성(Ganzsein)을 완성시키는 존재로 앞당겨 선취해야만 한다. 이때 죽음은 더 이상 타자의 죽음과 같은 대상적 의미나, 죽음에 대한 추상적인 의미로서 이해되지 않는다. 오히려 죽음은 나의 죽음이란 구체적이고 실존적인 존재로 받아들여지게 된다:

현존재의 종말로서의 죽음은 현존재의 가장 고유하고 무연관적이고 확실하며 그리고 그 자체로서 무규정적이고 건너뛸 수 없는 가능성이다. 죽음은 현존재의 종말로서 자신의 종말을 향한 이 존재자의 존재 속에 있다.[93]

죽음을 자신의 존재로 선취할 때 죽음은 "현존재의 가장 고유한 가능성이 되고", 현존재는 자신의 죽음에 직면하여 "개별 현존재가 되며", 결국 죽음에 자신을 "자유롭게 내 주게 된다." 이로써 현존재는 죽음을 통해 자신의 고유한 존재와 전체존재를 완수한다. 그렇다면 현존재는 왜, 그리고 어떻게 죽음과 마주해 자신의 고유하고 전체적인 존재를 회복하게 되는가?

이 점에 대하여 하이데거는 죽음과 직면할 때, 현존재는 자신의 가

---

93) 마르틴 하이데거 ,『존재와 시간』, 346쪽.

장 고유하고 내밀한 소리를 들을 수 있다고 말한다. 자신을 "죽음에의 존재"로 앞서 선취할 때 그는 은폐되었던 자신의 본래적이고 고유한 소리, 즉 양심의 소리를 들을 수 있다는 것이다. 이런 점을 하이데거는 "현존재가 양심 속에서 자기 자신을 부른다"[94]라고 표현한다.

이때 하이데거가 주장하는 양심은 그리스도교적으로 이해된 신의 소리나 도덕적인 의미의 선한 양심, 혹은 양심의 가책이란 의미와는 아무 상관이 없다. 하이데거가 주장하는 양심은 인간 현존재 자신이 자신을 부르는 무언의 말을 뜻한다. 그러나 자신이 자신을 부르는 것이기는 하지만, 이때 부르는 자이면서 동시에 불려지는 자인 현존재는 동일한 것이 아니다.

이런 주장이 가능한 이유는 현존재의 존재가 현사실성(과거), 빠져 있음(현재), 실존성(미래)으로 구성된 염려이기 때문이다. 따라서 현존재 자신이 자신을 부른다는 표현은 현존재의 은폐되었던 본래적인 존재가 일상성에 빠져 있는 현존재를 불러내는 사건을 뜻한다:

> 부르는 자는 내던져져 있음(이미- … 안에-있음) 속에서 자신의 존재가능 때문에 불안에 떨고 있는 현존재이다. 부름받은 자는 자신의 가장 고유한 존재가능(자기를-앞질러 …)에로 불러 세워진 바로 그 현존재이다. 그리고 현존재는 불러 냄에 의해서 '그들' 속에 빠져 있음(배려되고 있는 세계 곁에-이미-있음)에서부터 불러 세워진다. 양심의 부름, 다시 말해서 양심 자체는 현존재가 그의 존재의 근본에서 염려라는 사실에 그 존재론적 가능성을 가지고 있다.[95]

---

94) 같은 책, 367쪽.
95) 같은 책, 371쪽.

양심의 소리는 일상성과 모든 존재자에 빠져 있는 현존재를 자신의 고유하고 본래적인 존재로 불러내는 소리이다. 그러나 부르는 자는 현존재의 은폐된 존재라는 점에서, 양심의 소리는 현존재의 "존재"가 존재망각에 빠져 있는 현존재를 부르는 소리인 것이다. 말하자면 양심의 소리는 현존재에게 보내 주는(schicken) 현존재의 존재(Geschick), 즉 존재의 운명인 것이다. 이러한 존재의 보내 줌(운명)을 향해 자신의 존재를 던지는 것을 하이데거는 결단성이라고 말한다:

> 침묵하고 있으면서 불안의 태세 속에 가장 고유한 탓이 있음으로 자기 자신을 기획투사함을 우리는 결단성이라고 이름한다.[96]

양심의 소리를 따라 자신의 존재를 선취해 던져 나가는 것이 바로 결단성이다. 이런 의미에서 결단성은 자신의 가장 고유한 존재가능성으로 존재하도록 하며, 타자와 그 외 모든 존재자를 존재자 바로 그 자체이도록 열어젖히는 실존적인 행위인 것이다:

> 자기 자신에로의 결단성이 현존재를, 비로소 함께 존재하는 타인들을 그들의 가장 고유한 존재가능에서 "존재하도록" 하며, 이 가장 고유한 존재가능을 앞서 뛰어들며 자유롭게 하는 심려 속에서 함께 열어 밝힐 수 있는 가능성으로 데려온다. 결단한 현존재는 타인의 "양심"이 될 수 있다.[97]

결국 죽음에의 존재를 선취함으로써 현존재는 양심의 소리, 즉 존재

---

96) 같은 책, 395쪽.
97) 같은 책, 397쪽.

의 운명의 소리를 들을 수 있게 되고, 그것을 결단했을 때 자신과 타자, 모든 존재자를 존재하는 그대로 만나게 될 수 있는 것이다.

b. 게르만 신화 속 죽은 예언녀의 소리

죽음에 직면하여 인간 현존재가 자신의 가장 내면적인 소리를 들을 수 있으리라는 하이데거의 주장은 게르만 신화에서도 발견된다. 여기서 양심의 소리, 즉 존재의 운명의 소리는 죽은 예언녀의 소리로 나타나고, 죽음에의 존재를 선취하려는 결단성은 오딘 자신이 죽음에의 존재가 되는 행위로 표현되고 있다. 게르만 신화에서도 죽음을 선취함을 통해 — 하이데거와 동일하게 — 게르만 신들은 자신의 고유한 존재, 전체존재를 성취하고 있는 것이다.

발더 신이 죽을 것이란 꿈에 대하여 오딘은 직접, 죽은 예언자에게 그 의미가 무엇인지 묻는다. 이때 죽은 예언녀 발라는 오딘의 질문에 답하는 것은 운명의 비밀을 누설하는 것이라고 말한다. 그러나 오딘은 그 비밀을 밝히기를 다시 묻는다. 여기서 오딘과 이야기를 나누는 죽은 예언자의 말은 하이데거에서는 현존재의 양심의 소리, 즉 부르는 현존재와 불러 세워지는 현존재로 표현되고 있다.

우선 죽은 예언자가 진정한 존재의 운명을 말해줄 거라는 오딘의 생각은 다음과 같이 묘사된다:

거기서 동문(東門)으로/ 말을 타고 갔으니,
발라의 언덕을/ 알고 있었기 때문이다.
예언녀를 깨우는/ 노래를 부르니
(북쪽을 바라보며/ 칼을 내흔들고
알려 달라 요구하면서/ 간청을 하였으니)

그녀가 억지로 일어나/ 불행을 예언하는구나.(에다, 60쪽)

존재의 운명의 소리를 요구하는 오딘의 질문에 대하여 죽은 예언녀 발라는 그것이 금해진 것이라고 대답한다. 왜냐하면 자신의 소리는 죽은 자의 소리이기 때문이다:

어떤 모르는 자가/ 어떤 장정 중의 하나가
나에게로 오는/ 어려운 걸음을 했는고?
눈이 내 위에 쌓이고/ 비도 나를 때리고
이슬이 내 위에 맺히니/ 죽은 지 오래 됐노라.(에다, 60쪽)

그러나 오딘은 계속해서, "침묵하지 마라, 발라. 모든 것을 알 때까지. 네게 묻고 싶구나. 더 알고 싶구나"라고 죽은 예언녀로 하여금 운명의 말을 할 것을 요구한다.

여기서 묘사되는 죽은 예언녀는 데이비스의 주장과 같이, 샤머니즘적인 모습을 보여 주는 것으로 해석될 수도 있다.[98] 그러나 우리는 이 모습에서 하이데거가 주장하고 있는 "부르는 현존재"와 "불러 세워지는 현존재", 즉 존재의 운명의 소리의 근거를 발견할 수 있다. 그녀는 세계의 창조, 신들의 유래, 신들의 모험, 신들의 죽음과 세계의 멸망, 그리고 새로운 탄생에 대하여 말해 준다.

죽은 자의 말은 시간을 앞당겨 제시하는 예언이며, 오딘의 질문은 시간적으로 앞서서 존재의 비밀을 선취하여 확인하려는 시도로 볼 수 있다. 오딘은 자신이 죽음에의 존재라는 점을 확인하고 그 의미가 무

98) 엘리스 데이비슨, 『스칸디나비아 신화』 참조.

엇인지 선취적으로 이해하기를 시도하고 있는 것이다. 그러나 오딘에게 들려오는 말은 침묵의 말이다. 예언녀 뵐바는 이미 죽은 자이기 때문에 오딘에게 침묵의 말로서, 오딘의 존재에 대한 비밀을 알려 주고 있는 것이다. 하이데거식으로 표현하면, 오딘에게 전해진 말은 침묵의 말, 정적의 소리(Geläut der Stille)인 것이다. 침묵의 소리를 전해 준 예언녀는 다시 자신만의 침묵의 세계로 빠져들며, 더 이상 깨우지 않기를 요구한다. 즉 그녀는 시간에 앞서 드러나야 할 존재의 모습을 말한 후, "마지못해 대답은 했으나, 이제 침묵하고 싶다"[99]라고 말한다. 그러나 그녀의 침묵의 소리는 발성되고 의미화되는 수많은 언어들보다 더 존재의 비밀을 전하는 데 적합한 말임이 분명해 보인다.

5) "죽음에의 존재"로의 결단성

a. 하이데거에 있어서 인간 현존재의 결단성

하이데거에게 결단성은 실존철학이 주장하는 것과 같이, 인간이 능동적이고 주체적으로 내리는 결정이 아니다. 오히려 결단성은 침묵 속에서 들려오는 자신의 고유한 존재의 소리를 따르는 행위를 뜻한다.

일반적으로 인간 현존재는 익명의 군중 속에 파묻혀 살면서 자신과 타자, 다른 존재자들이 왜 존재하는지 망각한 채 살아간다. 이때 현존재는 자신이 누구인지를 타인의 판단이나 사회의 가치에 의존해 파악한다. 자신의 존재를 타자에게 위임함으로써 현존재는 스스로 결단해야 하는 짐스러움에서 벗어나 자유롭다고 생각하지만, 실상 그는 타인

---

99) 안인희, 『안인희의 북유럽 신화』, 2권, 32쪽.

의 지배하에 예속되어 있는 것이다. 타인들에 의해 적당하다고 여겨지는 방식의 삶을 살아감으로써, 그의 존재는 평균적이고 획일화된 형태를 띠게 되며, 결국엔 누구와도 구분되지 않는 익명의 존재가 되어 버린다. 그는 일상생활 속에서 자기는 다른 사람들과 다르다는 의식 속에서 살아가는 듯이 보이지만, 그는 "아무도 아닌 자"(Niemand)[100]가된다.

아무도 아닌 자로서 살아가는 그는 여기저기에서 들려오는 무의미한 소리들에 둘러싸여 살아간다. 그러나 익명의 인간에게 들려오는 소리들은 문제들을 해결하는 데 도움이 되기는커녕, 문제 자체로부터 멀어지게 하는 경우가 허다하다. 이런 점을 하이데거는 다음과 같이 말한다:

잡담 속에 머물고 있는 현존재는 세계-내-존재로서 세계에 대한, 더불어 있음에 대한, 안에-있음 자체에 대한 일차적이고 근원적인 진정한 존재연관으로부터 단절되어 있다.[101]

잡담이라는 말의 홍수는 단지 현존재가 자신의 고유한 존재로 고독하게 들어서는 것을 막는 역할을 할 뿐이다. 고독과 혼자인 것이 두려워 현존재는 끊임없는 말의 흐름 속에 자신을 내던지고 즐거워하거나, 혹은 새로 만들어진 상품에 호기심을 가짐으로써 자신의 짐스러운 존재를 잊기도 한다.

이렇게 아무도 아닌 자로 살아갈 때 현존재는 결단으로부터 멀어지

100) 마르틴 하이데거,『존재와 시간』, 175쪽 이하.
101) 같은 책, 233쪽.

며, 도대체 결단해야 할 "상황"이라는 것조차 사라지게 된다. 왜냐하면 상황이라는 것은 결단하려는 인간 현존재에게만 열리는 것이기 때문이다:

> 상황은 마주치게 되는 형편과 우발적 사건의 … 혼합과는 아주 거리가 멀며, 오직 결단성에 의해서만 그리고 결단성 안에서만 존재한다.[102]

이와 같이 결단의 상황은 인간 현존재가 자신의 고유하고 본래적이고 전체적인 존재를 다시 찾을 수 있는지, 혹은 비본래적이고 부분적인 일상적인 존재방식에 머물 것인지라는 갈림길에서 부딪히게 되는, 삶과 죽음을 건 모험의 순간을 뜻한다. "죽음에의 존재"임을 결단함을 통해 현존재가 이해하게 되는 것은 바로 은폐된 자신의 존재이다. 그런데 은폐된 자신의 존재는 시원부터 유산으로 전승된 존재 자체를 은닉하고 있으며, 이렇게 은닉된 존재가 현존재로 하여금 자신의 존재가능성을 미래적으로 기투해 나가도록 하는 것이다. 이런 점은 게르만 신화에서 오딘이 자신을 희생함으로써(죽음에의 존재에의 결단성), 시원적 지혜(존재 자체의 의미)를 얻는 장면으로 나타난다. 만약 오딘이 결단하지 않았다면, 그리고 그 결단이 궁극적인 지혜를 위한 결단이 아니었다면 오딘은 지혜의 신이 되지 못했을 것이다.

b. 게르만 신화 속, 오딘의 결단성

a) 미미르의 샘에서 눈을 희생하고 존재의 운명의 소리를 듣는 오딘

오딘은 신들이 죽음에의 존재라는 예언을 듣고 난 후, 죽음을 이해

---

102) 같은 책, 399쪽.

하려고 적극적으로 노력한다. 이러한 오딘의 시도는 하이데거가 말한 결단성의 모습과 일치한다. 오딘의 시도는 두 가지 방식으로 나타나는데, 우선 미미르의 샘에서 자신의 눈을 바친 대가로 지혜의 소리를 얻으려는 시도가 그것이다. 오딘의 둘째 시도는 자신의 존재 자체를 이그드라실 나무에 매닮으로써 스스로 죽음에의 존재를 선취적으로 결단하는 것으로 나타난다.

오딘의 첫째 시도를 이해하기 위해서 우리는 우선 게르만 신화 속 세계의 모습이 어떠하며, 미미르의 샘이 무엇을 뜻하는지, 어디에 위치했는지를 아는 것이 필요하다.

오딘이 창조한 세계의 모습은 신들의 세계(아스가르트, 하늘 세계), 인간의 세계(미드가르트, 중간세계), 중간세계의 곁에 거인의 세계(요툰하임)가 있고, 세계 아래쪽 땅속에는 검은 난쟁이들의 세계(스바르트알프하임)와 죽은 자들의 세계(헬)로 구성되어 있다. 물론 신들 이전부터 있었던 북쪽의 추운 니플하임과 남쪽의 더운 무스펠하임은 항상 존재하고 있었다.

이 세계들을 관통하는 세계의 중심에는 이그드라실이란 세계나무가 존재한다. 이 나무의 뿌리는 세 군데의 샘과 연결되어 있다. 첫째 샘(운명의 샘)은 신들의 세계에 있고 우르트(과거), 베르단디(현재), 스쿨트(미래)라는 운명의 세 여신이 관장한다. 둘째 샘은 거인들의 세계에 있고 미미르가 관장하는 미미르의 샘(지혜의 샘)이라 불린다. 셋째 샘은 추운 북쪽의 니플하임에 있고 질투의 샘이라 불린다. 이곳엔 거대한 뱀인 니트회르크가 시기와 질투를 만들어 내고 이그드라실의 뿌리를 갉아먹는다.

이그드라실 나무의 꼭대기에는 세계를 바라보는 독수리가, 뿌리엔 시기와 질투를 조장하는 거대한 뱀이, 그리고 중간엔 독수리와 뱀을 이간질하고 그 소식을 전하는 다람쥐가 산다.

이 설화에서 세계나무인 이그드라실은 세계 이전부터 세계 이후까지 존재하는 존재로 묘사된다. 이런 의미에서 세계나무는 생명의 나무이다. 그런데 생명의 나무인 세계나무는, 그 안에서 무수한 존재자들이 자신들의 생명을 지키기 위해 다른 존재자들을 죽이는 일들이 자행되는 곳이기도 하다. 말하자면 세계 나무 안에는 생명과 죽음, 지혜와 질투, 진리와 비진리, 선과 악이 모두 존재한다. 세계나무는 세계의 중심에 존재하는 하나의 나무이지만, 히브리 설화와 달리, 그 안에는 생명과 죽음과 같은 대립적 특징들이 동시에 포함되어 있다.

이그드라실의 뿌리가 닿아 있는 곳엔 세 개의 샘이 있다. 특히 운명의 샘은 신들의 세계와 연결되어 있다. 이것은 신들 역시 운명을 피할 수 없음을 뜻한다. 게르만 신화에 등장하는 신들은 영원하고 절대적인 것이 아니라, 시간의 흐름 속에서 삶과 죽음을 피할 수 없는 유한한 신들이다. 말하자면 시간과 무관한 그리스 신화와 달리, 게르만 신화 속 신들의 존재는 시간과 연결되어서만 이해될 수 있는 것이다.[103] 따라서 게르만 신화에는 신들의 탄생과 더불어 이미 신들의 황혼과 죽음이 암시되어 있으며, 신화의 전체적인 이야기 속에는 죽음이 내뿜는 음울한 기분이 지배적이다.

이러한 기분은 이그드라실이라는 세계공간과, 신들의 죽음이라는 세계시간을 종과 횡으로 관통해 흐르고 있다. 그러나 죽음으로부터 연유하는 기분은 게르만 신 오딘으로 하여금 죽음의 비밀을 알게 하는 계기이기도 하다. 이제 오딘은 죽음을 직시하고 죽음의 본래적 의미를

---

103) 안인희, 『안인희의 북유럽 신화』, 2권, 19쪽: "세계공간에 시간을 포함시키는 것은 인도-게르만 사유의 특성이다."

밝히기를 시도하는데, 그 장면에서 등장하는 것이 샘물이다.

게르만 신화에서 등장하는 샘물은 신들의 삶과 죽음, 즉 신들의 존재 전체를 관장하는 지혜가 들어 있는 보고로 묘사된다. 그런데 지혜의 샘도 아마 조건 없이 주어지는 것이 아니라, 그에 합당한 몫, 즉 모이라를 요구한다. 말하자면 신들은 지혜를 얻기 위해 샘물을 마셔야 하지만, 그러기 위해서는 대가를 치러야 한다. 지혜는 일종의 희생을 필요로 한다. 이런 점은 오딘이 샘으로부터 지혜를 얻기 위해 자신의 눈을 바치는 장면에서 잘 나타난다. 오딘은 지혜의 샘물을 마시는 대신 자신의 한쪽 눈을 미미르의 샘에 바친다. 그 후 그는 지혜의 샘을 언제든지 마실 수 있으며, 미미르의 샘 속에 있는 그의 또 다른 눈은 그가 볼 수 없는 것까지 보는 능력을 갖게 한다. 한쪽 눈을 희생한 대가로 오딘은 이제 서로 상이한 두 세계를 볼 수 있는 눈들을 다시 얻게 된 것이다. 이 눈은 기존에 존재하는 것을 볼 수 있는 눈이기도 하지만, 다른 한편 전쟁을 예측하고, 전쟁을 통해 감춰져 있던 것이 드러나는 것을 볼 수 있는 눈이기도 하다. 이런 의미에서 오딘의 눈은 기존의 존재를 보는 눈과, 탈은폐하는 존재를 보는 눈, 그리고 궁극적으로 신 자신의 죽음을 앞서 볼 수 있는 눈이기도 하다. 오딘의 얼굴에 남아 있는 눈은 세계의 모든 존재자를 두루 비추는 태양을 상징하고, 미미르 샘 속에 놓여 있는 눈은 밤의 모든 존재자를 비추는 달을 상징한다. 이렇게 오딘은 밤과 낮, 죽음과 삶이란 세계 모두를 볼 수 있는 눈을 갖게 된 것이다.[104] 이 점을 하이데거는 횔덜린의 시를 인용해 "오이디푸스는 아마도 눈 하나를 더 갖고 있었다"라고 표현하고 있는데, 이러한 하이데거의 표현은 자신의 눈 하나를 희생한 오딘의 행위와 비교될 수

---

104) 같은 책, 1권, 49쪽.

있을 것이다.

b) 이그드라실에서 죽는 오딘과, 루네 문자

삶과 죽음의 세계를 이해하기 원하는 오딘의 시도는 죽은 예언녀로
부터 존재와 죽음에 얽힌 자신의 운명을 전해 듣는 일에서 시작하여,
그것을 극복하기 위해 자신의 눈을 미미르 샘에 바치고, 또다시 스스
로 죽음의 세계를 경험하는 것으로 이어진다. 오딘은 자신의 죽음을
자신의 존재로 선취적으로 경험하기를 결단하고 있다. 이것은 이그드
라실이라는 세계나무에 스스로 매달리는 장면으로 묘사된다.

죽음에 대한 지혜를 얻기 위해 오딘은 자신의 양쪽 겨드랑이 사이로
창을 꽂아 이그드라실 나무에 매달린다. 그는 먹지도 않고 잠도 자지
않고 9일 동안 나무에 매달려 있으면서 스스로 죽음의 경계선에서 존
재하며, 죽음의 세계와 죽은 자들의 존재를 보게 된다. 그는 스스로 죽
음을 죽음으로 경험하고 죽음의 지혜를 얻음으로써, 좋은 죽음을 스스
로 선택하고 세계의 모든 면을 알 수 있는 지혜를 갖게 된다. 이로써
밤과 낮의 지혜(미미르 샘의 눈과 자신의 눈)뿐 아니라, 삶과 죽음의
지혜(이그드라실에서 죽음의 사건)도 얻게 되며, 결국 그는 모든 존재
세계의 존재의미를 이해하게 된다.[105] 이것은 존재의 시-공간-유희
(Zeit-Spiel-Raum) 전체를 보게 되는 사건(Er-Äugnis)을 뜻한다. 왜
냐하면 이제 오딘은 이러한 존재사건을 통해 언어의 본질에 다가갈 수
있게 되고, 그에게 루네 문자가 주어졌기 때문이다. 루네 문자의 내용
은 다음과 같다(에다, 96쪽):

---

105) 이 점 역시 샤머니즘적으로 이해될 수도 있다.

바람 몰아치는 나무에/ 아홉 밤을 매달려 있었음을/ 기억하고 있노라// 창에 찔려서/ 목숨을 바치니// 바로 나 자신에게 바쳤도다// 뿌리의 근원을// 아무도 모르는// 나무에 매달려 있었노라.

빵도 술도/ 가져다주지 않았으나// 거기에서 내가 몸을 굽혀/ 루네 문자들을 거둬 올려/ 소리치며 배웠다.// 결국 땅에 떨어져 풀려났도다.

…

그 후로 지력이 늘고/ 깊은 생각 시작하니// 부쩍 성장했고 기분도 좋아졌구나.// 말에서 말이 나와/ 다음 말을 이어 주고// 행위에서 행위가 나와 다음 행위를 이어 주었도다

루네 문자는 죽음의 상태로부터 삶의 상태로 전이시키는 능력을 지니며, 삶의 수수께끼를 풀어 주기도 하며, 불행을 이기고 승리하는 방법을 제시한다. 이 점에 대해 『에다』는 다음과 같이 묘사하고 있다.(에다, 오딘의 루네 문자 6.3, 143쪽 이하):

루네 문자를 알아야 하니/ 지혜의 막대요// 아주 강한 막대이며// 아주 영험한 막대이니라.// 최고의 연사[106]가 생각해 내고/ 위대한 신들이 만들었으며// 최고의 용사가 글자를 새겼노라// … //글을 새길 줄 아느냐?/ 해석할 수 있느냐?// 그릴 수 있느냐?/ 시험할 수 있느냐?// 청원할 수 있느냐?/ 제사드릴 줄 아느냐?// … //왕비도 모르고/ 인간들도 모르는// 노래들을 나는 알고 있노라/ 첫째는 도움이니/ 싸움, 분쟁과 근심에서// 도움을 주기 때문이다// … //열두 번째 노래는/ 처형당해 죽은 자가/ 나무에 매달려 있을 때/ 루네 문자로/ 이 노래를 새기면// 살아 내려와 대화를 나누느니라. …

---

106) 오딘을 뜻한다.

열네 번째 노래를 아니/ 내가 백성들에게// 신들의 이름을 불러 주리라

다른 곳에서는 오딘이 이그드라실에 매달린 지 9일째 되던 날 루네 문자가 새겨진 지팡이가 오딘에게 건네졌고, 오딘이 그 지팡이를 집어 올리자 자유로운 몸이 되어 땅으로 떨어지게 되는 장면이 묘사되고 있다.[107]

『에다』의 노래에 따르면 루네 문자는 오딘이 찾아낸 것이기는 하지만 동시에 그것은 오딘에게 주어진 것이다. 말하자면 루네 문자가 건네는 소리에 오딘이 응답할 때 루네 문자는 들리게 되는 것이다. 왜냐하면 루네 문자는 오딘의 일방적인 노력에 의해 만들어지거나 알게 된 것이 아니라, 지팡이를 통해 건네진 것이기 때문이다. 언어의 근원인 루네 문자가 오딘에게 주어진 것이라는 표현은, "언어가 말한다"라는 하이데거의 표현에서 다시 발견된다.

또한 위의 인용문에 따르면 루네 문자는 죽은 오딘을 나무로부터 풀려나게 하여 땅으로 떨어지게 한다. 루네 문자는 죽은 자를 산 자로 변이시키는 문자이기 때문에, 이제 루네 문자를 통해 산 자와 죽은 자의 대화가 가능해진다.

이와 같이 루네 문자는 삶과 죽음의 세계를 두루 알게 하는 지혜의 문자다. 그것은 문자가 주어질 때까지 기다리는 것을 필요로 한다. 그런데 그 문자는 용감한 용사에 의해 새겨진 것이기에, 루네 문자를 알기 위해서는 정신의 용기가 필요하다. 또한 이전까지의 모든 일상적, 일반적인 문자의 의미로부터 떠나는 것이 필요하다. 왜냐하면 그때 비로소 루네 문자는 전혀 새로운 지평에서 새로운 이름을 고지하기 때문

107) 라이너 테츠너, 『게르만 신화와 전설』, 성금숙 옮김, 범우사, 2005, 99쪽.

이다. 이런 의미에서 그 문자는 신적인 문자다. 그리고 지혜의 신 오딘의 역할은 신의 문자를 백성들에게 전달하는 것이다. 이런 오딘의 모습은 휠덜린의 경우 반신인 시인의 역할로 나타나며, 하이데거의 경우 존재의 의미를 알리는 사유가의 역할로 나타난다. 말하자면 루네 문자는 바로 시인과 사유가의 말인 것이다.

루네 문자는 깊은 생각을 하게 하고 지력을 높이며 존재자의 이름을 명명하는 언어이다. 그것이 마법의 문자인 이유는, 존재자에게 이름을 부여함으로써 은폐되었던 존재자를 밝히는 역할을 하기 때문이다. 마법의 루네 문자를 통해 지금까지 은폐되고 알려지지 않은 존재자의 의미가 드러나게 된다. 그리고 존재자의 이름을 불러 냄으로써 존재자를 드러나게 한다는 것은 그 문자가 지니고 있는 능력을 표현하고 있다. 왜냐하면 이름을 통해 비로소 존재자의 정체가 드러나고 존재자가 불려질 수 있기 때문이다. 이렇게 인간들에게 존재의 수수께끼를 드러내고 전달하는 오딘의 존재방식은 그의 짐승들의 이름에서도 확인된다. 오딘이 항상 데리고 다니는 짐승 중 까마귀의 이름이 후긴(생각)과 무닌(기억)이다.

이들은 오딘의 지혜와 사유능력을 상징한다. 그들은 세상에 날아가 보고 들은 것을 자세히 살피고 오딘의 양 어깨로 돌아와 보고하는 역할을 한다. 그들은 세계에서 일어난 일들과 사건들을 보고하고, 이를 들은 오딘은 이 보고를 바탕으로 사유하고 기억 속에 저장한다. 그러나 이들의 보고는 이미 예언되어 있는 사건을 드러내는 것에 불과하다. 즉 오딘의 지혜는 세계에서 벌어지는 존재사건들을 시원적인 지혜를 회상함을 통해 헤아리는 지혜인 것이다. 왜냐하면 그의 지혜는 과거와 현재, 미래를 아우르는 죽은 예언자로부터 들은 지혜이며, 또한 루네 문자로부터 들은 지혜이기 때문이다. 그런데 이 지혜들은 이미 시원적으로 주어진 지혜이기에, 오딘에게 필요한 것은 회상을 통해 시원적 지혜를 사유해 내는 일이다.

그럼에도 오딘의 지혜 안에는 불안의 그림자가 항상 드리워져 있다. 왜냐하면 오딘은 자신을 포함한 모든 신들과 신들이 창조한 세계가 최후의 날, 즉 라그나뢰크 때 종말을 고한다는 사실을 알고 있기 때문이다. 이처럼 오딘의 지혜는 종말을 막기 위한 데 맞춰져 있지만 그것을 결국 막을 수 없으며, 종말이 오는 것은 피할 수 없는 운명이라는 사실을 알고 있는 지혜이기 때문에, 그것은 유한하고 불안한 지혜에 그친다. 이런 점은 하이데거의 사유에서, 존재의 유한성, 사유의 유한성이란 모습으로 다시 나타난다.

c) 게르만 신화에서 라그나뢰크와 신들의 죽음, 그리고 새로운 탄생의 의미

게르만 신화에서 죽음에 대한 결단성은 최종적인 죽음을 대비하는 죽은 용사들의 모습에서 발견된다. 이들은 이미 죽은 자들이지만 최종적으로 죽은 자들은 아니다. 그들은 최종적인 죽음의 전쟁 때까지 아스가르트에 있는 오딘 신의 궁전 발할에 머문다. 발할은 "전쟁터에서 용감하게 싸우다 죽은 전사의 집"[108]이란 의미를 지닌다. 오딘은 발키리들로 하여금 죽은 전사들의 혼령을 발할 궁으로 데려오게 한다. 발키리들에 의해 선택된 죽은 전사들은 "아인헤리"라고 불린다. 이들은 "죽지 못하는 자들"이란 의미를 지닌다. 이들은 죽었으면서도 죽지 못하는 자들이다. 그들은 신들의 최후의 전쟁인 라그나뢰크를 맞기 위해 항상 훈련을 받고 서로를 죽이지만, 밤이 되면 다시 살아나 시문학의

---

108) 안인희, 『안인희의 북유럽 신화』, 2권, 50쪽.

신 브라기의 노래를 들으며 만찬을 즐긴다. 물론 이들이 먹는 고기도
항상 다시 살아난다:

> 죽은 용사들 모두/ 오딘의 궁궐에서
> 날마다 결투를 한다.
> 전사자들을 가려 뽑지만/ 전투가 끝나면
> 궁궐로 와서 아스 신들과 엘주 마시고
> 세흐림니르 고기를/ 배불리 먹고
> 서로 평화롭게 지낸다.(에다, 46쪽)

  이곳에서는 죽음과 삶이 서로 대립되지 않고 서로 순환하며 이어진
다. 게르만 신화에서 나타나는 영웅들의 죽음과 삶의 순환은, 영웅들
의 존재가 죽음을 자신의 존재로 받아들이며 사는 인물임을 드러낸다.
게르만 신화 속 영웅들은 죽음을 자신의 존재로 선취적으로 받아들이
며 살아가는 "죽음에의 존재"이다. 이것은 거꾸로 게르만 신화에서
"죽음에의 존재"야말로 영웅의 조건을 갖추는 자임도 보여 준다. 이런
모습은 발키리의 모습에서도 발견된다.
  발키리들은 오딘의 명령을 받고 지상의 전투에 개입하고, 그때 죽은
전사들을 오딘의 궁 발할로 이끌어 오는 역할을 한다. 그녀들은 아름
다운 외모를 지니지만 동시에 무시무시한 특징을 지닌다. 말하자면 무
시무시한(deinon) 아름다움(kalon)이 그녀들의 존재의 특징인 것이
다. 또한 전투의 운명을 결정하기도 한다는 점에서 발키리들은 운명의
여신 노르네들의 역할도 한 것으로 보인다.[109] 단지 노르네가 인간의

---

109) 같은책, 2권, 56쪽.

운명과 수명을 관장한다면, 발키리들은 전쟁 중에 벌어지는 인간의 죽음과 연관된 운명을 관장한다는 차이를 지닌다. 그녀들은 발할에서의 잔치 때 전사들에게 음식과 술을 날라 주는 아름다운 여인들이면서, 동시에 전사들의 죽음을 결정하고 그들을 발할로 데려오는 음산한 여인들이기도 하다.

이 모습은 하이데거가 주장하는 죽음에의 존재임을 스스로 결단하고 앞서 선취하려는 현존재의 모습과 닮아 있다. 또한 하이데거가 현존재의 구체적인 존재방식을 해명하기 위해 선택한 소포클레스의 작품 속 "안티고네"의 모습은 게르만 신화 속 발키리와 유사하다. 즉 하이데거가 안티고네를 특별히 다룬 이유는, 안티고네가 게르만 신화의 발키리의 모습을 반영하고 있기 때문이라고 볼 수 있다.

발키리들이 죽은 용사들을 오딘의 궁전 발할로 끌어들여 최종적인 전쟁을 준비하는 동안, 결국 최종적인 사건인 라그나뢰크는 다가온다. 그런데 그 사건의 발단은 아주 사소하고 미약한 신의 죽음과 함께 벌어진다.

게르만 신화에서 신들의 종말은 가장 사랑스러운 신인 빛의 신 발더의 죽음을 시초로 전개된다. 발더 신이 죽음의 운명에 처해졌다는 소식을 들은 오딘은 모든 신과 모든 존재자들에게 발더를 해치지 않을 것을 맹세 받는다. 그러나 너무도 약해 보이는 겨우살이 가지에게서만은 맹세를 받지 못했다. 그런데 맹세를 하지 않은 겨우살이가 있음을 안 로키가, 발더의 동생인 눈먼 신 회두르를 부추겨 나뭇가지를 던지게 한다. 그 나뭇가지에 의해 발더 신은 죽고 만다. 이것은 곧 이어질 신들의 최후에 대한 불길한 징조이기도 하다.

이 모든 일이 로키의 간계에 의한 것임을 알게 된 신들은 로키를 바위 위에 묶어 놓는 형벌을 내린다. 바위 위에서는 독사로부터 독이 떨어지고 있다. 로키를 묶은 쇠사슬은 로키의 아들의 창자로 만들어졌다. 그러나 세상의 마지막 날인 라그나뢰크 때 로키의 사슬은 풀리게 되고, 그의 세 자식들이 오딘과 토르를 비롯한 신들을 죽이고, 자신들도 신들의 아들들에 의해 죽임을 당하게 된다.

이와 같이 라그나뢰크는 빛과 질서와 생명의 상징인 신들과, 파괴와 혼돈의 상징인 거인들 간의 최후의 전쟁이지만, 이 사건은 한 세계의 종말과 새로운 세계의 도래를 위한 필연적인 전쟁이기도 하다. 또한 그것은 자연이라는 존재의 생명의 순환고리를 뜻하기도 한다. 새로운 탄생을 위해 기존의 존재는 원초적인 혼돈으로 돌아가야만 한다. 이러한 사건은 신들이라도 미리 막을 수 없다. 왜냐하면 그것은 신들 위에 존재하는 운명이기 때문이다.

마침내 해와 달을 뒤쫓던 두 늑대 스퀼과 하티가 해와 달을 삼켜 버리고, 불의 신 로키가 사슬에서 풀려나고, 로키의 자식들인 늑대 펜리스와 거대한 미드가르트의 뱀이 나타난다. 오딘은 창 궁니르를 들고 늑대 펜리스와, 토르는 미드가르트의 뱀과, 티르는 지옥의 개 가름과 싸우다 모두 죽는다. 모든 것이 죽고 세계는 온통 혼돈의 불과 연기, 재만이 어지럽게 혼재한다. … 오랜 후 늑대에게 삼켜지기 직전 낳은 해와 달이 다시 나타나고 오딘과 토르 등 신들의 아들들이 나타나고, 새롭고 평화로운 세계가 열리게 된다.

이처럼 마지막 순간인 라그나뢰크는 이미 신들의 탄생이라는 시초부터 알려져 왔던 운명의 순간이지만, 이 순간은 신들의 아들들에 의한 새로운 세계가 시작되는 순간이기도 하다. 이런 점은 하이데거의 주장, 즉 첫째, 인간 현존재가 죽음에의 존재임을 앞서 결단함으로써 자신의 새로운 존재를 다시 회복한다는 것, 둘째 형이상학의 극복을 위해 고대 그리스라는 제1 시원으로 돌아가는 일이 필요하다는 것, 마지막으로 게르만 정신의 회복을 통해 제2의 시원이 완수되어야 한다는 존재사적인 주장과 일치한다.

4 하이데거와 게르만 신화에서 사유의 본질

1) 하이데거에 있어서 사유의 본질로서 회상

a. 서구 형이상학과 현대사회의 계산적 사유

일반적으로 서구 형이상학에서 사유는 존재자를 정확히 파악하는 능력으로 이해되어 왔다. 가령 칸트의 경우 나무라는 존재자를 파악하기 위한 절차는, 나무가 인간의 감각기관에 자극을 주면 인간은 그 나무에 대한 인상을 갖게 되고, 그 인상은 오성을 통해 개념적인 표상으로 전환됨으로써, '저 앞에 한 그루의 나무가 있다'는 것을 확인하게 된다. 그 대상이 물체가 아니라, 추상적인 것일 때도 마찬가지이다. 이런 주장은 이미 플라톤에 의해 이루어졌다. 플라톤에 따르면 인간이 추상적 존재자, 이데아를 인식할 수 있는 것은 이데아에 대한 선험적 인식 때문에 가능하다. 이 능력은 전적으로 이성에 의한 것이다.

이와 같이 서구 형이상학에서 사유는, 그것이 경험론적이든, 칸트적이든, 플라톤적 선험론이든, 모두 존재자와 인간 이성의 대응이라는 형태로 파악되어 왔다. 이러한 경향은 리오타르와 같은 포스트 모던 사상가에 의해, 사유의 본질은 지식이며, 지식은 그것이 잘 팔리는지 유용한지에 의해 그 가치를 인정받을 수 있다는 주장으로 이어진다.

말하자면 이제 사유는 상품으로 변하게 되고, 어떠한 사유의 가치는 경제적 이익에 의해 평가되는 것이다.

또한 탈-현대적 사회에서 사유는 과학적 기술의 형태로 나타남으로써 인간의 존재나 윤리, 진리와는 무관한 능력으로 여겨지게 된다. 이제 사유는 최소한의 투자로 최대의 이익을 창출할 수 있기 위해 새로운 정보를 획득하고 그 정보들을 재생산하는 능력으로 파악되는 것이다.[110]

그런데 하이데거는 현대(혹은 탈현대) 사회의 특징을 "빈약한 사유", 혹은 "사유로부터 도피"(Flucht vor dem Denken)라고 규정한다. 그러나 현대사회는, 겉으로 보기엔 사유로부터 도피하기보다는, 오히려 무궁한 정보들을 요구하는 사회이다. 하이데거 역시 이러한 점을 모르지 않았다. 그는 현대사회의 사유가 단지 실험하고, 계획하는 계산적 사유에 그치는 점을 비판한 것이다. 계산적 사유에 대하여 그는 다음과 같이 말한다:

우리가 계획, 탐구, 경영을 할 때, 우리는 항상 주어진 사정을 계산한다. 우리는 그것을 특정한 목표를 위해 계산된 의도로부터 계산에 세운다. 우리는 처음부터 특정한 성과를 계산한다. 계산은 모든 계획하고 탐구하는 사유를 특징짓는다. 계산적 사유는, 그것이 숫자 작업이 아니고, 계산기 … 등과 관계치 않을 때에도 계산으로 남는다.[111]

하이데거가 계산적 사유라고 지칭한 것은 수학이나 물리학에서, 혹

110) 최상욱, 『진리와 해석』, 다산글방, 2002, 17쪽 이하.
111) M. Heidegger, *Gelassenheit*, Pfullingen, 1986, 12쪽.

은 경영자들과 사업가들에게서 행해지는 계산이 아니더라도, 현대사
회에서 이루어지는 대부분의 사유 형태를 일컫는다. 근본적으로 계산
적 사유는 가치를 평가하는 사유이다. 이때 존재자는 주체인 인간에
의해 가치라는 이름으로 사냥되고 포획된다. 이와 같이 계산적 사유는
존재자를 지배하는 사유이다. 이러한 지배는 존재자와 자연뿐 아니라
다른 인간, 심지어 자기 자신에 대한 지배로 이어진다. 이것이 바로 하
이데거가 보는 현대 기술의 본질이다:

> 현대 기술은 가능한 한의 완전성을 재촉한다. 완전성은 대상들에 대한 계
> 산성에 의거한다. 대상에 대한 계산성은 근거율이 한정 없이 유효하다는
> 전제를 갖는다. 따라서 근거율의 지배가 곧 현대, 기술 사회의 본질을 특징
> 짓는다.[112]

 피상적으로 볼 때, 현대 기술 사회, 현대 자본주의 사회를 지배하는
것은 물질주의로 보인다. 모든 인간적 욕망은 새로운 상품들과 기술로
향하고, 그것이 소유되고 지배되었을 때, 욕망은 또 다른 새로운 상품
을 향해 나간다. 욕망은 어떠한 대상에 고정되지 않고 항상 새로운 대
상을 향해 흐르는 갈증과 같은 것이다. 욕망과 새로운 상품은 마치 서
로의 꼬리를 물고 있는 두 마리 뱀과 같이 쫓기는 좇음이란 형태로 나
타난다.
 그런데 하이데거에 따르면 현대사회의 외양은 물질주의가 틀림없지
만, 물질주의를 지배하는 것은 물질이 아니라 정신이다. 욕망이 극대
화된 현대 자본주의와 기술 사회를 지배하는 것은 은폐된 기술의 본질

112) M. Heidegger, *Der Satz vom Grund*, 198쪽.

인 서구 형이상학이다. 따라서 현대사회의 위험성은 그 본질인 형이상
학을 파악하고 극복하기 전에는 결코 사라질 수 없다. 이런 의미에서
하이데거는 물질주의야말로 가장 위험한 정신의 형태라고 말한다. 왜
냐하면 현대인들은 물질주의의 본질이 정신이라는 점, 특히 인간이 더
이상 저항할 수 없도록 인간 자체를 넘어서는 정신이라는 점을 알지
못하기 때문이다. 이 점에 대하여 하이데거는 다음과 같이 말한다:

> 사람들은 문명의 시대가 비-마술화의 시대라고 하며, 이것은 더 이상 의심
> 스럽지 않은 듯이 보인다. 그럼에도 불구하고 이것은 전도되었다 … 기술
> 에 의한 마법에 홀림, 그리고 기술이 끊임없이 발전한다는 것은, 이러한 마
> 법에 홀린 한 표시이다. 이러한 마법에 의해 모든 것은 계산함, 사용, 사육
> 됨, 다루기 쉬움, 정돈으로 재촉되어진다.[113]

이러한 하이데거의 경고에 대하여 비에타는, 하이데거가 종교, 신
화, 이데올로기 붕괴 후, 그리고 계몽주의적 비신화 이후 기술에서 마
지막 마법(Behexung)을 보고 있다고 평가한다.[114]
　비에타는 하이데거의 주장과 연관해, 현대사회의 사유의 특징을 계
산적 사유, 주체와 객체를 분리시켜 객체를 대상으로 가치 평가하는
대상적 사유, 근거율에 입각한 사유, 신화를 벗어난 계몽주의적 신화
처럼 보이지만 그 본질은 신화적 사유, 파시스트적 사유, 정치와 경제
적 권력에 의한 사유, 이데올로기적 사유, 질보다는 양적인 거대함을

---

113) M. Heidegger, *Beiträge zur Philosophie (Vom Ereignis)*, GA 65, 124쪽.

114) S. Vietta, *Heideggers Kritik am Nationalsozialismus und an der Technik*, Nie-
　　meyer, Tübingen, 1989, 78쪽.

추구하는 사유라고 평가한다.[115] 현대사회에서 사유는 권력, 즉 힘에 봉사하는 사유가 되며, 인간은 "이성적 동물"(animal rationale)로부터 "기술적 동물"(das technisierte Tier)이 된다. 그런데 현대 사유의 이러한 특징은, 하이데거에 따르면, 우연한 것이 아니라 서구 형이상학적 사유의 필연적인 결과이다. 따라서 서구 형이상학적 사유를 극복하는 일은, 그것과는 전적으로 다른 사유에서 가능하다. 이런 점을 하이데거는 계산적 사유(das rechnendes Denken)와 달리 숙고적 사유(das besinnliches Denken)라고 칭한다.

b. 하이데거에 있어서 존재론적 사유의 본질

하이데거가 제시하고 있는 사유의 본질은 존재자(감각적이든, 관념적이든)에 대한 인식에 있는 것이 아니라, 서구 형이상학에 의해 망각되어 온 존재의 의미를 질문할 때 비로소 도달할 수 있다. 존재자에 대한 사유와 달리 존재의 의미를 묻는 사유는 명시적이고 결정적인 대답을 갖지 못한다. 왜냐하면 존재론적 사유가 불완전하거나 부정확하기 때문이 아니라, "존재의 의미"라는 것 자체가 규정될 수 없기 때문이다.

예를 들어 컵이라는 존재자에 대해서, 존재자와 연관된 사유는 '그것이 컵이다'라고 단정적으로 대답할 수 있지만, 그 컵의 존재의미가 무엇인지를 묻는 존재론적 사유는 세계(공간)와 역사(시간), 실존에 따라 변하기 때문에 그 컵의 의미를 단정적으로 규정할 수 없다. 하이데거식으로 말한다면 컵이라는 존재자와 컵의 존재는 다르다. 물론 컵의 존재의미는 컵이라는 존재자를 떠나서는 말해질 수 없지만, 컵의 존재의미에 대한 질문과 컵이라는 존재자에 대한 질문은 전혀 다른 지

---

115) 같은 책, 78쪽 이하.

평에 있다. 이렇게 존재와 존재자가 다르다는 점을 하이데거는 "존재론적 차이"(die ontologische Differenz)라고 부른다.

존재자와 차이를 지니는 존재에 대한 사유가 확정된 대답을 갖지 않는다는 점에서, 혹자는 존재론적 사유가 무용한 것이라고 비판할 수도 있다. 하이데거 자신도 기술, 과학, 경제와 권력, 자본의 세계에서 지배적인 '명료하고 유용한 계산적 사유'와 달리, 숙고적 사유는 "1) 과학처럼 어떠한 지식에 이르지 못하며, 2) 유용한 삶의 처세술을 주지 못하고, 3) 세계의 수수께끼를 풀지 못하며, 4) 직접적으로 행동할 힘을 주지 못한다"[116]라고 말한다.

하이데거도 인정했듯이 숙고적 사유가 명료한 대답을 주지 못한다면, 그것이 무슨 의미가 있을까?라는 비판이 가능하며, 위에서 언급했듯이 그러한 사유는 무용하고, 무의미해 보이기도 한다. 그러나 시각을 바꿔서 생각한다면 규정적인 대답을 주는 것이 곧 진리가 아님을 알 수 있다.

예를 들어 아침에는 다리가 넷, 점심 때에는 둘, 저녁엔 셋인 자는 누구인가라는 스핑크스의 질문에 오이디푸스는 인간이라고 대답했다. 그는 스핑크스의 질문에 대하여 "그것은 인간이라는 존재자다"라고 말한 것이다. 그것은 명료한 대답이고, 오이디푸스는 답을 맞춘 후 스핑크스의 폭력을 해결할 수 있었다. 그 정도로 그의 답은 명료하고 유용했다. 그러나 과연 그랬을까?

소포클레스의 작품에 따르면 오이디푸스는 스핑크스가 제시한 존재자가 인간이라는 대답을 제시했지만, 그렇게 명료한 대답에도 불구하고, 그는 "인간이 누구인지", 즉 "인간이란 존재자의 존재의미"에 대해

---

116) M. Heidegger, *Was heißt Denken?*, Niemeyer, Tübingen, 1984, 161쪽.

서는 알지 못했던 것이다. 그는 계산적 사유에 능했지만 숙고적(존재
론적) 사유엔 무지했던 것이며, 이로 말미암아 그는 자신의 부모와 자
신, 그리고 자식들까지 모두 비극으로 빠뜨리는 인물이 되고 만다. 만
약 그때 그가, 비록 무용해 보일지라도, 존재론적인, 즉 숙고적인 사유
를 통해 대답보다 질문을 택했다면 어떤 일이 벌어졌을까?

하이데거는 숙고적 사유의 특징으로 "질문함"을 들고 있다. 대답하
는 계산적 사유와 달리, 숙고적 사유는 질문하는 사유이며, 그 질문의
길을 따라 걸어가는 사유이다. 숙고적 사유는, 길(hodos)을 따라
(meta) (Methode), 길을 걸어가면서(실존: Existenz) 질문하고, 이렇
게 질문하는 가운데 예기치 않은(Ek-sistenz) 대답이 들려올(Ge-
schick) 때, 자신이 걸어 온 길이 무엇이며, 자신의 발걸음의 의미가
무엇인지, 그리고 그러한 길 가운데 존재한다는 사실이 무엇인지 이해
하는 사유방식이다. 이런 점을 우리는 하이데거의 작품 『숲길』에서 확
인할 수 있다:

> 숲이란 말은 삼림의 옛 이름이다. 숲 속에는 길들이 존재하는데, 많은 길들
> 은 대부분 걸어 보지 못한 곳에서 갑자기 끝난다. 이 길들을 숲길들이라 칭
> 한다. 각각의 길은 따로 나 있지만, 동일한 삼림 안에 있다. 종종 어떤 길이
> 다른 길과 똑같아 보이기도 한다. 그럼에도 그것은 단지 그렇게 보일 뿐이
> 다. 나무꾼과 삼림지기는 숲길들 안에 존재한다는 것이 무엇을 뜻하는지
> 안다.[117]

이 인용문과 같이 존재론적, 숙고적 사유는 대상에 대한 사고도 아

---

117) M. Heidegger, *Holzwege*, Vittorio Klostermann, Frankfurt, 1980, 3쪽.

니고, 대상 전체를 밖에서 투시하는 사고도 아니며, 오히려 존재 세계 안에서 스스로 걸어가면서 깨닫는 사유이다. 그것은 숲과 숲 속의 나무들을 파악하는 사고가 아니라 숲과 숲 속의 나무들이 태곳적부터 들려주는 언어를 듣는 사유이다. 그러한 사유가 가능한 것은 인간이 사유를 만들어 내기 때문이 아니라, 반대로 숲이라는 존재가 인간에게 먼저 주어져 있고 숲이 시원적 소리를 먼저 들려주기 때문이다.

　이러한 하이데거의 입장은 신에 대한 예에서도 찾아볼 수 있다. 신을 존재자로 파악하는 경우, 우리는 신을 대상으로 놓고 신에 대하여 이렇게 저렇게 규정할 수 있다. 이때 신을 규정하는 사고방식을 유신론적 사고, 부정하는 방식을 무신론적 사고라고 구별한다. 그러나 하이데거에 따르면, 신의 존재의미를 묻는 숙고적 사유는 신을 "대상"으로 여기지도 않으며, 신을 외부로부터 전체적으로 조망할 수 있는 듯한 태도도 취하지 않는다. 오히려 숙고적 사유는 신의 존재로부터 그의 의미가 무엇인지를 질문한다. 이 점에 대하여 하이데거는 다음과 같이 말한다:

　존재의 진리로부터 비로소 성스러운 것(das Heilige)의 본질이 사유된다. 성스러운 것의 본질로부터 비로소 신성(Gottheit)이 사유되어야 한다. 신성의 본질의 빛 안에서 비로소 〈신〉이라는 단어가 무엇으로 명명되어야 하는지가 사유되고 말해질 수 있다 … 우리가 인간, 즉 탈존적 존재(das eksistente Wesen)로서, 신이 인간에 관여한다는 것을 경험할 수 있다면, 그때 비로소 우리는 이 말 모두를 사려 깊게 이해하고 들을 수 있는 것이 아닌가?[118]

---

118) M. Heidegger, *Wegmarken*, 348쪽.

숙고적 사유는 형이상학과 달리 존재의 근원으로, 즉 시원적 존재로 되돌아가고, 그 존재의 소리를 들을 수 있을 때 비로소 가능한 것이다. 이런 이유로 하이데거는 숙고적 사유의 특징을 회상이라고 말한다. 그러나 하이데거가 말하는 회상은 현재에는 더 이상 존재하지 않는 과거의 일을 기억해 내는 것이 아니다:

> 회상은(Andenken) 단순히 이미 있었던 것에 대해 사유하는 것이 아니라, 오히려 동시에 도래하는 것 '으로' 앞서-사유하고, 고향적인 것의 장소성을 숙고하고, 그 장소성에서 건립되어야 하는 근거를 숙고함을 뜻한다.[119]

회상은 형이상학 이전의 고향적이고 시원적인 존재를 경험하는 일이며, 앞으로 도래할 존재사건을 준비하는 경험을 뜻한다. 이처럼 회상은 더 이상 존재하지 않는 것, 이미 사라져 버린 것에 대한 기억이 아니라, 시원적이고 미래적인 존재가 현존하여 전해 주는 말을 듣는 일이다. 이때 비로소 인간은 자신의 본래적인 존재를 경험하게 되며, 존재자를 존재자로서 이해하게 된다. 따라서 회상의 본질을 하이데거는 감사함(Danken)이라고 말한다. 즉 회상은 감사한 사건들 모두를 인간의 마음에 담는 일이다:

> 'Gedanc' 라는 시원적인 단어는 모아지고, 동시에 모든 것을 모으는 추모함(Gedenken)을 뜻한다. 'Gedanc' 는 마음(Gemüt), 용기(muot), 가슴과 같은 것을 뜻한다.[120]

---

119) 마르틴 하이데거, 『횔덜린의 송가 〈이스터〉』, 235쪽.
120) M. Heidegger, *Was heißt Denken?*, 92쪽.

회상은 시원적인 존재의 흔적을 모으고 그것을 마음에 담는 용기이며, 그것을 현재적으로 추모하는 감사함을 뜻한다. 따라서 사유는 이미 시원적으로 사유된 것(das Gedachte), 도래적으로 사유되어야 할 것(das Zu-Denkende), 그것들을 마음에 간직하는 기도(Andacht)와 같은 특징을 띤다. 이렇게 인간 현존재에게 다가오는 시원적 존재의 도래를 하이데거는 역운(Geschick)이라고 부른다. 회상의 본질은 존재가 보내는 역운을 자신의 존재로, 즉 운명(Schicksal)으로 받아들이는 데 놓이게 된다. 그렇다면 하이데거가 주장하는 사유의 본질은, 신과 인간 사이에서 말을 전하는 헤르메스와 같이, 존재의 고지를 전하고 받아들이는 일과 동일한 의미를 지니게 된다. 그런데 이러한 하이데거의 해석을 우리는 게르만 신화에서 발견할 수 있다.

2) 게르만 신화 속 동물들의 상징적 의미: 후긴(사유)과 무닌(회상)

아스가르트에 있는 오딘 신의 궁전은 발할(Walhal)이라 불린다. 발키리들은 최후의 전쟁인 라그나뢰크를 대비해서 죽은 용사들을, 더 정확히 말하면 죽었지만 죽지 않은 그리고 마지막 라그나뢰크 때 죽을 용사들을 — 이들은 "아인헤리"라고 불린다 — 그곳으로 데려온다. 이 발할의 옥좌에서 오딘은 아홉 세계에서 무슨 일이 일어나는지 내려다본다. 이때 오딘은 자신의 얼굴에 있는 눈, 미미르 샘에 담긴 자신의 눈, 이그드라실 나무에서 죽음을 경험한 후 얻은 눈, 그리고 자신의 동물들인 까마귀 후긴(사유)과 무닌(회상)이란 눈을 통해 세계를 내려다본다.

그런데 게르만 신화에는 까마귀 외에도 몇몇의 특징적인 동물들이 등장한다. 이들이 무엇을 상징하는지 알아보는 것도, 게르만 신화를 이해하는 데 도움이 될 것이다.

게르만 신화에는 오딘의 까마귀(후긴, 무닌)와 오딘의 늑대(게리; 욕심 많은 자, 프레키; 탐식하는 자), 라그나뢰크 때 신들과의 전쟁에서 등장하는 해를 삼키는 늑대 스퀼, 달을 삼키는 늑대 하티, 오딘을 죽이는 늑대 펜리스, 토르를 죽이는 미드가르트 뱀, 티르를 죽이는 지옥의 개 가름, 그리고 독수리가 등장한다.

이러한 동물 중에서 늑대는 북구 지방에서 많이 볼 수 있는 동물로서 용맹함과 잔인함이 특징인 동물이다. 용맹함이란 특징 때문에 오딘의 전사들은 늑대의 가죽으로 옷을 입고 광란적인 분위기에서 전투를 수행했다고 알려진다. 말하자면 늑대는 용맹한 전사의 상징이었던 것이다.[121]

이런 의미에서 늑대는 오딘의 동물이다. 이 점을 에다는 다음과 같이 묘사한다:

오딘에게 오는 자는/ 궁궐을 한 번만 보면
쉽게 알아볼 수 있으리라,
늑대 한 마리가/ 서문(西門)에 매어 있고
위에는 독수리가 한 마리 있구나."(에다, 그림니르의 노래, 10, 24쪽)

그러나 잔인함이란 특징 때문에 늑대는 오딘을 비롯한 게르만 신들을 죽이고 세계를 종말로 이끄는 동물로 묘사되기도 한다:

---

121) 엘리스 데이비슨, 『스칸디나비아 신화』, 76쪽 이하.

끔찍한 일들 일어나니/ 온 세상이 음탕해졌다.

도끼의 시대, 창검의 시대,/ 방패들이 부딪히니

세계가 몰락하기 전의/ 겨울이며 늑대의 시간이었다.

……

이그드라실이 벌벌 떠니/ 거기 서 있는 물푸레나무구나./

……

수르투르 늑대가 풀려 나오니/ 늙은 세계수가 버석거린다.

(저승에 묶인 이들/ 모두가 겁에 질리니

수르투르의 불꽃이/ 물푸레나무를 삼키는구나.)(에다, 에언녀의 계시, 46,

48, 16-17쪽)

다른 곳에서 늑대는 태양과 달을 삼켜 버리는 종말론적 동물로 그려
진다:

감싸 안는 큰 물까지/ 빛나는 여신(태양)을 따라가는

늑대는 스쾰이라 부르고,

다른 놈은 하티,/ 흐로드비트니르의 아들이니

하늘의 신부(新婦, 태양)보다 더 빨리 내달린다.(에다, 그림니르의 노래

39, 31쪽)

늑대와 달리 까마귀는 오딘의 궁전(발할) 안에서 아인헤리들과 연
관해 묘사되고 있다. 아인헤리는 '죽었지만 죽지 않은 용사'들을 뜻한
다. 그들은 최후의 전쟁을 준비하는 자들이다. 이때 까마귀는 신들의
궁극적 전쟁을 알리는 사자의 모습으로 나타난다.

또한 오딘의 까마귀, 즉 후긴(사유)과 무닌(회상)은 시인의 술과 연

관해 등장한다. 그들은 오딘에게 난쟁이들이 지혜의 신 크바지르를 살해한 후 그의 몸으로 꿀술을 만들었다고 보고한다. 이 보고를 들은 오딘은 꿀술, 즉 시인의 술을 얻으러 출발한다. 이때 까마귀는 신의 사자인 시인과 비교되고 있다. 이런 점은 하이데거가 횔덜린을 예로 들어, 시인은 신의 눈짓을 민족에게 전하는 사자와 같다고 말하는 대목을 떠올리게 한다.

뱀의 경우, 니체의 『차라투스트라는 이렇게 말했다』에서 뱀은 차라투스트라의 동물로 묘사된다. 그 뱀은 똬리를 틀고 있는 원형의 뱀으로서 영원회귀를 상징하고, 차라투스트라의 또 다른 동물인 독수리의 부리에 매달려 있는 모습으로도 나타난다. 이때 뱀은 온몸으로 대지를 기어다니는 동물, 즉 가장 대지적인 동물을 상징한다. 따라서 독수리의 부리에 뱀이 매달려 있는 모습은, 니체의 사상에서 초월의 의미가 대지를 버리고 하늘의 세계로 향하는 것이 아니라, 대지 자체가 하늘처럼 높아지는 초월임을 상징한다.[122] 동시에 뱀은 허무주의를 상징하는 동물로도 그려진다. 뱀은 인간과 존재자 전체의 목을 틀어막고 죽이려는 존재이기에, 이제 남은 선택은 뱀에 질식해 허무주의로 끝나든가 혹은 뱀을 물어뜯음으로써 허무주의를 극복하든가라는 삶과 죽음의 전쟁만이 남아 있을 뿐이다.[123] 이처럼 뱀은 니체의 작품에서 이중적인 특징을 지닌 동물로 묘사된다.

게르만 신화에서도 뱀은 니체의 경우와 유사하게 이중적인 특징을 지닌 동물로 묘사된다. 우선 미드가르트의 뱀은 게르만 신화에서 우주목을 상징하는 이그드라실의 밑둥에서 살고 있는 존재자이다. 말하자

---

122) 니체, 『차라투스트라는 이렇게 말했다』, 머리말: 최상욱, 「니체와 종교」, in: 『오늘 우리는 왜 니체를 읽는가』(공저), 책세상, 2006, 459쪽 이하.

123) 니체, 『차라투스트라는 이렇게 말했다』 중 "환영과 수수께끼에 대하여" 참조.

면 뱀은 게르만 신화 속 세계를 지탱하는 근거와 같은 존재인 것이다. 반면에 세계의 종말(라그나뢰크) 때 미드가르트의 뱀은 세계를 흔들고 독으로 오염시켜, 결국 종말에 이르게 하는 동물이기도 하다. 말하자면 미드가르트의 뱀은 게르만 신화 속 세계를 지탱하는 근거이자, 그 세계를 몰락시키는 장본인이다.

뱀이 세계를 지탱하는 근거라는 점은 토르가 우트가르트 로키와 대결하는 장면에서도 묘사된다. 여기서 뱀은 세계 자체로 그려진다. 이때 토르는 미드가르트 뱀을 거의 들어 올리지 못하여 패배하는 것으로 묘사되지만, 다른 한편 히미르와 토르가 만나는 장면에서는, 토르가 바다 깊숙이 있는 미드가르트 뱀을 끌어올려 망치로 가격함으로써 승리를 거두는 모습으로도 그려진다. 그러나 부상을 입은 미드가르트 뱀이 라그나뢰크 때 복수할 것을 다짐하는 모습에서 신들의 죽음과 뱀의 연관성이 암시되고 있다.[124] 이렇게 게르만 신화 속 뱀은 세계를 유지하기도 하고 멸망시키기도 하며, 신들을 죽이게 되는 거의 신적인 존재로 나타난다.

또한 게르만 신화에 자주 등장하는 동물로 독수리를 들 수 있다. 독수리는 서구 사상에서 가장 중요한 상징적 동물 중 하나이다. 독수리는 로마 황제를 상징하기도 했고, 그 후 독일의 문장, 미국의 문장으로도 널리 사용되어 왔다. 또한 독수리와 연관된 이야기는 그리스 신화를 통해서도 잘 알려져 있다.

프로메테우스는 불을 훔쳐 인간에게 전해 준 죄로 제우스로부터 독수리에 의해 간을 뜯기는 벌을 받는다. 이때 독수리는 제우스 신의 동물이자 제우스 자신이기도 하다. 또한 프로메테우스가 벌을 받는 이유

---

124) 라이너 테츠너, 『게르만 신화와 전설』, 154쪽 이하, 168쪽 이하.

가 불을 훔쳤기 때문이라면, 그에 대한 제우스의 벌로서 독수리는 불새, 즉 피닉스를 상징한다.[125] 말하자면 불을 훔친 프로메테우스는 제우스의 또 다른 불에 의해 고통을 당하게 되는 것이다. 이런 의미에서 그리스 신화 속 독수리는 신의 새이자, 하늘의 새, 불의 새라는 특징으로 나타난다. 그런데 정작 독수리를 이러한 상징으로 이해한 것은 그리스 로마 정신보다 게르만 정신에서 유래한 것이다. 이 점에 대해 데이비슨은 다음과 같이 말한다:

> 독수리를 강력한 종교적 상징으로 사용한 것은 게르만 민족이었으며, 또한 켈트족에게도 알려졌다. 바이킹 시대 이전 시기의 투구 금속판에는 독수리의 깃 장식이 달린 투구를 쓰고 있는 전사들의 모습이 나타나 있다. 또한 서튼 후에서 출토된 위대한 왕실 방패에도 화려한 독수리가 그려져 있다. 바이킹 시대의 고틀란트 비석에서는 독수리가 발할라로 들어가고 있는 모습으로 새겨진 것을 많이 볼 수 있으며, 그중에는 독수리가 전투가 벌어지는 상황과 제물을 바치는 의식을 주재하는 모습이 정교하고 화려하게 장식된 것들도 있다.[126]

이처럼 게르만 신화에서 독수리는 오딘의 동물이자 오딘 자신이기도 하다.[127] 나무에 앉아 세계를 내려다보는 독수리는 아스가르트 왕좌에서 세계를 내려다보는 오딘 자신을 상징한다. 예를 들어 오딘은 뱀으로 변신해 주퉁의 성채로 들어가 시인들의 꿀술을 마신 후 독수리로 변신해 도주한다. 이때 독수리는 오딘의 또 다른 존재인 것이다.[128]

---

125) 가스통 바슐라르, 『불의 시학의 단편들』, 안보옥 옮김, 문학동네, 2004, 180쪽.
126) 엘리스 데이비슨, 『스칸디나비아 신화』, 81~82쪽.
127) 같은 책, 98쪽.

이와 같이 게르만 신화 속 독수리는 신 자신, 죽음의 용사들의 상징, 죽음으로부터 승리의 상징, 마지막으로 꿀술 이야기의 시인과 연관되어 있다. 특히 시인과 독수리는 신과 민족 사이에서 신의 음성을 들려주는 사자의 역할로 나타나며, 이런 점은 휠덜린의 시 "게르마니엔"에서도 찾아볼 수 있다.[129]

까마귀의 경우, 일반적으로 볼 때 까마귀는 가장 높은 산에 사는 새이다. 따라서 까마귀는 태양의 새로 여겨져 왔다. 이때 까마귀는 불의 새이자 신적 존재의 소식을 전하는 사자로서의 새이다. 이런 점은 게르만 신화에서도 마찬가지이다. 게르만 신화 속 까마귀는 세계의 일들을 오딘 신에게 전하는 동시에 오딘 신의 정신을 세계로 알리는 동물이다. 즉 까마귀는 신과 인간 사이에서 사자의 역할을 하는 동물인 것이다.[130]

또한 게르만 신화의 까마귀, 즉 후긴(사유)과 무닌(회상)은 오딘 자신의 존재를 뜻하기도 한다. 까마귀는 오딘의 사유능력과 회상능력에 대한 상징적인 표현이기도 한 것이다. 그런데 오딘의 정신이 사유와 회상이라고 불린 이유는 그가 구하는 지혜는 일상적인 정보가 아니라, 삶과 죽음을 결단해야 하는 존재론적인 지혜이기 때문이다.

물론 후긴과 무닌은 아침에 세계로 나가 저녁 때 돌아와서 세계에서 일어난 새로운 소식들을 전하는 새로 묘사되기도 한다.[131] 이런 의미에선 후긴과 무닌이 정보를 수집한다고 볼 수도 있다. 그러나 후긴과 무닌이 전하는 소식의 궁극적인 내용은 신의 삶, 죽음과 연관된 지혜

---

128) 라이너 테츠너, 『게르만 신화와 전설』, 70쪽 이하.
129) 마르틴 하이데거, 『휠덜린의 송가 《게르마니엔》과 《라인 강》』, 74쪽 이하, 389쪽.
130) 엘리스 데이비슨, 『스칸디나비아 신화』, 82쪽.
131) 라이너 테츠너, 『게르만 신화와 전설』, 22쪽.

이다. 그들이 전하는 소식은 오딘의 탄생 이전의 신들에 대한 이야기, 오딘 신의 삶과 라그나뢰크에서의 죽음, 그리고 새로운 신들의 탄생에 대한 지혜이기 때문에, 그 지혜는 시원적 지혜를 회상하고 그 지혜를 다시 미래적으로 사유해야 하는 지혜를 뜻한다. 이런 점은 『에다』에 다음과 같이 씌어 있다:

> 후긴이 날아올라/ 하늘을 찾아 머무르니
> 아스 신들은 불길한/ 일을 염려했다.
> 트라인이 털어놓으니/ 무서운 꿈이었고
> 다인이 또한/ 흉한 꿈을 털어놓는다. (에다, 오딘의 루네 마법 4, 51-52쪽)

이와 같이 게르만 신화에서 까마귀, 즉 사유와 회상은 시원적인 지혜를 아는 방식, 그리고 이를 위해 시원적 지혜를 다시 끄집어내고 미래적으로 준비하는 방식을 뜻한다.

이런 점에서 하이데거가 사유의 본질을 시원적 사유에의 회상과, 그것을 미래적으로 재해석하는 사유라고 말한다면 그것은 너무도 게르만 신화적인 주장이라고 볼 수 있다.

5 하이데거와 게르만 신화에서 언어의 본질

1) 하이데거에 있어서 언어의 본질

a. 존재자에 대한 언어론과 하이데거의 존재론적 언어론의 차이

하이데거의 언어론은 일반 언어학자들이 주장하는 것과는 매우 다르다. 언어학자들의 관심이 언어와 존재자 사이에 있다면, 하이데거의 관심은 언어와 존재 사이에 있기 때문이다. 따라서 하이데거의 언어론을 이해하기 위해 우선 존재와 연관된 그의 언어론이, 존재자와 연관된 일반 언어론과 어떻게 다른지를 구분해 보는 일이 필요하다.

하이데거가 주장하는 존재론적 언어는, 첫째 존재자에 대한 언어가 아니다. 그에게 중요한 것은 언어가 존재자를 정확히 반영하는지 여부에 있는 것이 아니다. 예를 들어 존재자에 대한 언어의 경우, 눈앞에 있는 나무라는 사물에 대하여 "그것은 나무다"라고 말하고 그것이 정당하다면, 즉 "나무"라는 언어가 "나무"라는 존재자와 일치하며, "나무"라는 소리, 혹은 문자(기표)가 "나무"라는 "의미"(기의)를 갖는다면, 말하자면 존재자=언어(기표=기의)를 충족시킨다면, 그때 언어는 정당하게 사용되고 있는 것이다. 그러나 하이데거의 경우, 언어의 본래적인 본질은 나무라는 존재자에 대하여 표현하는 데 있는 것이 아니라, 그 나무를 둘러싸고 있는 존재세계와 존재의 의미를 드러내는 데 있다.

가령 나무는 고대 신화에서 보편적으로 하늘과 대지를 연결하는 우주목으로 이해되어 왔다. 고조선의 신단수가 그렇고 게르만 신화의 이그드라실이 그렇다. 나무를 통해 하늘의 신적인 존재와 대지의 인간들

이 서로 만나고, 이때 신에 대한 희생 혹은 감사의 의식이 벌어지기도
한다. 이런 모습은 하이데거가 인용하고 있는 독일 시인 헤벨에게서도
발견된다. 그의 시구는 다음과 같다:

> 우리는 작은 나무들이다 ── 우리가 기꺼이 원해서 동의하든 그렇지 않든
> ── 뿌리를 가지고 대지로부터 솟아올라야만 한다. 청정한 대기 안에서 개
> 화하고 열매를 맺을 수 있기 위해서.[132]

　이 시가 표현하듯이 나무를 통해 우리는 하늘의 비와 대지의 생산력
이 만나는 것을 알 수 있다. 또한 한여름의 더위를 피하기 위해 나무
그늘 아래에서는 인간들의 모임이 이루어진다. 이때 서로 만난 사람들
간에 인사가 이루어지고 집 떠난 사람들에 대한 안부가 물어진다. 이
렇게 나무를 둘러싼, 혹은 나무를 통해 드러나는 존재세계와 의미를
전하는 것이 하이데거가 주장하는 존재론적 언어의 특징이다.
　하이데거의 존재론적 언어의 둘째 특징은 존재자를 있는 그대로 반
영하여 타인에게 전달하는 데 있는 것이 아니다. 하이데거에 따르면
언어는 타인에게 의사를 전달하기 위한 단순한 수단이 아니다. 존재자
에 대한 언어의 경우, 위의 예에서 "나무"라는 표현이 다른 사람에게
올바로 전달된다면, 그때 언어는 자신의 역할을 충실히 수행했다고 볼
수도 있다. 그러나 하이데거의 경우 언어가 보편적으로 전달되는 것은
오히려 언어의 비본래적인 특징에 속한다. 왜냐하면 "존재"는 규정될
수 없을 뿐 아니라, 이 세계의 진정한 물음거리들은 물음으로 존재할
뿐 대답될 수 없는 것이기 때문이다. 오히려 언어가 타인에게 잘 전달

---

132) M. Heidegger, *Gelassenheit*, 14쪽 참조: 최상욱, 『하이데거와 여성적 진리』, 53-54쪽.

된다면, 그것은 특별히 문제가 되지 않은 사태들이나 존재자와 연관된 언어의 경우가 그렇다. 반면에 진지하게 숙고하고 질문해야 할 사안에 대하여 서로 대화하고 논의할 때, 그때 전달이 어렵다는 사실은 누구나 이해할 수 있을 것이다. 이런 이유로, 하이데거는 잘 전달되는 언어는 피상적인 사실만을 전달할 뿐이라고 말한다:

> 평균적인 이해가능성은 〔말이〕 자기를 밖으로 말할 때, 말해진 언어 안에 이미 들어 있는데, 이 평균적인 이해가능성에 따라서 함께 나누어진 말이 널리 이해될 수 있는 것이다. 이때 듣는 이는 말의 '그것에 대해서'를 근원적으로 이해하려는 존재에 참여하지 않아도 된다. 사람들은 이야기되고 있는 존재자를 그리 잘 이해하지 못한 채, 이미 단지 이야기된 것 그 자체만을 들을 뿐이다.[133]

이런 점은 구호나 선전, 혹은 선동 글귀들이 얼마나 잘 전달되는지, 반면에 그러한 선동의 배후 의미가 무엇인지는 얼마나 은폐되어 있는지를 생각한다면 쉽게 이해될 수 있을 것이다.

하이데거가 이해하는 존재론적 언어의 세 번째 특징은, 언어는 인간이 만들어 낸 것이 아니라는 점이다. 일반적으로 언어는 인간이 경험을 통해 만들어 내고, 삶의 유용성을 위해 전달하기 위한 수단이며, 말을 하는 주체는 인간이라는 점이 널리 받아들여지고 있다. 말하자면 언어는 귀를 통해서 듣거나 눈을 통해서 보고, 그러한 인상을 인간에게 익숙한 소리(문자)로 만들었을 때, 언어가 생겨났다는 것이다. 그런데 하이데거는 이러한 주장에 반대한다:

---

133) 마르틴 하이데거, 『존재와 시간』, 231쪽.

우리는 귀가 있을 때 듣는다. 그러나 귀는 음향적 감각기관이 아니다 ⋯ 우리는 귀가 있기 때문에 듣는 것이 아니다. 우리는 듣기 때문에 ⋯ 귀를 갖는다.[134]

하이데거의 주장에 따르면 우리가 말을 하게 된 것은 듣기 때문이 아니라, 오히려 듣기 이전에 우리로 하여금 듣게 하는 것이 먼저이고, 그렇게 듣게 하는 소리를 인간이 들을 수 있을 때 비로소 언어가 생겨난다는 것이다. 말하자면 어떤 존재자를 보고 인간이 임의적으로 언어를 만들어 낸 것이 아니라 그 존재자가 존재자로서 먼저 드러날 때, 그러한 존재자의 존재에 의해 인간은 언어를 발견하게 된다는 것이다.

만약 어떠한 언어가 특정한 발음과 리듬, 억양을 갖는다면, 그것은 인간의 임의적인 고안물이 아니라 그 인간이 속한 존재세계로부터 기인하는 것이다. 예를 들어 남구의 언어가 대부분 입을 벌린 채 끝내는 단어를 많이 갖는 데 반해, 북구의 언어가 입을 닫는 형태의 단어를 갖는 이유는, 그 지방을 둘러싼 존재세계, 즉 기후가 추운지 혹은 더운지에 관계되기 때문이다. 이렇게 볼 때 언어는 존재에 근거하며 존재로부터 유래한다는 하이데거의 주장은 타당성을 갖는다.

그러므로 하이데거는 언어는 존재가 스스로를 드러내는 토포스(현, da)라고 주장한다. 그리고 이런 점을 그는 "언어는 존재의 집"[135]이라고 표현하며, 인간이 말하는 것이 아니라 "언어가 말한다"(Die Sprache spricht)라고 주장하는 것이다:

134) M. Heidegger, *Vorträge und Aufsätze*, 205쪽.
135) M. Heidegger, "Brief über den Humanismus", in: *Wegmarken*, 330쪽.

인간이 말하는 것은, 단지 인간이 언어에 응답할 때뿐이다. 언어가 말한다. 언어의 말함은 (시에서) 말해진 것 안에서 우리를 위해 말하고 있다.[136]

위에서 우리는 "인간은 죽음에의 존재다"라는 하이데거의 표현은 아무 사상가나 할 수 있는 말이 아니라, 게르만 신화적 전통을 반영하고 있는 하이데거이기에 가능하다고 말했는데, 이런 점은 "언어가 말한다"라는 그의 표현의 경우도 마찬가지이다. 이렇게 독특한 표현은 하이데거가 게르만 정신의 시원을 추구하는 사상가이기 때문에 가능한 것이다. 이런 점을 우리는 게르만 신화에서 찾아보게 될 것이다.

그런데 이에 앞서 하이데거의 존재론적 언어의 특징을 좀 더 살펴보는 것이 필요하다. 왜냐하면 지금까지는 단지 "존재자에 대한 언어"와 구별되는 점만이 소극적으로 지적되었기 때문이다. 그렇다면 이제 하이데거의 존재론적 언어의 본질이 무엇인지를 알아보기로 한다.

b. 하이데거의 존재론적 언어의 본질

존재자에 대한 언어가 존재자를 "규정"(bestimmen)하는 언어라면, 하이데거의 존재론적 언어는 존재자 배후에 은폐되어 있는 존재의 세계를 "지시"(zeigen)하는 언어이다. 앞의 예에서, 존재자에 대한 언어는 나무라는 존재자를 "나무"라고 "규정"하면 끝이다. 그러나 존재론적 언어는 "나무"라는 존재자를 둘러싼 존재의 세계, 하이데거식으로 말한다면, "대지와 하늘, 신적인 자들과 죽을 자들"이 어우러져 서로를 반영하며 드러내는 4방 세계(das Geviert)를 지시하는 언어이다. 그런데 존재세계는 우선 은폐되고 망각되어 있기 때문에, 존재론적 언

136) M. Heidegger, *Unterwegs zur Sprache*, Pfullingen, 1975, 33쪽.

어는 잊혀진 언어, 말해질 수 없는 말(das Unsagbare), 말해지지 않은 말(das Ungesagte)이며, "종족의 방언을 순화시키는" 엘리엇적인 언어를 넘어,[137] 시원적인 존재를 지시하는 언어라는 특징을 지닌다. 이 점은 다음의 말에서 확인된다:

> 사유는 존재의 음성을 듣고 따르면서, 존재를 위한 말을 찾는다. 역사적 인간의 언어가 이러한 말로부터 발원할 때, 비로소 그때 언어는 제자리에 있는 것이다. 그러나 언어가 제자리에 서게 되면, 은폐된 원천에서 흘러나오는 소리 없는 음성이 언어에게 눈짓을 보증한다. … 오랫동안 보호되어 온 언어의 부재로부터, 그리고 언어의 부재 안에서 밝혀지는 영역을 조심스럽게 해명하는 것으로부터 사유가의 말함이 주어진다.[138]

언어를 존재론적으로 사유하는 사유가의 임무는 은폐되고 망각된 언어를 드러내는 일이다. 그런데 하이데거에 따르면 이와 동일한 임무를 갖는 인물이 시인이다.

하이데거는 사유가와 시인의 모습을, 마치 멀리 떨어진 두 산봉우리에 서 있는 인물로 묘사하고 있다. 서로 멀리 떨어진 다른 산에 있다는 표현은 사유가와 시인의 차이점을 드러내는 것이고, 산봉우리에 있는 자라는 표현은 두 인물의 동일성을 뜻한다. 사유가와 시인의 차이점은 "사유가는 존재를 말하고, 시인은 성스러운 것을 명명하는 자"라는 데 있지만,[139] 그들은 모두 망각된 근원적, 시원적 언어와 관계하는 자,

---

137) T.S. Eliot, 「Little Gidding」, 『시 모음집 1909-1962』, in: 로버트 베르나스코니, 『하이데거의 존재의 역사와 언어의 변형』, 송석랑 옮김, 자작아카데미, 1995, 91쪽에서 재인용.

138) M. Heidegger, *Wegmarken*, 309쪽.

말해질 수 없는 것을 말하는 자라는 공통점을 갖는다. 그런데 그 일은 높은 산봉우리에 오른 자만이 할 수 있는 일이다. 이렇게 존재자로부터 떠나 존재론적인 세계를 언어로 말하는 자라는 점에서, 사유가와 시인은 동일한 임무를 갖는다. 이렇게 그들은 "가장 멀리 떨어져 있는 산 위에서 가깝게 거주하는" 자들이다.[140]

그렇다면 시인의 언어와 동일한 사유가의 언어, 즉 하이데거의 언어는 어떠한 특징을 지니는가?

시인은 성스러운 것, 즉 신적인 존재를 명명하는 반면, 사유가는 존재를 말한다고 했다. 그런데 성스러운 것이나 존재 모두 일상적인 존재자로부터 은폐되고 망각된 것이다. 횔덜린의 표현대로 옛 신들은 떠나 버리고 새로운 신은 아직 오지 않은 이중 결핍의 시대는 사유가인 하이데거에게도 그대로 적용된다. 그는 존재자에 대한 질문을 떠나 존재 자체를 물을 것을 재차 강조한다. 그럼에도 사람들의 시선이 존재로 향하지 않는 것은, 그들에게 익숙한 존재자와 달리 존재는 비-존재자, 즉 무와 같이 보이기 때문이다. 무와 같은 존재를 말한다는 것은 비-근거와 같은 근거, 즉 심연적 근거를 드러내는 작업이다. 따라서 존재를 말한다는 것은 무, 심연과 같은 어둠 속에서 존재의 흔적을 회상하고 경험하는 일이다. 그런데 이러한 존재의 흔적은 민족의 은폐된 가능성을 간직하고 있기에, 그것을 되찾고 드러내는 일은 또 다른 의미에서 성스러운 작업이다. 이런 의미에서 하이데거가 주장하는 존재론적 언어는 성스러운 것을 찾는 시인의 언어와 동일한 언어이다.[141]

---

139) 같은 책, 309쪽.
140) 같은 책, 309쪽.
141) 참고. 최상욱, 「하이데거의 존재언어의 특징들」, in: 『하이데거 연구』, 제20집, 2009, 152쪽 이하.

또한 그 언어는 망각되어 있었기 때문에, 존재의 언어를 찾는 일은 합리적 이성이라는 작은 빛에 의해 잊혀졌던 "밤의 언어"를 찾는 일이기도 하다.

이런 점은 노발리스의 "밤의 찬가", 니체의 "밤의 노래" 등등, 게르만적 시원을 찾으려는 독일 철학자와 문학자들에 의해 종종 행해진 시도이다. 밤의 언어는 작은 이성의 빛의 언어와 달리 시원을 회상하며 새로운 아침을 여는 언어이기 때문에,[142] 동시대인들에게 놀라움을 주는 언어이다.　이런 점은 다음과 같은 횔덜린의 시구에서 발견된다:

> 숭고하디 숭고한 밤의 호의는 놀랍기만 하다. 또한 아무도
> 밤에 어디서, 어떤 일이 발생할지 전혀 알지 못한다.
> ...
> 그대에겐 밤보다 깨어 있는 낮이 더 낫게 생각될 테니.
> 허나 명료한 눈은 때로는 그림자를 사랑하는 법이야,
> 혹은 "보라! 우리의 지상에 드리운 그림자의 모습을, 달 또한
> 비밀리에 나타난다. 열광적인 여인, 밤이 별들을 가득
> 데리고, 아마 우리를 개의치 않는 듯 다가온다.
> 저기 놀라운 자, 사람들 사이 휩쓸린 여인은 슬프게
> 장려하게 산정 위를 향해 환한 빛을 비춰준다.[143]

또 다른 밤의 빛에 대한 묘사는 트라클의 시에서도 발견된다:

---

142) M. Heidegger, *Erläuterungen zu Hölderlins Dichtung*, 72쪽.

143) 프리드리히 횔덜린, 『빵과 포도주』, 박설호 옮김, 민음사, 1997, 28-30쪽.

검은 구름 위로

너는 아편에 취한 채

밤의 연못을 건너,

별이 총총한 하늘을 건너간다.

누이의 달빛 음성이 끝없이

신비한 밤을 꿰뚫고 울려 퍼진다.[144]

이와 같이 밤의 빛은 낮의 빛과는 또 다른 의미를 지니며, 그것은 낮의 빛에 의해 황폐해진 세계와 민족이 자신의 본질을 돌아보게 하는 빛이다. 즉 심연적 밤에 덮여 있는 시원적 존재의 언어는 바로 민족의 본질을 일깨우는 언어이기도 하다.

이런 의미에서 하이데거의 존재론적 언어의 두 번째 특징은 민족의 언어라는 점이다.

하이데거는 시인의 역할은 위에 있는 신적인 존재의 눈짓을 민족에게 전하는 데 있다고 말한다. 이때 시인은 "신들-아래-존재"이면서 동시에 "인간-위-존재"라는 사이-존재로서 반신이다:

반신들 — 그들은 자신은 신들이 아니지만, 신들을 향하는 본질이다. 즉 반신들은 인간을 위로 향하게 이끄는 (인간-위-존재) 방향성 안에, 그리고 동시에 신들의 위대함 아래 머무는 (신들-아래-존재) 방향성 안에 존재한다.[145]

---

144) M. Heidegger, *Unterwegs zur Sprache*, 48쪽.

145) 마르틴 하이데거, 『횔덜린의 송가《게르마니엔》과《라인 강》』, 231쪽.

사이-존재로서 시인은 민족에게 조국의 본질이 무엇인지 신의 눈짓을 통해 전해 주는 자이다. 이런 점은 존재를 말하는 사유가인 하이데거에게도 그대로 적용된다. 하이데거가 말하는 "존재"는 최고의 존재자란 의미도 아니고, 존재자에 대한 추상적, 보편적인 상위개념을 뜻하는 것도 아니며, 또한 "인간 일반"의 존재나 세계 인류의 존재를 뜻하는 것도 아니다. 오히려 하이데거가 말하는 존재는 "독일 현존재의 존재"를 의미한다. 이런 점은 하이데거가 횔덜린을 해석하는 가운데, 수많은 곳에서 표현하고 있다.[146]

이러한 예에서 보듯이, 하이데거에 따르면 사유가와 시인은 모두 민족의 본질의 언어를 전하는 사자들이다:

… 한 민족의 현존재의 진리는 근원적으로 시인에 의해서 건립된다. 그러나 그렇게 드러난 존재자의 존재는 사유가에 의해서 비로소 존재로서 파악되고 결합되며, 열어젖혀진다. 그리고 그렇게 파악된 존재는, 민족이 스스로 자신을 민족으로 이끎을 통해서, 존재자에 대한 마지막이자 처음인 진정성 안에, 즉 조율하며 규정하는 역사적 진리 안에 세워진다.[147]

그런데 민족에게 진리가 전해지는 것은 민족의 존재가 퇴락했고, 위급함에 처해 있다는 긴박한 기분에 의해서이다. 이런 의미에서 시인이 겪는 기분을 하이데거는 "성스럽고 비통하며, 준비하는 압박"[148]이라

---

146) 같은 책, 155, 160, 173, 202쪽 이하, 206쪽 등에서 찾아볼 수 있다. 특히 이 책은 횔덜린의 시를 해석하면서 하이데거가 의도하는 존재와, 독일 민족, 독일 현존재의 조국이 얼마나 밀접한 관계에 있는지를 책 전체에서 보여 주고 있다. 이런 의미에서 이 책은 하이데거의 역사철학, 정치철학을 담은 텍스트라고 보아도 될 것이다.

147) 같은 책, 202쪽.

고 칭하고 있다. 이런 점은 사유가의 경우도 마찬가지이다. 민족이 처해 있는 세계와 존재자 전체, 그리고 역사적 현존재의 존재가 개시될 수 있는 것은 근본기분을 통해서 가능하다. 또한 근본기분은 역사적 현존재로 하여금 민족의 본질을 향하도록 결단하게 한다. 이것은 현존재가 죽음에의 존재임을 결단하는 것이 삶과 죽음의 문제이듯이, 민족의 본질을 결단하는 것도, 현존재가 자신의 전존재를 걸어야 하는 결단임을 뜻하며, 이때 현존재는 자신에게 고유한 민족의 성스러운 것, 하늘, 대지, 역사적 현존재의 운명을 만날 수 있게 되는 것이다:

> 그 결단은, 그 민족 자신의 역사적인 현존재가 신들과 다시 이어져 있다는 하나의 근원적이고 통일적인 경험에 근거하고 있는지, 혹은 어떻게 근거하고 있는지에 대한 질문이고, 따라서 민족의 역사적 현존재가 자신의 기분의 규정을 파악하고 보존할 수 있는지에 대한 질문이기 때문에, 다른 모든 질문보다 앞서며, 또한 모든 질문을 넘어서는 것이다.[149]

시인과 사유가가 민족에게 전하는 말은 민족으로 하여금 결단하게 하는 말이기에, 그것은 "역사적 시간"을 일깨우는 말이기도 하다. 민족의 말로서 존재의 언어는 민족으로 하여금 잠에서 일깨우는 시간의 말인 것이다. 하이데거는 횔덜린을 따라 이 시간을 "찢어지는 시간"이라 부른다. 말하자면 민족의 말인 존재의 언어는 일반적으로 이해되는 크로노스적인 시간의 흐름을 찢어 놓고, 전적으로 새로운 시간의 지평이 열리게 한다. 그리고 이때 민족은 바로 시간 자체가 된다:

---

148) 같은 책, 157쪽.
149) 같은 책, 206쪽.

> 찢어지는 시간의 흐름 속에서 민족의 시간은 때가-차게 된다 … 민족의
> 현존재로서 근본기분 안에서 떨리고 있는 시간, 이러한 시간 안에서 민족
> 의 현존재는 〈시간이 되고〉, 적당한 시간이 된다.[150]

이러한 점으로부터 하이데거가 말하는 존재언어의 세 번째 특징이
나타난다. 존재언어는 시인과 사유가에 의해 민족에게 전해지는 언어
일 뿐 아니라, 그 민족의 시원으로부터 은폐된 채 면면히 전해 내려온
언어, 즉 그 민족의 몸과 같은 언어이다. 하이데거의 존재 언어는 단지
추상적이고 범세계적인 언어를 뜻하지 않는다. 그 언어는 철저하게 민
족의 언어이고, 역사를 통해 은폐되고 드러나는 시원의 언어이며, 존
재가 몸화된 언어이다.

위에서 언급했듯이, 남구의 언어와 북구의 언어가 다른 이유는, 그
들이 처해 있는 대지와 기후, 하늘, 존재자 일체, 즉 모든 존재자의 존
재에 기인하기 때문이다. 마찬가지로 하이데거가 주장하는 존재언어
의 경우에도, 그 언어는 독일 현존재와 독일 민족과 자연이라는 존재
자체로부터 유래한 것이다. 이런 의미에서 하이데거는 다음과 같이 말
한다:

> 들길의 말 건넴이 말을 하는 것은 단지 들길의 바람 안에서 태어나고, 그것
> 을 들을 수 있는 인간이 존재하는 한에서이다.[151]

하이데거는 들길뿐 아니라, 숲길들에 대해서도 종종 말하고 있다.

---

150) 같은 책, 160쪽.
151) M. Heidegger, *Denkerfahrungen 1910-76*, Vittorio Klosterman, 1983, 39쪽.

그런데 숲이나 들길과 같은 표현은 하이데거가 임의적으로, 혹은 개인
적인 독창성으로 만들어 낸 말이 아니다. 그것은 하이데거를 둘러싸고
있는 존재 자체로부터 유래한 것이다. 자연의 바람은 인간의 바람, 즉
숨과 호흡이 되고 언어의 소리와 억양과 리듬이 되며, 기후의 종류는
입과 혀의 형태를 규정함으로써 발음이 되고, 익숙한 자연은 언어의
존재론적인 특징들로 나타나게 된다. 그런데 이러한 존재언어를 가장
시원적으로 담고 있는 것은 신화이다. 그렇다면 하이데거의 존재론적
인 언어가 게르만 신화와 연결되는 것은 당연한 일이다. 왜냐하면 존
재의 언어는 민족의 시원적 하늘과 대지, 신적인 자들과 죽을 자들이
어우러져 울리는 소리이기 때문이다:

> 하늘은 울린다. 그것은 역운의 소리의 하나이다. 다른 소리는 대지이다. 대
> 지 역시 울린다.(V. 9이하):

> … 저 위에서
> 송아지의 가죽처럼
> 대지가 울린다.[152]

　존재의 언어는 송아지의 가죽과 같은 대지의 피부가 북이 되어 울리
는 소리이며, 하늘의 번개와 천둥이 내리치는 빛과 울림이고, 구름의
울림이고 폭우와 비, 신의 임재와 인간의 간구의 소리인 것이다.[153]
　따라서 하이데거는 존재론적 언어를 존재의 시원적 동산을 걷는 발

---

152) M. Heidegger, *Erläuterungen zu Hölderlins Dichtung*, 166쪽.
153) 같은 책, 166쪽.

걸음, 고향의 숨결, 입의 꽃 등으로 표현한다. 입의 꽃(die Blume des Mundes)[154]은 곧 민족의 혀, 존재의 혀, 그리고 현존재의 혀를 뜻한다. 이러한 혀가 이미 존재해 왔기 때문에 그 민족의 현존재는 자신의 혀로 자신의 존재에 적합한 말을 할 수 있는 것이다. 이런 의미에서 "입의 꽃"은 그 민족에게 은폐된 채 흘러온 시원적 소리라고 할 수 있다. 그러나 그 소리가 일상생활에서 망각되고 잘 들리지 않기에, 하이데거는 그 소리를 "정적의 울림"(Geläut der Stille)[155]이라고 부르는 것이다.

이런 이유 때문에, 우리는 하이데거의 작품에서 숲, 길, 고향, 투쟁 등의 단어들을 자주 볼 수 있는 것이다. 또한 우리는 이러한 단어들을 게르만 신화에서도 찾아볼 수 있다.

2) 게르만 신화에서 언어의 본질

a. 말할 수 없는 것에 대한 오딘의 질문

그리스도교 설화 속 아담이 자기 앞에 보여지는 존재자들에 대하여 즉석에서 이름을 부르는 장면이 나온다. 아담은 처음 보는 존재자들의 이름을 아무 거리낌 없이 부른다. 그가 이름을 불렀을 때, 이름 없던 존재자들은 "그 존재자"로 드러나게 된다. 이와 같이 아담의 명명함은 존재자를 존재자로 규정한다. 그런데 그리스도교 설화는 아담이 모든 존재자들의 이름을 어떻게 부를 수 있었는지 명시적으로 설명하지 않

---

154) M. Heidegger, *Unterwegs zur Sprache*, 206쪽.
155) 같은 책, 203, 215쪽.

고 있다. 단지 그런 일이 사실로 일어났음을 밝히고 있을 뿐이다. 이와 같이 선험적이며, 존재자와 일치하는 언어를 우리는 "아담의 언어"라고 부른다.

반면 게르만 신화의 경우, '신들이 서로 의논하여' 존재자에 이름을 붙여 준 것으로 묘사되고 있다:

> 그리하여 신들께서/ 판관으로 좌정하여
> 어찌하면 좋을꼬/ 서로 의논하셨으니,
> 어둔 밤과 새 달에/ 이름을 지어 주고
> 아침과 낮이라/ 이름을 붙이고
> 저녁과 밤으로/ 시간을 정하셨더라.(에다, 6쪽)

게르만 신화에서 존재자에 대한 명명은 모든 인식자에게 이미 주어져 있는 선험적 인식이 아니라, 몇몇의 신들이 모여서 고민하고 의논하여 이루어진 것이다.[156] 그런데 게르만 신화 속 오딘이 진정으로 알고자 하는 것은 존재자들에 대한 이름이나 일상적인 정보가 아니라, 바로 자신의 운명에 대한 앎이다. 운명에 대한 앎은 오딘 신에게조차 알려져 있지 않았기에, 오딘은 운명을 알기 위해 그에 적합한 언어를 찾으려고 노력한다. 하이데거식으로 표현하면, 오딘은 존재자에 대한 언어가 아니라, 그에게 주어지지 않은 존재론적인 언어를 찾고 있는 것이다.

그런데 그가 존재론적 언어를 찾는 이유는, 그 언어는 오딘을 포함

---

156) '신들이 판관으로 지정하여 서로 의논했다'는 표현은 『에다』에서만도 여러 번 반복되고 있다.

한 신들의 삶, 죽음과 직접적으로 연관된 언어이기 때문이다. 따라서 죽음의 징조를 느낀 신들이 그 비밀을 아직 알지 못하는 동안, 신들은 무서운 꿈에 시달리고 불길한 기분에 사로잡히게 된다.

이에 대한 비밀을 알기 위해, 즉 존재론적 언어를 얻기 위해 오딘이 찾아 헤매는 장면이 『에다』에는 몇 군데 묘사되고 있다.

『에다』, 1편 "예언녀의 계시"(뵐루스파)에서 오딘이 풀어야 할 비밀은 세계의 창조와 신들의 탄생, 그리고 신들의 죽음의 사건인 라그나 뢰크로 묘사된다.

『에다』, 4편 "오딘의 루네 마법"에서는 지혜의 샘을 지키는 여신에게 신들의 운명에 대해 질문하지만 아무런 대답도 듣지 못하는 장면이 묘사되고 있다.

『에다』, 5편 "벡탐의 노래"에서는 오딘의 아들이자 가장 아름다운 신 발더가 흉한 꿈에 시달리자 그 이유가 무엇인지 묻기 위해 오딘은 미래의 세계, 죽음의 세계로 떠나는 장면이 나온다.

『에다』, 13편 "그로아의 소생"에서는 오딘 신이 아니라, 죽은 그로아의 아들인 스빕다크르가 무덤에 찾아와 묻는 장면이 묘사되고 있다. 그러나 그로아가 아들에게 알려 주는 비밀, 즉 존재론적 언어의 내용은 이그드라실에 매달린 오딘에게 주어진 루네 문자의 비밀과 거의 동일하다.

『에다』, 16편 "힌들라의 노래"에서는 오딘 대신 프라야 여신이 힌들라를 죽음으로부터 깨우는 장면이 나온다. 여기서는 프라야와 그의 애인인 오타르 사이의 사랑의 운명이 그려지고 있다. 그러나 그 사랑이 신들의 삶과 죽음을 건 사랑이란 점에서 이 이야기도 존재론적 언어와 연결된다고 할 수 있을 것이다.

이런 점을 고려하여, 하이데거의 존재론적 언어와 게르만 신화 속 언어가 얼마나 밀접하게 연관되어 있는지 구체적으로 비교해 보기로 한다.

b. 하이데거와 게르만 신화 속 언어 비교

하이데거는 사유가가 추구하는 언어가 존재론적 언어임을 강조하고 있다. 그런데 존재론적 언어는 시인의 언어와 매우 가깝다. 따라서 하이데거는 존재론적 언어의 본질을 해명하기 위해 횔덜린을 비롯하여, 슈테판 게오르게, 게오르그 트라클 등의 시인을 다루고 있다.

하이데거가 존재론적 언어로 넘어가기 위한 과정에서 우선 경험하는 것은, 일상적인 세계에서 지배적인 것은 존재자에 대한 언어일 뿐, 존재 자체와 존재를 드러내기 위한 존재론적인 언어는 거의 망각되어 있다는 사실이다. 이것은 신들의 떠남, 세계의 밤, 시인의 절망으로 묘사된다. 하이데거가 인용하고 있는 횔덜린의 시 "빵과 포도주"에서는 신이 떠난 세계의 상황에 대하여 다음과 같이 한탄하고 있다:

> 허나 친구여! 우린 너무 늦게 왔어. 신들은 살아 계시나,
> 우리의 머리 위 저 세상 높이 머물고 있을 뿐이야.[157]

> 우리에겐 오래전처럼 여겨지나, 사실은 얼마 전에
> 인간 삶에 축복을 내리던 그들은 모두 승천하고 말았다.(횔덜린, 46쪽)

이렇게 신들이 떠나고 새로운 신은 아직 오지 않은 이중 결핍의 시

---

157) 프리드리히 횔덜린, 『빵과 포도주』, 앞쪽에서 밝힘. 42-44쪽 (앞으로 본문 안에 "횔덜린"이라고 기입하고, 쪽수를 밝힘).

대에 시인이 무엇을 해야 하는지에 대하여 휠덜린은 다음과 같이 말하고 있다:

> 늘 기다리는 동안 무엇을 행하고 무엇을 말해야 할지를,
> 나는 모른다, 도대체 이 궁핍한 시기에 무엇을 위한 시인인가?(휠덜린, 44쪽)

혹은 "친지에게"라는 시에서는 "때때로 우리는 침묵하여야 한다; 성스러운 이름이 결여되었기 때문에/ 마음은 뛰놀고 있지만 말함이 미치지 못하는가?"라는 체념적 분위기가 묘사되고 있다. 이런 점은 게오르게의 시 "말"에서도 확인된다:

말(Das Wort)

> 먼 곳으로부터 경이 혹은 꿈을
> 나는 나의 왕국의 경계로 가져왔다
>
> 그리고 나는 백발의 여신 노른이
> 그녀의 샘에서 그 이름을 발견하기까지 기다렸다 —
>
> 그 후 나는 그것을 꼼꼼하고 힘차게 잡을 수 있었다
> 이제 그것은 국경에서 꽃피고 빛나고 있다 …
>
> 한때 나는 좋은 여행 후에
> 귀하고 부드러운 보석을 가지고 그곳에 도착했다

그 여신은 오랫동안 찾아보다가 나에게 알려 주었다:

'여기 깊은 바닥에는 아무것도 그렇게 잠들어 있지 않아'

그 후 그것은 나의 손으로부터 빠져나갔고

다시는 나의 왕국으로 그 보물이 돌아오지 않았다 …

이렇게 나는 슬프지만 체념하는 것을 배운다:

말이 결여된 곳에는 어떠한 사물도 없으리라는 것을.[158]

　게오르게의 시를 길게 인용한 것은 이 시가 게르만 신화와 얼마나 유사한지 확인하기 위해서이다. 횔덜린뿐 아니라, 니체와 동시대 시인 게오르게도 고대 게르만 신화를 동경했던 낭만주의의 영향을 받은 시인이다. 그런데 하이데거는 존재론적 언어를 해명하기 위해, 바로 이 시인을 인용하고 해석하고 있다. 이러한 하이데거의 태도에 대하여, 우리는 그가 임의적으로 게오르게를 선택했다고 말할 수 있을까? 오히려 우리는 게오르게의 시가 하이데거 자신이 의도한 바와 동일하기 때문에, 그를 선택했다고 보아야 할 것이다. 그런데 게오르게의 시는 게르만 신화를 거의 그대로 반영하고 있다. 그렇다면 하이데거의 존재론적 언어도 게르만 신화를 반영하는 것이라고 말해도 좋을 것이다.

　게오르게의 시에 대하여 하이데거는 다음과 같이 해석한다.

　1연은, 시인이 외부세계에서 얻은 보물[159](경이와 꿈)을 가져온 것

---

158) M. Heidegger, *Unterwegs zur Sprache*, 162, 220쪽.

159) 게르만 신화에는 "진리"라는 철학적 개념 대신, "보물"이란 표현이 자주 등장한다. 보물 중 보물은 지혜이다. 이런 점에서 게오르게의 표현 "보물"은 너무도 게르만 신화적이다.

에 대하여,

2연은, 그것의 이름이 무엇인지 샘물을 지키는 여신 노르네에게 묻고, 노르네는 그 이름을 들려주는 것에 대하여,

3연은, 노르네로부터 이름을 들은 시인이 그 보물을 보물로서 명명했고, 그때 그 보물은 살아서 빛나기 시작했다는 점에 대하여,

4연은, 시인이 또 다른 여행에서 이전의 보물과는 전혀 다른 보물을 가져온 것에 대하여,

5연은, 시인이 또다시 샘물의 여신 노르네에게 보석에 합당한 이름을 물어보지만 여신이 이름을 알려주지 않는다는 점에 대하여,

6연은, 시인은 그 보물의 이름을 명명할 수 없고, 그 보물은 시인의 왕국으로부터 빠져나갔다는 것에 대하여,

7연은, 이런 상황에서 시인이 느끼는 슬픔과 체념, 그리고 체념의 가르침에 대하여 말하고 있다고 해석한다.

하이데거는 처음에 묘사된 보물은 존재자에 대한 언어와 연관되어 있으며, 시인은 이러한 언어를 여신으로부터 쉽게 들을 수 있었고, 그것을 시로 지을 수 있었다고 해석한다. 반면 두 번째로 묘사된 보물은 존재론적 언어와 연관되어 있으며, 이때 존재론적 언어는 샘물을 지키는 여신과 시인 모두에게 알려져 있지 않았고, 이것을 시로 지으려는 시인은 슬픈 체념에 빠져 있다고 해석한다.

그런데 하이데거가 선택한 게오르게의 시는 게르만 신화 속 이야기와 너무도 유사하다.

우선 게르만 신화에서 샘물은 지혜를 주는 곳이며, 그 샘물을 지혜의 신 "미미르"(게오르게의 시와 달리 미미르는 남신, 더 정확히 남성 거인이다)가 지키고 있다고 말하지만,『에다』, 4편 "오딘의 루네 마법"에서는 샘물을 지키는 신이 여신으로 표현되고 있다. 그 내용은 다음

과 같다:

　샘 지키는 여신에게/ 현자가 물으니
　지하 저승에서/ 아스 신들의 운명에 대해
　그녀가 무엇을/ 알고 있는가이니
　시작과 지속 기간과/ 최후의 죽음이라.

　말하려고도 않고/ 보고해도 안 되니
　집요하게 물었건만/ 한마디 대답도 없구나.
　얼굴의 거울에서/ 눈물이 쏟아지나
　애써서 참으니/ 두 손을 적시는구나.

　아무 말 하지 않는/ 무례한 여신은
　잠에 취한 듯이/ 신들에게 여겨지는구나.
　거부하면 할수록/ 더욱더 다그치나
　온갖 수단을 써도/ 알아낸 것이 없구나.(에다, 53–54쪽)

『에다』에서 묘사하고 있는 게르만 신화 속 이야기는 게오르게의 시와, 그리고 그것을 언어의 본질을 해명하기 위해 선택한 하이데거의 입장과 다르지 않다. 심지어 우리는 하이데거가 게오르게 시를 해명하면서 드러내려고 했던 것은 놀랍게도 ─ 그것이 의식적이든, 혹은 집단 무의식에 의한 것이든 ─ 게르만 신화였다고 강하게 주장할 수 있을 것이다.

　위에서 인용한 『에다』의 표현과 게오르게의 시의 표현을 비교해 보면 다음과 같다:

『에다』	게오르게의 시
샘을 지키는 여신	샘을 지키는 백발의 여신 노르네
현자의 질문	시인의 질문
지하 저승	샘의 깊은 바닥
한마디 대답도 없구나	'아무것도 잠들어 있지 않아' 라고 대답
현자의 슬픔과 눈물	시인의 슬픔과 체념

『에다』가 표현하는 게르만 신화와 게오르게의 시, 그리고 하이데거의 해석 사이에는, 위와 같은 사소한 표현의 차이가 있을 뿐, 거의 게르만 신화와 동일함을 확인할 수 있다.

샘은 게르만 신화에서 매우 중요한 역할을 한다. 샘은 세계수, 우주목, 생명나무인 이그드라실에게 물을 공급함으로써 세계와 신들, 인간들, 모든 존재자들의 생명을 지켜 주는 근거이자 원천이다. 또한 샘물에는 세 운명의 여신인 노르네가 살고 있다. 과거의 운명을 지배하는 우르트, 현재의 운명을 지배하는 베르단디, 미래의 운명을 지배하는 스쿨드가 그들이다. 샘은 모든 존재자와 신들의 운명, 그리고 그들의 존재의 원천이며, 또한 오딘이 눈을 희생하면서까지 얻기 원했던 지혜의 원천이기도 하다.

샘에 대한 하이데거의 표현은 게오르게의 시뿐 아니라, 하이데거 자신의 사유에서도 원천(Quelle), 근원(Ursprung), 그리고 이와 연관된 솟아오름(Sprung), 발원함(Entspringen), 발원되어 나감(Abspringen)이란 단어로 흔하게 표현되어 있다.

여신 노르네, 즉 게르만 신화 속 운명의 여신은 시간과 밀접하게 연관되어 있다. 그런데 하이데거는 「모이라」(파르메니데스, 단편 VIII, 34-41)에서 운명, 즉 모이라를 "존재론적 차이"로 해석하면서 그 차이의 근거는 시간이라고 해석한다. 이런 점 역시 하이데거의 사상과 게르만 신화가 얼마나 밀접한지 보여 준다.

위의 시는 현자의 슬픔, 시인의 슬픔과 체념으로 끝난다. 그 이유는 존재자에 대한 언어로부터 존재의 언어로 넘어갈 때 시인이 부딪히는 "존재론적 언어의 부재" 혹은 "존재론적 언어의 은폐"에 기인한다. 존재론적 언어와 연관된 체념적 순간에 대한 묘사는 게르만 신화에서도 발견된다.

"벡탐의 노래"에서는 발더 신의 죽음과 관련된 신들의 불안과, 그것을 극복할 수 있는 구원의 언어를 듣기 열망하는 대목이 나타난다. 이것은 존재론적 언어 앞에서, 그것을 듣기를 원하는 시인과 사유가의 모습에 상응한다. 그 노래는 다음과 같다:

거기서 동문(東門)으로/ 말을 타고 갔으니,

발라의 언덕을/ 알고 있었기 때문이라.

예언녀를 깨우는/ 노래를 부르니

(북쪽을 바라보며/ 칼을 내흔들고

알려 달라 요구하면서/ 간청을 하였으니)

그녀가 억지로 일어나/ 불행을 예언하는구나.(에다, 60쪽)

이 노래에서 죽은 예언녀 발라의 침묵은 샘을 지키는 여신의 침묵과 동일한 구조에 해당된다. 이러한 발라의 침묵에 대하여 오딘은 구원의 말을 해 달라고 요구한다. 오딘의 요구는 『에다』 속에서 "침묵하지 말라, 발라/ 모든 것을 알 때까지"라고 연달아 이어지는 세 번의 표현을 통해 잘 나타난다.

이런 이야기는 『에다』, 13편 "그로아의 소생"에서는 죽은 예언녀 그로아를 그녀의 아들 스빕다크르가 깨우는 장면으로 묘사되고 있다. 비록 여기서는 오딘이 등장하지 않지만 스빕다크르가 그의 어머니로부터 듣게 되는 것이 루네 문자란 점에서, 그와 오딘은 구조적으로 동일한 인물의 위치에 속한다는 점을 우리는 위에서 언급했다. 스빕다크르의 간청은 다음과 같다:

> 일어나시오, 그로아,/ 깨어나시오, 선한 여인이여,
> 사자(死者)의 문에서 당신을 깨웁니다.
> 생각나지 않으시오?/ 당신의 무덤으로
> 이 아들을 불러내지 않았습니까?

> (그로아)
> 나의 외동아들에게/ 무슨 일이 있느냐?
> 어떠한 불행이 내 아들을 불안하게 하여
> 오래전에 세상을 떠나/ 땅속에서 쉬고 있는
> 이 어미를 자식이 불러냈더냐?(에다, 175쪽)

『에다』에서 묘사된 이 모든 이야기들은 죽음이라는 존재의 비밀 앞에서, 두려움과 슬픔, 체념이 섞인 채, 구원의 말을 듣고자 하는 표현들이다. 이때 오딘은 존재론적인 말의 부재를 확인한다. 그것은 게오르게의 시에서 샘물을 지키는 여신이 침묵하는 것과 일치하며, 오딘의 체념은 시인의 체념과 구조적으로 일치한다.

　이런 상태에 처한 사유가와 시인의 입장에 대하여, 하이데거는 휠덜린의 시 "친지들에게"를 인용하여 "때때로 우리는 침묵하여야 한다; 성스러운 이름이 결여되었기에"라고 말한다. 그러나 이때 체념하면서

침묵한다는 것은 존재론적 언어를 듣기를 포기하는 것이 아니다.

게오르게의 시에서도 체념을 통해 시인은 또 다른 지혜, 즉 "말이 결여된 곳엔 사물도 없으리라"는 사실을 알았기 때문이다. 이것은 마치 소크라테스의 무지의 지와 같은 아이러니의 표현이다.[160] 시인은 아무 말도 듣지 못하지만, 듣지 못하는 상태에서 존재론적인 언어가 부재한다는 것이 무엇을 뜻하는지를 알게 된다.

이와 같이 존재론적 언어의 본질은 존재론적 언어의 부재를 통해 — 소극적인 방식이지만 — 드러나고 있는 것이다. 이때 얼핏 드러나는 흔적을 사유가와 시인은 따라가야 한다. 즉 신이 떠나가고 신의 신탁과 눈짓마저 사라졌다면, 이제 신들이 남긴 흔적이라도 따라가야 한다. 이렇게 길을 걸어가는 동안 시인은 신의 부재라는 극단적인 심연의 깊은 밤 속에서 신의 흔적을 만나게 된다. 왜냐하면 신의 흔적은 현상적으로 드러나지 않지만, 예감하는 자에겐 예기치 못한 형태로 남겨져 있기 때문이다:

누가 신의 흔적을 감지할 능력이 있는가? 흔적들은 종종 눈에 띄지 않지만, 전혀 예기치 못하게 유산으로 주어진 지시로 존재한다. 궁핍한 시대의 시인이란 말은: 노래하면서 떠나간 신들의 흔적에 유의하는 것을 뜻한다. 따라서 시인은 세계의 밤이라는 시간 속에서 성스러운 것을 말하는 것이다. 그렇기 때문에 횔덜린의 언어에서 세계의 밤은 성스러운 밤인 것이다.[161]

---

160) 에르스트 벨러, 『아이러니와 모더니티 담론』, 이강훈, 신주철 옮김, 동문선, 2005, 92쪽 이하.

161) M. Heidegger, "Wozu Dichter in dürftiger Zeit?", in: *Holzwege*, 268쪽.

신의 흔적을 감지하는 시인에게 밤이 전하는 침묵의 소리는, 이제 밤을 밝히는 시인의 소리가 된다. 이때 시인의 소리는 시인이 창작한 것이 아니라, 침묵 속에서 은폐되었던 존재가 건네준 소리를 시인이 간직한 것을 뜻한다. 따라서 시인이 드러내는 존재의 소리는 성스러운 말로서 고지될 수 있는 것이다. 이 점을 횔덜린의 시는 다음과 같이 말한다:

그러나 지금 날이 밝는다! 나는 기다렸고 그것이 오는 것을 보았다,
그리고 내가 본 성스러운 것은, 나의 말이 될 것이다.[162]

이렇게 시인에게 침묵 속에서 들려오는 소리를 우리는 은폐된 존재의 소리라고 하였다. 은폐되었던 존재의 소리는 시인의 말을 통해 드러나며, 시인은 태곳적, 시원적인 말의 동산 안에서 존재하게 되는 셈이다. 시인의 말은 이제, 시원적 존재의 흔적을 담고 있는 전설의 말과 만나게 된다. 이런 점을 하이데거는 게오르게의 또 다른 시 "전설"을 인용하여 해명하고 있다.

전설

어느 대담하고-경쾌한 발걸음이
태조모의 동화 동산의
가장 고유한 왕국을 통과해 거니는가?

---

162) M. Heidegger, *Erläuterungen zu Hölderlins Dichtung*, 57쪽.

전설의 졸고 있는 숲을 일깨우는

그 어떤 외침을

은빛 호른의 취주자는 따라가는가?

그 어떤 고향적인 숨결이

최근에–사라진 우울함의

영혼 안으로 들어가는가?[163]

　게오르게의 시는 죽은 예언녀 뷜바를 깨우는 오딘에게 하는 말과 유사하다. 미래의 일을 알고자 했던 오딘에게, 뷜바는 심연의 죽음으로부터 일어나면서 "나를 번거롭게 올라오도록 한 자가 누구인가? 난 이미 오래전에 죽은 몸인데"[164]라고 말하며 지혜의 말을 들려준다. 그것은 시원적 "전설"의 말이기도 하다. 이런 점은 『에다』에서는 다음과 같이 표현된다:

　조용히 들으시오./ 고귀하신 분들이여,

　헤임달[165] 신족의/ 높고 낮은 자손이여.

　천부(天父)의 위업을/ 전파하려 하노니,

　내가 아는 태고의/ 오랜 전설이니라. (에다, 5쪽)

　『에다』에서는 세계와 신들의 창조의 비밀이 오랜 전설 안에 들어 있

---

163) M. Heidegger, *Unterwegs zur Sprache*, 194, 234쪽.

164) 라이너 테츠너, 『게르만 신화와 전설』, 178쪽.

165) '밝게 비추는 자'라는 뜻의 신으로, 아홉 자매에게서 출생했다. 다음 행의 "천부"는 오딘 신을 뜻함 (『에다』, 5쪽 각주에서 인용).

다고 밝히고 있다. 그런데 이 비밀은 신들의 죽음 이후에 다시 드러난다. 그 내용은 다음과 같다:

태양이 어두워지고/ 대지가 바다에 가라앉는다.
하늘에서 빛나던/ 별들도 사라진다.
불꽃이 만물의 생명수/ 세계수를 집어삼키니
타오르는 불길은/ 하늘까지 치솟는구나.

두 번째로 대지가/ 물에서 솟아오르고
다시금 초록빛을 띰을/ 내가 보는구나.
조수가 빠지니/ 독수리가 날아다니며
암벽 위에서/ 물고기를 잡는구나.

이다 평원에서/ 아스 신들이 모여서
세계를 뒤흔든/ 위대한 자들을 이야기한다.
태곳적의 격언을/ 그들이 기억해 내니
핌불티르(오딘)가 알아낸/ 루네의 문자들이라.(에다, 19쪽)

게오르게의 시에는, 시인이 더 이상 체념하지 않고 이미 행복한 전설의 동산 안에 존재하며, 동산의 말을 듣고 있음이 묘사되고 있다. 동산의 소리는 대담하고 경쾌한 발걸음이며, 태조모의 말이며, 전설의 일깨우는 외침이고, 고향적인 숨결이라고 묘사되고 있다.

게르만 신화에 의하면 신들은 더 이상 슬퍼하거나 체념하지 않고, 죽음을 극복한 새로운 세계 속에서 살아가고 있다. 거기서 신들이 듣는 말은 태곳적의 격언이고, 그것은 오딘 신이 알아낸 비밀의 말, 즉 루네 문자이다. 루네 문자는 오딘이 죽음을 무릅쓰고 얻어 낸 시원적 존재에 대한 지혜의 말이며, 게르만인에겐 가장 고향적인 숨결로서의 말이다. 또한 죽음을 이겨 낸 말이기에, 이 말이 경쾌한 발걸음을 가진 다는 것은 자명해 보인다.

이와 같이 하이데거가 존재론적 언어의 본질과 근원을 해명하기 위해 인용한 게오르게의 시는 "전설"이다. 그런데 "전설"은 게르만 신화 속에 나타난 태곳적, 시원적 지혜, 즉 죽은 예언녀와 같은 태곳적 할머니의 말을 뜻한다. 이러한 태곳적 할머니는 게오르게의 시에서는 태조모, 즉 아닌(Ahnin)으로 표현되고 있다. 그런데 게르만 신화 속 태곳적 할머니나 게오르게의 시 속 "아닌"(Ahnin)의 말, 즉 전설은 『에다』¹⁶⁶⁾에 담겨 있다. 그렇다면 하이데거가 주장하고 있는 존재론적 언어의 시원적 근원이 『에다』에 놓여 있다는 우리의 결론은 충분한 근거를 가질 수 있을 것이다.

물론 이러한 주장이, 마치 하이데거의 존재론적 언어가 『에다』 속 "단어들"이라고 생각한다면, 그것은 잘못된 일일 것이다. 오히려 우리가 주장하려는 것은, 하이데거의 존재론적 언어와 게르만 신화 속 언어는 다음과 같은 공통점을 지닌다는 점이다.

1) 존재자보다는 존재의미에 관심을 갖는 언어이다.

2) 두 언어 모두 존재와 비존재, 죽음의 경계선에서 죽음을 넘어설 때 발견되는 언어이다.

3) 일상적으로 사용하는 존재자에 의해 은폐되었지만, 그럼에도 모든 존재자의 존재의 의미가 무엇인지 제시하는 근원적이고 시원적인 언어이다.

---

166) "에다"는 할머니의 말이란 뜻임.

4) 존재론적 언어는 단지 사유가와 시인, 그리고 신화 속에선 오딘 신에 의해 감지되고 고지되는 언어이다.

이렇게 시원적 존재를 지시하는 아닌(Ahnin), 즉 "에다"의 말은 하이데거의 작품 『사유란 무엇인가?』에서는 "어머니"의 말로 표현되고 있다:

'기다려라, 내가 너에게 순종이 무엇인지 가르쳐 주겠다.' ― (이렇게) 어머니는 집에 가지 않으려는 아이를 향해 외친다 ⋯ 어머니는 아들로 하여금 순종함에 이르도록 이끌어 갈 것이다 ⋯ 이것은, 아들이 마지못해 따르도록 하는 방식이 아니라 오히려 그가 듣기를 기꺼이 원하도록 하는 방식이다 ⋯ 왜냐하면 그는 듣는 동안, 그의 본질이 속하는 그러한 존재가 되기 때문이다.[167]

이러한 하이데거의 표현은 게르만 신화 속 "에다"의 말을 듣지 않고, 기술의 세계로 나가려는 독자를 향한 외침으로 이해해도 무리가 없을 것이다.

---

167) M. Heidegger, *Was heißt Denken?*, 19쪽.

6 하이데거와 게르만 신화에서 "사물"의 본질

1) 사물에 대한 하이데거 주장의 독특성

앞에서 우리는 서구 형이상학이나 다른 철학자들과 달리, 하이데거의 주장이 갖는 독특한 특징들의 예로 "인간은 죽음에의 존재이다", "언어가 말한다"를 들었다. 우리는 하이데거의 사상과 표현이 그의 창의성에 의한 것이 아니라, 그가 독일적 정신의 시원적 존재를 주장하는 독일 철학자이기 때문에 가능했다고 주장했다.

이런 점은 사물에 대한 그의 이해에서도 나타난다. 일반적으로 사물은 인간이 자신의 편리함을 위해 만들어 낸 도구이거나 혹은 기술품이다. 사물은 인간에 의해 만들어진 객체, 즉 대상이다. 인간이 사물을 만들기 위해 관심을 갖는 요소는 크게 그 사물의 형태이거나 혹은 용도이다.

예를 들어 서로 다른 형태의 단지들과 망치가 섞여 있을 때 단지를 구별하는 경우, 서로 다른 모습을 지닌 단지이지만 사람들은 단지라는 보편적 형태(eidos, idea)에 근거하여, 단지들을 망치로부터 구별해 낸다. 이러한 방식으로 사물을 이해한 정신이 그리스 정신이다.

반면에 단지는 무엇을 담는 사물이고, 망치는 무엇을 부수는 사물이기에, 단지와 망치를 구별하는 근거를 용도에서 찾을 수도 있다. 그러한 대표적인 예가 히브리 정신이다. 이런 점에 대하여 토를라이프 보만은 다음과 같이 요약한다:

우리는 이스라엘적 사고과정과 유럽적 그것 사이의 차이를 다음 대화를 통해 구체적으로 설명할 수 있다.

유럽인: "여기에 주전자가 세 개 있는데, 하나는 철제, 하나는 동제, 다른 하나는 은제이다. 그러므로 그 성분은 모두 다르고 공통된 것은 모두 주전자의 모양을 가지고 있다는 것이다. 따라서 한 사물은 한 내용을 가진 한 모양이다."

이스라엘인: "나는 그 말에 동의할 수 없다. 이 주전자에서 그 성분을 빼면, 남는 것은 아무것도 없다. 내용 없는 모양은 순수한 무이다… 이 사물들에 공통된 것은 용도이다. 그것들은 주전자로 사용되거나 사용될 수 있도록 만들어졌다. 한 사물은 … 특정한 목적들을 위해 만들어졌고, 그 목적에 사용되고 있다.[168]

보만의 주장은 사물에 대한 일반적이고 보편적인 두 가지 이해방식을 전하고 있다. 그런데 하이데거의 사물 이해는 이 주장들과는 매우 다르다. 하이데거에 따르면 — 특히 『존재와 시간』에서 — 사물은 특정한 용도에 의해 만들어진 도구이며, 그 도구의 "형태"는 부차적인 의미를 지닌다. 이런 점을 고려한다면, 하이데거의 사물 이해는 그리스 사상보다는 히브리 사상과 더 유사해 보인다.

그런데 사물에 대한 히브리적 사상은 사물이 인간의 용도를 만족시키기 위해, 인간에 의해 "만들어진 객체"에 불과하다고 보는 반면, 하이데거는 사물의 본질은 인간이 만든 것에 있는 것이 아니란 점을 분명히 한다는 차이점을 보인다.

---

168) 토를라이프 보만, 『히브리적 사유와 그리스적 사유의 비교』, 허혁 옮김, 분도출판사, 1975, 111쪽.

하이데거에 따르면 사물은 인간의 만듦에 앞서, 존재의 의미가 드러난 곳(토포스)이다. 따라서 인간이 사물의 본질을 드러내는 것이 아니라, 사물이 스스로 사물의 본질을 드러낸다. 이런 점을 그는 "사물이 사물화한다"(Das Ding dingt)[169]라고 표현한다.

이때 하이데거는 — 후기 작품에서 — 사물의 본질을 4방 세계, 즉 대지와 하늘, 신적인 자들과 죽은 자들이 어우러져 엮어 내는 4방 세계와 연관해 해명하고 있다. 따라서 사물에 대한 인간의 관계도, 창작자 인간과, 만들어진 사물의 관계로 파악될 수 없다. 오히려 인간은 사물을 사물로서 이해하기 위해 사물에 대해 자신을 열어 놓아야 한다. 이런 태도를 하이데거는 "사물들에로의 내맡겨 둠"(Gelassenheit zu den Dingen)[170]이라고 표현한다. 이러한 하이데거의 주장은 서구 형이상학의 역사를 통해 낯설고 전혀 새로운 사상임에 틀림없다. 그런데 우리는 이러한 하이데거의 사상이 게르만 신화와 연결되어 있음을 확인하게 될 것이다.

이를 위해 우선 『존재와 시간』에 나타난 하이데거의 전기 사상과 사물의 관계를 "망치"라는 존재자를 통해 살펴보기로 한다.

a. 『존재와 시간』에서 하이데거의 망치

『존재와 시간』은 딱딱하고 전문적인 철학서적으로서 읽기도 어렵고 이해하기도 어렵다. 그런데 차갑고 엄격한 철학 개념으로 진행되는 이 책에서 중간 중간 "이야기" 형태의 묘사나 예문들이 나타난다. 예를 들어 "하늘은 푸르다", "나는 기쁘다",[171] 신발, 남풍, 돌, 나무, 안경,

169) M. Heidegger, *Vorträge und Aufsätze*, 166쪽.
170) M. Heidegger, *Gelassenheit*, 23쪽.

장갑, 자동차 등등의 예시적인 단어들이 나온다. 그런데 『존재와 시간』에서 철학적 개념을 도외시한다면, 가장 많이 등장하는 예시적 단어는 무엇일까? 아마도 사람들이 별로 관심을 갖지 않은 질문일 것이다. 그러나 이 질문은 하이데거의 사상적 근원을 이해하기 위해 매우 흥미로운 점을 지니고 있다. 그 점은 앞으로 밝혀질 것이다.

다시 앞의 질문으로 돌아간다면, 『존재와 시간』에서 가장 많이 등장한 예시어는 무엇일까? 이 질문은 컴퓨터로 몇몇의 단어들을 검색하면 곧바로 대답될 것이다. 따라서 대답은 독자들에게 맡기기로 하고, 우리는 이 책에서 가장 많이 등장하고 있는 예시어 중의 하나가 "망치"인데, 하이데거는 왜 수많은 도구 중 망치를 선택했는지 살펴보기로 한다.

망치라는 표현으로 우리가 가장 잘 떠올릴 수 있는 인물은 아마 니체일 것이다. 니체의 별명은 망치를 든 철학자(Der Philosoph mit dem Hammer)이다. 그 망치로 니체는 서구 형이상학 전체를 때려 부쉈으며 서구 사회를 지탱해 준 신마저 살해했다. 니체의 망치는 기존의 모든 가치를 철저하게 부수고 해체시키는 망치이다. 동시에 모든 가치의 해체 후, 삶을 긍정하는 힘에의 의지를 통해 새로운 가치를 창조하는 망치이다.

그런데 니체와 같이 단번에 모든 것을 부수는 망치는 아니지만, 존재자의 세계를 해체하고 존재론적 세계를 드러내기 위해 망치를 필요로 한 또 다른 철학자가 있다. 그가 하이데거이다.

하이데거는 『존재와 시간』 안에서 "망치"라는 단어를 꽤 많이 사용하고 있는데, "망치"가 집중적으로 예시되고 있는 곳은, 도구 존재자

---

171) 마르틴 하이데거, 『존재와 시간』, 18쪽.

를 해명하는 15절 이하에서이다.

사물을 논함에 있어, 자연적 존재자가 아니라 "도구"를 본격적으로 다룬 철학자는 하이데거가 처음이라고 해도 과언이 아닐 것이다. 왜냐하면 서구 형이상학을 통해 대부분의 철학자들은 사물들 안에 서로 상이한 특성을 지니는 사물들(자연적 존재자/ 도구적 존재자)이 존재한다는 것을 구분하지 않았고, 그것들을 모두 단순한 인식론적 대상으로 여겼기 때문이다.

반면에 하이데거는 사물을 두 가지 존재방식에 따라 구분한다. 첫째의 경우는 자연적 존재자들이다. 이러한 존재자를 하이데거는 "자연적 존재자"(das Vorhandene)[172]로, 이 존재자의 존재를 "자연적 존재자의 존재"(Vorhandensein)라고 표현했다. 여기에는 돌이나 산, 나무와 같은 존재자가 속한다. 그런데 하이데거에 따르면 서구 형이상학은 이러한 존재자만을 다루었고, 그것도 이론적이고 인식론적인 대상으로 파악해 왔을 뿐이다.

그러나 인간이 도구를 만들기 시작한 이래, 근대인들을 둘러싸고 있는 것은 자연적 존재자가 아니라 "도구적 존재자"(das Zuhandene: 그 존재는 Zuhandensein)이다. 만들어진 방에서 만들어진 시계 종소리에 깨어나고 만들어진 자동차를 타는 일 등등. 그렇다면 인간 주위의 존재자를 이해하기 위해 필요한 것은 도구적 존재자가 무슨 의미인

---

172) M. Heidegger, *Sein und Zeit*, 71쪽, 이기상은 das Vorhandene를 "손 앞의 것"으로 das Zuhandene는 "손 안의 것"으로 번역하고 있다(번역본, 101쪽 이하). 그런데 이런 번역은 독자들에게 두 존재자들의 차이가 무엇인지 분명하게 드러내지 못하기도 하기 때문에, 저자는 das Vorhandene는 "자연적 존재자"로 das Zuhandene는 "도구적 존재자"로 번역하려고 한다. 번역본을 인용할 경우도 이 두 단어는 저자의 번역을 따를 것이다.

지 파악하는 일이다. 그런데 이러한 작업을 하이데거는 『존재와 시간』
에서 본격적으로 시도하고 있다.

그에 따르면 도구적 존재자는, 이론적이고 대상화시키는 자연적 존
재자에 대한 인식과 달리 실천적 행위 속에서 이해되어야 한다. 어떠
한 도구를 실천적으로 실행할 때, 단지 그 도구만 독자적으로 의미를
갖는 것이 아니라, 그 도구와 연관된 도구 세계 전체가 함께 이해되어
야 한다. 예를 들어 펜이란 도구는 잉크와 더불어, 그리고 문방구와 더
불어, 또한 펜으로 글을 써서 보내는 사람 및 그 글을 받는 사람 전체
와 연관되어 있다. 이런 점을 하이데거는 『존재와 시간』 15절 이하에
서 다루면서, 도구가 도구 전체와 연결되어 있음을 보여 주기 위해 예
를 들고 있는데, 이때 제시되는 도구 존재자들의 순서가 흥미롭다.

하이데거는 도구들을 "필기도구, 재봉도구, 작업도구, 운전도구, 측
량도구" 등으로 구분하고, 이어서 필기도구를 중심으로 자신의 논의를
진행시킨다. 이때 그는 "펜, 잉크, 종이, 책받침, 책상, 등불, 가구, 창
문, 문, 방" 등을 예로 들고 있다.[173] 우리는 이 예시에서 무엇을 떠올
릴 수 있을까? 혹시 이 묘사는 하이데거 자신이 『존재와 시간』을 집필
하고 있던 방에 대한 묘사는 아닐까? 물론 아니라고 해도 크게 문제될
것은 없다.

곧이어 하이데거는 "망치", '신발', "시계"[174]를 예로 들어 도구적

---

173) 마르틴 하이데거, 『존재와 시간』, 101쪽.

174) 신발은 하이데거의 "예술작품의 근원"에서 반 고흐의 "신발"을 둘러싼 여성 농부
　　의 신발에 대한 논의로 이어지며, 시계는 하이데거의 사상 중 "시간"이 매우 중요
　　한 역할을 한다는 점을 고려한다면, 하이데거가 드는 예시 단어들은 임의적인 것이
　　아님을 알 수 있다. 물론 하이데거 자신이 그것을 의식적으로 인지했든, 혹은 무의
　　식적으로 그에게 익숙한 예를 들었든, 하여간 그가 든 예시 단어들은 그와 밀접한
　　관계에 있는 것임은 분명하다. 만약 하이데거가 의식하지 못한 경우라고 하더라도,

존재자의 존재에 대하여 해명하고 있다(이때 부수적인 예로서 대패, 못이 등장하지만, 큰 의미를 지니지 못한다). 17절에서 그는 "지시와 기호"의 의미를 드러내기 위해 "자동차"를 예로 들고 있다. 그러나 18절에는 다시 "망치"가 등장한다. 이후 망치는 22절, 33절, 69절에서 다시 등장한다. 망치의 예는 후기 작품인 「예술작품의 근원」에서도 등장한다. 이때, 우리가 위에서 하이데거 사상을 이해하기 위해 중요한 예라고 말했던, "신발", "시계"의 예가 다시 나타난다. 그리고 하이데거가 『존재와 시간』 17절에서 예로 들었던 "자동차"는 보편적인 예처럼 보이지만, 「예술작품의 근원」을 보면, 그것 역시 독일적 특징과 밀접하게 연관되어 있음을 확인할 수 있다. 그는 "우리는 … 폴크스바겐과 즉각적으로 구별되는 벤츠의 소리를 듣는다"[175]라고 표현한다. 폴크스바겐은 독일이 2차 세계대전 전후로 만들어 낸 "국민차"이며, 벤츠는 2차 세계대전 중 미군이 가장 좋아했던 물품 중 하나였다는 것은 잘 알려진 사실이다. 그렇다면, 이쯤에서 우리는 하이데거의 예가 임의적인 것이 아니라, 독일적인 존재세계와 독일적 현존재와 밀접하게 연관된 예라고 볼 수 있을 것이다. 그렇다면 하이데거에게 망치는 무슨 의미를 갖는 존재자일까?

『존재와 시간』에서 망치는 자연적 존재자에 대한 이론적 진술을 비판하면서, 도구적 존재의 존재방식을 설명하는 가운데 등장한다.

우리는 그가 그러한 예시적 단어들을 선택한 것은, 그에게 은폐된 채 주어진 시원적 존재에 의한 선-이해 때문이라고 말할 수 있을 것이다. 예를 들어 "시계"의 경우 슈펭글러는, "기계적인 시계를 발명한 것은 독일인이며 … 그것은 흘러가는 시간에 대한 무서운 상징"으로서, 이런 점은 이미 고대 게르만적, 파우스트적 특징이라고 말하고 있다. (오스발트 슈펭글러, 『서구의 몰락』, 1권, 36쪽, 253쪽 등 참조)

175) M. Heidegger, *Holzwege*, 10쪽.

전통적으로 논리학에 의하면 "망치가 무겁다"라는 표현은 주어와 술어가 연계사 "-이다"를 통해 연결된 문장이다. 이때 망치는 주체가 마주하고 있는 대상으로 여겨진다. 그리고 "무겁다"라는 표현은 망치의 속성을 뜻한다. 그리고 연계사를 통해 '망치'와 '무겁다'라는 술어가 합쳐진 문장은 옳은 문장으로 여겨지고, 이런 경우에 한해서, 이 문장은 진리를 표명하고 있는 셈이다. 이런 방식으로 망치를 이해하는 전통적 논리학에 의하면, 망치는 무거운 속성을 지닌 존재자일 뿐 아니라, 망치라는 형태를 지닌 존재자로 파악된다. 그리고 망치가 갖는 공간은 망치의 외적 부피에 상응한다.

그런데 하이데거에 따르면 이러한 논리적, 이론적 이해는 망치라는 존재자의 "존재"를 간과하고 있다:

"망치가 무겁다"라는 "물리학적" 발언에서는 만나게 되는 존재자의 도구 성격이 간과될 뿐만 아니라, 또한 그와 함께 모든 도구적 존재자에 속하는 그것, 즉 그의 자리도 간과된다.[176]

그렇다면 이론적으로 접근하는 망치에 대한 파악과 달리 망치에 대한 도구적 이해는 어떤 의미인가?

예를 들어 이론적으로 진술된 "망치는 무겁다"라는 표현 안에는 작업 도구인 망치의 의미, 그리고 망치를 둘러싼 도구 전체성의 의미가 간과되고 있다. 망치는 원래 무거운 것이 아니다. 특히 도구적 작업에서 "망치가 무겁다"라는 표현은 망치의 속성을 의미하는 것이 아니라, "작업을 하기에 그 망치는 너무 무겁다"라는 뜻이다.[177] 망치에 대한

---

176) 마르틴 하이데거, 『존재와 시간』, 475쪽.

도구적 이해에 의하면 "망치가 무겁다"라는 표현에는, 이미 작업을 할 때 요구되는 망치에 대한 선이해가 내포되어 있다. 말하자면 망치 작업을 하는 데, 큰 못을 박을 때와 작은 못을 박을 때 필요한 망치는 구별되어야 한다. 만약 작은 못을 박을 때 큰 망치가 주어진다면, 그때 사람들은 "망치가 너무 무겁다"라고 말하는 것이며, 이것은 망치의 속성에 대한 진술이 아니라 작업을 할 때 사용하는 망치의 실천적인 존재방식에 대한 표현인 것이다. 이와 같이 하이데거는, 사물을 파악할 때 표현되는 전통적인 논리학의 진술(망치(S)는 무겁(P) 다(ist))은 사물의 도구적인 측면을 간과한 이해방식에 불과하고, 이론적 파악은 도구적 이해의 결여태라고 주장한다. 예를 들어 망치가 부서져 더 이상 작업을 할 수 없을 때, 그 망치는 자연적 존재자와 같이 파악될 수 있다. 그러나 이러한 파악방식은 망치가 도구로서의 역할을 수행할 수 없을 때 해당될 뿐이다.

이와 달리 도구로 사용 중인 망치는 무겁게 느껴지지 않을 때 작업에 유용한 망치이며, 망치 작업은 못, 망치질을 통해 만들려는 사물, 그 사물을 둘러싼 공급자와 소비자, 작업이 이루어지는 작업장 전체를 지시한다. 또한 망치로 집을 건축한다면, 망치는 집을 고정시키고, 폭풍을 막는 데 사용되고 있는 것이다. 이렇게 망치는 그것이 사용되는 관계성 전체와 연결되어 있는데, 이것을 하이데거는 "사용사태 전체성"(Bewandtnisganzheit)이라고 부른다. 이러한 전체성 안에서 망치는 "-무엇을 위하여"(Wofür), "-어디에"(Wobei), "-을 가지고"(Womit) "-때문에"(Worum-willen)에 따라 적절히 사용되는 것이다.[178]

---

177) 같은 책, 217, 474쪽.

그런데 "-위하여, -어디에, -때문에"는 이미 현존재에게 선이해로 주어져 있다. 왜냐하면 현존재는, 그가 왜, 무엇을 가지고, 무엇을 위해, 어디에서, 언제 망치질해야 하는지 알 때, 비로소 망치를 들고 망치질을 하게 되기 때문이다. 이렇게 명시적 이해에 앞서, 현존재는 앞서-가짐(Vorhane), 앞서-봄(Vorsicht), 앞서-포착함(Vorgriff)에 의해 구성된 선이해를 통해 망치를 망치 "로서" 이해한다.[179] 그런데 이러한 선이해는 현존재 자신의 존재이해에 근거한다. 따라서 하이데거는 이론적 진술에서 주어와 술어를 연결시키는 근거인 발언의 "서술적 - 로서"는 현존재의 "실존론적-해석학적-로서"에 의해 비로소 가능하다고 주장한다.[180]

하이데거에 따르면 이러한 "실존론적, 해석학적 -로서" 구조를 통해 현존재는 망치의 존재의미가 무엇인지를 이해하게 되는 것이다.

결국 하이데거의 망치는, 망치라는 도구를 둘러싼 존재자들의 지시들(Verweisung), 유의미성(Bedeutsamkeit)의 그물망에 연결되어 있으며, 그 모든 것은 다시 현존재의 실존론적 의미를 향하여 얽혀 있다.

이런 의미에서 하이데거는, 세계이해는 대상화시키며 바라보는(theorein) 이론(Theorie)에 의한 것이 아니라, 실천적 실행을 통해 이해된다는 점, 세계는 도구를 둘러싼 지시와 유의미성의 그물망으로 이루어져 있다는 점, 도구를 통한 세계이해는 인간 현존재 자신의 실존론적 이해라는 점을 드러내기 위해 망치를 예로 들고 있는 것이다. 즉 하이데거의 망치는 존재자에 국한된 이론적, 대상적 이해를 해체시키고,

---

178) 같은 책, 120쪽 이하.
179) 같은 책, 208쪽.
180) 같은 책, 217쪽 이하.

망치를 둘러싼 세계와 인간 현존재의 존재의미를 드러내기 위한 도구
인 것이다.

b. 게르만 신화에서 토르의 망치

우리는 여러 신화 속에서 묘사되는 신들의 상징물을 알고 있다. 예
를 들어 야훼 신의 지팡이나 바위, 제우스 신의 왕홀, 포세이돈의 삼지
창, 크로노스의 낫 등을 들 수 있다. 게르만 신화 속에 등장하는 신들
도 자신의 존재에 상응하는 상징물을 지니고 있다. 오딘 신은 궁니르
라는 창을 가지고 있고, 토르 신은 묠니르라는 망치를 가지고 있다. 여
기서는 토르 신의 망치에 대하여 알아보기로 한다.

게르만 신화에는 여러 신들이 등장하지만 그중 대표적인 신은 오딘
과 토르이다.

오딘 신은 인간을 창조한 신이고 신들 중 최고의 신이다. 그는 전쟁
의 신으로서 최후의 전쟁을 준비하기 위해, 죽은 용사들을 자신의 궁
전 발할에 모으는 신이다. 전쟁은 죽음과 밀접하게 연관된 사건이기
때문에, 오딘 신은 죽음의 광기와 희생을 요구하는 신이기도 하다. 그
가 죽음의 신이라는 점은, 그가 이그드라실 나무에 매달려 스스로 죽
음을 경험하고 죽음을 극복한 장면에서 극적으로 묘사되고 있다.

죽음은 탈존적 상태와 연결되기 때문에 오딘 신은 탈존적 열광의 신
이며, 동시에 디오니소스적 술의 신이기도 하다. 이와 같이 오딘은 죽
음과 삶의 길을 이어 주는 신이기도 하며, 죽음과 삶의 불안을 극복하
기 위한 지혜의 신이기도 하다. 이런 이유로 오딘은 지혜를 전하는 시
인들을 위한 신이자, 스스로 시의 신이기도 하다.[181]

---

181) 케빈 크로슬리-홀런드, 『북유럽 신화』, 29쪽 이하.

이러한 오딘의 특징은, 특히 하이데거에 의해, 1) 독일 민족에게 시원적 본질을 전해 주는 자가 시인이라는 점, 2) 인간을 죽음에의 존재로 보는 점, 3) 진리는 정합성이 아니라, 폭력을 수반하는 탈취의 사건이라는 점으로 다시 나타난다.

오딘 신의 상징은 궁니르라는 창과 원반인데, 원반에는 갈고리 모양의 십자가, 즉 만(卍)자가 그려져 있다. 이 만(卍)[182]자는 게르만인에게는 원의 모양으로 순환하는 것 혹은 불, 혹은 장례용 항아리와 연관된 죽음, 전쟁에서 승리를 가져오는 행운과 보호의 상징을 뜻하였다. 이런 점이 독일 제3 제국의 국가문양으로 쓰이게 된 배경이기도 하다.

그런데 하이데거 철학 안에는 이러한 오딘 신의 특성뿐 아니라, 오딘 신에 버금가는 토르 신의 특성도 나타난다. 오딘 신이 죽음과 전쟁이란 두려운 특징을 지니며 왕과 용사, 시인의 신이었던 데 반해, 토르신은 농경과 연관된 농민들의 신으로서, 당시 게르만 서민들에 의해 가장 사랑받던 신으로 알려져 있다. 이미 11세기 브레멘의 역사가 아담은, 토르가 북유럽 신들 중 가장 위대한 신이었다고 전하고 있다.[183]

수요일이란 명칭을 낳게 한 오딘(보탄)과 달리, 목요일이란 명칭의 배경이 되는 토르 신의 상징물은 망치 묠니르이다.[184] 오딘의 창 궁니

---

182) 卍자는 인도에서는 영원한 진리를 뜻하는 만다라의 상징으로, 그리스의 미노아 문명에서는 크레타 토기의 문양으로 그려져 있다. 卍자는 그리스도교의 상징인 십자가보다 앞선 십자가의 상징이며, 죽음으로부터 승리를 가져다준다는 게르만의 신앙에 의해 나치의 하켄크로이츠로 되살아났다. 참고. 엘리스 데이비슨, 『스칸디나비아 신화』, 115쪽 이하.

183) 엘리스 데이비슨, 『스칸디나비아 신화』, 31쪽.

184) 출토된 토르의 망치 중에는 십자가 모양이 부조된 것도 발견된다. 7-10세기경 토르의 십자 망치와 그리스도교 십자가는 한동안 혼합된 형태로 발견되기도 했다. 참조. 같은 책, 140쪽 이하.

르가 전쟁과 권위를 상징한다면, 토르의 망치는 파괴와 보호라는 이중적 특징을 지닌다. 그렇다면 토르의 망치가 갖는 의미는 무엇이며, 하이데거의 망치와는 어떤 관계에 놓여 있는지 살펴보기로 한다.

다른 신화와 마찬가지로 게르만 신화에서도 신들은 세계와 인간을 창조한다. 그런데 창조 신화에 나타난 게르만 신화의 특징은 게르만 신들이 자연적 존재자뿐 아니라 도구적 존재자를 선호하고 있다는 점이다. 오딘 신과 형제들은 세계를 창조하는 데 필요한 도구들을 함께 만든다. 게르만 신들은 대장간에서 화덕에 풀무질을 하면서 여러 도구들, 즉 모루와 망치, 집게, 도끼와 칼, 창들을 만들어 낸다. 이 점에 대하여 『에다』는 다음과 같이 표현하고 있다:

이다 평원 너른 들에/ 아스 신들 모여들어
궁궐이며 신전을/ 드높이 지으시니,
(공력을 기울여/ 온갖 것을 시험했다.)
화덕을 만들고/ 쇠붙이를 단조하여
값진 보물, 집게, 연장/ 다 갖추어 만들었다.(에다, 6-7쪽)

이처럼 게르만 신들은 처음부터 도구를 만들었다. 그리고 게르만 신화의 내용이 전개되는 과정에서도 게르만 신들은 자연적 존재자보다는 도구적 존재자에 더 관심을 갖는다. 그들은 도구의 용도와 효용성이 무엇인지를 알고 있었던 것이다. 물론 이런 점은 다른 민족의 경우도 마찬가지겠지만, 도구의 효용성을 신화의 이야기에서 강조하는 것은 게르만 신화의 특징이라고 볼 수 있다.

또한 게르만 신화의 큰 주제는 신들의 삶과 죽음에 대한 이야기이지만, 그 과정에서 신들이 유용한 도구들을 찾는 이야기도 자주 언급된다. 원래 신들의 상징물들은 난쟁이들이 만든 것인데 신들이 빼앗은 것이다. 왜냐하면 난쟁이들이 만든 도구는 세상에서 가장 훌륭하고 진기한 도구이기 때문이다. 이렇게 진기한 도구를 게르만 신화에서는 "보물"이라고 표현하고 있다. 게르만 신화에서는 도구적 존재자가 큰 비중을 차지하고 있으며, 그것이 보물로 불리고 있는 것을 염두에 둔다면, 게르만인에게 도구가 얼마나 중요한 것이었는지가 확실해진다. 그렇다면 우리는 왜 하이데거가 사물을 분석하면서, 처음부터 도구 분석을 하고 있는지도 이해할 수 있을 것이다.

그렇다면 토르의 망치는 어떤 의미를 갖는가?

오딘이 전쟁의 신이라면 토르는 질서의 신이다. 토르가 전쟁을 한다면 그것은 질서를 유지하기 위해서이다. 질서를 유지하기 위해 그가 우선적으로 싸우는 상대는 거인들, 특히 서리 거인, 산악 거인, 얼음바다 거인이다. 서리 거인은 북구 유럽의 추운 날씨와 긴 겨울을 상징하며, 산악 거인은 험준한 산들을, 얼음바다 거인은 언제 위험이 닥칠지 모르는 사나운 파도가 이는 바다를 상징한다. 서리 거인은 세계가 창조되기 이전의 혹독한 추위와, 모든 것을 얼음 속에 죽은 듯이 파묻어 버리는 힘에 대한 상징이다. 이런 점은 산악 거인, 얼음바다 거인도 마찬가지이다. 이런 거인들과 토르의 싸움은, 토르가 아스 신들의 술을 빚기 위해 큰 솥을 구하는 과정에서 히미르라는 얼음바다 거인과 싸우는 장면, 흐룽니르라는 뇌우 거인과 싸우는 장면에서 묘사되고 있다.

이 거인들은 질서 잡힌 코스모스 이전의 카오스로 회귀하려는 파괴적인 힘을 뜻한다. 동시에 카오스는 존재자들의 존재를 파괴함으로써 존재자의 본질을 은폐시키는 힘이며, 신들의 존재를 말살시킬 수도 있는 위협이다. 이렇게 존재자의 존재를 파괴하고 은폐시키려는 카오스의 위협에 직면하여 토르는 그의 망치를 들고 싸움을 벌이는 것이다.

이러한 이야기는 영원한 젊음을 유지시켜 주는 황금사과를 신들과 세계에 제공하는 여신 이둔을 산악 거인 티야치가 납치하는 대목에서도 묘사되고 있다. 티야치가 이둔을 납치하자 신들과 세계는 갑자기 늙기 시작한다. 피부는 탄력을 잃고 머릿결은 백발이 되고 힘이 빠지고 거의 죽음에 이르게 된다. 이때 신들은 시간이 흘러가는 것을 두려워하고 시간을 잡아 두려 애쓰지만, 시간이 흐르고 늙어 가는 것을 막을 수가 없다. 신들과 세계는 온통 불안과 음울한 분위기 속으로 접어든다. 이때 이둔을 잡아간 티야치를 죽인 신이 바로 토르 신이다.[185]

토르 신은 거인들의 위협에 대하여 이론적으로 인식하여, 그 원인이 무엇인지 알려고 하는 것이 아니라, 그들의 위협에 맞서 즉각적이고 실천적으로 행동한다. 이러한 행동을 통해 그들의 실존이 지켜질 수 있기 때문이다. 이런 점에서 망치를 들고 싸우는 토르의 행동은, 이론적이고 논리적인 서구 형이상학적인 인식방식에 대항하여 망치를 예로 들어 싸우는 하이데거의 실존론적 행위와 상응한다.

이와 같이 토르의 망치는 카오스로부터 코스모스를, 죽음으로부터 생명을 지키기 위한 실천적이고 실존적인 도구이다. 즉 토르의 망치는 세계의 질서가 유지되도록 각각의 거인들이 자신들의 지역에 머물러 있게 하는 망치이다. 이 점을 『에다』에서는 다음과 같이 노래하고 있다:

(토르)

그때 동쪽에서/ 싸워서 산으로

거인의 악한 아낙들을/ 내쫓아 버렸노라.

---

185) 산악 거인 티야치를 죽인 신이 누구인지에 대하여, 혹자는 오딘, 혹은 아스 신들이라고도 하지만, 『에다』에는 토르 신이라고 씌어져 있다. 참조. 『에다』, 107쪽.

그대로 놔두면/ 거인들이 너무 강해지니
미드가르트의 인간들은/ 끝장나리라.
그때에 무엇을 했는가, 하르바르드여?(에다, 108쪽)

토르의 망치는 각각의 존재자가 자신의 영역을 넘어 타자를 침범하지 않도록 한다. 그런데 각각의 존재자가 자신의 위치를 지키는 것을 그리스인들은 모이라라고 불렀다. 그렇다면 토르의 싸움은 신들과 거인들의 거주처, 즉 그들의 몫(Moira), 한계, 장소를 한계 짓는 싸움인 것이다. 말하자면 토르의 싸움은 자연적 존재자(거인들)와 신들의 실존적 존재 사이의 싸움이다. 이 싸움을 통해 자연적 존재자(거인들)와 신들의 존재가 서로 침범하지 않도록 선을 그어(Riß) 서로의 존재세계의 윤곽(Umriß)을 드러내는 것, 그것은 하이데거가 존재자와 존재를 구분하기 위해 명명한 "존재론적 차이"를 떠올리게 한다. 즉 토르의 망치는 도구적 활동을 통해 존재자의 존재를 드러내고, 존재는 존재자와는 다르다는 것도 드러내고 있는 것이다.

그뿐만 아니라, 이렇게 자신에게 고유한 위치에 있을 때 모든 존재자들은 조화로운 의미전체성 안에 있을 수 있게 된다. 따라서 토르의 망치는 존재자 전체가 코스모스적인 의미전체성 안에 있다는 점을 드러내는 도구이기도 하다. 즉 토르의 망치는 다른 도구와의 연관성 안에서 궁극적으로는 신들의 존재를 위해(Worumwillen) 사용되고 있는 것이다. 이 점은 하이데거의 경우, 도구가 결국 인간 현존재의 존재를 위해 사용되는 것이란 점과 상응한다.

또한 거인들을 망치로 때려죽이는 것은 자연적 존재자의 위협을 도구적 존재를 통해 극복하는 것으로 이해될 수 있다. 이것은 자연적 존재자에 대한 도구적 존재자의 우위성을 드러낸다. 이런 점은 하이데거의 경우, 자연적 존재자를 도구적 존재자의 결여태로 보고 있는 점에서 나타난다.

토르의 망치가 자연적 존재자에 대한 승리라고 본다면 그것은 기술과 문화를 상징한다고 볼 수도 있다. 그런데 도구와 기술의 관계에 대하여 하이데거의 입장은 이중적이다. 그가 『존재와 시간』에서 행한 도구 분석은 후기 작품에서는, 한편으론 "사물"의 본질에 대한 논의로 이어지고, 다른 한편으론 "기술"에 대한 비판으로 이어진다. 그런데 기술적 도구 중 수공업적 도구에 대한 하이데거의 입장은 비판적이지 않다. 그는 거대한 발전소와 달리 라인 강의 풍차나, 농사를 짓기 위해 땅을 다듬는 도구에 대해서는 긍정적으로 평가한다. 농업과 연관된 토르의 망치와 같은 수공업적 도구에 대하여, 하이데거는 「예술작품의 근원」에서 여성 농부의 신발을 예로 들어 긍정적으로 평가한다. 따라서 시원적 존재에로 돌아가야 한다는 하이데거의 주장은 문화 이전의 자연으로 회귀하라는 루소의 경우와는 다르다.

마지막으로 토르가 우트가르트 로키와 싸우는 장면에서, 토르는 뿔잔 속의 술을 마시는 내기를 한다. 이때 뿔잔의 밑바닥은 바다의 밑바닥을 뜻하고, 토르가 간신히, 그것도 아주 조금 들어 올린 고양이는 세계를 유지하고 있는 미드가르트의 뱀을 뜻한다. 그리고 씨름에서 한쪽 다리를 굽힐 수밖에 없을 정도로 강한 상대였던 할머니 엘리는 시간을 뜻한다.

이 장면에서 우리는 토르의 망치가 결국 세계 전체를 상대로 한 대결이고, 시간을 상대로 한 대결이라는 점을 확인할 수 있다. 즉 토르 이야기에서 나타난 고대 게르만 신화의 관심은 세계와 시간이라는 비밀의 근원이 무엇인지 알기 위한 투쟁이었던 것이다. 이런 점은 하이데거의 관심이 『존재와 시간』, 즉 현존재를 통한 세계와 시간에 대한 이해라는 점을 고려하면, 토르의 망치와 하이데거의 망치 간의 유사성을 여기서도 확인할 수 있다.

또한 위대한 용기와 힘을 지녔으면서도 토르의 망치가 세계와 시간에 대하여 승리하지 못하고 오히려 죽음으로 끝나는 장면에서, 우리는 "존재가 유한하다"는 하이데거의 표현의 의미가 무엇인지도 알 수 있을 것이다.

2) 하이데거와 게르만 신화 속 사물들에 대한 비교적 고찰

a. 하이데거에 있어서 다리, 단지와 4방 세계

하이데거가 『존재와 시간』(1927년)에서 시도한 도구 분석은 완성된 것이 아닐 뿐 아니라, 현대 기술로 이어지는 부정적 측면과 연결될 소지를 내포하고 있다. 따라서 하이데거는 후기 작품에서, 기술제품과 달리 "사물"의 본질이 무엇인지 묻고 있다. 이러한 주제를 담고 있는 작품으로 1935년 프라이부르크대학 예술학 모임에서 발표하고, 1936년 취리히대학 학생회 초빙을 받아 다시 행한 강연 "예술작품의 근원"을 들 수 있다. 이 작품에서 하이데거는 사물의 본질을 아직도 도구와의 연관성 상에서 재해석하고 있다. 즉 이 작품에서 사물의 본질은 아직도 기술(Technik)과 예술(Kunst)과 연결된 채 해석되고 있다. 그러나 기술과 예술의 공동의 본질인 techne, poiesis로부터 해석됨으로써, 하이데거는 『존재와 시간』의 도구 분석과는 달리, 이제 도구의 용도성은 세계 자체로부터 이해되어야 한다고 주장한다.

그 후 하이데거는 1950년 「사물」과 1951년 「건축하기, 거주하기, 사유하기」에서 사물의 본질을 존재의 4방 세계와 연결하여 해석하고 있다. 우리는 이 텍스트들을 중심으로 하이데거가 사물의 본질을 어떻게 보고 있으며, 게르만 신화의 내용과는 어떤 연관성이 있는지 살펴보기로 한다.

하이데거가 『존재와 시간』에서 자주 인용하는 사물은 "망치"(Hammer)이다. 「예술작품의 근원」에서는 "신발"(Schuhe)과 "신전"(Tempel)이 중심적으로 다뤄지고, 「사물」에서는 "단지"(Krug)가, 「건축하기, 거주하기, 사유하기」에서는 "다리"(Brücke)가 중요한 예로서 다뤄진다.

사물에 대한 하이데거 주장에서 우리가 확인하려는 것은, 어떻게 보면 매우 보편적이고 범세계적인 사물인 단지나 다리를 그는 어떤 근거로 그렇게 독특하게 해석해 낼 수 있었는가 하는 점이다. 이 점을 확인하기 위해 우선 「예술작품의 근원」에서 나타난 사물에 대한 하이데거의 주장을 살펴보기로 한다.

하이데거는 『존재와 시간』에서 직접 "사물"(das Ding)에 대해서 다루지 않았다. 대신 자연적 존재자와 도구적 존재자를 구분했다. 그리고 도구적 존재자는 궁극적으로 인간의 현존재가 원하는 것(Worum-willen)을 향하고 있으며, 이런 경우에 한해서 도구는 현존재가 자신의 존재를 이해하는 방식을 드러낸다고 주장했다.

반면 「예술작품의 근원」에서는 직접 사물을 다루면서, 사물이 무엇인지 그 범위와 본질을 해명해 나간다.[186] 일반적으로 볼 때 우선 존재

---

186) 사물에 대한 하이데거의 접근은 서구 형이상학의 접근과 전적으로 다르다. 서구 형이상학은, 예를 들어 화강암과 같은 "단순한 사물"을 화강암에 속한 우연적인 속성과 화강암이 갖는 본질적인 것을 결합해 규정해 왔다. 그렇다면 사물은 속성(Akzidenz)과 실체(Substanz)로 이루어진 것이다. 이런 점이 "화강암은 견고하다"라고 진술된다면, 그 문장은 주어(실체)와 술어(속성), 그리고 그것을 연결시키는

하는 모든 것은 다 사물이다. 『존재와 시간』에서 구분한 자연적 존재
자나 도구적 존재자 모두 사물이다.

『존재와 시간』의 구분을 따른다면, 하이데거는 자연적 존재자의 예
로 「예술작품의 근원」에서 길가의 돌, 밭의 흙덩이, 길가의 샘, 샘 속
의 물, 하늘의 구름, 들판의 꽃, 가을바람에 일렁이는 나뭇잎, 숲 위를
맴도는 매를 들고, 도구적 존재자의 예로 "단지"(Krug)를 들고 있
다.[187]

그런데 「예술작품의 근원」에서 하이데거는, 『존재와 시간』과 달리
세계, 신, 죽음, 인간도 사물에 속하는 예로 들고 있다. 왜냐하면 사물
이란 단어는 라틴어 res의 번역어로서, res는 존재하는 모든 것을 일컫
는 의미이기 때문이다. 그렇다면 모두 "동일한 의미로 존재"하는 것은
아니지만, 하여간 존재하는 것이란 점에서 신이나 인간, 죽음과 같은
것도 사물임은 틀림없다. 즉 이 모든 것들은 존재하는 것들이다. 그러
나 분명한 것은 '신이나 인간이 존재한다'고 말하는 것과 저기 '돌이
존재한다'고 말하는 것은 매우 다른 의미 영역에 속한다는 점이다. 따

연계사(ist)를 통해 완성된다. 그리고 그 내용이 사물과 일치할 때, 그 문장은 진리
를 말하고 있는 것이다. 서구 형이상학이 사물에 대하여 갖는 둘째 입장은, 사물은
인간의 감각에 주어진 다양성의 통합체라는 주장이다. 그런데 하이데거는, 이러한
주장에서는, 사물 자체보다 사물에 대한 인간의 감각이 중요하기 때문에, 엄밀한
의미에서 사물은 사라질 위험이 있다고 비판한다. 서구 형이상학이 사물에 대하여
갖는 셋째 입장은 사물은 질료와 형상의 통합이라는 주장이다. 하이데거는 이 주장
은 암암리에 형상을 인간의 이성과 연결시키고, 질료를 사물의 객체적 측면과 연결
시킴으로써, 사물은 사물과 인간 이성의 통합체라는 이상한 결론이 나온다고 비판
한다. (참조. M. Heidegger, *Holzwege*, 4쪽 이하.)

187) 길, 돌, 샘, 물, 숲, 매 등은 "게르만 신화"에 자주 등장하는 자연적 존재자들이며,
단지는 도구적 존재자의 예로 자주 나타나는데, 하이데거는 이러한 것들을 사물들
의 예로 들고 있다.

라서 우리는 신이나 인간, 죽음과 같은 추상적 개념을 사물이라고 부르기를 주저한다.

이와 달리 우리가 별 무리 없이 사물이라고 부를 수 있는 것은 생명이 없는 것으로 좁혀진다. 그것은 다시 생명 없는 자연물과 생명 없는 인공물로 구분되지만, 이러한 구분에 상관없이 우리는 바위 같은 자연물이나 "망치나 신발이나 손도끼, 시계"[188]와 같은 도구 모두를 사물이라고 부르는 데 주저하지 않는다.

그렇다면 하이데거는 앞에서 신과 인간, 죽음 등도 사물에 속한다고 말했으면서, 지금은 단지 생명이 없는 단순한 자연물과 도구만을 사물이라고 부르려는 것일까? 이에 대한 하이데거의 입장은 신, 인간, 죽음 등과 같은 것들을 전혀 다른 존재방식으로, 즉 예술의 방식으로 사물 속에 포함시킬 때, 명확하게 드러난다.

하이데거의 예를 따르면 신발은 도구로서 사물이다. 그러나 또 다른 사물로서의 신발이 있다. 그것은 반 고흐의 그림 속의 신발이다. 그림 속 신발은 틀림없이 신발이라는 사물을 그림으로 그린 것이다. 그 그림은 신발이라는 사물의 존재를 그려낼 뿐만 아니라, 동시에 여기저기 운반되고 전시될 수 있는 사물이기도 하다.

하이데거에 따르면, 스스로 사물이면서(그림이 그려진 캔버스) 다른 사물(신발)의 "존재"를 드러내는 사물이 바로 예술작품이다. 신발을 통해 신발의 존재를 그리는 일이 예술이라고 한다면, 예술작품은 예술의 본질을 담지하고 있는 사물이다. 그리고 이 사물 안에서, 하이

---

188) M. Heidegger, *Holzwege*, 5쪽. 하이데거가 여기서 들고 있는 예도 게르만 신화와 얼마나 밀접한 관계를 갖는지, 위에서 언급했다. 『존재와 시간』과 달리 「예술작품의 근원」에서 하이데거는 자연적 존재자를 "단순한 사물"(ein bloßes Ding)로, 도구적 존재자를 "도구"로 부른다.

데거가 열거했던 신, 인간, 세계, 죽음 등은 전혀 다른 존재방식으로
드러난다. 이런 것들은 존재하지 않는 것이 아닌 것, 즉 어떤 식으로든
존재하는 것이기 때문에, 하이데거는 그것들을 넓은 의미의 사물들과
연결시킨다. 이런 점을 우리는 반 고흐의 신발에 대한 하이데거의 해
석에서 찾아볼 수 있다.

반 고흐의 그림은 도시 근로자의 구두를 그린 것으로 보인다. 그런
데 하이데거는 이 그림 속 신발을 굳이 여성 농부의 신발로 해석한
다.[189] 그림 속 신발은 도구로서의 신발과 다르다. 도구로서의 신발은
유용성(Dienlichkeit)에 따라 평가를 받는다. 발에 편리할수록 그 신발
은 좋은 신발이다. 반면 그림 속 신발은 유용함이나 편리함과는 아무
상관이 없다. 오히려 그림 속 신발은 신발이라는 "사물"을 둘러싸고
있는 존재세계를 드러내고 있을 뿐이다. 그림 속 여성 농부의 신발에
는 일하러 나가는 수고로움, 바람이 부는 가운데 먼 밭일을 나가는 여
성 농부의 강인함, 신발의 가죽엔 대지의 습기와 풍요로움, 해 저무는
들길의 고독함, 대지의 소리 없는 부름과 잘 익은 곡식의 고요한 선물,
겨울 들판의 황량한 휴한지의 알 수 없는 거부, 빵을 확보하기 위한 근
심, 위급함을 극복한 후의 말 없는 기쁨, 임박한 탄생에 대한 걱정과
죽음의 위협 앞에서의 전율 등이 묘사되어 있다.[190]

하이데거가 반 고흐의 신발그림을 해명하면서 제시하고 있는 존재
세계의 모습은 다음과 같다

첫째, 그곳에서는 인간 실존의 불안이 그려지고 있다. 하이데거에

---

189) M. Heidegger, *Holzwege*, 19쪽, 하이데거는 굳이 Bäuerin(여성 농부)이라고 표현
하고 있다. 그 이유에 대해서는, 최상욱, 『하이데거와 여성적 진리』, 102쪽 이하를
참조할 것.

190) M. Heidegger, *Holzwege*, 18–19쪽.

따르면, 살아가는 동안 인간의 존재는 염려이다. 이것저것 신경 쓸 일이 항상 그에게 다가온다. 예를 들어 여성 농부는 여성 농부라는 현사실에 처해 있다. 그렇지만 그녀는 농사일을 통해 자신의 존재를 확인하고 드러낸다. 비록 어려움이 있지만 그녀는 자신에게 맡겨진 존재의 짐(Lastcharakter des Seins)을 거부하지 않고, 묵묵히 받아들이고 수행한다. 말하자면 여성 농부는 던져진 자신의 존재를 받아들이면서 자신의 존재를 기투해 나가려고 하며, 그것은 곧 염려(Cura, Sorge)라는 모습으로 나타난다.

둘째, 여성 농부는 자신의 존재를 기투해 나갈 때 일정한 존재세계에 부응하는 방식으로 행한다. 밭일을 나가는 그녀는 대지와 곡식이 주는 선물(Verschenken), 하늘이 주는 습기와 연결되어 있다. 그러나 이런 존재세계가 항상 그녀에게 같은 편이 되어 주고 선물을 주는 것은 아니다. 때때로 대지와 하늘은 그녀에게 선물은커녕, 고통과 침묵과 거부의 몸짓을 하기도 한다. 그러나 밭일을 나가는 여성 농부의 행위는 존재세계의 거부마저도 또 다른 존재방식으로 받아들여야 한다.

셋째, 여성 농부는 집으로부터 들려오는 아기 탄생 소식에 기뻐하면서 걱정한다. 그리고 해지는 들녘을 보면서 자신이 이미 꽤 오래 살았다고 느끼며 죽음을 떠올린다. 아이의 탄생이라는 기쁨과, 홀로 맞아야 되는 죽음의 전율과 고독함은 인간에게 끊임없이 다가오는 존재사건의 양면일 수도 있다.

결국 신발을 둘러싼 존재세계에 대하여 하이데거가 묘사하고 있는 것을 종합하면, 신발을 통해 인간의 삶의 불안과 죽음의 불안, 인간이 처한 탄생과 죽음, 인간이 기투하는 존재가능성, 강인하게 삶과 부딪쳐 살아가지만, 빵으로부터 자유로울 수 없는 인간의 존재가 갖는 한계와 그의 쓸쓸함과 고독, 그에게 선물을 주거나 거부하기도 하는 대지와 하늘, 갓 태어나는 또 다른 죽을 자로서의 인간이 어우러져 있는 모습이 그려지고 있다.

이쯤에서 우리는, 과연 어떠한 사상가가 신발을 보고 인간 실존의 모습과 대지와 하늘 등의 모습을 떠올릴 수 있을까? 하고 질문할 수 있다.

위에서 언급했듯이 그리스인에게 신발은 신발의 형태를 지닌 사물을 뜻하고, 히브리인에겐 신는 용도에 적합한 사물을 뜻한다. 하이데거는 히브리인들의 접근방식과 유사하지만, 용도성을 넘어 신발을 둘러싼 인간의 모습, 대지와 하늘의 모습들을 그리고 있다. 그렇다면 하이데거는 어떻게 이러한 주장을 할 수 있었던 것일까? 이 점을 확인하기 위해 우리는 그리스 신전에 대한 하이데거의 묘사를 살펴보고, 반고흐의 그림과 그리스 신전에 대한 하이데거 해석의 공통점이 무엇인지 살펴보기로 한다.

그리스 신전은 하나의 건축물(Bauwerk)이다. 일반적으로 볼 때, 그것은 당연히 인간이 지은 것이다. 인간이 재료(causa materialis)를 가지고 일정한 목적(causa finalis)에 따라 형태(causa formalis)를 만든(causa efficiens) 사물이다. 그러나 하이데거는 이러한 아리스토텔레스적 4원인설을 전혀 다르게 해석한다.

하이데거에 따르면 신전은 인간이 주체가 되어 임의적으로 지은 것이 아니다. causa는 인간의 능동적인 주체성으로 해석되어서는 안 된다. 오히려 causa, 즉 aition은 원래 그리스인들에겐 "책임이 있다"는 정도의 의미를 지녔다는 것이다. 말하자면 인간이 신전을 지을 수 있는 근거는, 그보다 앞서 그에게 질료가 선물로 주어졌으며, 그가 드러내려는 형태 역시 그보다 앞서 주어졌기 때문에, 그는 그에게 필연적인 존재세계의 형태를 따를 수 있는 것이다. 이런 점은 목적의 경우도 마찬가지다. 목적은 그가 임의적으로 고안한 것이 아니라, 그는 단지 그에게 주어진 존재세계에 걸맞는 목적을 목적으로 추구할 수 있을 뿐이다. 그렇다면 만드는 것은 인간의 임의적인 창작이 아니다. 오히려 인간은 자신을 둘러싼 존재세계에 부응하는 것을 드러낼 수 있을 뿐이다.[191]

이런 점을 염두에 두고 하이데거가 묘사하고 있는 그리스 신전의 예를 살펴본다면, 건축물로서 그리스 신전은 바위 위에 서 있다. 그 신전은 신의 모습을 간직하고 있다. 신전이 존재함으로 말미암아 신이 임재하며, 은폐되었던 신이 신으로 드러나게 된다. 이렇게 신전은 성스러운 영역을 경계 짓는다. 신전이 존재함으로 말미암아 신에게 간구하려는 인간들이 모여든다. 신전은 이제 인간의 탄생과 죽음, 불행과 축복, 승리와 치욕, 인내와 퇴락의 음성으로 가득 차게 된다. 다른 민족과의 관계에서 승리와 치욕을 경험하면서, 한 민족은 비로소 역사적 민족이 되며, 그 민족이 살아가는 대지는 그 민족의 대지가 된다. 이를 통해 그 민족은 자신의 정체성을 건립하게 된다.

이렇게 신전은 역사라는 시간 속에 우뚝 서 있고, 그 시간 속에 위치한 신전의 공간(Raum)으로 말미암아 인간과 다른 존재들이 살아갈 수 있는 공간이 열리게 된다(Einräumen). 즉 신전은 그것을 둘러싼 존재자들의 공간을 공간으로 열리게 하는 것이다. 그리고 신전은 역사적 시간과 공간을 드러낼 뿐 아니라, 신전을 받치고 있는 대지의 굳건함과 가뭄 속에 비를 간구하는 인간에게 하늘을 열어 비가 내리도록 한다.

---

191) M. Heidegger, "Die Frage nach der Technik", in: *Vorträge und Aufsätze*, 10쪽. 여기서 하이데거는 그리스 신전이 아니라, 은잔(Silberschale)을 예로 들고 있다.

이러한 하이데거의 묘사는 다음과 같은 특징으로 요약된다.

첫째, 신전을 통해 신이 임재한다는 것, 둘째, 신의 임재는 인간을 비롯한 모든 존재자들을 신전으로 모은다는 것, 셋째, 신전을 중심으로 한 민족의 역사적 존재와 세계가 드러난다는 것, 넷째, 신전을 중심으로 신과 인간, 대지와 하늘이라는 세계가 열린다는 것이다. 결국 신전은 은폐되어 있던 존재세계를 드러내는 중심이며, 이 중심에 의해 모든 존재자의 존재(physis)가 탈은폐(aletheia)된다. 이런 의미에서 신전은 대지와 하늘, 신들과 인간들의 은폐된 존재를 탈은폐시키는 진리의 장소인 것이다.

앞의 신발에 대한 해석과 비교할 때, 신전에 대한 하이데거의 해석은 인간 실존의 범위를 넘어 역사와 세계로 확장되고 있으며, 그때 신이 등장하고 있다는 차이점을 보인다. 그리고 이렇게 드러내는 것을 종합적으로 "피지스", "알레테이아"로 표현하고 있음을 알 수 있다. 그렇다면 「예술작품의 근원」에서 하이데거가 신발과 그리스 신전을 통해 주장하려는 것은, 인간 실존의 불안과 죽음의 불안, 동시에 대지와 세계로부터 주어지는 감사함, 인간을 둘러 싼 대지와 하늘, 그리고 인간(민족)이 처해 있는 현실과, 미래적으로 기투해 나가는 역사적 세계의 가능성, 이때 인간에게 눈짓으로 비밀을 전하는 신이 함께 어우러져 존재세계 전체를 드러낸다는 점이다.

이 두 가지 해석에서, 우리는 하이데거가 "사물"을 대지와 하늘, 신적인 자들과 죽을 자들의 피지스와 알레테이아와 연관해 해명하고 있음을 확인하게 된다.

그렇다면 하이데거는 "사물"을 해명하기 위해, 왜 이렇게 거창한 우주 전체와 역사 전체, 진리의 문제를 끌어들이고 있는가?

이 질문에 답하기 전에 우리는 "사물"에 대한 하이데거의 또 다른 두 가지 해석을 마저 살펴보기로 한다.

「건축하기, 거주하기, 사유하기」에서 하이데거는 다리(Brücke)를 예로 들고 있다. 강물 위에 다리가 놓여 있다. 다리는 단지 두 강변을 추후적으로 연결하는 사물이 아니다. 오히려 거꾸로, 다리를 통해 다른 편 강변은 비로소 강변으로 드러난다. 하이데거의 다리에 관한 이야기는 니체의 경우에는 밧줄로 나타난다. 밧줄은 초인을 향해 인간이 건너가야 하는 사물이다. 그런데 밧줄은 심연의 낭떠러지 위에 걸려 있다. 건너는 것도 위험하고, 건너지 않는 것도 자신의 존재를 망각하는 것이기에 위험하다. 그러나 밧줄의 의미는 단지 건너갈 때만 드러나는 것이다.

이러한 니체의 밧줄에 비하면 하이데거의 다리는 인간에 국한된 이야기가 아니라, 인간을 둘러싼 존재론적 세계 전체를 드러낸다. 다리는 길이다. 다리가 다리일 수 있는 이유는, 다리 위로 계속 걸어가기 때문이다. 만약 멈춘다면 다리는 더 이상 다리가 아니다. "다리"라는 길을 건너갈 때, 다리의 의미와 건너는 의미가 무엇인지 드러나며, 다리 한쪽에서 볼 수 없었던 다른 강변을 알게 된다. 다리를 건너는 도중에, 다리 밑으로 도도하게 흘러가는 강물을 볼 수 있다. 강물은 폭우로 무섭게 흐를 수도 있고, 눈이 녹으면서 지난 겨울의 물을 흘려보내기도 한다. 이러한 물로부터 다리는 죽을 자인 인간으로 하여금 계속 길을 걸어가게 한다. 그럼으로써 이 마을과 저 마을이 이어지고, 사람과 사람들이 만나게 된다. 다리는 강변을 통해 물과 대지가 만나는 것을 확인하는 곳이며, 마을 사람들의 세계와 시간을 확인하는 곳이다. 그런데 모든 다리들은 결국 마지막 다리를 향한다. 그 마지막 다리에서는 신적인 존재의 치유에 의해 삶의 불행이 극복된다.

이러한 하이데거의 예에 따르면, 결국 "다리"라는 사물은 존재 이편과 저편, 이 마을과 저 마을, 그리고 궁극적으로는 인간존재와 신적인 존재를 이어 주고, 대지와 하늘을 이어 주는 사물이다. "다리"라는 사물에서 대지와 하늘, 신적인 자들과 죽을 인간들이 모인다.

여기서 하이데거 해석이 「예술작품의 근원」에서와 다른 점은, 사물과 연관해 사물이 사물로서 드러나는 것, 즉 피지스나 알레테이아를 지시하는 데 그치지 않고, 그 사물이 사물로서 "어떻게" 드러나는지, 즉 어떤 방식으로 드러나는지를 구체적으로 밝히고 있는 점이다. 이제 하이데거는 사물이 대지와 하늘, 신적인 자들과 죽을 자들을 "모으는" 가운데 사물로서 드러난다고 말한다. 이렇게 모으는 것(versammeln)이 바로 사물(Ding), 즉 Thing이다. 여기서 우리는 Thing이 무엇을 뜻하는지에 대해서는 일단 남겨 두기로 하고, 우선 하이데거가 "슈바르츠발트의 농가"에 대하여 묘사하고 있는 것을 계속해 보기로 한다.

슈바르츠발트의 농가에 대한 부분에서 하이데거는 집이라는 건축물에 대하여 묘사하고 있다. 건축물인 집도 사물이다. 슈바르츠발트의 농가에는 바람을 막는 산등성이 곁으로 정원이 있으며, 그 가까운 곳엔 샘물이 있다. 그 농가는 긴 겨울밤의 폭우를 견디게 하는 방들과, 눈의 무게를 견디고 눈이 잘 흘러내리도록 하는 격자판의 지붕으로 이루어져 있다. 집안에는 탁자와 성상을 안치한 곳이 있으며, 이곳은 탄생과 죽음을 위한 장소이다. 이 집은 여러 세대의 가족들이 오고 가며 모이는 곳이다. 따라서 하이데거에 따르면, 집이 집인 이유는, 그것이 집이라는 건축물이기 때문이 아니라, 위와 같이 대지와 하늘, 신적인 자들과 죽을 자들이 모여 "거주하는 곳"이기 때문이다. 거주하는 곳인 집이라는 사물은 4방 세계(das Geviert)가 "모이는" 곳이다.

이와 같이 1951년에 씌어진 「건축하기, 거주하기, 사유하기」에서 사물의 본질은 "모음"(Versammlung), "4방 세계"라는 새로운 표현을 통해 특징지어지고 있다. 물론 이 개념들은 1950년에 씌어진 「사물」에서 이미 나타났다. 그런데 우리가 「사물」이란 작품을 나중에 다루는 이유는, 이 작품 안에 "모음"과 "4방 세계"에 대한 구체적인 묘사가 들어 있고, 우리가 게르만 신화와 연관해서 다룰 사물이 "단지"라는 점 때문이다. 그렇다면 "사물"에서는 단지가 어떻게 묘사되고 있는가?

단지를 이해하는 몇 가지 상이한 방식이 있다. 위에서 언급했듯이 그리스의 경우 단지는 형태에 의해 규정되고, 히브리의 경우 단지는 용도에 의해 규정된다. 그런데 하이데거는 단지를 통해 4방 세계를 끌어들이고 있다. 히브리의 경우 사물은 신의 피조물이기 때문에 신적인 존재를 담을 수 없다. 반면에 하이데거에 따르면 단지는 신적인 존재마저도 스스로 안에 모으고 드러내는 존재론적인 장소를 뜻한다.

예를 들어 단지는 겉면과 밑바닥으로 만들어진 사물이다. 그 형태가 얼마나 아름답고 고급인가에 따라 단지의 가치는 달라질 수 있다. 그러나 이런 점은 하이데거에 따르면 사소한 것이다. 오히려 단지가 단지일 수 있는 이유는 옆면과 밑면을 감싸는 질료나 형태에 있는 것이 아니라, 비존재자, 즉 비어 있는 공간에 있다. 텅 빔이 있기에 단지는 단지인 것이다. 텅 빔(die Leere)을 통해 단지라는 사물엔 여러 가지가 모여질 수 있다. 텅 빈 곳으로 물이나 그 외의 것들이 주어질(schen-ken) 수 있다. 이렇게 주어지는 모든 것(Ge-schenk)은 일종의 선물(Geschenk)이다. 그런데 그 물이 주어지기 위해서는 때에 따라 흘러내리는 하늘의 비가 필요하며, 대지는 암석과 풀들을 통해 그 물을 보존해야 한다. 하늘이 비를 내리지 않고 대지가 하늘의 물을 담고 있지 않는 곳에서는, 단지에 물이 주어질 수 없다. 이런 의미에서 단지에 주어지는 모든 것은 하늘과 대지가 허락한 선물이다:

단지의 본질 안에 대지와 하늘이 머문다.[192]

이 물은 인간의 갈증을 해갈해 주고 그 감사함은 다시 신적인 자들을 향한다. 신적인 자들을 향한 인간의 감사함은 헌주라는 방식으로 나타나기도 한다. 헌주는 신에게 바치는 술이지만 그곳엔 감사와 헌신, 더 나아가 희생이 포함되어 있다.

이처럼 "단지"라는 사물을 해명하면서 하이데거는 사물을 대지와 하늘, 신적인 자들과 죽을 자들이란 4방 세계와 연관해 해명하고 있다:

사물은 사물화하면서 대지와 하늘, 신적인 자들과 죽을 자들을 머물게 한다.[193]

이렇게 4방 세계를 드러내는 사물의 존재방식을 하이데거는 "사물이 사물화한다"(Das Ding dingt)[194]라고 표현한다.

이때 하이데거는 4방 세계의 각각의 것을 구체적으로 명시하고 있다. 그 내용은 다음과 같다:

대지는 건축하며 지탱하는 것, 영양을 주고 열매 맺는 것, 물들과 암석들, 성장하는 모든 것들과 모든 동물들을 보호하는 것이다. …

하늘은 태양의 운행, 달의 운행, 별들의 광채, 세월의 시간들, 낮의 빛과 여명, 밤의 어두움과 밝음, 날씨의 고마움과 황량함, 구름들의 떠돌아다님,

---

192) M. Heidegger, Das Ding, in: *Vorträge und Aufsätze*, 165쪽.

193) M. Heidegger, *Vorträge und Aufsätze*, 170쪽.

194) 같은 책, 170쪽.

에테르의 푸르른 심연이다. …

신적인 것들은 신성의 사자들의 눈짓이다. 이들의 은폐된 섭리로부터 신은

그의 본질 안에서 나타나며, 그 본질은 신을 현존재들과의 모든 비교로부

터 벗어나게 한다. …

죽을 자들은 인간들이다. 인간들이 죽을 자들로 불리는 것은, 그들이 죽을

수 있기 때문이다. 죽는다는 것은 죽음을 죽음으로 감행한다는 것이다. 단

지 인간만이 죽을 수 있다.[195]

　　이와 같은 4가지(대지, 하늘, 신적인 자들, 죽을 자들)를 사물은 하

나로 모은다. 이때 4가지의 각각의 것은 다른 3가지를 서로 반영한다.

그런데 4가지 중 하나가 서로 다른 3가지를 반영할 때, 그 한 가지는

자신의 고유성(das Eigene)을 반영하고, 이런 가운데 4가지는 모두 자

신들의 고유성으로 존재하게 된다. 그러나 이러한 반영은 신의 섭리나

인과율에 의한 것이 아니라 단지 유희일 뿐이다.[196] 이렇게 스스로 자

---

195) 같은 책, 170–171쪽.

196) 4방 세계의 4가지가 서로를 반영하면서 어우러져 드러내는 것은 인과율에 말미암
　　은 것이 아니라, 전적으로 유희일 뿐이다. 유희는 "왜"가 없고, 단지 유희를 하는
　　가운데 유희의 본질이 드러나는 것이다. 그 본질이 은폐된다면 그것은 유희가 멈추
　　었기 때문이든지, 혹은 유희가 지루하거나 반칙이 난무하는 유희가 되었을 때이다.
　　유희는 "왜" 없이 유희 자체를 통해 드러난다. 따라서 유희에 대하여 외부에서 질
　　문하는 것은 의미가 없다. 단지 그 유희 속으로 들어가면, 그때 그는 유희가 무엇인
　　지 알 수 있게 된다. 또한 유희에는 유희를 주관하는 주체도 없으며 객체도 없다.
　　모두는 서로를 반영하는 유희의 일부일 뿐이다. 하이데거는 헤라클레이토스를 해
　　석하면서 존재의 역운은 유희하는 어린이라고 말하고 있다.(M. Heidegger, *Der
　　Satz vom Grund*, 188쪽) 마찬가지로 4방 세계 역시 유희하는 어린아이와 같은 방
　　식으로 사건화된다. 이런 맥락에서 볼 때 하이데거가 4방 세계를 유희라고 한 이유
　　는, 유희는 인과율과 무관한 것이라는 점, 그리고 유희의 주체는 인간이 아니라는
　　점을 강조하기 위해서라고 볼 수 있다.

신의 고유성으로 존재하면서, 타자의 고유성을 사건화하는 반영-유희 (das ereignende Spiegel-Spiel)를 하이데거는 세계라고 칭한다.

또한 4방 세계가 서로를 사건화시키는 반영-유희는 4가지가 모두 각각의 고유성을 지키면서, 동시에 함께 어우러져 순환하는 원운동으로 묘사된다. 말하자면 유희는 항상 새로운 내용으로 진행되지만, 그때마다 유희라는 동일한 형식으로 진행되기에, 유희는 계속 반복되는 원운동과 같은 것이다. 그리고 그 내용은 원운동을 통해 유희가 자유롭게 창출해 내는 것이기에, 유희의 내용은 항상 다르게 표출될 수 있는 것이다. 이렇게 동일한 유희 형식 안에서 항상 상이한 유희 내용이 어우러져 드러나는 것이 곧 세계이다.

이런 맥락에서 하이데거는 4방 세계가 아우러져 순환하는 윤무 (Reigen)를 "원(반지)"(Ring)으로 묘사하기도 한다. 세계는 4방 세계가 원운동하며 그려 내는 무수한 반영-유희이며, 이것을 하이데거는 무수히 순환하는 윤무들(Reigen), 즉 무수한 원들(반지들, Ge-Ring)이라고도 표현한다.

이러한 하이데거의 주장을 종합한다면, 하이데거가 「건축하기, 거주하기, 사유하기」와 「사물」이란 작품에서 사물을 해명할 때 나타나는 특징은, 『존재와 시간』, 「예술작품의 근원」과 달리, 이제는 4방 세계 (das Geviert)라는 구체적인 드러남의 방식을 규명하고 있다는 점이다. 그런데 하이데거가 대지, 하늘, 신적인 자들, 죽을 자들에 대하여 구체적으로 언급하고 있는 이유는, 하늘의 경우, 그것은 태양, 달, 별 등에 대한 상위개념이나 포괄개념이 아니라, 구체적인 사물들의 하늘 (존재자의 존재)이라는 점을 분명히 하기 위해서이다. 즉 하늘이라는 존재는 실체도 아니고 추상적 개념도 아니며, 오히려 그 안에서 태양, 달, 별들과 같은 구체적인 존재자들이 움직이고(동사적) 드러내는(현상적) 존재세계인 것이다. 이런 점은 대지, 신적인 자들, 죽을 자들의 경우도 마찬가지다.

이외에 하이데거는 사물(Ding)을 해명하면서 고대어 Thing을 언급하고 있다. 그는 사물의 본질이 무엇인지 밝히기 위해 "어원론"(Ety-mologie)적으로 접근하고 있는 것이다.

b. 게르만 신화 속 다리, 단지와 세계의 존재론적 관계

하이데거가 단지나 다리와 같은 사물에서 관심을 갖는 것은 그러한 존재자의 특징을 규정하는 일이 아니다. 그가 강조하고 있는 것은 다리나 단지라는 존재자의 존재의미가 무엇이며, 어떠한 존재론적 세계를 드러내는가 하는 점이다. 따라서 하이데거는 사물의 본질을 논하면서 4방 세계를 끌어들일 수 있었던 것이다. 4방 세계는 대지와 하늘, 신적인 자들과 죽을 자들이 어우러져 펼쳐 내는 세계이다. 그런데 이러한 하이데거의 주장이 가능할 수 있었던 이유는, 이미 게르만 신화 안에서 그러한 해석 방식이 자주 나타나고 있기 때문이다. 이제 그 점을 게르만 신화에서 묘사되는 다리와 단지라는 사물을 통해 확인해 보기로 한다.

게르만 신화에서 묘사되고 있는 다리는 "비프로스트"(Bifrost)이다. 이것은 "떨고 있는 길", "흔들리는 하늘길", "잠시 나타났다 사라지는 무지개"라는 의미다. 그런데 비프로스트라는 다리는 게르만 신화 속에서 자주 묘사되지 않는다. 그것이 등장하는 곳은 창조 장면이다. 여기서 다리는 한편으로 신의 세계(아스가르트)와, 다른 한편 인간 세계(미드가르트), 거인의 세계(우트가르트) 사이에서, 그 세계들을 서로 연결하는 의미를 갖는다. 둘째로 등장하는 곳은, 신의 성벽이 무너졌을 때, 바위 거인이 보수하기 위해 다리를 건너는 장면이다. 이것 역시 신들의 세계와 그 밖의 세계를 이어 주는 다리의 의미로 해석될 수 있다. 셋째로 다리가 묘사되는 곳은, 세계의 종말, 즉 라그나뢰크 때 불의 거인 주르트가 신들의 세계를 불로 멸망시키기 위해 다리를 건너는 장면이다. 마지막으로 다리가 묘사되는 곳은, 신들이 죽음의 세계로 내려가는 장면에서이다. 신들의 사랑을 받던 발더 신이 죽었을 때, 그는 다른 죽은 자들과 함께 "메아리치는 다리"를 건너간다.[197]

그런데 다리에 대한 게르만 신화의 묘사에서 중요한 것은, 다리는 그 자체가 고정되어 있는 존재자라기보다는 서로 다른 두 세계를 연결하여 주는 존재로서 의미를 갖는다는 점이다. 예를 들어 아스가르트 성벽(신들의 성)이 무너졌을 때 바위 거인이 무지개다리 비프로스트를 건너는 장면에서, 비프로스트라는 다리를 건너감으로써, 무너진 신의 세계(성벽)는 신들의 고유한 존재가 어떠한 상태에 있는지를 확인시켜 준다. 또한 비프로스트는 무지개가 그렇듯이, 하늘부터 대지까지 펼쳐진 다리로서, 대지와 하늘을 연결시켜 준다. 또한 그 다리는 태초의 삶을 위한 다리이면서, 동시에 종말 때 죽음이 건너오는 다리이기도 하다. 평시에 이 다리는 아스가르트 성에 머무는 신들이 밖의 세상으로 나아가기 위해 건너는 길이지만, 세상의 종말 때 이 다리를 통해 불의 거인 수르트가 올라옴으로써 신들은 멸망하게 된다.[198]

결국 게르만 신화 속 비프로스트라는 다리는 대지와 하늘을 연결하고, 신적인 자들과 인간의 세계를 연결하고, 생명과 죽음을 이어 주는 다리이다. 말하자면 다리는 신들의 세계와 다른 세계(하이데거 경우 이쪽 강변과 다른 쪽 강변)를 이어 주고, 다리는 멈추지 않고 계속 걸

---

197) 엘리스 데이비슨, 『스칸디나비아 신화』, 237쪽.
198) 케빈 크로슬리-홀런드, 『북유럽 신화』, 24쪽.

어야 하는 길이며(하이데거 경우 다리는 인간의 길로서, 이 길은 마지막 다리까지 이어지며, 그 길에 도달하기 위해 다리는 계속적인 발걸음, 즉 움직임이 있는 곳으로 묘사되고 있다), 그 길은 창조 때부터 종말에 이르기까지 모든 존재방식을 서로 연결시켜 주는 통로이다.

이처럼 우리는 게르만 신화 속 "다리"에 대한 묘사 안에서, 하이데거가 사물의 본질을 대지, 하늘, 신적인 자들과 죽을 자들이 서로 어우러져 드러내는 4방 세계의 윤무라고 해석할 수 있게 한 근원을 볼 수 있다. 이런 점은 특히 "단지"에 대한 예에서 더 명확히 나타난다. 게르만 신화 속 단지와 하이데거의 단지를 비교하면서, 우리는 사물에 대한 하이데거의 주장이 고대 게르만 정신과 맞닿아 있다는 점을 입증하기 위해 게르만 신화 속 이야기와, 고증학적인 주장, 그리고 하이데거가 주장하는 어원론적인 측면을 모두 살펴보아야 한다.

게르만 신화의 이야기 속에서 등장하는 단지는:

첫째, 신들의 우호를 다지는 사물이다. 아스족 신들과 바니족 신들이 태초에 전쟁을 벌인 후 평화협정을 맺을 때, 모든 신들과 여신들이 커다란 단지에 침을 뱉고 우호를 다진다. 그리고 아스 신들은 그 우호의 정신을 기억하기 위해 신들의 침으로 사람을 만드니, 그 상징 인물이 곧 크바지르이다.

둘째, 단지는 신들이 향연을 벌일 때 쓰이는 사물이다. 『에다』에서는 신들의 향연을 위해 단지를 거인 히미르로부터 뺏어 오는 장면이 있다. 그중 일부는 다음과 같다:

강력한 힘을 가진 신들/ 하늘의 제왕들은
어느 곳에서도 단지를/ 찾을 수가 없었다.
티르가 흐롤리디(토르)에게만/ 남몰래 말해 주니

그에게만 아는 것과/ 할 것을 말해 주었다.

…

"우리가 그 술단지를 얻을 수 있을까?"

"계략을 쓴다면/ 얻을 수 있으리라."

…

힘이 남은 토르가/ 성찬에 돌아왔으니

히미르가 가졌던/ 단지를 가져왔다.

성신들은 그것에다/ 에기르의 궁에서

마(麻)의 수확철(겨울)마다/ 엘주를 담가 마셨다.(에다, 117-125쪽)

셋째, 단지는 토르 신전에서 봉헌되는 피를 담는 사물이다. 이때 단지는 신적인 신성함,[199] 그리고 이와 연관된 희생[200]의 의미를 담고 있다.

넷째, 단지는 지혜의 꿀술을 담는 사물로서, 그것은 지혜의 신과 지혜의 인간, 즉 시인을 상징하는 사물이다. 앞에서 신들이 평화협정을 맺은 후 침들로 크바지르를 만들었다고 했는데, 크바지르는 사악한 난쟁이들에 의해 죽임을 당한다. 난쟁이들은 크바지르의 피에다 꿀을 타서 꿀술을 빚는다. 이 술은 평화와 지혜를 상징하는 크바지르의 피로부터 만들어졌기 때문에, 이 꿀술을 마시는 자는 현자나 시인이 된다.[201] 오딘은 이 술을 마심으로써 지혜를 얻게 되고, 루네 문자를 알

199) 라이너 테츠너, 『게르만 신화와 전설』, 103쪽.

200) 엘리스 데이비슨, 『스칸디나비아 전설』, 18쪽: "게르만의 신들은 전쟁터를 지배하면서 숭배자에게 가혹한 희생을 요구했다. 그러면서도 사람들에게 편안하게 생활할 수 있는 계절과 풍부한 농작물, 번영을 베풀었으며, 하늘의 왕국과 천둥, 생명을 주는 비를 지배할 수 있는 힘이 있었다."

201) 같은 책, 100쪽: "그 술을 마시거나 지혜의 말을 한 사람에게는 시를 지을 수 있는 힘이 생겼다. 사람을 취하게 하는 술은 아마도 오딘에 대한 희생 의식에 반드시 필

게 된다. 또한 오딘이 난쟁이로부터 꿀술을 다시 뺏어 오면서 흘린 것을 마신 자가 바로 시인이다. 이런 점에서 시인은 신들과 가까운 자, 즉 하이데거가 강조하고 있는 반신이다.[202]

다섯째, 단지는 죽은 용사들이 발할에서 밤마다 향연을 벌일 때 사용하는 사물이다.[203] 이때 단지는 삶과 죽음을 연결하는 사물을 뜻한다.

여섯째, 토르가 우트가르트 로키와 대결하는 장면에서 거대한 뿔잔이 묘사되는데, 이때 뿔잔은 토르가 세계의 밑바닥, 즉 근거를 확인하는 것을 뜻한다. 즉 단지라는 사물 안에는 세계의 심연적 근거가 담겨 있는 것이다.[204]

일곱 째, "리그의 노래"에서 단지는 인간의 부뚜막에 놓여 있는 사물, 즉 인간의 삶의 중심에 있고 인간들 사이를 연결시켜 주는 존재로 묘사된다.

이상을 종합하면, 단지는 신과 인간의 음료를 담는 사물이고, 신과 인간의 삶과 죽음을 담는 사물이고, 세계의 근거를 드러내는 사물이다. 또한 향연과 지혜, 그리고 시적 정신(시인)을 상징하는 사물이다. 이렇게 게르만 신화에서 단지는 하이데거가 주장하는 4방 세계의 모습을 앞서 담고 있다.

이런 점은 고증학적인 측면에서도 확인될 수 있다. 게르만인에게 단

요한 요소였을 것이다. 볼가 강가에 거주하는 노예소녀는 죽기 전에 술을 마실 수 있는 잔을 하나 받았다…" ; 93쪽: "오딘 숭배자들은 기꺼이 죽음을 택한다는 점과 자신들이 마지막으로 겪는 시련을 달게 받아들인다는 의미에서 보여 주는 격렬한 환희에 대하여 일관되게 강조하고 있다."

202) 마르틴 하아데거, 『횔덜린의 송가 《게르마니엔》과 《라인 강》』, 231쪽 이하.

203) 『에다』, 46쪽.

204) 라이너 테츠너, 『게르만 신화와 전설』, 163쪽.

지는 죽음과 연관된 종교적인 의식 때 사용된 사물이다. 단지는 죽음
과 삶을 이어 주고, 신성함을 보존하는 사물이다. 이 점을 데이비슨은
다음과 같이 말한다:

> 무덤에는 돌을 쌓아서 경외심을 일으키는 거석 무덤의 석실 속으로 들어가
> 는 좁은 통로를 만들었다. 이것은 '대지'의 자궁을 나타내는 상징이었으
> 며, 죽은 자는 사후에 이 자궁 속으로 돌아왔다. 무덤 속에는 특히 뿔 모양
> 으로 구부러진 입구 주변에 의도적으로 여러 조각으로 깨뜨린 단지와 항아
> 리를 두었는데, 이것은 그 무덤의 입구에서 복잡한 의식이 열렸음을 의미
> 하는 것이었다.[205]

　　데이비슨에 따르면 고대 게르만인들은, 죽은 자의 무덤에 꿀술과 맥
주를 담은 단지와 고기를 담은 접시와 칼 등의 사물을 넣어 주는 풍습
이 있었다. 이런 점이 게르만 신화에서는 오딘의 궁전에서 죽은 용사
들이 밤에 다시 살아나서 향연을 벌이는 이야기로 나타난다. 이렇게
죽은 자가 다시 살아나서 벌이는 향연에 등장하는 것이 단지이다.[206]
이것은 게르만인들의 축제를 반영하는 것이고, 이렇게 축제 중에 나타
나는 황홀경적인 깨달음[207] 때문에, 단지는 깨달음의 단지, 즉 시인의
단지로 여겨지기도 한 것이다. 이런 점이 게르만 신화에서는 크바지르
의 피로 만든 꿀술을 오딘이 마시고 지혜를 얻는 장면으로 묘사되는
것이다.

---

205) 엘리스 데이비슨, 『스칸디나비아 신화』, 40쪽.
206) 데이비슨은, 오딘이 죽음의 신이었고 지하세계의 지배자였으며, 그의 궁전인 발할
　　라는 하늘의 밝은 거처가 아니라 무덤의 상징이라고 주장한다. (같은 책, 87쪽)
207) 데이비슨은 이러한 점은 고대 게르만인들의 샤머니즘적 영향으로 보고 있다.

또한 사물에 대한 하이데거의 주장이 게르만 신화를 반영하고 있다는 점은, 하이데거가 사물을 해명할 때, 어원론적인 측면을 강조하는 대목에서도 확인될 수 있다.

게르만 신화에서 신들과 세계의 창조 과정을 보면, 창조는 추위, 더위, 카오스로부터 적절한 기후와 질서 지음을 통해 이루어진다. 창조는 추위와 더위에게 경계를 세우는 일이고, 그 둘이 적절히 합쳐진 곳에서 삶의 공간이 만들어진다. 우선 신들이 창조되고 신들은 다시 거인 이미르의 몸으로부터 세계를 창조한다. 이때도 창조는 존재자들이 서로 각각의 경계선 안에 머무는 것, 말하자면 각각에게 주어진 몫, 즉 모이라를 지키는 일을 뜻한다. 이 점은 다음과 같이 묘사되어 있다:

뵈르의 아들들이/ 대지를 들어 올려

마침내 거대한/ 미드가르트를 창조하니,

남녘의 태양이/ 암벽 위에 비치고,

땅에서는 초록빛/ 풀들이 자라더라.

…

어디에 자리할지/ 태양은 몰랐고,

제가 가진 위력을/ 달도 알지 못했고,

별들도 제 자리를/ 정하지 못했더라.

그리하여 신들께서/ 판관으로 좌정하여

어찌하면 좋을꼬/ 서로 의논하셨으니,

어둔 밤과 새 달에/ 이름을 지어 주고

아침과 낮이라/ 이름을 붙이고

저녁과 밤으로/ 시간을 정하셨더라.(에다, 6쪽)

이처럼 창조는 이름을 붙이고, 태양과 달, 별들이 자기의 궤도를 지키게 하며, 시간이 흘러가기 시작하도록 하는 것으로 묘사되고 있다. 이러한 창조를 위해 신들은 "모여서" 의논을 하고 있다. 또 흥미로운 점은, 신이 창조되고 그다음 존재자들과 인간이 창조되는 순서를 따르지만, 거주처의 경우 인간이 살아가는 세계공간이 먼저 창조되고 그다음 신들의 세계, 신의 신전이 창조되고 있다.

신전에 대한 이야기 중에서 신전의 형태는 묘사되어 있지 않다. 오히려 "어떻게"(Wie) 신전을 건축했는지, 그리고 그 궁전에서 신들이 "어떠한 방식"으로 존재했는지가 묘사되고 있을 뿐이다:

이다 평원 너른 들에/ 아스 신들 모여들어
궁궐이며 신전을/ 드높이 지으시니,
(공력을 기울여/ 온갖 것을 시험했다.)
화덕을 만들고/ 쇠붙이를 단조하여
값진 보물, 집게, 연장/ 다 갖추어 만들었다.

신들은 궁궐에서/ 주사위를 즐기고 … (에다, 6-7쪽)

이 구절에 따르면 신들은 자신들의 궁전에 앞서 인간의 세계공간인 미드가르트를 창조하고, 이곳을 위협적인 곳인 우트가르트로부터 보호하기 위해 이미르의 속눈썹으로 방벽을 설치한다. 그리고 신전을 짓는데, 이때 신전의 재료(Stoff)나 형태(Form)에는 관심이 없고, 어떻게(wie), 무엇을 위해(worumwillen) 지었는지 묘사할 뿐이다. 신전은 도구를 통해 지어졌으며, 그 목적은 신들이 거주하기 위해서이다.

신전 안에서 신들은 — 주사위 놀이를 하는 신들이라는 니체의 표현과 같이 — 주사위 놀이라는 "유희"를 즐길 뿐이다. 이와 같이 게르만 신화에서 신전이라는 건축물은 "거주하는 곳"이라는 존재론적 의미와 연관해 묘사되고 있다. 즉 신전은 다른 위협과 해악으로부터 보호받는 곳이다.

하이데거에 따르면 "건축하다"(bauen)라는 단어는 옛 고지 독어에 따르면 "buan" 즉 "거주함"(wohnen), "머묾"(bleiben), "체류함"(sich aufhalten)이란 뜻을 지녔다. bauen, buan, bhu, beo는 bin이란 의미고, bin은 "거주하다"(wohnen)란 의미이다. 그리고 인간(신들)이 대지 위에 존재하는 방식이 buan, wohnen이다.

이때 하이데거는 bauen의 본래적인 의미가 "돌보다"(pflegen)이며, 옛 작센어 wuon, 고트어 wunian은 bauen의 옛 의미인 "머물다"란 뜻 외에, wunian은 "만족하다"(zufrieden), "평화(Friede)로 이끌다", "평화 안에 머물다"란 의미를 지니며, 평화는 "자유로운 것"(das Freie), Frey란 뜻이고, frey는 "상해와 위협으로부터 보호받는 것", "아낌을 받는 것"을 뜻한다고 해석한다.[208]

이와 같이 하이데거는 건축함의 본래적인 의미를 "자유로움"(Freien), "아낌"(Schonen)이라고 해석하는데, 이러한 해석은 하이데거의 임의적인 해석도 아니고, 또한 현대 독어에서는 사라진 고대 독어의 의미를 덧붙이려는 것도 아니다. 오히려 하이데거가 현대 독어의 고대적 의미를 강조하고, 그에 따라 재해석하려는 근본적인 이유는, 옛 단어들이 고대 게르만의 정신과 존재방식을 담고 있기 때문이다.

---

208) M. Heidegger, *Vorträge und Aufsätze*, 141-143쪽.

이런 점은 단지를 예로 드는 경우도 마찬가지다. 하이데거는 "단지"를 해석하면서, 봉헌된 신들의 음료(Guß)는 Spende(봉헌주)와 희생(Opfer)을 뜻하며, gießen(부음)은 그리스어 cheein, 인도게르만어 ghu로서 '희생하다'(opfern)를 뜻한다고 해석하는 이유도,[209] 이미 게르만 신화에서 "단지"는 신들을 봉헌하기 위한 음료를 담는 사물이고, 산 자와 죽은 자를 위한 사물이고, 또한 신들이 서로 어울려 향연을 즐길 때 사용되는 사물이고, 시가 암송될 때 사용되는 사물이기 때문이다.

이렇게 하이데거는 "단지"를 해명하기 위해, 어원론적인 해석을 제시하면서 4방 세계를 끌어들이고, 결국엔 신발, 그리스 신전, 다리, 단지라는 개별 사물들로부터 "사물 자체"의 본질이 무엇인지 밝히는 데로 나아간다. 이때 하이데거가 근본적으로 재해석되어야 한다고 강조하고 있는 단어는 물론 "사물"(das Ding)인데, 그는 이 단어의 근원적인 의미를 어원론적으로 소급해 밝히고 있다.

3) 하이데거의 Ding과 게르만 신화 속 Thing

하이데거는 사물(Ding)은 옛 고지 독어 thing에서 유래했다고 단적으로 말한다. 이렇게 강하게 주장하면서, 하이데거는 스스로, 마치 우리가 바로 앞에서 질문한 것과 마찬가지로, 그러한 시도가 너무 임의적이고, 단어의 사전적인 의미의 확장에 불과한 것이 아닌가라고 묻는다:

"사물을 thing으로부터 해명하려는 시도는 옛 고지 독어 thing의 단어 뜻

---

209) 같은 책, 165쪽.

을 임의적이고 억지로 끄집어내는 듯이 보일 수도 있다."[210] … 따라서 이러한 시도는 "사물의 본질이 어원론적 유희의 임의성에 근거하는 것이 아니냐는 의심"이 들게 할 수도 있다.[211]

그러나 하이데거는 곧바로, 이러한 의심은 단지 "본질의 연관성을 도외시하고 단어의 사전적 의미만을 볼 때", 일어날 수 있는 의심이라고 일축한다. 또한 이러한 시도에 대하여 하이데거는, 서구 형이상학을 통해 오랫동안 잘못 사용된 Ding의 의미[212]를 통해서 Ding(사물)의 본질이 드러날 수 없듯이, 단지 옛 고지 독어 단어 thing의 옛 뜻을 되살리는 것도 사물의 본질을 드러낼 수 없다고 단호하게 말한다.

그렇다면 왜 하이데거는 사물의 본질을 해명하기 위해 고어 thing을 끌어들이고 있는 것일까? 그리고 thing이란 단어의 의미 중 어떤 의미가, 하이데거가 의도하는 사물의 본질과 연관되는 것일까? 그리고 고대 게르만 사회에서 thing은 무슨 의미를 지녔던 것일까?

오딘이 전쟁과 지혜의 신이고, 토르가 도구와 농업의 신이라면, thing(집회, 사물Ding)은 티르 신과 연관되어 있다. Tuesday는 집회(Thing, Ding)의 신인 티르 신으로부터 유래했고, 티르 신의 날이 Dingstag이며, Dingstag은 다시 Dienstag로 변한 것이다.

이러한 언어의 변천이 의미하듯이, 사물(Ding)의 옛 고지 독어는

---

210) 같은 책, 166쪽.

211) 같은 책, 167쪽.

212) thing, dinc는 라틴어 res에 해당되는 단어로, 이 단어를 칸트는 물 자체(Ding an sich)로 해석했고, 그 이전에 마이스터 에크하르트는 존재하는 모든 것을 위한 단어로 사용했다. 그는 신을 최고의 dinc, 가장 높은 dinc로 표현했으며, 인간의 영혼을 groz dinc라고 표현했다. M. Heidegger, 같은 책, 168쪽.

thing이다. 그 당시에 Thing은 집회를 의미했다. 이 집회에서는 자유민들이 모여 사회에서 일어난 사건들을 법에 의거해 처리했다. 집회에서 다룬 일은 부족 전체에 연관된 일이도 하고, 개인들 간의 다툼에 관한 일이기도 했다. 이 점에 대해서 로마 역사가 타키투스는 다음과 같이 적고 있다:

> 집회에서 고소를 할 수도 있고 생사에 관한 재판도 할 수 있다. 위반 행위에 따라서 벌의 여러 가지 등급이 생기게 된다: 반역자와 변절자는 나무에 목매달아 죽이게 한다. 비겁한 자, 전투를 기피하는 자와 자기 육체를 욕되게 한 자는 늪의 수렁에 빠지게 한다. … 사형의 이러한 여러 형태는 야비한 범죄를 벌하는 것은 보이게 해야 한다는 … 생각에서 기인한다. … 그들은 무장을 하고 모든 공적인 일이나 사적인 일을 처리한다.[213]

하이데거 역시 Ding의 고어인 thing, dinc의 옛 의미가, 타키투스가 보고하듯이, 부족 공동체의 관심사, 혹은 개별적인 사람들의 논란거리, 논변, 판결과 같은 의미로 사용되었음을 알고 있었다. 그러면서 자신이 Ding을 고어인 thing으로부터 해석한 이유는, thing이 일상적인 인간들의 관심사와 판결을 다루는 곳이란 의미를 지녔기 때문이 아니라, thing이 "모음"(Versammlung)이란 의미를 지녔기 때문이라고 밝히고 있다:

> thing이란 단어를 옛적에 사용할 때 의미 중에서 단 **한 가지** 의미, 즉 《모음》(versammeln)이라는 의미만이, 앞서 단지의 본질에 대하여 사유할 때

---

213) 타키투스, 『타키투스의 게르마니아』, 69-70쪽.

거론했던 것과 들어맞는다.[214]

그렇다면 하이데거가 Ding의 본질을 thing으로부터 해명하려고 시도했던 근본적인 이유는, 사물의 본질을 — 타키투스의 보고와 같이 — thing이 갖는 사회학적 의미로부터가 아니라, thing이 무엇을 모으는지, 즉 thing의 존재론적 의미로부터 파악하려 했기 때문이다. 그렇다면 thing은 무엇을 모으는가?

타키투스의 보고에 따르면 고대 게르만인의 집회 Thing에서는 부족원들의 일상적인 관심사와 문제거리들만 다룬 것이 아니다. 오히려 thing의 가장 중요한 임무는 공동체 전체의 생사가 걸린 전투가 임박했을 때, 공동체의 부족들과 신의 이름으로 결정을 내리는 것이다. 이때 판결의 정당성과 유효성을 보증해 주고, 부족원들로 하여금 그러한 판결을 준수하게 하는 근거는 바로 티르 신에게 한 맹세에 기초한다. 이 점에 대하여 안인희는, "티르는 전쟁의 신이자 고대 게르만 종족의 중요한 관습인 집회(민회)를 관장하는 신이었다. 게르만 종족은 민족의 중요한 일을 민회에서 결정하였고, 또 여기서 중요한 판결을 내리곤 하였다. 사람들은 민회를 열 때면 오른손을 들고 티르 신에게 맹세하였다"고 말하고 있다.[215]

그렇다면 Thing이 열리는 장소는 어떤 곳인가? 게르만 신화에 따르면 신들이 모여 집회를 갖는 곳 중 하나는 아스가르트에 위치한 오딘의 궁전이다. 그 궁전에는 큰 창이 있는데, 그 창을 통해 오딘 신은 거인과 인간 세계를 내려다보며 무슨 일이 일어나는지 알게 된다. 이렇

---

214) M. Heidegger, *Vorträge und Aufsätze*, 170쪽.
215) 안인희, 『안인희의 북유럽 신화』, 2권, 43쪽.

게 신들과 거인, 인간, 세계를 볼 수 있는 오딘의 궁전에서 신들은 모임을 갖는다. 따라서 그 모임(Thing)에 모인 신들은 신들과 거인들, 인간들, 세계의 존재자들 사이에서 무슨 일이 벌어지고 있는지를 알게 된다. 그리고 하늘을 지배하는 신, 대지의 여신들은 신들을 죽이려는 로키 등이 어우러져 만들어 내는 사건에 대비하기 위해 모인다. 말하자면 오딘의 궁전에서의 모임(Thing)은, 하이데거가 주장하듯이, 대지와 하늘, 신들, 인간들의 문제가 어우러져 나타난 문제들을 해결하기 위한 장소라는 의미의 Thing이다. 따라서 하이데거가 사물(Ding)을 Thing으로부터 해석하는 이유는, Ding이라는 단어 안에는 이미 대지와 하늘, 신들과 인간들이 어우러져 모여 있는 thing의 의미가 들어 있기 때문이다.

이런 점은 신들이 오딘의 궁전에 모여 세계의 존재자들을 창조하고 이름을 붙이기 위해 모이는 장면[216]에서도 확인할 수 있다. 즉 신들의 모임 장소는 인간과 세계의 모든 존재자를 창조하고 그들에게 이름을 붙이는 곳이다. 신들의 모임에서 모든 존재자들은 이름을 선사 받고 각각의 존재자로서 드러나게 된다. 이런 의미에서 토르 신이 망치로 만든 신들의 모임 장소는 "기쁨을 주는 집"[217]으로 불리기도 한다.

그런데 오딘의 궁전에서 신들이 모이는 궁극적인 이유는, 신들의 죽음과 세계의 종말 때문이다. 게르만 신화는 처음부터 죽음의 그림자가 깔려 있는 신화이다. 그렇듯이 부분적인 기쁨과 웃음 뒤엔 항상 음울하고 스산하며, 불안하게 하는 죽음이 도사리고 있다. 이렇게 신들의 모임이 죽음과 연관되는 것은, 발더 신의 죽음을 암시한 꿈을 해결하

---

216) 『에다』, 6, 7, 9, 18쪽.
217) 라이너 테츠너, 『게르만 신화와 전설』, 19쪽.

기 위해 신들이 모이는 장면에서 볼 수 있다.[218]

결국 게르만 신화에서 신들의 모임은 불안한 삶의 문제뿐 아니라, 죽음의 불안을 해결하기 위해 모이는 모임인 것이다. 이런 점에서 오딘 신은 라그나뢰크를 준비하기 위해 죽은 용사들을 발할에 모으는 것이다.[219] 발할에서의 모임은 삶과 죽음, 신들과 인간들 사이의 모임이며, 전투와 죽음, 다시 살아남과 향연이 되풀이되는 모임이다.

이외에 또 모임이 이루어지는 곳은 이그드라실이라는 나무이다.[220] 그 근처에는 노르네들이 관장하는 샘이 있다. 이그드라실 나무는 우주목이라고 했듯이, 세계의 신성한 중심을 뜻하며, 동시에 하늘과 대지를 이어 주는 사물을 뜻하기도 한다. 즉 이그드라실이라는 사물에는 하늘과 대지가 어우러져 있으며, 신들과 거인, 인간, 세계의 운명이 어우러져 있다. 또한 샘을 지키는 노르네들은 과거와 현재, 미래를 주관하는 여신이기에, 이그드라실이라는 나무, 즉 사물에는 대지와 하늘, 신들과 인간들 외에 시간이 함께 어우러지고 있다.

이렇게 게르만 신화의 Thing의 의미 안에는 하이데거가 주장한 4방 세계의 의미가 이미 담겨 있음을 알 수 있다. 이런 이유 때문에 하이데거는 "단지"와 같은 "사물"을 논하면서, 사물 안에는 그리스적 형태나 히브리적 용도성을 넘어, 대지, 하늘, 신들, 인간들의 어우러진 모임이 들어 있다고 주장할 수 있었던 것이다.

---

218) 『에다』, 58쪽.
219) 『에다』, 46쪽.
220) 라이너 테츠너, 『게르만 신화와 전설』, 28쪽 이하.

4) 하이데거와 게르만 신화에서 숲의 의미

게르만 신화에서는 숲에 대한 이야기가 많이 등장한다. 그것은 숲에 대한 게르만인들의 경외심과 일치한다. 앞에서 우리는 하이데거가 사물을 논할 때 슈바르츠발트 풍경을 예로 들고 있는 것을 보았다. 하이데거에게 슈바르츠발트는 그의 고향의 숲이기도 하고, 동시에 대지와 하늘, 신들과 인간들이 모이는 게르만 신화 속 이그드라실과 같은 곳이기도 하다.

원래 슈바르츠발트는 라틴어 montis abnovae에서 유래했는데, abnovae는 고대 게르만 계통의 켈트족이 숭배했던 여신 Abnova에서 기인한다. 즉 하이데거가 애호한 슈바르츠발트는 이미 고대부터 여신 Abnova가 임재했고, 지배했던 성스러운 곳이었던 것이다. 이런 맥락에서 레이진은, 하이데거의 경우 "슈바르츠발트 풍경은 그의 사상이 추구한 긍정적인 요점이고 메타퍼"였다고 주장한다.[221] 레이진에 따르면 하이데거는 휠덜린의 시 "라인 강", "이스터"에서 묘사되고 있는 강물이 궁극적으로 슈바르츠발트라는 고향의 숲을 향하고 있으며, 형이상학의 역사도 존재론의 역사가 되어 그곳으로 흘러야 된다고 해석하고 있다는 것이다.[222]

이런 점은 하이데거 자신도 밝혔다. 그는 이그드라실, 혹은 슈바르츠발트의 나무에 해당되는 상징인 알프스에 가까이 머무는 것을 "근원에 가까이" 머무는 것이라고 말하고 있다.[223]

---

221) W.v. Reijen, *Der Schwarzwald und Paris, Heidegger und Benjamin*, 1998, 26쪽.

222) 같은 책, 35쪽.

223) 마르틴 하이데거, 『휠덜린의 송가 《게르마니엔》과 《라인 강》』, 236쪽에서 하이데거는 휠덜린의 시 "라인 강"에 표현된 "숲의 문들"은 "임의적인 숲의 출구나 입구를

숲에 대한 하이데거의 애정은, 그가 베를린대학으로부터의 두 번째 초빙을 거절하면서 한 말 "나는 도시로부터 오두막으로 돌아간다. 나는 산과 숲들, 그리고 농가가 말하는 것을 듣는다"[224]에서도 잘 나타난다. 또 『언어에의 도상』에서 하이데거는 "들길을 걸어 한 시간쯤 서로 떨어져 있는, 한적한 두 농가는 가장 아름답게 이웃해 있는 반면, 같은 길가에 마주보고 있거나 옆에 있는 두 도시의 집들은 결코 이웃을 모른다"[225]라고 말하고 있다. 이러한 하이데거의 주장이 얼마나 오랫동안 전승된 게르만적인 존재방식에서 비롯된 표현인가 하는 점은 타키투스의 보고에서 확인된다:

> 일반적으로 잘 알려진 것은 게르만 종족이 도시에 살지 않는다는 것이다. 그들은 서로 붙어 있는 거주지나 폐쇄된 거주지에 살려고 하지 않는다. 그들은 서로 멀리 떨어져 산다. 그들은 농가 가운데 샘, 들판이나 숲이 마음에 들면 살 장소로 정한다.[226]

게르만인에게 숲이 가장 중요한 존재였음은 이미 클롭슈토크도 "언덕과 숲"이란 송가에서 밝히고 있다. 그에 따르면 그리스와 프랑스가

뜻하는 것이 아니라 … 《문들》은 고향의 숲으로 난 입구이며, 그곳으로부터, 즉 고향으로부터 시선은 호수를 넘어 《알프스 산맥》으로 옮겨 간다"라고 주장한다. 같은 책, 263-264쪽에는 "알프스 산맥은 고향의 땅과 이웃해 있으며, 그것은 《집의 부뚜막》이며, 고향적 대지를 규정하는 중심이고, 독일 강물들 중 가장 고귀한 근원적 장소이다. 《알프스 산맥들》에의 가까움은 근원에의 가까움이고, 시인이 연결되어 있기를 원하는 존재의 본질성에의 가까움이다"라고 말하고 있다.

224) W.v. Reijen, *Der Schwarzwald und Paris, Heidegger und Benjamin*, 29쪽.

225) M. Heidegger, *Unterwegs zur Sprache*, 210쪽.

226) 타키투스, 『타키투스의 게르마니아』, 72쪽.

언덕의 문학이라면 독일은 숲의 문학이다.[227]

　슈펭글러도 "이상한 부드러운 동경이／ 나를 몰아 숲이나 들을 떠돌게 한다"라는 괴테의 『파우스트』를 인용하면서, 숲은 "켈트와 게르만 시대부터 파우스트적 인간의 자연 감정을 완전히 지배한" 곳이었다고 말한다.[228]

　이런 점은 니체의 차라투스트라가 산(이그드라실과 같이 하늘과 대지를 연결하는 산, 더 정확히 표현한다면 하늘이 된 대지로서의 산)에서 거주하고, 대도시를 침을 뱉으며 그냥 스쳐지나가는 일, 혹은 자신은 산 타기를 좋아하는 자라고 표현한 곳에서도 발견된다.[229]

　타키투스의 또 다른 보고에 의하면, 고대 게르만인들은 "신성한 숲에서 특정한 그림이나 상징물을 꺼내서 전투에 가지고"[230] 나갈 뿐 아니라, 그들은 하늘의 신은 위대하기 때문에 건축물의 벽 사이에 가두는 일은 무례한 일이라고 생각했고, 오히려 숲이나 삼림이야말로 신이 거주하는 신성한 곳이라고 여겼다는 것이다. 이런 점은 게르만인들에게 숲은 인간이 헤아리거나 지배할 수 없는 거대한 크기와 압도적인 힘을 지닌 곳으로 경험되었기 때문일 것이다. 이런 점은 카이사르의 『갈리아 전쟁기』에서도 발견된다:

　　헤르키아 숲을 통과하는 데는 꼬박 9일이 걸린다. 게르마니아에는 거리를 측정하는 단위가 없기 때문에 숲의 크기를 정확하게 설명하기가 불가능하다… 여기에서 숲은 … 크기가 워낙 방대해서 많은 부족들의 경계를 이루

---

227) 박찬기, 『독일문학사』, 일지사, 1981, 112쪽.
228) 오스발트 슈펭글러, 『서구의 몰락』, I, 박광순 옮김, 범우사, 314쪽.
229) 니체, 『차라투스트라는 이렇게 말했다』, 12, 131, 249, 287쪽.
230) 타키투스, 『타키투스의 게르마니아』, 66쪽.

고 있다. 이 지역에 사는 어느 누구도 숲의 끝에 도달했다거나(60일이 걸린다고 한다), 숲이 어디에서 시작하는지를 들었다고 하는 사람이 없다.[231]

이렇게 인간의 능력으로 헤아리기 어려울 정도로 거칠고 위협적인 숲은 다른 민족으로부터의 공격을 막아 주기도 하기 때문에,[232] 숲은 게르만인에겐 당연히 성스러운 것으로 여겨졌다. 따라서 그들은 중요한 모임(Thing)을 당연히 "성스러운 숲"(Hain)에서 가졌다:

젬노넨족의 경우 … 일년 중 정해진 기간에 같은 혈통 종족의 대표자들이 숲에 모인다. 이 숲은 조상과 옛날의 두려움에 의해 축성된 것이다. 모든 종족이 대표단을 보낸다. 그리고 참석한 이의 이름으로 사람을 제물로 한 후에 야만적인 무시무시한 축성식을 올린다. 다른 방식으로도 숲에게 경외심을 표한다. 그리고 자기들의 무력함과 신의 힘을 보여 주기 위해서 포박되지 않고서는 그 숲에 들어설 수 없다. 숲에 들어선 사람이 넘어지게 되면 그는 다시 일어서거나 서서는 안 된다. 그는 땅 위로 몸을 굴려서 숲 밖으로 나와야 한다. 이러한 미신은 이 숲에서 종족이 시작되었으며, 거기서 모든 것을 지배하는 신이 살고 있고, 모든 것은 이 신에게 종속되고 복종해야 할 의무가 있다는 견해에서 나온다.[233]

숲에서 신이 살고 있다는 주장이나 숲 자체가 신적인 존재라는 주장

---

231) 카이사르, 『갈리아 전쟁기』, 254쪽.
232) 같은 책, 68-69쪽.
233) 타키투스, 『타키투스의 게르마니아』, 88쪽.

은, 하이데거가 『횔덜린의 송가 〈이스터〉』에서 게르만의 여신 헤르타의 축성식이 성스러운 숲(Hain) 속에서 이루어지고 있는 점을 언급한 부분에서도 확인된다.[234]

이런 점들로부터 우리는 다음과 같은 점들을 확인할 수 있다.

첫째, 하이데거가 사물(Ding)을 해명하기 위해 옛 고지 독어인 Thing을 끌어들이고 있다. 둘째, 하이데거가 의도한 thing의 의미는 사소한 일상사를 판결하는 것이 아니라, 신과 인간, 대지와 하늘을 걸고 이루어지는 화급한 삶과 죽음의 문제를 결정하기 위한 모임이다. 셋째, thing에서 중요한 것은 존재론적인 "모음"(Versammlung)이라고 하이데거가 주장할 때, 이러한 주장은 그의 임의적인 주장이 아니라, 이미 고대 게르만 신화와, 고대 게르만인에 대한 타키투스, 카이사르의 보고에 의해 입증되었듯이, 게르만인의 시원적 존재부터 존재해 왔던 경험에서 비롯된 것이다. 넷째, 서구 형이상학을 통해 망각되거나 은폐된 채 주어진(Ge-schick) 시원적 존재이해를, 하이데거가 — 제2 시원을 위해 — 다시 길어 내어(wieder-holen) 미래적인 길로서 제시하고 있다.

---

234) 마르틴 하이데거, 『횔덜린의 송가 〈이스터〉』, 244-245쪽.

서구 사상사에서 한동안 천재 개념이 지배적이었던 때가 있었다. 천재는 이전의 시대와 이후의 새로운 시대를 구분할 수 있는 창조적인 정신으로 파악되었다. 역사를 통해 창조적인 천재가 출현하면서, 이전과 전혀 다른 새로운 정신이 드러나는 것도 사실이다. 그런 예를 우리는 니체 자신의 표현에서 발견할 수 있다. 니체에게 천재란 마치 다이너마이트와 같아서 엄청남 힘을 쏟아 내는 자이다. 이 힘을 통해 기존의 모든 가치의 둑은 붕괴되지만, 그 결과에 대하여 천재는 아랑곳하지 않는다. 왜냐하면 천재는 그 힘이 기존의 가치에 부합되는지, 혹은 그렇지 않은지에 관심을 갖지 않기 때문이다. 그가 쏟아 내는 힘은 기존의 가치에 의해 평가될 수 없으며 그 가치를 넘어서는 것이다. 따라서 그에게 유일한 관심이 있다면, 창조적인 힘을 단번에 쏟아 내는 일이다.

그러나 니체가 생각했던 것과는 달리, 이러한 천재도 그에게 주어진 기존의 의미세계 전체가 없었다면 존재할 수 없었을 것이다. 그리고 천재에 대한 기대와 예찬은 기존의 삶이 권태롭거나 우울할 때, 심지어 환멸스러울 때 나타나는 현상일 수도 있으며, 그러한 열광적 기대는 자칫 우연한 인물에 대한 광기로 이어질 수도 있다. 광기 속에서 그 인물이 천재인지 우상인지에 대한 판별력은 사라지기 마련이다. 단지

무비판적이고 군중적인 광기와 선동, 집요하고 정밀한 조작만이 존재할 뿐이다. 그런 모습은 역사를 통해서 종종 나타났고, 그것은 거의 대부분 너무도 비인간적인 비극으로 나타났다.

이와 달리 천재는, 헤겔식으로 표현하면, '역사에 대한 섬세한 감수성과 냉철한 이성'을 가진 자로 이해될 수도 있다. 이 경우 천재는 이전의 의미세계와 분리되지 않는다. 오히려 천재는 과거를 '이미 지나가 버린' 과거로 망각하기보다 현재의 문제로 끌어내고, 미래도 '아직 오지 않은' 미지의 것으로 준비 없이 시간만 하염없이 기다리는 것이 아니라 현재의 문제로 끌어당기면서, '현재화한 과거'의 교훈과 '현재화한 미래'에의 예감을 '현재적 순간'에서 결단을 통해, 역사를 이해하고 준비하는 자라고 볼 수 있다. 이때 천재는 단지 냉정하고 차가운 합리적 이성만을 가진 자도 아니고, 뜨겁지만 맹목적인 감성만 가진 자도 아니다. 오히려 그는 따뜻한 감수성과 시원한 이성을 두루 갖춘 자이어야 한다. 이런 경우, 천재는 어느 순간에도 역사로부터 단절된 인물이어서는 안 된다.

우리가 지금까지 하이데거를 논한 것은 그가 천재이기 때문은 아니다. 그가 천재인지 여부는 많은 학자들이 평가할 문제이다. 이것은 이 책의 의도가 아니다. 오히려 우리가 하이데거를 다룬 이유는, 그가 존재의 문제를 시간, 즉 역사와 연결시켰다는 점, 그리고 독일 민족의 미래를 그 민족의 시원적 과거로부터 끌어내어, 현재의 결단과 연결시키고 있다는 점에 놓여 있다. 이것은 하이데거를 단지 추상적인 시각에서 다루는 작업에 대한 비판이기도 하다.

그러므로 우리는 하이데거를 논함에 있어 가장 기초적인 것, 즉 "하이데거는 서구 형이상학으로부터 배웠고, 서구 형이상학을 극복하고자 했던 서구의 사상가, 특히 독일의 사상가"라는 점에서 출발하였다.

그는 그리스 사상가 플라톤, 아리스토텔레스를 배웠고, 그리스도교 신학 수업을 들었으며, 칸트와 헤겔, 셸링의 독일관념론이 무엇을 의미하는지 질문했고, 서구 형이상학을 해체시킨 니체가 당시 제국에서 어떻게 받아들여졌는지 목격했으며, 자기 민족의 궁핍한 현실과, 미래를 향한 희망을 시인 횔덜린을 통해서 확인했던 사상가였다. 이런 점을 떠난다면 하이데거가 줄곧 주장해 온 "존재에의 질문"은 공허한 언어의 유희로 전락하게 될 것이다.

그런데 우리는 이러한 사상적 배경보다 더 거슬러 올라가, 하이데거의 사상과 언어가 독특한 이유를 게르만 신화에서 찾으려고 시도하였다. 물론 이러한 시도를 함에 있어서 우리는 하이데거의 사상이 게르만 신화 안에 다 들어 있다고 말하려는 것은 아니다. 또한 게르만 신화 속에 하이데거만의 독특한 언어들이 보이지 않는다고 비판할 수도 있다. 게르만 신화에 "실존", "존재론적 차이", "진리", "존재사건" 등의 단어가 등장하지 않고, 또 등장할 수도 없다는 것은 자명하다. 또한 세분화된 현대의 사상을 고대 게르만 신화가 다 담고 있을 수도 없는 일이다.

그럼에도 이러한 시도가 가능한 이유는, 하이데거의 독특한 사상이 이미 게르만 신화에서 발견되고 있기 때문이다. 따라서 우리는 게르만 신화와 하이데거의 사상의 관계를, 마치 하이데거가 파르메니데스와 칸트의 관계에 대하여 표현한 것과 같이, 샘의 근원과 발원된 강물의 관계로 표현할 수 있을 것이다. 강물이 아무리 광대하다고 하더라도, 강물은 샘의 근원으로부터 발원한 것일 뿐, 샘의 근원이 강물에서 유래할 수는 없다. 또한 강물이 그 흐름의 역사 속에서 아무리 변형되고 왜곡되었더라도 강물 안에는 항상 근원의 존재가 흔적으로 보존되어 있는 것이다.

마찬가지로 하이데거의 사상 안에는 그가 어린 시절부터 익숙하게 들었던 게르만 신화의 이야기들, 즉 할머니(에다)의 이야기가 흔적으로 남아 있어 — 그가 의식했든, 의식하지 못했든 — , 그의 사상에 영향을 끼쳤으리란 점도 부정될 수 없다. 따라서, 만약 고대 게르만 신화와 이야기들이 하이데거에게 전적으로 단절되어 있었다는 가능성을 제외한다면, 우리가 "하이데거로부터 게르만 신화"를 논할 수는 없지만, "게르만 신화로부터 하이데거"를 논하는 것은 가능한 일이며, 정당한 일일 것이다.

이러한 시도를 통해, 우리는 하이데거의 사상 안에 게르만 신화라는 시원적, 원형적 사상이, 비록 지하수처럼 은폐되어 있을지라도, 얼마나 지속적으로 흐르고 있는지를 확인할 수 있을 것이다.

또한 이러한 시도는 우리의 시선을 독일 철학자 하이데거에게서 우리 자신에게 돌려, 우리 사상의 시원적, 원형적 근원이 무엇인지 진지하게 돌아보고 질문하는 계기도 될 수 있을 것이다. 이때 우리는 하이데거가 인용한 횔덜린의 시를 이해할 수 있을 것이다:

근원 가까이 거주하는 것은
그 장소를 떠나기 어렵다.[1]

■ 참 고 문 헌 ■

하이데거 저작들

(1927) *Sein und Zeit*, Niemeyer, Tübingen, 1972.

(1927) *Die Grundprobleme der Phänomenologie*, Vittorio Klostermann, 1989, 전집 24권.

(1928) *Metaphysische Anfangsgründe der Logik*, Vittorio Klostermann, 1990, 전집 26권.

(1929) "Was ist Metaphysik?", in: *Wegmarken*, Vittorio Klostermann, Frankfurt, 1928 (약호 Weg).

(1929) "Vom Wesen des Grundes", in: Weg.

(1929/30) *Die Grundbegriffe der Metaphysik : Welt-Endlichkeit-Einsamkeit*, Vittorio Klostermann, 1983, 전집 29/30권.

(1930) *Vom Wesen der menschlichen Freiheit. Einleitung in die Philosophie*, Vittorio Klostermann, 1982, 전집 31권.

(1930) "Vom Wesen der Wahrheit", in: Weg.

(1930/31) *Hegels Phänomenologie des Geistes*, Vittorio Klostermann, 1980, 전집 32권.

(1931) *Aristoteles, Metaphysik Θ 1-3. Vom Wesen und Wirklichkeit der Kraft*, Vittorio Klostermann, 1981, 전집 33권.

(1934/35) *Hölderlins Hymnen 》Germanien《 und 》Der Rhein《*, Vittorio Klostermann, Frankfurt, 1999, 전집 39권.

(1935) *Einführung in die Metaphysik*, Tübingen, 1987.

(1935/36) "Der Ursprung des Kunstwerkes", in: *Holzwege*, Vittorio Klostermann, Frankfurt, 1980 (약호 Hw).

(1935/36) *Die Frage nach dem Ding*, Tübingen, 1987.

(1936) "Hölderlin und das Wesen der Dichtung", in: *Erläuterungen zu Hölderlins Dichtung*, Vittorio Klostermann, 1981 (약호 EzHD).

(1936) Schellings Abhandlung 〉*Über das Wesen der menschlichen Freiheit*〈 (1809), Tübingen, 1971.

(1936/37) "Der Wille zur Macht als Kunst", in: *Nietzsche 1*, Pfullingen, 1961.

(1937) "Die ewige Wiederkehr des Gleichen", in: *Nietzsche 1*, Pfullingen, 1961.

(1936–38) *Beiträge zur Philosophie (Vom Ereignis)*, Vittorio Klostermann, 1989, 전집 65권.

(1937/38) *Grundfragen der Philosophie. Ausgewählte 》Probleme《 der 》Logik《*, Vittorio Klostermann, 1984, 전집 45권.

(1938) "Die Zeit des Weltbildes", in: Hw.

(1939) "Vom Wesen und Begriff der φνσις", Aritoteles, Physik B. 1, in: Weg.

(1939) "Die ewige Wiederkehr des Gleichen und des Wille zur Macht", in: *Nietzsche 2*. Neske, Pfullingen, 1961.

(1939/40) "〉Wie wenn am Feiertage ... 〈", in: EzHD.

(1940) "Der europäische Nihilismus", in: *Nietzsche 2*.

(1940) "Nietzsches Metaphysik", in: *Nietzsche 2*.

(1941) "Die Metaphysik als Geschichte des Seins", in: *Nietzsche 2*.

(1941) "Entwürfe zur Geschichte des Seins als Metaphysik", in: *Nietzsche 2*.

(1941/42) *Hölderlins Hymne 》Andenken《*, Vittorio Klostermann, 1982, 전집 52권.

(1942) "Platons Lehre von der Wahrheit", in: Weg.

(1942) *Hölderlins Hymne 》Der Ister《*, Vittorio Klostermann, 1984, 전집 53권.

(1942/43) "Hegel Begriff der Erfahrung", in: Hw.

(1942/43) *Parmenides*, Vittorio Klostermann, 1982, 전집 54권.

(1943) "Nachwort zu: 》Was ist Metaphysik?《", in: Weg.

(1943) "Nietzsches Wort 》Gott ist tot《", in: Hw.

(1943) "〉Andenken〈", in: EzHD.

(1943) "〉Heimkunft/ An die Verwandten〈", in: EzHD.

(1943) "Aletheia (Heraklit, Fragment 16)", in: *Vorträge und Aufsätze*, Pfullingen, 1985 (약호 VA).

(1943) *Heraklit. Der Anfang des abendländischen Denkens*, Vittorio Klostermann, 1987, 전집 55권.

(1944) *Heraklit. Logik. Heraklits Lehre vom Logos*, Vittorio Klostermann, 1987, 전집 55권.

(1944/45) *Feldweg-Gespräch*, Vittorio Klostermann, 1995, 전집 77권.

(1936-46) "Überwindung der Metaphysik", in: VA.

(1944/46) "Die seinsgeschichtliche Bestimmung des Nihilismus", in: *Nietzsche 2*.

(1946) "Brief über den Humanismus", in: Weg.

(1946) "Wozu Dichter?", in: Hw, Vittorio Klostermann, 1980.

(1946) "Der Spruch des Anaximander", in: Hw.

(1947) *Aus der Erfahrung des Denkens*, Pfullingen, 1954.

(1947) *Der Feldweg*, Frankfurt, 1953.

(1949) "Einleitung zu: 〉Was ist Metaphysik?〈", in: Weg.

(1949) "Die Kehre", in: *Die Technik und die Kehre*, Pfullingen, 1985.

(1950) "Das Ding", in: VA.

(1950) "Die Sprache", in: *Unterwegs zur Sprache*, Pfullingen, 1975 (약호 UzS).

(1950) *Holzwege*, Vittorio Klostermann, Frankfurt, 1957.

(1951) "Bauen, Wohnen, Denken", in: VA.

(1951) "〉 ... dichterisch wohnet der Mensch ... 〈", in: VA.

(1951) "Logos (Heraklit, Fragment 50)", in: VA.

(1951/52) *Was heißt Denken?*, Niemeyer, Tübingen, 1984.

(1952) "Moira (Parmenides VIII, 34-41)", in: VA.

(1953) "Die Frage nach der Technik", in: VA.

(1953) "Wissenschaft und Besinnung", in: VA.

(1953) "Wer ist Nietzsches Zarathustra?", in: VA.

(1953) "Die Sprache im Gedicht. Eine Erörterung von Georg Trakls Gedicht",
in: UzS.

(1953/54) "Aus einem Gespräch von der Sprache. Zwischen einem Japaner
und einem Fragenden", in: UzS.

(1954) *Voträge und Aufsätze*, Pfullingen, 1985.

(1955) "Seinsfrage", in: Weg.

(1955) *Gelassenheit*, Pfullingen, 1986.

(1955) *Was ist das – die Philosophie?*, Pfullingen, 1956.

(1955/56) *Der Satz vom Grund*, Pfullingen, 1986.

(1957) "Der Satz der Identität", in: *Identität und Differenz*, Pfullingen, 1986
(약호 ID).

(1957) "Die onto-theo-logische Verfassung der Metaphysik", in: ID.

(1957/58) "Das Wesen der Sprache", in: UzS.

(1958) "Das Wort", in: UzS.

(1958) "Hegel und die Griechen", in: Weg.

(1959) "Der Weg zur Sprache", in: UzS.

(1959) "Hölderlins Erde und Himmel", in: EzHD.

(1962) "Zeit und Sein", in: *Zur Sache des Denkens*, Niemeyer, Tübingen, 1976
(약호 SD).

(1962) "Protokoll zu einem Seminar über den Vortrag 》Zeit und Sein《", in:
SD.

(1963) "Mein Weg in die Phänomenologie", in: SD.

(1964) "Das Ende der Philosophie und die Aufgabe des Denkens", in: SD.

(1910-76) *Denkerfahrungen 1910-76*, Vittorio Klostermann, 1983.

(1920-63) *Martin Heidegger, Karl Jaspers, Briefwechsel 1920-63*, Vittorio
Klostermann, 1990.

(1925-1975) *Hannah Arendt, Martin Heidegger, Briefe 1925-1975, Und andere
Zeugnisse*, Vittorio Klostermann, 1999.

하이데거 번역본

『기술과 전향』, 이기상 옮김, 서광사, 1993.

『세계상의 시대』, 최상욱 옮김, 서광사, 1995.

『셸링』, 최상욱 옮김, 동문선, 1997.

『예술작품의 근원』, 오병남, 문형원 옮김, 경문사, 1979.

『존재와 시간』, 이기상 옮김, 까치, 1998.

『형이상학의 근본개념들』, 이기상, 강태성 옮김, 까치, 2001.

『형이상학이란 무엇인가?』, 이기상 옮김, 서광사, 1995.

『횔덜린의 송가《게르마니엔》과《라인 강》』, 최상욱 옮김, 서광사, 2009.

『횔덜린의 송가〈이스터〉』, 최상욱 옮김, 동문선, 2005.

그 외 작품들

『니벨룽겐의 노래』, 상, 하, 허창운 편역, 서울대학교출판부, 2004.

『에다』(게르만 민족의 신화, 영웅전설, 생활의 지혜), 임한순, 최윤영, 김길웅 옮
        김, 서울대학교출판부, 2006.

가스통 바슐라르,『공기와 꿈, 운동에 관한 상상력』, 정영란 옮김, 이학사, 2000.

_____,『대지 그리고 휴식의 몽상』, 정영란 옮김, 문학동네, 2002.

_____,『물과 꿈』, 이가림 옮김, 문예출판사, 1993.

_____,『불의 시학의 단편들』, 안보옥 옮김, 문학동네, 2004.

강학순,『하이데거 철학의 근본 문제』, 철학과현실사, 1996.

더글러스 호프스태터,『괴델, 에셔, 바흐: 영원한 황금 노끈』, 박여성 옮김, 까치,
        1999.

들뢰즈 G.,『비평과 진단』, 김현수 옮김, 인간사랑, 2000.

_____, 펠릭스 가따리,『앙띠 오이디푸스』, 최명관 옮김, 민음사, 1994.

라이너 테츠너,『게르만 신화와 전설』, 성금숙 옮김, 범우사, 2005.

레지스 드브레,『이미지의 삶과 죽음』, 정진국 옮김, 시각과 언어, 1994.

로버트 베르나스코니,『하이데거의 존재의 역사와 언어의 변형』, 송석랑 옮김,
        자작아카데미, 1995.

로베르 뒤마, 『나무의 철학』, 송혁석 옮김, 동문선, 2004.

로저 샤툭, 『금지된 지식 II』, 조한욱 옮김, 금호문화, 1997.

롬바흐, H., 『아폴론적 세계와 헤르메스적 세계』, 전동진 옮김, 서광사, 2001.

마르쿠제, H., 『에로스와 문명』, 김인환 옮김, 나남, 1989.

마틴 버낼, 『블랙 아테나 - 서양 고전 문명의 아프리카 · 아시아적 뿌리』, 오홍식
　　　옮김, 소나무, 2006.

막스 뮐러, 『종교학 입문』, 김구산 옮김, 동문선, 1988.

멀치아 엘리아데, 『성과 속: 종교의 본질』, 이동하 옮김, 학민사, 1983.

박찬국, 『들길의 사상가 하이데거』, 동녘, 2004.

박찬기, 『독일문학사』, 일지사, 1981.

빌라, D.R., 『아렌트와 하이데거』, 서유경 옮김, 교보문고, 2000.

빌헬름 바이셰델, 『철학자들의 신』, 최상욱 옮김, 동문선, 2003.

사라 코프만, 「저 종소리」, in: 휴 J. 실버만 편, 『데리다와 해체주의』, 현대미학
　　　사, 1998.

소광희, 『시간의 철학적 성찰』, 문예출판사, 2001.

소포클레스, 『안티고네』, 천병희 옮김, 문예출판사, 2001.

　　　　　, 『오이디푸스 왕』, 천병희 옮김, 문예출판사, 2001.

쇠렌 키에르케고르, 『죽음에 이르는 병』, 임춘갑 옮김, 종로서적, 1996.

신승환, 『포스트 모더니즘에 대한 성찰』, 살림, 2003.

안인희, 『게르만 신화, 바그너, 히틀러』, 민음사, 2004.

　　　, 『안인희의 북유럽 신화』, 1, 2, 웅진지식하우스, 2007.

알로이스 프린츠, 『한나 아렌트』, 김경연 옮김, 여성신문사, 2000.

에른스트 벨러, 『아이러니와 모더니티 담론』, 이강훈, 신주철 옮김, 동문선,
　　　2005.

에른스트 카시러, 『인간이란 무엇인가 - 문화철학 서설』, 최명관 옮김, 서광사,
　　　1991.

에른스트 H. 곰브리치, 『옛날이야기처럼 재미있는 곰브리치 세계사 1』, 이내금
　　　옮김, 자작나무, 2005.

에릭 프롬, 『자유로부터의 도피』, 박병진 옮김, 육문사, 1994.

엘리스 데이비슨, 『스칸디나비아 신화』, 심재훈 옮김, 범우사, 2004.

오스발트 슈펭글러, 『서구의 몰락』, 박광순 옮김, 범우사, 2000.

윤병렬, 「하이데거의 횔덜린 시(詩) - 해석과 다른 시원」, in :『하이데거연구』, 제
 7집, 2002. 10.

융, C.G.,『심리학과 종교』, 이은봉 옮김, 도서출판 창, 1996.

_____,『원형과 무의식』, 한국융연구원 C.G. 융 저작 번역위원회 옮김, 솔,
 2006.

이기상,『하이데거 철학에의 안내』, 서광사, 1993.

이수정 · 박찬국,『하이데거 : 그의 생애와 사상』, 서울대학교출판부, 1999.

자크 데리다,『그라마톨로지』, 김성도 옮김, 민음사, 1996.

_____,『글쓰기와 차이』, 남수인 옮김, 동문선, 2001.

_____,『에쁘롱 - 니체의 문체들』, 김다은, 황순희 옮김, 동문선, 1998.

_____,『해체』, 김보현 편역, 문예출판사, 1996.

자크 라캉,『욕망 이론』, 이미선 공역, 문예출판사, 1994.

장 자크 루소,『고독한 산책자의 몽상』, 김중현 옮김, 한길사, 2007.

_____,『언어 기원에 관한 시론』, 주경복, 고봉만 옮김, 책세상, 2008.

_____,『에밀』, 박호성 옮김, 책세상, 2007.

_____,『인간 불평등의 기원론』, 주경복, 고봉만 옮김, 책세상, 2007.

_____,『학문과 예술에 대하여 외』, 김중현 옮김, 한길사, 2007.

장영태,『지상에 척도는 있는가 - 횔덜린의 후기문학』, 유로서적, 2003.

_____,『횔덜린 - 생애와 문학, 사상』, 문학과지성사, 1987.

전동진, 「롬바흐의 그림철학」, in : 한국하이데거학회 지음,『하이데거의 예술철
 학』, 철학과현실사, 2002.

조셉 캠벨, 빌 모이어스,『신화의 힘』, 이윤기 옮김, 고려원, 1996.

주디스 버틀러,『안티고네의 주장』, 조현순 옮김, 동문선, 2005.

줄리아 크리스테바,『공포의 권력』, 서민원 옮김, 동문선, 2001.

지그문트 프로이트,『토템과 타부』, 김종엽 옮김, 문예마당, 1995.

최상욱, 「"민족" 개념에 대한 하이데거와 히틀러 사상의 비교」, in :『철학연구』,
 25집, 2001.

_____, 「거주하기의 의미에 대하여」, in :『하이데거와 근대성』, 철학과현실사,
 1999.

_____, 「귀의 메타퍼에 대한 하이데거의 존재론적 변형」, in : 한국철학회『철
 학』, 80집, 2004.

_____, 「그리스도교에 대한 니체의 평가」, in:『니체연구』, 8집, 2005.

_____, 「니이체와 기독교」, in: 한국철학회『철학』, 제45집, 1995.

_____, 「니체에 대한 하이데거 초기 해석(1936-37)의 존재사적 위치」, in:『하이데거연구』, 제17집, 2008년, 봄호.

_____, 「니체와 종교」, in:『오늘 우리는 왜 니체를 읽는가』(공저), 책세상, 2006.

_____, 「빛의 메타퍼에 대한 존재론적 변형」, in:『하이데거연구』, 2001.

_____, 「철학적 문화론: 문화의 존재론적 토대에 관한 고찰」, in:『인간연구』, 2006.

_____, 「하이데거 철학에 있어 신의 의미」, in: 한국하이데거학회 편,『하이데거의 철학 세계』, 철학과현실사, 1997.

_____, 「하이데거를 통해 본 존재론의 새로운 방향과 앞으로의 과제」, in: 한국철학회『철학』, 제40집, 1993.

_____, 「하이데거에 있어 생명의 의미」, in:『하이데거연구』, 제5집, 2000.

_____, 「하이데거에 있어서 의지와 -하게 함의 역동적 상관관계에 대한 분석」, in:『하이데거의 존재사유』, 철학과현실사, 1995.

_____, 「하이데거에게서의 예술의 본질」, in:『하이데거연구』, 2002.

_____, 「하이데거와 레비나스에 있어 이웃 개념에 대하여」, in:『철학연구』, 62집, 2003.

_____, 「하이데거와 레비나스에 있어 죽음의 의미」, in:『하이데거연구』, 2003.

_____, 「하이데거와 엘리아데의 성스러움에 대한 고찰」, in:『하이데거연구』, 2004.

_____, 「하이데거의 "시원" 개념에 대하여」, in:『하이데거연구』, 제15집, 2007, 봄호.

_____, 「하이데거의 대지 개념에 대하여」, in:『하이데거연구』, 제16집, 2007년, 가을호.

_____, 「하이데거의 언어론」, in: 한국해석학회 엮음,『하이데거의 언어사상』, 철학과현실사, 1998.

_____, 「하이데거의 자연론」, in: 한국해석학회 엮음,『현대 프랑스 철학과 해석학』, 철학과현실사, 1999.

_____, 「하이데거의 존재사유의 구조적 내용에 관한 고찰 – 트라클 해석과 유비적으로」, in : 『하이데거연구』, 2005.

_____, 「하이데거의 존재언어의 특징들」, in : 『하이데거연구』, 제20집, 2009.

_____, 『진리와 해석』, 다산글방, 2002.

_____, 『하이데거와 여성적 진리』, 철학과현실사, 2006.

카이사르, 『갈리아 전쟁기』, 김한영 옮김, 사이, 2005.

칼 마르크스, 프리드리히 엥겔스, 『독일 이데올로기 1』, 김대웅 옮김, 두레, 1989.

케빈 크로슬리–홀런드, 『북유럽 신화』, 서미석 옮김, 현대지성사, 2005.

콘퍼드, F.M., 『종교에서 철학으로』, 남경희 옮김, 이화여자대학교출판부, 1995.

크리스토퍼 노리스, 『데리다』, 이종인 옮김, 시공사, 1999.

크리스티앙 비에 외, 『오이디푸스』, 정장진 옮김, 이룸, 2003.

클리퍼드 기어츠, 『문화의 해석』, 문옥표 옮김, 까치, 1998.

타키투스, 『타키투스의 게르마니아』, 이광숙 편역, 서울대학교출판부, 2005.

토를라이프 보만, 『히브리적 사유와 그리스적 사유의 비교』, 허혁 옮김, 분도출판사, 1975.

토마스 오데아, 『종교사회학 입문』, 권규식 옮김, 대한기독교서회, 1982.

폴 데이비스, 『현대 물리학이 탐색하는 신의 마음』, 과학세대 옮김, 한뜻, 1994.

프리드리히 니체, 『니체 대 바그너』, 백승영 옮김, 책세상, 2002.

_____, 『디오니소스 송가』, 백승영 옮김, 책세상, 2002.

_____, 『반시대적 고찰』, 이진우 옮김, 책세상, 2005.

_____, 『비극의 탄생』, 이진우 옮김, 책세상, 2005.

_____, 『선악의 저편』, 김정현 옮김, 책세상, 2002.

_____, 『아침 놀』, 박찬국 옮김, 책세상, 2004.

_____, 『우상의 황혼』, 백승영 옮김, 책세상, 2002.

_____, 『유고(1869년 가을 – 1872년 가을)』, 최상욱 옮김, 책세상, 2001.

_____, 『이 사람을 보라』, 백승영 옮김, 책세상, 2002.

_____, 『인간적인 너무나 인간적인 I』, 김미기 옮김, 책세상, 2001.

_____, 『인간적인 너무나 인간적인 II』, 김미기 옮김, 책세상, 2002.

_____, 『즐거운 학문』, 안성찬, 홍사현 옮김, 책세상, 2005.

_____, 『차라투스트라는 이렇게 말했다』, 정동호 옮김, 책세상, 2000.

프리드리히 횔덜린,『빵과 포도주』, 박설호 옮김, 민음사, 1997.

_____,『휘페리온』, 장영태 옮김, 을유문화사, 2008.

플라톤,『플라톤의 국가(政體)』, 박종현 역주, 서광사, 2005.

_____,『플라톤의 티마이오스』, 박종현·김영균 공동 역주, 서광사, 2000.

피터 버거,『종교와 사회』, 이양구 옮김, 종로서적, 1986.

하랄트 바인리히,『망각의 강 레테』, 백설자 옮김, 문학동네, 2004.

헤겔,『역사철학강의』, I, II, 김종호 옮김, 삼성출판사, 1982.

헤로도토스,『역사』, 상, 하, 박광순 옮김, 범우사, 1999.

헤시오도스,『신통기』, 김원익 옮김, 민음사, 2003.

황윤석,『횔덜린 연구』, 삼영사, 1983.

휴 J. 실버만,「데리다, 하이데거, 그리고 선(線)의 시간」, in:『데리다와 해체주
　　　의』, 현대미학사, 1998.

Adorno, Th./ Horkheimer, M., *Dialektik der Aufklärung*, Fischer, Frankfurt,
　　　1988.

Allemann, Beda, *Hölderlin und Heidegger, Zürich*, Freiburg, 1954.

Anz, W., "Die Stellung der Sprache bei Heidegger", in: Pöggeler(Hrsg.),
　　　Heidegger. Perspektiven zur Deutung seines Werkes, Athenäum, 1984.

Apel, K.-Otto, "Wittgenstein und Heidegger", in: Pöggeler(Hrsg.), *Heidegger.*
　　　Perspektiven zur Deutung seines Werkes, Athenäum, 1984.

Aristoteles, *Politics*, Harvard University Press, 1977.

Barasch, J., "Über den geschichtlichen Ort der Wahrheit", in: Forum für
　　　Philosophie, Bad Homburg, 1989.

Beaufret, J., "Über Platon und Aristoteles", in: *Wege zu Heidegger*, Vittorio
　　　Klostermann, Frankfurt, 1976.

Becker, O., "Para-Existenz. Menschliches Dasein und Dawesen", in:
　　　Pöggeler(Hrsg.), *Heidegger. Perspektiven zur Deutung seines Werkes*,
　　　Athenäum, 1984.

Behler, E., *Derrida-Nietzsche, Nietzsche-Derrida*, Schöningh, München/
　　　Paderborn/Wien/Zürich, 1988.

Bertaux, P., *Hölderlin und die Französische Revolution*, Frankfurt, 1969.

Brechtken, J., *Geschichtliche Transzendenz bei Heidegger. Die Hoffnungsstruktur des Daseins und die gottlose Gottesfrage*, Hain, Meisenheim, 1972.

Broecker, W., "Heidegger und die Logik", in: Pöggeler(Hrsg.), *Heidegger. Perspektiven zur Deutung seines Werkes*, Athenäum, 1984.

Bucher, A.J., *Metaphysik als Begriffsproblematik auf dem Denkweg Martin Heideggers*. Mainzer Philosophische Forschungen, Bd 14, Bonn, 1972.

Conrady, K.O., "Deutsche Literatur Wissenschaft und Drittes Reich", in: *Germanistik. Eine deutsche Wissenschaft. Beiträge* von E. Lämmert, W. Killy, K.O. Conrady und P. Polenz, Frankfurt, Suhrkamp, 1967.

Coreth, E., *Grundfragen der Hermeneutik. Ein philosophischer Beitrag*, Freiburg, Basel, Wien, 1969.

Derrida, J., *Geschlecht (Heidegger). Sexuelle Differenz, ontologische Differenz*, hrsg. v. Peter Engelmann, Passagen, Wien, 1988.

_____, *Vom Geist, Heidegger und die Frage*, über. v. Alexander García Düttmann, Suhrkamp, Frankfurt, 1988.

Despoix, Ph., "Das Schöne und das Ding. Heidegger und Lacan über Sophokles' Antigone", in: Seifert Edith(Hg.), *Perversion der Philosophie. Lacan und das unmögliche Erbe des Vaters*, Tiamat, Berlin, 1992.

Diels, H./ Kranz, W., *Die Fragmente der Vorsokratiker*, Weidmann, 1974.

Diemer, A., "Vom Sinn ontologischen Fragens", in: R. Wisser(hrsg.), *Sinn und Sein*, Niemeyer, Tübingen, 1960.

Dilthey W., "Friedrich Hölderlin", in: *Das Erlebnis und die Dichtung*, Göttingen, 1965.

Ebeling, H., "Das Ergeignis des Führers. Heideggers Antwort", in: *Martin Heidegger: Innen- und Außenansichten*, hrsg. v. Forum für Philosophie, Bad Homburg, STW 779, 1989.

_____, *Selbsterhaltung und Selbstbewußtsein. Zur Analytik von Freiheit und Tod*, Freiburg/München, 1979.

Farias, V., *Heidegger und Nationalsozialismus*, Fischer, Frankfurt, 1989.

Feuerbach, L., *Das Wesen der Religion*, Verlag Lambert, Schneider, Heidelberg, 1983.

Figal, G., *Martin Heidegger – Phänomenologie der Freiheit*, Athenäum, Frankfurt, 1988.

Fink, E., *Einleitung in die Philosophie*, Königshausen, Neumann, 1985.

Forum für Philosophie, Bad Homburg(Hrsg.), *Martin Heidegger. Innen- und Außen-Ansichten*, Suhrkamp, Frankfurt, 1989.

Franzen, W., *Von der Existenzialontologie zur Seinsgeschichte. Eine Untersuchung über die Entwicklung der Philosophie Martin Heideggers*, Hain, Meisenheim, 1975.

Fränzki, E., *Die Kehre. Heideggers Schrift ›Vom Wesen der Wahrheit‹, Urfassung und Druckfassung*. Centarus, Pfaffenweiler, 1985.

Freier, H., "Die Macht und ihre Kultur. Nietzsches Stellung zur europäische Decadence", in: Ph. Rippel (Hrsg.), *Der Sturz der Idole*, Tübingen, 1985.

Fürstenau, P., *Heidegger. Das Gefüge seines Denkens*. Philosophische Abhandlungen Bd. XVI, Frankfurt, 1958.

Gadamer, H.G., "Heidegger und die Sprache", in: P. Kemper(Hg.), *Martin Heidegger – Faszination und Erschrecken. Die politische Dimension einer Philosophie*, Campus, Frankfurt/New York, 1990.

_____, *Heideggers Wege. Studien zum Spätwerk*. Mohr (Siebeck), Tübingen, 1983.

Gadamer, H.G., *Wahrheit und Methode*, Mohr, Tübingen, 1986.

Gamm, G., "Die Erfahrung der Differenz. Zur Interpretation der Genealogie der Moral", in: Ph. Rippel, *Der Sturz der Idole*, Tübingen, 1985.

Gehlen, A., *Der Mensch*, Berlin, 1940.

Gethmann, C.F., "Heideggers Konzeption des Handelns in Sein und Zeit", in: Gethmann-Siefert, Annemarie und Pöggeler Otto(Hrsg.), *Heidegger und die praktische Philosophie*, Suhrkamp, 1988.

_____, *Verstehen und Auslegung. Abhandlung zur Philosophie, Psychologie und Pädagogik*, Bd 81, Bonn, 1974.

Gethmann-Siefert, Annemarie und Pöggeler Otto(Hrsg.), *Das Verhältnis von*

Philosophie und Theologie im Denken Martin Heideggers, Freiburg/ München, 1974.

_____, *Heidegger und die praktische Philosophie*, Suhrkamp, 1988.

Goldschmidt, G.A., "Ein Leben, ein Werk im Zeichen des Nationalsozialismus", in: *Heideggers Kontroverse*, hrsg. v. J. Altwegg, Athenäum, Frankfurt, 1988.

Gomperz, H., *Über Sinn und Sinngebilde. Verstehen und Erklären*, Mohr, Tübingen, 1929.

Görland, I., *Transzendenz und Selbst*, Vittorio Klostermann, Frankfurt, 1981.

Guzzoni, U.(Hrsg.), *Nachdenken über Heidegger*, Gerstenberg, Hildesheim, 1980.

_____, *Werden zu Sich. Eine Untersuchung zu Hegels "Wissenschaft der Logik"*, Alber, Frieburg/München, 1963.

Haller, M., "Der Philosophen. Streit zwischen Nazi-Rechtfertigung und postmoderner Öko-Philosophie", in: *Heideggers Kontroverse*, hrsg. v. J. Altwegg, Athenäum, Frankfurt, 1988.

Hegel, G.W.F., *Phänomenologie des Geistes*, Felix Meiner, Hamburg, 1952.

_____, *Vorlesungen über die Philosophie der Religion*, Suhrkamp, 1986.

_____, *Wissenschaft der Logik*, Suhrkamp, Frankfurt, 1986.

Heinemann, F., *Neue Wege der Philosophie. Geist, Leben, Existenz*. Quelle u. Meyer, 1929.

Heinz, M., *Zeitlichkeit und Temporalität*, Würzburg, Königshausen, Amsterdam, Rodolpi, 1982.

Hellingrath, *Hölderlin-Vermächtnis*, 2. Auflage, München (hrsg. v. Ludwig von Pigenot), 1944.

Heyde, H.E., "Vom Sinn des Wortes Sinn. Prolegomena zu einer Philosophie des Sinnes", in: R. Wisser(hrsg.), *Sinn und Sein*, Niemeyer, Tübingen, 1960.

Heyde, J.E., "Vom Sinn des Wortes Sinn. Prolegomena zu einer Philosophie des Sinnes", in: R. Wisser(Hrsg.), *Sinn und Sein*, Niemeyer, Tübingen, 1960.

Hirsch, W., "Platon und das Problem der Wahrheit", in : *Durchblicke. Martin Heidegger zum 80. Geburtstag*, Vittorio Klostermann, Frankfurt, 1970.

Hofmann, P., "Metaphysik oder verstehende Sinn-Wissenschaft? Gedanken zur Neugründung der Philosophie im Hinblick auf Heideggers "Sein und Zeit"", in : *Kant-Studien*, Bd 64, Pan Verlag Kurt Metzner, Berlin, 1929.

Huch, K.J., *Philosophiegeschichtliche Voraussetzungen der Heideggerschen Ontologie*, Frankfurt, 1967.

Jaspers, K., "Nietzsches Bedeutung in der Philosophie", in : *Nietzsche*, hrsg. v. J. Salaquarda, Darmstadt, 1980.

Jonas, H., *Wandlung und Bestand. Vom Grunde der Verstehbarkeit des Geschichtlichen*, in : *Durchblicke*, Vittorio Klostermann, Frankfurt, 1970.

Kant, I., *Die Kritik der reinen Vernunft*, Felix Meiner, Hamburg, 1956.

Kaufmann W., *Nietzsche. Philosoph-Psychologie-Antichrist*, Darmstadt, 1988.

Kemper, P., ")Wo aber Gefahr ist, wächst das Rettende auch《, Heideggers Begriff von Freiheit im Zeitalter planetarischer Technik. Ein Diskussionsrecht von P. Kemper", in : P. Kemper(Hg.), *Martin Heidegger, Faszination und Erschrecken*, Campus, Frankfurt/New York, 1990.

Kettering, E., "Fundamentalontologie und Fundamentalaletheologie", in : *Martin Heidegger : Innen und Außenansichten*, hrsg. v. Forum für Philosophie, Bad Homburg, 1989.

_____, *Nähe. Das Denken Martin Heideggers*, Neske, Pfullingnen, 1987.

Kisiel, Th., "The language of the event : the event of language", in : *Martin Heidegger, Critical Assessments*, edited by Ch. Macann, Vol. III : Language, London and New York, 1992.

Kiss, E., Nietzsche, Bäumler, Heidegger und die Folgen, in : Reinhard, Margreiter/Karl, Leidlmair (Hrsg.), *Heidegger : Technik-Ethik-Politik*, Königshausen & Neumann, 1991.

Köchler, H., *Der innere Bezug von Anthropologie und Ontologie*, Hain, Meisenheim, 1974.

Kockelmann, J.J., "Heidegger on metaphor and metaphysics", in: *Martin Heidegger, Critical Assessments*, edited by Ch. Macann, Vol. III: Language, London and New York, 1992.

Krüger, G., "Martin Heidegger und der Humanismus. Zur Auseinandersetzung mit den Schriften 〉Platons Lehre von der Wahrheit〈 und 〉Brief über den Humanismus〈", in: *Studia Philosophica*, Vol. IX, Basel, 1949.

Kuhn, H., *Begegnung mit dem Nichts*, Mohr, Tübingen, 1950.

Lehmann, K., "Christliche Geschichtserfahrungen und ontologische Frage beim jungen Heidegger", in: Pöggeler(Hrsg.), *Heidegger. Perspektiven zur Deutung seines Werkes*, Athenäum, 1984.

Longo, S., *Die Aufdeckung der leiblichen Vernunft bei Friedrich Nietzsche*, Königshausenu, Neumann, 1987.

Lotz, J.B., "Vom Sein zum Sinn. Entwurf einer ontologischen Prinzipienlehre", in: R. Wisser(hrsg.), *Sinn und Sein*, Niemeyer, Tübingen, 1960.

Löwith, K., *Gott, Mensch und Welt in der Metaphysik von Descartes bis zu Nietzsche*, Vandenhöck u. Ruprecht, Göttingen, 1967.

————, *Heidegger. Denker in dürftiger Zeit*. Göttingen, 1960.

Lutz, Ch.L., *Zwischen Sein und Nichts. Der Begriff des "Zwischen" im Werk von Martin Heidegger*, Bonn, 1984.

Margreiter, R., Gestell, "Geviert und symbolische Form. Zur Fortschreibung der Heidegger-Cassirer-Kontroverse", in: *Heidegger: Technik-Ethik-Politik*, Königshausen & Neumann, 1991.

Marten, R., *Denkkunst. Kritik der Ontologie*, Schäningh, Padernborn, München, Wien, Zürich 1989.

————, *Der menschliche Mensch*. Schäningh, Paderborn/München/Wien/Zürich, 1988.

————, *Der menschliche Tod. Eine philosophische Revision*, Schäningh, 1987.

————, *Existieren, Wahrsein und Verstehen. Untersuchungen zur ontologischen Basis sprachlicher Verständigung*, Berlin/New York, 1971.

————, *Heidegger Lesen, Wilhelm Fink*, München, 1991.

_____, "Heideggers Geist", in: Altwegg Jürg(Hrsg.) *Die Heidegger Kontroverse*, Athenäum, Frankfurt, 1988.

_____, "Heideggers Heimat", in: U. Guzzoni, *Nachdenken über Heidegger*, Gerstenberg, Hildesheim, 1980.

Martini, A., "Der Philosoph und das Wirkliche. Anmerkungen zum 'Fall Heidegger'", in: *Heidegger: Technik-Ethik-Politik*, Königshausen & Neumann, 1991.

Marx, K., *Das Kapital, Kritik der politischen Ökonomie*, Erster Band, Dietz, Berlin, 1962.

Marx, W., *Heidegger und die Tradition*, Kohlhammer, Stuttgart, 1961.

Merker, B., "Konversion statt Reflexion. Eine Grundfigur der Philosophie Martin Heideggers", in: Forum für Philosophie, Bad Homburg, 1989.

Meyer, A., "Denken und Technik. Zur Geschlechtlichkeit der Reflexion bei Heidegger", in: *Martin Heidegger: Technik-Ethik-Politik*, Königshausen & Neumann, 1991.

Misch, G., *Lebensphilosophie und Phänomenologie*, Bonn, 1930.

Mörchen, H., "Heideggers Satz: ›Sein‹ heißt ›An-wesen‹", in: Forum für Philosophie, Bad Homburg, 1989.

Müller, M., *Existenzphilosophie. Von der Metaphysik zur Metahistorik*, Alber, Freiburg/München, 1986.

Müller-Lauter, W., *Möglichkeit und Wirklichkeit bei Martin Heidegger*, De Gruyter, Berlin, 1960.

Nietzsche, F., *Also sprach Zarathustra*, KSA 4, 1988.

_____, *Der Antichrist*, KSA 6, 1988.

_____, *Die fröhliche Wissenschaft*, KSA 3, 1988.

_____, *Die Geburt der Tragödie*, Kritischen Studienausgabe(KSA 1), hrsg. v. G. Colli und M. Montinari, Deutscher Taschenbuch Verlag GmbH & Co. KG. München, 1988.

_____, *Ecce Homo*, KSA 6, 1988.

_____, *Götzen Dämmerung*, KSA 6, 1988.

_____, *Jenseits von Gut und Böse*, KSA 5, 1988.

_____, *Menschliches Allzumenschliches*, KSA 2, 1988.

_____, *Morgenröte*, KSA 3, 1988.

_____, *Nietzsche contra Wagner*, KSA 6, 1988.

_____, *Unzeitgemäße Betrachtungen*, KSA 1, 1988.

_____, *Zur Genealogie der Moral*, KSA 5, 1988.

Nolte, E., "Philosophie und Nationalsozialismus", in: Gethmann-Siefert, *Heidegger und die praktische Philosophie*, 1988.

Ott, Hugo, Heidegger, "Ein schwieriges Verhältnis zur Politik", in: *Heidegger: Technik-Ethik-Politik*, Königshausen & Neumann, 1991.

_____, *Martin Heidegger. Unterwegs zu seiner Biographie*, Reihe Campus, Frankfurt/New York, 1992

Perpeet, W., "Heideggers Kunstlehre", in: Pöggeler(Hrsg.), *Heidegger. Perspektiven zur Deutung seines Werkes*, Athenäum, 1984.

Picht, G., *Nietzsche*. Klett-Cotta, 1988.

Platon, *Phaidon*, *Politeia*, Sämtliche Werke 3 über. v. F. Schleiermacher, Rowohlt, 1986.

Pöggeler, O., *Der Denkweg Martin Heideggers*, Neske, Pfullingen, 1963.

_____, *Heidegger und die hermeneutische Philosophie*, Alber, Freiburg/München, 1983.

Prauss, G., *Erkennen und Handeln in Heideggers "Sein und Zeit"*, Alber, Freiburg/München, 1977.

Pugliese, O., *Vermittlung und Kehre. Grundzüge des Geschichtsdenkens bei Martin Heidegger*, Freiburg/München, 1965.

Rechtsteiner, A., *Wesen und Sinn von Sein und Sprache bei Martin Heidegger*, Lang, Berlin, Frankfurt, Las Vegas, 1977.

Reijen, W.v., *Der Schwarzwald und Paris. Heidegger und Benjamin*, München, 1988.

Rentsch, Th., "Interexistentialität. Zur Destruktion der existentialen Analytik", in: *Heidegger: Technik-Ethik-Politik*, Königshausen & Neumann, 1991.

Ricken, F.,(Hrsg.), *Philosophen der Antike I*, Kohlhammer, Stuttgart, Berlin,

Köln, 1996.

Ricoeur, P., *The Symbolism of Evil*, Beacon Press, Boston, 1969.

_____, "Zum Grundprobleme der Gegenwartsphilosophie. Die Philosophie des Nichts und die Ur-Bejahung", in: R. Wisser(Hrsg.), *Sinn und Sein*, Niemeyer, Tübingen, 1960.

Rolf, B., *Die Destruktion der Substanzialität in der Analytik des Daseins. Untersuchungen zum Verhaltnis von Substanzialität und Existenz*, Köln, 1977.

Roth, Stefanie, *Friedrich Hölderlin und die deutsche Frühromantik*, Stuttgart, 1991.

Schelling, F.W.J., *Philosophische Untersuchungen über das Wesen der menschlichen Freiheit und die damit zusammenhängenden Gegenstände* (1809), Darmstadt, 1983.

Schlütter, J., *Heidegger und Parmenides. Ein Beitrag zu Heideggers Parmendesauslegung und zur Vorsokratiker Forschung*. Abhandlungen zur Philosophie, Psychologie und Pädagogik, Bd. 147, Bonn, 1979.

Schmit, A., "Über Nietzsches Erkenntnistheorie", in: J. Salaquarda(Hrsg.), *Nietzsche*, Darmstadt, 1980.

Schulz, W., "Hegel und das Problem der Aufhebung der Metaphysik", in: G. Neske (Hrsg.), *Martin Heidegger zum Siebzigsten Geburtstag*, Pfullingen, Tübingen, 1959.

Schwan, A., "Zeitkritik und Politik in Heideggers Spätphilosophie", in: Gethmann-Siefert, Annemarie und Pöggeler Otto(Hrsg.), *Heidegger und die praktische Philosophie*, Suhrkamp, 1988.

Seel, M., "Heidegger und die Ethik des Spiels", in: *Martin Heidegger: Innen- und Außen-Ansichten*, hrsg. v. Forum für Philosophie, Bad Homburg, Stw 779, Frankfurt, 1989.

Seifert, E.,(Hrsg.) *Perversion der Philosophie. Lacan und das unmögliche Erbe des Vaters*, Tiamat, Berlin, 1992.

Seubold, G., *Heideggers Analyse der neuzeitlichen Technik*, Alber, Freiburg/München, 1986.

Simon, J., "Nietzsche und das Problem des europäischen Nihilismus", in: *Nietzsche Kontrovers III*, Königshausen u. Neumann, Würzburg, 1984.

Skowron, M., *Nietzsche und Heidegger*, P. Lang, Frankfurt, Bern, New York, Paris, 1987.

Spiering, V.(Hrsg.), *Lust an der Erkenntnis: Die Philosophie des 20.* Jahrhunderts, Piper, München, Zürich, 1987.

Staiger, E., "Ein Rückblick", in: Pöggeler(Hrsg.), *Heidegger. Perspektiven zur Deutung seines Werkes*, Athenäum, 1984.

Stallmacher, J., *Ansichsein und Seinsverstehen. Neue Wege der Ontologie bei N. Hartmann und M. Heidegger*, Abhandlungen zur Philosophie, Psychologie und Pädagogik, Bonn, 1987.

Thomä, D., *Die Zeit des Selbst und die Zeit danach. Zur Kritik der Textgeschichte Martin Heideggers 1910-1976*, Suhrkamp, Frankfurt, 1990.

Tugendthat, E., *Der Wahrheitsbegriff bei Husserl und Heidegger*, De Gruyter, Berlin, 1967.

Vetter, H., "Anmerkungen zum Begriff der Volkes bei Heidegger", in: *Heidegger: Technik-Ethik-Politik*, Königshausen & Neumann, 1991.

Vietta, S., *Heideggers Kritik am Nationalsozialismus und an der Technik*, Niemeyer, Tübingen, 1989.

Weber, J.F.(Hrsg.), *Fragmente der Vorsokratiker*, UTB 1485, Schöningh, Paderborn, München, Wien, Zürich, 1988.

Wenzel, U., *Die Problematik des Grundes beim späten Heidegger*, Schäuble, Rheinfelden, 1986.

Wiplinger, F., *Wahrheit und Geschlichtkeit*, Freiburg/München, 1961.

Wisser, R.(Hrsg.), *Sinn und Sein. Ein philosophisches Symposion*, Niemeyer, Tübingen, 1960.

Zimmermann, M.E., *Heidegger's Confrontation with Modernity: Technology, Politics and Arts*, Indiana University Press, Bloomington and Indianapolis, 1990.